選挙法の研究

野中俊彦 著

信　山　社

はしがき

本書は、選挙権・選挙制度・選挙法に関する小論文・判例批評等によって構成されている。それぞれの論稿は、発表された時期も発表誌もまちまちであり、文章のスタイルもまちまちであるが、それらをある程度体系的に整理してまとめてみた。最初は旧稿を基に新しく書き下すことを考えていたが、昨今身辺が多忙であることと、選挙法については別に体系書を書く予定があることから、結局論文選集の形で世に問うことにした。そのようなわけで、収録された論文等については、誤植の訂正や、今の時点では不要な後書きの削除等を行い、またとくに判例評釈の場合には、読みやすいように、長い原題を縮めて簡潔なものにしたり、小見出しを付けるなどの作業を行った以外には原内容に手を加えず、原則として発表当時のままとした（なお判例評釈については、掲載誌により相当に長い原題のものがあるが、評釈の対象となった判決が識別できればさしあたりは足りるという判断から、原題をいちいち示すことはしていない）。ただ、選挙法の領域では法改正の動きが激しいので（公職選挙法は小刻みな改正を含めるとほとんど毎年のように改正されている）、論文等を公表した後になされた法改正については、各論文等の末尾に、発表年・発表誌とともに追記の形で触れておくことにした。

本来ならば、各論文等に引用の判例についてもその後の動きを伝え、また引用文献等についてもその後の文献等を記すべきであり、さらには、私自身の研究が進んでいる場合には旧稿を再吟味すべきものであろう。書き下しの形を取るときには当然そうしなければならないと思うが、そのような作業の時間が到底取れないので、論文集の形を取らざるをえなかったというのが本当のところである。そのような作業が欠如しているとはいえ、ここに集めた論文等は元の内容のままの方が試行錯誤の跡も分かってよいという面もあるのではないかとひそかに思わないでもない。しかしこの辺の評価は、読者に委ねざるをえないところである。

研究生活に入った頃、いろいろな問題に関心を抱いたが、その一つが議員定数不均衡訴訟であった。この違憲訴訟の問題点を分析しているうちに、一方では憲法訴訟論、とりわけそのなかの救済論の領域に分け入り、他方では選挙権、選挙の原則、選挙事務の在り方等、選挙の実体論の領域に入っていった。この両領域は選挙に関する訴訟のところでつながっているが、主に前者の観点から書いた論文等については、すでに数年前に別に上梓したところである（拙著『憲法訴訟の原理と技術』有斐閣・一九九五年）。今回の本書の刊行により両者の観点からの論文集がでそろったことになり、個人的には率直な喜びを隠し切れない。

本書の刊行にあたっては、信山社の渡辺左近氏に大変お世話になった。とくに、掲載論文を選び、後わずかの作業を残すのみという段階になってから、体調不良と多忙のため、私の筆が急に進まなくなり、とうとう二年以上もお待たせするなど、随分わがままに振る舞いご迷惑をおかけしたにもかかわらず、辛抱強く待っていただいた。氏のご好意がなければ本書が世にでることはなかったであろう。ここにあらためて心より御礼申し上げる。

二〇〇一年八月

野中俊彦

目次

第一部　憲法と選挙制度

Ⅰ　選挙に関する憲法上の原則

目　次

目　次

第二部　議員定数不均衡訴訟

Ⅱ　衆議院議員定数判決の意義と問題点
――平成五年一月二〇日最高裁大法廷判決――

Ⅸ　千葉県議会議員の選挙区の定め方と議員定数不均衡
――平成八年二月二九日東京高裁判決――

第三部　選挙運動の自由と規制

第四部　選挙の管理と運営

Ⅰ　選挙人名簿登録の瑕疵と選挙無効原因
——昭和五三年七月一〇日最高裁第一小法廷判決——

第一部　憲法と選挙制度

I　選挙に関する憲法上の原則

はじめに

この報告で取り扱うのは、日本国憲法は選挙に関してどのような原則を設けているか、その憲法規範に照らしてみた場合、現在の公選法の諸規定ならびにその運用にはどのような問題点があるか、それらをどのように解決していくべきか、といったようなことである。

いうまでもなく選挙は、国民主権下の議会制民主主義にあっては、国民と議会とを結びつける最も重要な制度である。選挙の理論は、主権論や代表理論、政党の理論等々と密接に結びついており、問題を拡げていけば、今日の議会制民主主義に関連するすべての問題領域にまで発展するはずである。しかし私の報告では、問題をあまり拡げないで、選挙権ないし選挙制度のいわば固有の領域の憲法解釈論に限定しておきたい。

選挙の基本原則に関してはすでに多数の文献があり、この報告と同じ題名の論文もいくつかみられる。(1)一般論はすでに一応出尽くしている観もあるので、この報告においては、多少なりとも新味をもたせるため、今日現実・具体的に生じている問題を素材として、なるべく具体的に考察するやり方をとりたい。そうすると部会報告との多少の重複は避けられないが、重複が予想される部分については、この報告では簡単に触れる程度にとどめておく。

なおこの報告では、直接的には国会議員の選挙をもっぱら念頭においており、地方自治体の長や議員の選挙に関する細かな点での相違は、さしあたり問題にしていない。

一　二つの具体的事例

まず、今回の総選挙(2)に関係して身近に感じた二つの事例ないし問題を取り上げて、話の糸口としたい。

(1)　選挙人名簿への登録

その一つは、新聞でも大きく取り上げられた選挙人名簿への登録に関する事例である。たとえば朝日新聞八月二七日朝刊の記事は、「新有権者――投票お預け一五万人――公選法の規定がネック」という見出しを掲げて、つぎのように報じている(3)。

『選挙権があるのに、どうして投票できない』――こんどの総選挙でこんな疑問を持つ若者が、全国で一五万人前後出そうだ。総選挙日程は九月十七日公示、十月七日投票の線が強いが、公選法の規定で九月一日現在で確定した選挙人名簿は十月十日まで変更できないことになっており、この時期に満二十歳の誕生日を迎える人たちが登録されないため、と自治省。四十四年の公選法改正以来、国政選挙では初めてのことだという。……」

つづいて同紙九月五日朝刊の記事は、「……政治学者有志は四日、自治相と会い、『登録事務を投票権より優先させるのは本末顚倒であり、投票日を一～二週繰り下げるか、または公選法の定時登録制度を改正すべきだ』と申し入れた。これに対し自治相は『(解散――総選挙の日程は)首相が決めること』とし、公選法改正は『将来の検討課題にする』と答え、今臨時国会での改正には消極的な意向を示した。重要な問題を含んでいることから自

治相はこのあと、大平首相に報告した。……」と報道している。(4)

なぜこのような問題が生じたのか。それは、現在の公選法二二条――年に一回、九月の定期的登録と、選挙を行う場合の登録との二つの場合を定めている――が、選挙を行う場合の登録について、「(当該選挙の期日が九月一日から十月十日までの間にあるものを除く)」という括弧書きをつけていることによる。そして右のような事態になったことには確かに偶然的な要素も強く働いており、登録事務に関しての技術上やむをえない空白期間と選挙の日程がたまたま運悪く重なったまでのことだ、仕方のないことだとして片付ける見方もあるかもしれない。

しかし私はそのようには考えない。はしなくもここに現在の公選法の諸規定と憲法規範との乖離の一端があらわれていると、むしろ考える。そのことは、選挙人名簿登録制度の改正の経緯をぶりかえってみると明らかになるであろう。すなわち、昭和四一年の改正前の公選法においては、登録に関して、基本選挙人名簿と補充選挙人名簿の併用方式が採用されており、前者は毎年調製され有効期間は一年、後者は選挙が行われる場合に調製され、前者の有効期間に限り有効とされていた。ところが昭和四一年の法改正によって選挙人名簿は一本化され、永久選挙人名簿が採用されることになった。その狙いは選挙人名簿の正確性を期すということにあったようであるが、この方式では当初、毎年三月三〇日および九月三〇日を法定の登録日とし、これ以外には補充を行わないこととされていた。したがってこの改正法においては、今回の四〇日を大幅に上まわる六か月間の空白期間が存在していたのである。当時の自治省事務官の解説をみると、これは事務処理上の理由でやむをえず、「その結果、定時修正の中間において選挙権を取得する者があったとしても、登録する時期が来るまで待って貰うことになるのはやむを得ないところである」としている。(5)このような制度の下に、昭和四二年一月に施行された総選挙においては、選挙人たる資格を有しながら登録できなかった新有権者は四十数万人であったといわれている。そこで、当時Y大学に在学中の一学生が、これを憲法一五条・一四条等に違反するとして、選挙管理委員会の登録申出拒否行為(登録しない旨の決定)の差止訴訟と行訴法二五条の準用による仮の差止めを求めて出訴している。しかし、この訴訟手続上の問題点はさておくとして、審理にあたった裁判所は、普通選挙の保障が憲法上の要請であることを認めながらも、具体的な名簿登録制度をどのように定めるかは立法政策の問題であるとして、原告の請求を却けたのであった。(6)

その後、おそらくこの事件の影響もあったかと思われるが、昭和四三年の法改正によって、登録は「三月、六月、九月及び十二月」と年四回行われることになり、空白期間は半分に短縮された。そしてさらに昭和四四年の法改正で、従来の登録申請方式に代って、住民基本台帳に引き続き三か月間記録されていることを要件とする職権登録方式がとられることになり、またこれとあわせて、毎年九月の定時登録のほかに、選挙のたびごとの補正登録の制度が設けられた。(7) 現在の制度がすなわちそれである（法第四章、一九条二項）。

このような法改正の推移をみると、立法府が、一方で選挙人名簿をより正確なものにし、選挙の公正を保つために最も適切な制度を構築しようと苦労し、他方でまた空白期間をどのように解消するかに意を注いできたということは、十分うかがい知ることができる。それにもかかわらず、これらの経緯において憲法上の要請が相対化され、空白期間の解消はあくまでも立法政策の問題のように処理されてきていることに、私は大きな不満をもつ。少なくとも昭和四一年当初の六か月の空白期間は、現実にもその半分以下に短縮できたのである。それにもかかわらず六か月でやむをえないと考えられていたことが問題なのである。同じことは昭和四三年改正法における三か月の期間についてもいえる。そこには、まず選挙権の保障を徹底させることが第一で、名簿の正確性をどうやって確保するかということは第二だという発想がみられない。そして、実は立法府に限らず学説や判例においても基本的には同じような考え方がまだ支配的であることに、私は大きな疑問をもつ。私の報告でくり返し指摘したいのは、実はこの点である。

(2) 不在者投票制度

つぎにもう一つ、不在者投票に関する問題をとりあげてみる。

選挙における投票に関して、公選法四四条は、選挙当日の投票所における投票の制度を原則としてとり、四九条の不在者投票制度はむしろその例外として救済制度的な性格をもたされているが、そのこと自体は一般的には問題のないところである（在宅投票制問題については後述）。ところで公選法四九条は不在者投票のできる場合を五つほどの類型に分けて掲げているが、その一つに、「選挙人がやむを得ない用務又は事故のためその属する投票区のある市町村の区域外に旅行中又は滞在中であるべきこと」というのがある。この事由によって不在者投票を行おうとする場合、かつての施行令では不在者投票事由の存在を証明する証明書を必要としていたのであるが、昭和四五年の施行令改正により、以後、選挙人は、「当日自ら投票所に行って投票しえない事由」を申し立て、それが真正であることを誓う旨の宣誓書を提出すればよいことになっている（令五二条）。このため不在者投票制は従前よりも利用しやすくなったといえるが、法律規定はもとのままであるから、そこに規定されている「やむを得ない用務」という要件自体は従前と同じく厳格に解さなければならないというのが、その後の下級審判決のとる立場のようである。(8)

施行令の改正によって法律規定の意味内容に変更がもたらされるわけではないという解釈はもとより正当であるが、問題は、法律規定にいう「やむを得ない用務」としてどのようなものまでを認めるかの点にある。たとえばつぎのように判示する高裁判決がある。(9)「不在者投票の事出についていては、公選法四九条一項二号が、『やむを得ない用務又は事故……』と厳格に定めている趣旨にてらし、その旅行の用向は真摯であり、かつ選挙人の裁量によっては変更のできない生活上やむを得ない事由であることを必要とするものというべきであり、右の用向がやむを得ないと判断される程度に記載されている場合は別として、単なる私事旅行、観光旅行等はたとえグループ旅行であっても不在者投票事由としては不適法であるといわざるをえない。」

たしかに法律上は投票日当日の投票所での投票を原則とし、不在者投票は例外的な場合にのみ認められている。法律の解釈としては右のような解釈が自然なようにもみえる。不在者投票制がしばしば不正選挙の手段として利用された実績があることを考えれば、なおさらであろう。しかしこれを憲法の視点からみたらどうであろうか。右のような解釈は憲法上の要請に忠実な解釈とはいえないのではなかろうか。もちろん憲法上の要請とはなにかということがまずもって問題となろうが、私は、憲法一五条の普通選挙保障規定は、選挙における具体的な投票の保障までも含み、選挙人は通常の社会生活の営みのなかで特別の無理をせずに投票できることまでも保障されており、したがって投票に関する制度もまた選挙人に投票の機会を最大限与えうるようなものとして構築され、また運用されるべきものではないか、と考えている。そしてこのような観点からみると、右の判旨のような理解には納得しがたいものがある。今日、国内・国外ともに旅行は隆盛をきわめており、かなり以前からスケジュールを立て、予約等の手続をとらなければならないのが実情である。今回の公法学会もたまたま投票日にまたがってスケジュールが組まれている。正式の案内状が私の手許に届いたのは九月に入ってからであり、すでに投票日は予測できたはずであるが、期日の変更は考えられなかったようである。このように、やや大げさにいうと現代社会のもろもろの行事はかなり以前から予定が組まれざるをえないし、容易に変更しにくいという事情がある。学会参加はもちろん真摯な用向と認められるであろうが、観光旅行とてそれをことさらに不在者投票事由から排除する理由はないと思われる。それを排除することは現代社会の実情に合わず、むしろ、真面目に選挙権を行使しようとする選挙人をいたずらに閉めだす結果になろう。(10) そしてこれはつめていけば、やはり憲法問題になると思われる。

もっとも、この点については具体的予約等の事実が明確であればよいというのが、行政実務での扱いのようである。私が今回不在者投票をした際、不在者投票所に掲示されていた宣誓用紙の記載例の中に、「○○観光会社主催の△△めぐり旅行に××日から××日まで参加するため」というのがみられた。このような扱いでよいと思われる。[11]

蛇足ながら、不在者投票について気が付いた点をもう一つ付け加えておく。それは、衆議院議員選挙のために許される不在者投票の期間と最高裁判所裁判官国民審査のために許されるそれとの間にずれがあることである。私はそのために都合二回不在者投票所に足を運ぶことになった。これは国民審査法施行令の定める手続上の理由によるものであるが、[12] 立法政策上は両者を合わせることが望ましい。

以上を話の糸口として、以下順序立った話に移りたい。

二　選挙に関する憲法上の原則

(1)　普通・平等・直接・秘密選挙の原則

一般に選挙制度というとき、それは各国・各時代ごとにさまざまなものがみられるが、近代以降の各国の選挙制度は、当初の制限選挙や不平等選挙を次第に克服し、選挙に関するほぼ共通の原則を確立するに至っている。近代選挙の原則とよばれる普通・平等・直接・秘密選挙の原則がそれである。[13] これらの原則の一般的意味内容については改めて説明するまでもないであろうが、簡単に述べておく。普通選挙は制限選挙に対する観念であり、選挙人資格をすべての成人国民に一様に認めることをその内容とする。平等選挙は等級選挙に対する観念であり、選挙人に平等な投票価値を認めることをその内容とする。これらの沿革は違っているが、今日の時点では両者を共通の枠にくくって、選挙権の平等とよぶこともある。また直接選挙は間接選挙に対する観念であり、秘密選挙は公開選挙に対する観念である。

このような選挙の基本原則の確立に至るまでには、各国・各時代において、さまざまな闘争と弾圧と妥協の過程を経ていること、またわが国においても明治憲法の下、最初は制限選挙から始まり、大正年間の普通選挙法の確立を経て、戦後、女子選挙権の承認に至るまでさまざまな歴史的経緯があることは周知のとおりである。その詳細はここでは省略するとして(14)、いずれにしても、女子の選挙権を含む完全な意味での普通・平等選挙の制度が実現したのは、わが国の場合、第二次大戦終了後のことであり、さらにこれらの選挙の原則が憲法規範として確立されたのは、日本国憲法になってからであった。すなわち、明治憲法は、選挙に関する規定としては、「衆議院ハ選挙法ノ定ムル所ニ依リ公選セラレタル議員ヲ以テ組織ス」（三五条）という規定を設けていたにとどまり、選挙の原則もすべて立法政策次元の問題に属させていた。これに対して日本国憲法は、前文冒頭の「日本国民は、正当に選挙された国会における代表者を通じて行動し……」に始まり、一五条一項・三項・四項、四三条、四四条、四七条、さらに地方自治体の選挙に関し九三条二項を設け、これらの諸規定において選挙に関する基本原則を定めている。

憲法がこれら諸規定の中で選挙に関してどのような原則を立てているかを具体的にみていこう。まず憲法一五条一項が、「公務員を選定し、及びこれを罷免することは、国民固有の権利である」として、いわゆる参政権を基本的権利として位置づけており、つづいて普通・平等選挙に関しては、一五条三項が、「公務員の選挙については、成年者による普通選挙を保障する」と定め、四四条が、「両議院の議員及びその選挙人の資格は、法律でこれを定める。但し、人種、信条、性別、社会的身分、門地、教育、財産又は収入によって差別してはならない」と規定している。これらに加えてさらに一四条一項の一般的平等原則がかぶさってくる。こうして普通・平等選挙の原則は、憲法規範として明確にされているということができる。ついで一五条四項一段は、「すべて選挙における投票の秘密は、これを侵してはならない」と定め、秘密選挙の原則を明瞭に示している。これらに対して、直接選挙の原則に関しては憲法上明文の規定がなく、かえって四七条は、「選挙区、投票の方法その他両議院の議員の選挙に関する事項は、法律でこれを定める」と規定しているので、学説上は、直接選挙は憲法上の要請ではないと解する説と、間接選挙を認める積極的な憲法規定がない以上むしろ憲法は直接選挙を要請していると解する説とが対立している[15]。この点の議論の余地は残るが、いずれにしても普通・平等・秘密選挙の原則が日本国憲法において憲法規範として明定されていることは確かである。

(2) 立法裁量との関係

ところで選挙に関する具体的な制度の構築は、憲法上法律事項とされているばかりでなく、両議院の議員定数、選挙区、投票の方法等々については憲法上も明確な基準が設けられているわけではないから、具体的にどのような選挙制度を構築するかは、一応立法府の裁量に委ねられているといわざるをえない。そこまではよいとして、そのことから憲法上の原則をとかく相対的なものと考え、立法裁量にあたって考慮すべき一要素に過ぎないかのようにとらえる傾向が、立法実務においてもまた学説・判例においてもみられるように思う。私はこのような傾向にかねがね疑問をもっており、むしろ憲法は具体的制度構築を立法裁量に委ねている（委ねざるをえない）からこそ、その限界を画するものとして憲法上の原則を明記しているのだというようにとらえなければならないと考える。右に挙げた諸原則のうち、今日のわが国で最も問題があるのは普通・平等選挙の領域であるが、この領域では憲法上の要請がとりわけ厳格に守られなければならない。西ドイツを例に引くと、連邦憲法裁判所は、基本法に明定されている普通・平等選挙の原則に関して、それを一般的平等原則の一応用場面と解しながらも、その形式的・水平的性格を特に強調し、立法府が選挙法を制定するにあたってはとりわけ狭い裁量しか与えられず、形式的差別の認められるのは、特別の正当化理由、どうにもやむを得ない理由がある場合に限られる、とくり返し判示している[16]。このような考え方は、わが国においても大いに参考にされてよいだろう。選挙に関する法律は、まず第一に憲法上明定された要請を忠実に具体化するものであることが、いわば絶対的に要請されているのであり、つぎに選挙区制のように憲法上直接に原則的な定めのない事項についても、国民主権原理や選挙に関する近代立憲主義に共通の原則的な考え方に拘束され、前者の場合よりはゆるやかであるが、やはり憲法上の枠組のな

かで制度構築がなされなければならないはずである。(17)

基本的にこのような考え方に立ってわが国の選挙法をみると、そこには憲法上の要請との間にかなりのへだたりがあることが分る。

まず選挙法規全体についていえることがある。わが国の選挙に関する法律は、普選法の流れに沿った各種選挙法が、戦後は憲法的に必要な修正を受け、その後昭和二五年に公職選挙法に統一され、爾後もかなりの回数の改正を経て現在に至っている。ここで問題なのは、現在の公選法の諸規定につながる各種選挙規定が、実は戦前の選挙法規定の部分的改正として出発したこと、つまり、基本的には戦前からの選挙法規定を生かし、ただ日本国憲法の諸原理に合わない部分だけを最小限度削除・修正したものとして出発しているという事実である。この点については早い時期に、鵜飼教授が「選挙制度の基本原理」という論文のなかで鋭く疑問を投げかけている。(18) 少し引用すると、教授は昭和二二年改正当時の選挙法における選挙人資格の欠格事由の一部に疑問を呈しつつ、つぎのようにいう。

「旧憲法の基本的特質であった、少数者の支配という機構を、新しい憲法が根底から変革した以上、憲法附属法令も、その原則を徹底的に実現しなければならぬことはいうまでもない。そうしてその場合、もし古い政治権力者が、新たに政治的権力に参加するものの範囲を制限しようとすれば、その理由となるものは、常に抽象的に、政治に参加する能力がないということであったことを指摘しておく必要があると思われる。」

さらに選挙区制度に関連して再び――、

「なお他の場合もそうであるが、とくにこの点については、選挙法が、旧憲法下の帝国議会に対する法律をここかしこ繕っただけで、新憲法下の国会のそれとして通用し得るかのように考えているところに根本の問題があるのではなかろうか。このような基本的な法律の内容は、決して単なる技術的なものにとどまることを得ないで、必ず基本的な政治的意義を伴っているのであるから、根本的な政治変革に際しては、旧体制下の法律から一度は明確に分離し、全く新たな構想の下に、自由な立法をするのがほんとうである。」この指摘はきわめて正当である。明治憲法下の選挙規定は、全体として近代的選挙原則の貫徹を要求する力とそれを押えようとする力の妥協の産物として生れたものであったから、新しい憲法の下では、憲法の原則に一見明白に反する部分の修正だけにとどまらず、細目的・技術的部分にわたるまで詳細に再検討される必要があったと思われる。ところがそれは行われなかった。

このような仕方で出発した選挙法においては、まず憲法上の要請を見究めて、それに適合する最善の選挙制度をどうやって構築するかという視点を欠き、逆に、すでにある旧い選挙制度をどの程度いじくれば、憲法に不適合といわれなくて済むかという処理の仕方が前面にでていたように思われる。そのような処理の仕方で済ませようとすれば、おのずから、憲法上の要請をなるべく狭い範囲に閉じこめ、相対化し、代って立法裁量の範囲を最大限広く解したくなるものであろう。今日でもとかく憲法上の要請が立法裁量の問題におきかえられる傾向に対して疑問を投げかけるのがこの報告の趣旨なのであるが、そのような傾向を生じさせる源はまずここらあたりにあったのではなかろうか。

もっとも、その後何回かの改正を通じて、旧時代の残滓が少しずつ除去されていったのも事実である。たとえば先の鵜飼論文では、選挙人資格の欠格事由のなかに、準禁治産者と刑の執行を受けることがなくなるまでの者が含まれていることが問題にされているが、その後の改正により、現在の公選法の規定では、準禁治産者ならびに刑の執行猶予中の者は選挙人資格が認められるようになっている。しかしこれらはいずれも立法政策の問題として処理されてきたのであり、憲法上の要請に対して立法裁量の余地を最大限確保しようとする考え方の基本は、立法府においては変っていないようである。そして学説・判例の大勢もそのような考え方を今日なお追認しているようにみえる。しかし最近では憲法上の要請をもっと厳格に考えていこうとする動きが、学説・判例の上で少しずつでてきている。私も基本的に後者の立場に立つことを明らかにして、つぎに個別・具体的な問題に即して私見を述べてみたい。

三　普通選挙の原則

(1)　普通選挙の原則は、選挙人たる資格についてすべての国民は平等に扱われるという原則である。選挙人資格について具体的要件を定める公選法の規定をみると、九条に国籍、年齢、住所の要件が掲げられ、一一条に欠格事由として、禁治産者、禁錮以上の刑に処せられその執行を終るまで、あるいはその執行を受けることがなくなるまでの者が挙げられている。後者のうち執行猶予中の者は欠格事由からはずされているが、選挙犯罪にかかわる者の場合はやはり欠格事由とされている。これら法定された要件は、諸外国の制度でもほぼ共通するものであり、欠格事由について過去に違憲訴訟が提起されたことはあるが、現在特に憲法問題を生じさせていない。ただし立法政策の問題としては、年齢要件を西ドイツ等のように一八歳に引き下げるべきではないか、居住要件を現在の三か月からもう少し短縮すべきではないか、外国に滞在する者にも選挙権行使の機会を与えるべきではないか、さらに在日外国人についてはどうかといった問題がある。これらは憲法問題となる余地もあろうが、本報告では特に取り上げない。

この選挙人たる資格ないし地位のことを、ふつうに選挙権と呼んでいる。そして選挙権の法的性格に関しては、周知のように、今日権利・公務二元説と権利一元説との対立があるが、[19]そのどちらの説をとるにせよ、選挙権が国民の有する最も基本的な権利であり、議会制民主主義の根幹をなすものであるという理解は共有されている。このことは今日では、学説においてもまた判例においても格別異論もなく受け入れられているところである。[20]ところで選挙権は実際の選挙における投票行為と結びつかなければ、選挙人にとってはおよそ現実的な意味をもたないから、選挙権の保障は必然的に投票行為の保障までも含むものでなければならないはずである。したがって普通選挙の原則は、観念的な選挙人資格の獲得の点だけにとどまらず、現実の選挙における投票行為までの全プロセスにわたって要請される原則と考えてさしつかえないであろう。

(2)　ところが現在の公選法の規定およびその運用を見ると、問題となる点がいくつかみられる。そのうち二つの具体例を話の糸口として先に挙げておいた。

まず選挙人名簿への登録問題についていうと、先に法律改正の経過をたどったことで分るとおり、立法府にも決して悪意はなく、むしろ空白期間を最小限にとどめようとする努力の跡は十分認められるのであるが、そこには、空白期間を零にすることを原則にして、それに合わせて諸手続を整備していこうとする発想が残念ながらみられず、逆に選挙人名簿の正確性、ひいては選挙の公正ということをまず第一義的に考えていることがうかがわれる。選挙の公正の確保はもちろん大事なことであるが、憲法上選挙権を有すべき者の一部を切り捨てた上で選挙の公正をいうことは果して意味のあることであろうか、私には根本的に疑問に思える。この事例は、憲法上の要請が相対化され、立法裁量の問題に矮小化されて制度構築がなされたことに由来するもので、違憲の疑いがきわめて強いといわなければならない。しかし、昭和四二年総選挙に際しての東京地裁決定は、「国会が憲法の授権にもとづき選挙に関する事項を立法する場合には、複雑多岐にわたる社会組織のもとで多数の選挙人によっておこなわれる選挙を混乱なく公正かつ能率的に執行するため、その裁量の範囲内において、国民の選挙権行使に必要な制約を加えることも当然許されるものというべきであり、公選法が、選挙人名簿に登録されたものでなければ選挙権を行使しえないとするいわゆる強制名簿主義を採用していることなどは、まさに右の要請にもとづく必然の制度である。そして、かような選挙人名簿制度をとる以上、選挙権の取得と選挙人名簿の登録を時間的に一致させることはとうてい望みえないところであるから、選挙権を有する者をいかなる時期にいかなる方法によって選挙人名簿に登録するのが適当であるかは、決して選択の余地のないほど明らかなことではなく、結局、選挙権を保障した憲法の趣旨と選挙制度全体の適正な運営の確保という観点から綜合的に判断し決定すべき立法政

まっている。(21)

策の問題である」と判示して、選挙権の基本的権利性を認めながら、その現実的保障を立法政策の問題にしてし

私はこの判旨には賛成できない。選挙権を国民主権下での最も重要な基本的権利ととらえるからには、その制限はどうしてもやむをえないという特段の事由がある場合以外は許されるべきではない。したがって、「選挙の公正を保つために、技術的にこの程度は……」というふうに安易に立法政策の問題に解消することは許されないと考えるべきである。右の決定が扱った制度における空白期間は少なくともそれを半分に縮小することが実際にもそれほど支障もなくできたのであり、また現在の制度に関しても、たとえば新有権者についての予備登録制をとるなどの方法により、多少の事務的煩瑣は避けられないとしても、空白期間を零に近づけることは不可能とはいえない、と思われるからである。

(3)　もう一つの不在者投票の例は、はたして憲法問題として取り上げるのにふさわしいのかと疑問を呈されるむきもあるかもしれない。しかし私は、普通選挙の保障の一コロラリーとして、日常的な社会生活に特に支障を生じないで投票をなしうることの保障が含まれうると考えている。ドイツを例にとると、ワイマール憲法は、普通選挙の保障のほかに、特に「選挙の期日は日曜日または公休日でなければならない」という規定をおいていたが（二二条）、それはまさに、日常的な社会生活に支障をきたさないで投票ができるようにとの憲法上の配慮だったと思われる。また現在の西ドイツ基本法にはこのような規定はないが、連邦選挙法には指定投票所以外の投票所での投票や郵便投票の制度が設けられており（法一四条三項、規則二二条）、これも基本的には同趣旨に立つものであろう。(22)不在者投票制度があくまでも例外として認められているものであるにしても、不在者投票事由については、現代の社会的条件を考慮しての合理的解釈・運用が必要だといえる。これは直接的には法令解釈の次元の問題であるが、憲法上の要請を右のようにとらえ、その要請に沿った解釈が施されなければならない。

(4)　つぎに在宅投票制度の問題に触れておく。在宅投票制度は不在者投票制度の一形態であり、特定の投票者

には在宅のままで投票を認める制度である。この制度は、わが国では昭和二三年の衆議院議員選挙法、同施行令の改正により郵便投票が認められたことにはじまり、その後昭和二五年の公選法に引き継がれた。当時の公選法四九条、同法施行令五八条は、「疾病、負傷、妊娠、若しくは不具のため、又は産褥にあるために歩行が著しく困難であるべき」選挙人をその対象者とし、該当者には、「その現在する場所において投票の記載」をし、投票用封筒に封入して、「郵便をもって送付し、又は……同居の親族によって提出」することを認め、さらにその場合にも代理投票を認めていた。このようにして身体障害者等にとって投票の便宜が厚くはかられていたのであるが、その後昭和二六年四月施行の統一地方選挙において、この制度が甚だしく悪用され選挙の公正を害したという理由で、昭和二七年の法改正で廃止されてしまった。それ以来、身体障害者等の多くは、事実上選挙権行使の途を閉ざされることになったといわれる。そこで、小樽市在住の一身体障害者が、この在宅投票制度の廃止ないしその後の立法不作為の違憲を争う国家賠償請求訴訟を提起した。「在宅投票制度復活訴訟」の通称でもよばれる本訴訟には、国賠法一条の解釈論や訴訟理論上の重要な論点が多数含まれているが、それらの諸点についての検討は省略し[23]、ここでは、今までに出されている第一審と第二審の判決[24]が、在宅投票制の廃止ないし不存在の事態を選挙に関する憲法規範に照らしてどのように判断したかを見ておきたい。両判決にはニュアンスの差はあるが、基本的な考え方は共通しているので、ここでは第一審判決から引用する。

「憲法は、選挙権を国民の最も重要な基本的権利の一つとして最大の尊重を要するものとしていることは疑いを容れない。したがって、憲法の右趣意に鑑みれば、選挙権の有無、内容について、これをやむを得ないとする合理的な理由なく差別することは、憲法上……国民主権の表現である公務員の選定罷免権および選挙権の保障ならびに法の下の平等の原則に違背することを免れない。そしてこのことは、単に選挙権の有無・内容について形式的に論ずれば足りるものではない。憲法第四七条は、……（選挙に関する）事項の定めを法律に委任しているが、立法機関が右事項を定めるにあたっては、かかる普通平等選挙の原則に適合した制度を設けなければならず、法律による具体的な選挙制度の定めによって、一部の者について、法律の規定上は選挙権が与えられていてもその行使すなわち投票を行なうことが不可能あるいは著しく困難となり、その投票の機会が奪われる結果となることは、これをやむを得ないとする合理的理由の存在しない限り許されないものと解すべきである。」

同判決はこうして、在宅投票制度廃止行為を、「より制限的でない他の選びうる手段」の基準に従って審査し、結論的に違憲と判断した。この基本趣旨は、立法不作為の違憲の方を問題にした第二審判決にも引き継がれている。すなわち両判決とも、選挙権を国民の最も重要な基本的権利の一つとしてとらえていること、選挙権の保障は投票の保障までも含むべきこと、これを実質的に妨げることは、やむを得ない合理的理由がある場合に限られることを認める点で共通している[25]。このような考え方はきわめて正当と評することができる[26]。

この訴訟係属の間に、昭和四九年の法改正によって、重度身障者等を対象とした在宅投票制度が復活させられ（四九条二項）、この訴訟の原告もその対象のなかに入ったのであるが、この改正によってもなお事実上投票のできない選挙人は相当な数にのぼるといわれている。ちなみに、敬老の日の朝日新聞には、今回の総選挙を前に二〇数万人が投票の途を閉ざされているとの報道がある[27]。他方、同じ日の紙面には、愛媛県の某町議選挙で過剰投票が二〇票もあったが、その原因は不在者投票用紙の悪用によったものであることが判明したとの報道もあった。在宅投票制度が過去に悪用されたことがあることは事実であるし、選挙の公正や秘密を守るためという廃止の理由も一面ではもっともな理由といえた。先述した西ドイツの郵便投票制についても、この制度は自由選挙や秘密選挙の原則に反して違憲ではないかとの憲法訴訟が逆に提起されたことがあるくらいである[28]。しかし選挙の公正や秘密も、選挙人の投票の機会の保障を前提とした上で問題とされるべき筋合いのものであり、そのためには譲歩しなければならない。それが憲法上の要請だといえよう。

投票の機会の保障については、投票所ならびに不在者投票所で投票する自由を形式的に保障すればそれで十分であり、それ以上の投票の便宜をはかることは、立法政策の問題としてはともかく、憲法上の要請とまではいえない、という意見もあるかもしない。しかしくりかえし私見を述べるならば、憲法上の要請は、日常生活の流れのなかで特別の負担を負うことなしに投票ができることの保障にまで及んでおり、日常寝たきり生活等を余儀なくされている選挙人が相当数いることが初めから分っている以上、在宅投票制度は憲法上の要請といってよい。それは普通選挙を実効的に確保するために要請されるのである。

四　平等選挙の原則

(1)　平等選挙の原則にかかわる最も重要な今日的問題として、議員定数不均衡問題があることは周知のとおりである。この問題は長尾報告でも扱われるので、ここではごく簡単に触れるにとどめ、また訴訟手続上の問題にも触れない(29)。

定数不均衡問題の由来は改めて説明するまでもなかろう。衆・参両議院について議員定数の配分は、当初ほぼ人口比に従って行われており、多少のでこぼこはあっても全体としてはほぼ均衡が保たれていた。ところがその後の激しい人口移動により、昭和三〇年代には衆・参両議院についてすでにかなりの不均衡が生じ、政治問題化したが、抜本的な立法解決がなされないまま、選挙無効訴訟を通じて裁判の場でも争われるようになった。

この問題に関する初めての最高裁判決である昭和三九年判決(30)は、当時の参議院議員定数不均衡の最大格差一対四程度について、つぎのように判断している。「選挙に関する事項の決定は原則として立法府である国会の裁量的権限に委せているものと解される」、「立法府である国会が裁量的権限を有する以上、選挙区の議員数について、選挙人の選挙権の享有に極端な不平等を生じさせるような場合は格別、各選挙区に如何なる割合で議員数を配分するかは、立法府である国会の権限に属する立法裁量の問題であって、議員数の配分が選挙人の人口に比例していないという一事だけでは、憲法違反と断ずることはできない。……所論のような程度ではなお立法政策の問題に止り、違憲問題を生ずるとは認められない」と。

ここでは平等選挙の原則の固有の意味はかえりみられず、定数配分は全くの立法裁量の問題とされ、ただ裁量権の濫用があるかないかをはかるものとして一般的平等原則だけが問題とされている。しかも、そのような接近方法によってもなお違憲といえると思えるのに、「この程度では」ときめてラフに合憲の判断を下している。(31) しかしこの判決は、昭和五一年判決が出されるまで、以後の高裁・最高裁において踏襲されたところであった。

最高裁昭和五一年判決(32)は、これに較べるとかなりの前進を示した。同判決は、選挙権の基本的権利としての性格ならびに選挙権の平等の重要な意義を強調したあと、「憲法一四条一項に定める法の下の平等は、選挙権に関しては、国民はすべて政治的価値において平等であるべきであるとする徹底した平等化を志向するものであり、憲法一五条一項、同三項、四四条但書等の各規定の文言上は単に選挙人資格における差別の禁止が定められているにすぎないけれども、単にそれだけにとどまらず、選挙権の内容、すなわち各選挙人の投票の価値の平等もまた憲法の要求するところ」として、ここではっきりと投票価値の平等を憲法上の要請と認めている。この点は画期的な判断と評してよいが、しかし同判決はつづけて、「右の投票価値の平等は、各投票が選挙の結果に及ぼす影響力が数字的に完全に同一であることまでも要求するものではなく、選挙制度の仕組みの具体的決定について裁量権をもつ国会は、その他の種々の要素をも考慮して決定しうべきものである」から、違憲かどうかは「結局は、国会の決定したところがその裁量権の合理的な行使として是認されるかどうかによって決定するほかはない」として、やはり立法裁量権の濫用の問題として処理する態度をとっている。それでもさすがに一対五程度の不均衡については、「一般的に合理性を有するものとは、とうてい考えられない程度に達しているばかりでなく、これを更に超えるに至っているというほかない」として違憲の判断を下しているのであるが、せっかく投票価値の平等を憲法上の要請ととらえたのに、それを結局は立法政策のなかに相対化させてしまうかのような扱い方には不満が残る。この判旨もやはり、選挙に関することは基本的に立法裁量事項だという点に比重をかけすぎている。たしかに、投票価値の平等の要請が完全な数的平等の実現までを要請しているとはいえない。しかし、能うかぎりそれに近いものを要請しているとはいえるのであり、したがってこれ以上の不均衡は認められないという上限の基準は法的にも画定できるはずである。そしてこの上限について、有力な学説が説くところは、「①少なくとも議員一人当りの人口の最高選挙区と最低選挙区の投票価値に約二対一以上の格差があってはならないこと、②非人口的要素は、いかに考慮に値するとはいえ、原則として各の二対一以上の格差を正当化することはできないこと、③人口比例の原則からの乖離を正当化する理由の挙証責任は、表現の自由の場合に準じ、公権力の側にあると解すべきこと[33]」であるが、一人一票同価値という平等選挙の原則の趣旨からして、この考え方はきわめて正当だと思われる。裁判所もこのような基準の採用にすみやかにふみきって欲しい。

(2)　衆議院に関しては、周知のように今まで二回の定数是正が行われている。しかし昭和五〇年の改正時でもなお最大一対二・八程度の格差があり、昭和五一年の総選挙時には最大一対三・五、さらに今回昭和五四年総選挙時には一対三・八八までになっている。立法府が抜本的な解決をはからないかぎり、憲法訴訟がくりかえし提起されざるをえないが、昭和五一年総選挙における不均衡について、昭和五三年九月一一日および九月一三日の二つの東京高裁判決[34]は、それぞれ合憲、違憲の対照的な判断を下している。前者の判決においては、投票価値の平等の要請と選挙区割における地域性の考慮とが対等に、というよりむしろ後者に比重をおいて位置づけられており、投票価値の平等の要請は結局立法裁量の問題として、無限にといってよいほど相対化されている。これに対して後者の違憲判決も、投票価値の平等の要請を必ずしも外からいわば絶対的に立法裁量を限界づけるものとはとらえていないようにみえる。しかし同判決は、投票価値の平等を立法裁量にあたって最重要視すべき要素としてとらえ、この要請を最優先的にかつ厳格に守ることの必要性を説いており、実質的には、投票価値の平等を絶対的なものとして確立していこうとする姿勢がうかがわれる。すでに述べてきた私の立場からは、後者の判決が支持されることはいうまでもない[35]。

(3)　つぎに参議院についてみる。ここでは今日最大一対五程度の格差があり、同じく選挙無効訴訟で争われているが、昭和五二年選挙に関して、昭和五四年二月に大阪高裁[36]の、また同年六月に東京高裁[37]の、合憲判決がだされている。両判決に共通する考え方は、参議院地方区選出議員には地域代表的性格も認められること、府県単位の選挙区を前提とした場合、過疎県に対しても最低二名の議員を配分しなければならず、そうすると二対一以下の比率を維持するのは現実問題として困難であり、叙上の格差もいまだ違憲とはいえないこと、ただしいわゆる逆転区についてはこのままでは違憲（東京高裁）か少なくとも立法的是正が望ましい段階にきている（大阪高裁）ということである。学説においても同じ趣旨で、二名区については現状でやむをえないとし、四～八名配分区についてのみ人口比率を問題にすべきだとの意見も有力である[38]。しかし私はこのような意見には賛成できない。手短に述べると、参議院地方区選出議員も法的意味においては「全国民の代表」であり、地域代表的性格を法的意味において強調することはできないと思われるし、選挙区割に際して地域性を考慮することはさしつかえないが、その場合もやはり投票価値の平等の要請が優先すべきであり、両者が両立しない場合に手直しされるべきは選挙区の方であり、投票価値の平等の方ではないと考える[39]。

五　その他の原則

(1)　秘密選挙の原則に関しては今日特に深刻な憲法問題は生じていない。なお在宅投票制度問題に関連して、投票機会の保障の要請の方が秘密選挙の原則よりも優先すべきことは先に述べた。

ついでながら立法政策の問題として、開票の単位はなるべく大きくとることが望ましい。狭くとると過疎地域などでは投票の秘密が実質的に侵される危険がある（もっとも地方選挙の場合はやむをえない面がある）。

(2)　直接選挙の原則については、既述のように争いもあるが、やはり憲法上の原則として挙げてさしつかえないと思われる。すでに指摘されているように、間接選挙は一般有権者の無見識や激情を予想し危惧する立場においてのみ意味をもつものだとすれば、この方法は国民主権下の代表の選挙方法としては適切でないといわなければならず、さらにまた二重の過程をふむことが、投票の結果を増幅したり縮小したりすることになって、平等選挙の要請にも反することになろう。(40)しかし直接選挙の原則もさしあたり現在の公選法においては充たされている。将来の制度改革に関して問題となる余地はあろうが、ここではこれ以上言及しない。

(3)　以上の原則に加えて、自由選挙の原則を挙げる学説もある。この原則はたとえば西ドイツ基本法に他の原則と並んで明記されているが、そこでは、選挙人が外からの強制や不当な干渉を受けないで選挙権を行使できることの要請という意味に解されている。(41)このような意味での自由な選挙は、日本国憲法においては直接の明文の規定はないが、精神的自由権の保障規定や秘密選挙の原則が明定されている趣旨から、十分に引きだすことができるであろう。

自由な選挙の要請は、広義にとらえると、選挙の全過程にわたっての自由の要請となる。それは具体的には立候補の自由、そしてとりわけ選挙運動の自由の要請である。前者については、最高裁はこれを憲法一五条一項によって根拠づけている。(42)また後者が直接的には憲法二一条によって保障されていることはいうまでもなかろう。ところが立法政策の問題であるかのようにとらえているふしがある。とりわけ戸別訪問禁止、文書図画頒布等の制限、事前運動の禁止の諸規定に関しては違憲の疑いが強くもたれるが、従来の最高裁判決においてはいずれも合憲と解されている。(43)ここにも憲法の要請の相対化と立法裁量偏重の傾向がうかがえる。最近では批判説も次第に有力となり、下級審の違憲判決も再びいくつかみられるようになっているが、(44)これらの点についての詳細は部会報告に譲りたい。

むすび

普通・平等選挙を中心とする選挙に関する憲法上の原則についての以上の検討を通じて、私は、従来の立法裁量偏重的な考え方に疑問を投げかけ、憲法上の要請を厳格に解する解釈態度がとられるべきことを主張した。そして、このような基本的解釈態度に立った場合、今日具体的にある選挙人名簿制度、在宅投票制度、議員定数不均衡等々の問題に関してはどのような解答がなされるべきなのかということについて私見を述べてきた。

最後につけ加えておきたいのは、私のように現在の制度に関して違憲を主張した場合の後始末の問題である。選挙制度に関しては、違憲の規定は無効だとすればそれで足りるという場合は少なく、むしろ、古い規定に代ってなんらかの新しい規定を作らなければならない場合の方が多い。それはもちろん立法府の権限事項（と同時に義務）であるが、学説においても単に違憲の主張だけをしておればよいというものではなく、同時に、憲法の要請に適合する具体的制度の青写真を提示する位のところまで議論を進める必要があると思われる。また今日の状況がそうであるように、立法府が容易に腰を上げないときには、憲法上の原則を裁判を通じて貫徹させようとする動きがでてくるのは無理もないが、裁判の手続にどのようにのせるか、裁判を通じてどこまで立法府に新しい立法を義務づけることができるか等々、訴訟理論上の問題を今まで以上に十分精密に検討しておく必要があろう。今回の報告では実体的違憲の主張の論拠を明らかにする作業に重点をおいたので、そこまでは扱えなかったが、私自身今後の、というよりは焦眉の検討課題と考えていることを付言しておきたい。この点についても部会報告で詳細に触れられることになろう。

他方、私は憲法上の要請の相対化理由として選挙の公正の確保ということが安易に持ちだされる傾向を批判したが、選挙の公正の確保自体を無用と考えるものではないことはいうまでもない。順序としてまず憲法上の要請を貫徹させた上で、つぎに選挙の公正を最大限確保すべき手だてを講ずべきだといっているのである。そのために有効な方法を検討することも今後の課題として残されている。その一つとして政治資金規正の問題があるが、それについても部会報告で触れられることになろう。

（1）野村敬造「選挙に関する憲法上の原則」憲法講座3、長尾一紘「選挙に関する憲法上の原則（上・中・下）Law School N0.12, 13, 14.

（2）第一五回衆議院議員総選挙。投票日が昭和五四年一〇月七日で、たまたま日本公法学会第二日目と重なった。

（3）朝日新聞昭和五四年八月二七日朝刊（大阪八版）。

（4）朝日新聞昭和五四年九月五日朝刊（大阪八版）。

（5）小池昌雄「公職選挙法の一部改正と選挙人名簿」自研四二巻七号五四頁。

（6）東京地決昭和四二年一月二七日判時四七一号三頁。

（7）昭和四四年の法改正につき、大林勝臣「公職選挙法の一部改正について」自研四五巻八号参照。

（8）福岡高裁那覇支部判昭和四九年七月二六日判時七六〇号四七頁、仙台高判昭和五二年三月二九日判時八五九号三〇頁。

（9）右掲仙台高裁判決。

（10）この上告審は審理不尽を理由に原判決破棄差戻しの判決を下した（最判昭和五二年二月八日判時八七二号七五頁）。不在者投票事由の存否認定の当否を判断するにあたっては、宣誓書の書面の記載と口頭説明の内容とをあわせ考慮しなければならないのに、原判決は口頭説明の内容について審理を尽くしていない、というのである。たしかに原判決は宣誓書の記載だけをみて、単なる観光旅行等の記載では不在者投票事由と認められないとしているのであり、より具体的・詳細な記載があれば正当な事由として認めたとも解される。しかし同判決には、観光旅行などはそもそも不在者投票事由にならないというニュアンスも感じられるので、あえて取り上げておいた。

（11）ちなみに金沢市選管では、このように具体的な記載をせず単に旅行等と記載する者には口頭で問いただし、チエックしているという。

(12) 施行令一四条が不在者投票に関する投票用紙及び投票用封筒の交付の請求につき、「審査の期日前十日から審査の期日の前日までにこれをしなければならない」と明定していることによる。総選挙に関しては公示後すぐに不在者投票が認められるが、国民審査に関しては投票日前十日からしか認められない。

(13) 林田和博・選挙法二三頁。このほかに自由選挙の原則が挙げられることもある（小林直樹・憲法講義（改訂版）下五一九頁、長尾一紘・前掲（中）七二頁参照）。ちなみに西ドイツ基本法は、普通・直接・自由・平等・秘密選挙の原則を一括して明文で規定している（三八条一項）。

(14) 林田・前掲七一頁、杣正夫「普通選挙」法時臨増号「昭和の法と法学」二二頁等を参照。

(15) 積極説が有力である。長尾・前掲（中）七二頁参照。

(16) Vgl. Leibholz/Rinck, Grundgesetz S. 626ff.; J. Frowein, Die Rechtsprechung des Bundesverfassungsgerichts zum Wahlrecht, AÖR, Bd. 99, S. 72ff. なお長尾一紘「平等選挙の原則と投票価値の平等——西ドイツの判例・学説を手がかりとして——」中央大学九十周年記念論文集三三九頁参照。

(17) たとえば長尾一紘「選挙制度の選択と立法裁量の限界——小選挙区制の憲法規範的評価をめぐって——」比較法雑誌一一巻二号二五頁は、選挙制度の選択に関しても憲法上の要請が働き、小選挙区制の導入は違憲だと論じる。

(18) 鵜飼信成「選挙制度の基本原理」国家六三巻四号一頁（その後、同・憲法における象徴と代表一四二頁に収録）。

(19) 最近の文献として、杉原泰雄「参政権論についての覚書」法時五二巻三号七〇頁、金子勝「わが国における選挙権理論の系譜と現状」立正一三巻三・四号三七頁、辻村みよ子「フランスにおける選挙権論の展開（1）～（3）」法時五二巻四号一〇八頁、五号九七頁、六号六五頁、吉田善明「政治的権利——選挙権の再検討——」Law School No. 21 七六頁等がある。

(20) 最高裁判例として、最大判昭和三〇年二月九日刑集九巻二号二一七頁、最大判昭和五一年四月一四日民集三〇巻三号二二三頁。

(21) 前掲注6。なおこれに関する評釈として、久保田きぬ子・判評一〇四号一九頁（判時四八六号一四九頁）参照。

(22) もっとも連邦憲法裁判所は、これらの制度の構築は憲法上要請されるものではないと解している。後掲注28参照。

(23)　本訴訟の経緯等の詳細については、中村睦男「立法不作為の違憲性」ジュリ昭和五三年度重要判例解説一一頁の末尾に掲げられた諸文献を参照。

(24)　札幌地小樽支判昭和四九年一二月九日判時七六二号八頁ならびに札幌高判昭和五三年五月二四日判時八八八号一二頁。

(25)　さらに昭和四九年に提起された第二次訴訟につき、札幌地判昭和五五年一月一七日判時九五三号一八頁も、投票機会の保障に関してはこれらと基本的に同趣旨の判断を下している。

(26)　もっとも諸判決が憲法一五条三項のほかに一四条や四四条の平等原則からも直接的に在宅投票制度が要請されると解している点には筆者は疑問をもつ。拙稿「在宅投票制度廃止違憲訴訟について」自正昭和五五年七月号二四頁参照。

(27)　朝日新聞昭和五四年九月一五日朝刊（大阪八版）。

(28)　連邦憲法裁判所は合憲と解している（BVerfGE 21, 200）。しかし逆に郵便投票制度を採用していないラント選挙法につき、郵便投票制度は憲法上立法府に義務づけられているものではないと判示している（BVerfGE 12, 139; 15, 165）。これに対してフロヴァインは、人の動きの激しい今日的条件に合わないと厳しく批判している(Frowein, a. a. O., S. 101f.)。

(29)　拙稿「憲法訴訟における『事情判決』の法理」金沢大学法文学部論集法学篇二五号一頁参照。なお最近の文献として、戸松秀典「議員定数不均衡訴訟判決の検討」法時五二巻六号二〇頁がある。

(30)　最大判昭和三九年二月五日民集一八巻二号二七〇頁。

(31)　このなかにあって、東京高判昭和四八年七月三一日判時七百九号三頁だけは、参議院の不均衡について請求は棄却したものの、違憲性を強く示唆していた。

(32)　最大判昭和五一年四月一四日民集三〇巻三号二二三頁。

(33)　芦部信喜「議員定数配分規定違憲判決の意義と問題点」ジュリ六一七号四三頁。

(34)　東京高判昭和五三年九月一一日判時九〇二号二四頁、同昭和五三年九月一三日判時九〇二号三四頁。

(35) 詳しくは拙稿「議員定数裁判の最近の動向――東京高裁の二判決を中心に――」ジュリ六八〇号七八頁参照。
(36) 大阪高判昭和五四年一月二八日判時九二三号三〇頁。
(37) 東京高判昭和五四年六月一三日判時九三三号一六頁。
(38) たとえば佐藤功「参議院地方区の議員定数不均衡」法セ二九三号一四頁。
(39) 拙稿「選挙をめぐる憲法問題と判例の動向」ジュリ七一〇号一〇〇頁参照。
(40) 野村・前掲一三三頁、長尾・前掲（中）七一頁参照。
(41) BVerfGE 7, 61(69f.). Vgl.Frowein, a. a. O., S. 103f. なお長尾・前掲（中）七二頁参照。
(42) 最大判昭和四三年一二月四日刑集二二巻一三号一四二五頁。
(43) 最大判昭和二五年九月二七日刑集四巻九号一七九九頁、同昭和三〇年四月六日刑集九巻四号八一九頁、同昭和四四年四月二三日刑集二三巻四号二三五頁。
(44) 最近の下級審違憲判につき、浦部法穂・ジュリ昭和五四年度重要判例解説一九頁参照。

〔あとがき〕　本稿は、日本公法学会第四四回総会（一九七九年一〇月六日）における報告を「である調」に改めたほか、若干の表現の修正を施して文章化したものである。ただし当日は時間の都合で四・五の部分は省略した。当初もう少し一般的・体系的な報告を意図していたが、直前に同趣旨の長尾・前掲論文に接したため、重複を避ける意味で本稿のような体裁のものに改めた。内容的に補完したい点もあるが、学会の記録ということを重んじ、若干の注記を付け加えるだけに留めてある。

（公法研究四二号、一九八〇年）

＊　本文の法律条文のうち、
①　公職選挙法一一条一号は、平成一一年の改正により、「禁治産者」から「成年被後見人」へと改められた。
②　同法一九条二号は、平成九年の改正により、定時登録は毎年三月、六月、九月、一二月に行うように改められている。

③　同法二二条の「（当該選挙の期日が九月一日から十月十日までの間にあるものを除く）」という括弧書きは、昭和五六年の改正により削除された。

④　同法四九条の規定は、平成一〇年に一部改正され、二号の「やむを得ない」の文言が削除されるなどしている。

⑤　最高裁判所裁判官国民審査法施行令一四条は、昭和五八年の改正により、請求時期が「審査の期日前八日」に改められた。

⑥　衆議院議員定数配分を定める別表一は昭和六一年、平成四年の二回にわたって改正されたが、平成六年の選挙区制度改革により、それまでの中選挙区制に代って小選挙区・比例代表並立制が採用され、現行の別表一は小選挙区について、別表第二は比例代表選挙区について定めている。

⑦　参議院議員定数配分を定める別表二は、平成六年、衆議院選挙区改革に伴い、別表三に移された。その年に、不均衡をある程度緩和する改正が行われ、さらに平成一二年にも定数是正のための改正が行われている。

Ⅱ　選挙権論・再考

はじめに――問題の所在

(1)　選挙権の法的性格の再検討を促す論議が、憲法学界で注目を集めるようになってから、もう一〇年以上も経過している。その間、さまざまな論議がくりひろげられてきたが、議論は容易に決着をみないで今日まできている。この論議は、従来の通説的見解＝権利・公務二元説に対する権利一元説の立場からの批判から始まったのであるが、それへの再批判、さらに再々批判というすっきりした形で論争が展開されてきたわけでは必ずしもない。一元説の立場からの批判は、かなり多くの者の関心を引いたはずであるにもかかわらず、二元説からの再批判は、どちらかというと断片的なものにとどまっていた観がある。そのわけとしては、おそらく、権利や公務の意味内容の把握が論者によりかなりまちまちである上に、二元説も選挙権の権利性を認める点で変りはなく、その中でも最近ではむしろ権利的側面を強調する立場が有力なので、原理論を超えた解釈論上の違いが実際にはどこにあるのか分かりにくく、論議の焦点をしぼりにくかったことが挙げられよう。

そのような中で、かなり包括的に二元説の立場からの再批判を試みたのは奥平教授であり、また最も本格的に一元説の立場の正当性を主張したのは辻村教授である。ただ残念なことには、両者の間でも、正面から本格的な論争が行われたわけではなく、それぞれの一方通行的な論議にとどまっている。

(2)　この論議への私の関わりはごく浅いのであるが、議員定数不均衡、在宅投票制度、戸別訪問の禁止など現実に裁判で争われてきた諸問題に即して憲法解釈論をある程度模索してきた者の一人として、この論議にも当然関心を抱いた。しかし率直にいって当初は、この論議には実質的にどういう意味があるのか分からないところがあった。それというのも、現実のこれらの諸問題に関して、選挙権の平等、投票権の保障、政治的表現の自由などの憲法上の権利ないし要請を強調し、立法裁量の安易な容認を批判する作業を私は行っていたのであるが、その際選挙権の権利性は当然の前提としていたからである。私の主たる関心事は現実の憲法解釈の次元にあったので、一元説であれ二元説であれ、選挙権が基本的権利であることを承認する点で共通している限り、機能的にさしたる違いはないのだから、両説の原理的な相違点についてはまた別個に論じれば足りると考えたのである。ところが一元説の側からはその後、公務性を認める二元説とでは解釈論の上でも違いが生じるという主張がなされるようになった。そうなると解釈論の次元でもこの論議を棚上げするわけにもいかなくなる。ただ当初は、では具体的にどのような違いが生じるのかは一元説の側からも必ずしも明らかにされていなかった。そういう状況のなかで、私は選挙に関する小論を書く機会をたまたま持ったので、およそつぎのような趣旨のことを書いた。

「問題は、公務的性格の示認の有無によって、具体的に選挙権の権利としての内容にどのような違いが生じるのか……ということである。」「肝心なことは、権利の名のもとに具体的になにが主張され、公務の名のもとに権利を制約する要素として具体的になにが語られるかということである。選挙権の法的性格論議を実りあるものにするためには、具体的問題とのかかわりあいをいっそう明らかにしながら論議が進められるべきであろう。(1)」

私がこのように述べたのは、この論議を憲法解釈論の次元で受け止めたからであって、そう受け止める以上、両説の問題点は、解釈論の帰結を通じて最もよく明らかにされると考えたからである。もちろん、解釈論の帰結が仮に同じであるとしても、原理的な論議の意味がなくなるわけではない。しかしその点については、論議の根本にある国民主権論や代表論を論じればよく、解釈論の帰結が現実に重要な意味を持ち、解決が急がれている場面であえて深入りする必要もないだろうと考えたのである。

(3)　その後この提言は一元説の側にある程度受け止められたようで、特に辻村教授は、両説の違いがどのように解釈論に反映するかをかなり具体的に示しながら、一元説の正当性を主張する論文を精力的に発表したが、その中では、かつての私の小論での見解も批判の対象に挙げられている。また、いくつかの教科書や小論の中にも権利一元説を支持する見解が散見される。それに対して二元説の側からの再批判もいくつかみられるが、そのような中で辻村教授は、法律時報の「論争・憲法学」シリーズのなかで、一元説の側からの総括にあたると思われる論文を発表し[2]、さらにそれをも含めてこれまでの教授の選挙権関係の論文を一冊の本にまとめて世に問われた[3]。

そこでこの機会に、辻村説を主たる対象にして、私の立場から若干の検討を行ってみることにしたい。それが辻村論文の論争誘発の趣旨に沿うことだし、今後の論議の発展にとっていくらか資するところもあろうかと考えるからである。もっとも私自身は、従来必ずしも明確に二元説の立場を採ってきたわけではない。解釈論の次元では、機能的にみる限り、選挙権の基本的権利性が認められていればさしあたりは十分であり、一元説・二元説にあえてこだわる必要もないと考え、態度を留保してきたというのが本当のところである。私は、「憲法上の概念のたて方としては、選挙人たる地位ならびに投票行為の両方にわたる権利という意味で、端的に代表を選挙する権利とするのが適切であろう」というだけにとどめており[4]、それ以上に選挙権の法的性格に立ち入って言及したことはない。ただ、歴史的にはともかくとして、今日の学説を一元説対二元説という対立図式でとらえること自体に疑問をいだいており、少なくとも一元説の立場は表明していないという意味において、基本的には二元説の立場に立ったものとみなされても異論はない[5]。

(4)　二元説と一元説の学説史的展開については、今までにも幾度か整理が試みられており、辻村論文でもかなり詳しく整理されているので[6]、それらに譲り、本稿ではあえて繰り返さない。ただ次の点だけを確認しておきたい。すなわち、二元説と一口にいっても、その中にはいろいろな立場があり、選挙に関する具体的な論点ごとに学説は分かれうるし、実際分かれているということである。しかし一元説対二元説という図式で議論する場合には、二元説のなかでの学説の違いは本質的な問題にはならず、問題はただ一点、権利としての性格と同時に「公務」としての性格をも承認するという共通点だけである。これに対して、一元説のなかにもいろいろな立場があるが、選挙権を権利としてだけとらえ「公務」による制約を承認しないという点で共通しており、ここで問題にするのは基本的にその点だけである。

このような問題の取り上げ方は、きわめて平面的であり、その基盤にあるものから議論しなければ意味がないという批判が予想されなくもない。しかし、これから検討しようとするのは、あくまで日本国憲法に即しての解釈論の次元にしぼった問題である。その次元での権利一元説と二元説の問題点を検討することは、決してその基盤にある問題を軽視することではなく、むしろ現象的な部分の検討を通じて基盤にある問題の再検討にも資したいということである。そのことを念のため付け加えておきたい。そして、一元説にもさまざまな立場があるが、少なくとも今日では選挙権を自然権とは異なる憲法上の基本権ととらえる立場が有力であり、辻村説もまたその立場に立っているから、以下では辻村説を一応現時点での一元説の代表格とみなして検討の対象としたい。

一　学説の相違点と問題点

選挙権をめぐり、二元説と一元説とではどのような解釈論上の違いが生じるのか、両説を図式的に対立させる意味がはたしてあるのかを、辻村論文に即して検討していきたい。

辻村論文では、両者の相違点が、①選挙の性格、②選挙権の性格、③選挙権の性格と内容、④被選挙権の性格、⑤基礎にもつ主権原理・国家論という五点にわたって整理されている。これらのうち、①②⑤は解釈論の具体的な帰結の相違点というのではなく、むしろ出発点における理解にかかわるものであり[7]、また④は選挙権に密接に関連するとしても、一応別個に論じる余地があるから、さしあたり措くことにすると、解釈論の観点から問題になるのは主に③の点である。ここで辻村論文では、さらに七点にわたって、一元説と二元説の相違点が明らかにされている。それらについて逐一検討してみよう。

(a)　権利の淵源

これについては、両説とも超国家的な自然権ではなく実定法に求めているとされている。その点で違いはないから、ここは問題がない。権利一元説のなかには自然権ととらえる立場もあるが、辻村説のとらないところである[8]。

(b)　権利保障の根拠

「二元説では憲法（ただし一五条一項に限らない）（憲法の委任する法律も根拠となりうる）であり、一元説では憲法（一五条一項）である」とされる。

この整理によると、両説の違いは、依拠する憲法条文の違いと、法律も根拠となりうるかどうかの点にあるということになろう。しかし、依拠する憲法条文の違いだけでは、具体的な解釈内容の違いとはいえないし、また公務性を承認しても、法律は憲法の要求に反することはできないという点に変りはないのだから、結局、憲法規範の要求はなにかという問題に帰着する。したがってここではまだ、両説の違いが具体的に明らかにされているとはいえない。辻村論文では「憲法四四条や四七条の法律への委任によって、選挙権の根拠自体を、憲法ではなく法律に求めることも可能になる」とされているが、公務性の承認が、これらの規定を白紙委任的にとらえる立場と論理的につながるわけではないし、実際にもそのような立場は今日ほとんど見当たらないように思う。そのような見解もたしかに可能であるし、実際かつて選挙権・被選挙権については憲法四四条によって「他の諸外国と異なり、すべて法律の規定するところに委ねている」と解する見解もみられたところであるが[9]、今日の「公務性」を承認する学説の多くは、そのような解釈を批判こそすれ、追随することはしていない。

いずれにしても、それはこれら規定自体の解釈の問題であって、公務性の承認がそのような解釈と常に論理的に結び付くわけではないということだけを述べておきたい。そして他方、公務性を否定すればそのような解釈は論理的にとりえない、というわけでもないのではなかろうか。憲法四四条は、「両議院の議員及びその選挙人の資格は、法律でこれを定める。但し……」と規定しているのであって、これは但書列挙事由以外の事由による資格の制限がある余地を認めた規定だと解するのが、文理上はむしろ自然である。解釈論においては、条文の文言や構造を無視するわけにはいかないことは言うまでもなかろう。問題は、具体的な制約が憲法の一五条三項その他の規定に照らして是認されるかどうかということであり、それは個別的検討になじむ問題である。なお四七条は、選挙区制度、投票方法などには合理的ないくつかの選択肢があるが、その選択を憲法は自ら行わず、立法府の判断に委ねるという趣旨の規定であり、選挙権の根拠までも法律に委任した規定とは到底読めない。

(c) 権利の主体

「二元説では、法律の定める普通選挙者、一元説では、政治的な意思決定能力をもつ主権者」とされる。これにも右と同様の問題がある。公務性を承認する学説も権利主体を法律の定めに一任されていると解するわけではなく、憲法一五条三項に普通選挙の保障がある以上、それに合理的な枠付けがなされていると解するのがふつうであるし、他方、権利説にあっても、まず「政治的な意思決定能力をもつ主権者」の範囲を確定する作業が必要であり、「内在的」というにせよなんらかの合理的な制約を認めざるをえないと思われるからである。したがってこれも、結局は次の具体的制約の問題として論じるのにふさわしいであろう。

このように、権利の淵源、根拠、主体に関する相違点が挙げられても、両説の解釈論上の相違点はまだ具体的には明らかにならないようである。たしかにいわゆる二元説のなかには、法律への委任を広く認める立場がありえ、それは一元説と対照的かもしれない。しかしそれは二元説のなかの別の立場とも対照的だといってよいのである。

(d)　権利の制約

「二元説では、国籍・年齢・能力のほか、選挙権の公務性に基づく制約が可能、これに対して一元説では、国籍・年齢・能力などの主権行使参加権としての権利に内在する制約のみ可能」とされる。主権行使というとらえ方が適切かどうかは、おそらく基礎にある国民主権論と切り離せない問題であろうから、しばらく措く。それを除くと、ここでは、両説の相違点が、かなり具体的に明らかにされている。

さて国籍、年齢、能力についても問題が全くないわけではないが、両説の相違が必ずしも明確には出てこないところのようであり、ここではその検討も省く。相違が出てくるのは、現行法の選挙人資格排除規定であり、さしあたりの論点は、受刑者、選挙犯罪者の排除が認められるかどうかという点である。辻村論文によると、二元説ではこれらの排除が容易に首肯されるのに対して、一元説では内在的制約のみが認められるという。しかし、では現行法は違憲なのかというと、そのところの歯切れはあまりよくない。違憲の疑いは多分に示唆されてはいるが、結論は慎重にも留保されているからである。結局、相違点はつぎのようなところに求められている[10]。

「選挙権・被選挙権の権利性を重視する立場からすれば、権利制約の程度や手段の合理性等の問題に論及することなく、合目的性のみをもって権利侵害にあたらないという結論を導くことは不十分である。選挙犯罪の実態に即した具体的な検討のもとで、選挙の公正の確保という目的と効果との因果関係に照らして、選挙権・被選挙権の停止という手段が必要不可欠であり、権利制約の程度が必要最小限であるか否かを問題とすることが必要であろう。」

しかし、このような議論は、公務性を承認しても行える議論であって、両説の相違点ということにはならないように思われる。公務性を承認する論者の多くもむしろそのような議論をしているのではないだろうか。従来の判例の理由付けのラフさはどちらの説によっても指摘されうるのである。辻村論文では「通説的な理解を前提として権利制約を容認する場合には、論理的に導かれうる結論である」とされている。この通説というのは二元説すべてを指すのか、そのなかのある立場を指すのか不明であるが、要するに厳格な審査が必要だという点では、二元説のなかの別の立場と本質的な相違があるわけではないように思われる。現に二元説といわれる奥平教授の論議は、厳格な審査を主張しているとみられる(11)。

(e)　権利の内包・範囲

「二元説では、参政の権利または選挙人資格請求権にとどまる（投票権は除外）（投票権を含める説もある）。これに対して一元説では、投票権を中心とする選任権（選挙人資格請求権、立候補権、選挙活動の権利を含む）である」とされる。投票権までを含む二元説を認めるなら（これは私自身の立場を指すようであるが(12)）、立候補権はここでも措くとして、残る違いは選挙活動の自由である。

選挙活動の自由は、従来政治的表現の自由として憲法二一条の問題として論じられてきた。そしてそこでは、その自由の制約に関しては厳格な基準による審査が必要だとする学説が次第に有力説の立場を占めるに至っていることは、一元説の論者も周知のことであろう。それを憲法一五条一項の観点からも主張できるというのはよい。しかしそうすることによって、なにか具体的な違いが生じるのであろうか。また公務性を認めるか否かによって、なにか違いが生じるのであろうか。とても違いが生じるとは思えない。「選挙の公正」の確保ということ自体は、権利説によっても認めざるをえないことであるし、公務性を承認する学説も自由の制約を厳しく排除する理由はもちあわせているのである。選挙ルール論に対しても、基本的な違いが生じるとは思えない。

そして他方、選挙運動の自由を選挙権という観点から強調するとき、それは選挙権を有しない者の政治的表現の自由を軽視する論理につながらないであろうか。選挙活動を日常的な政治的表現活動の延長として位置付けたい私の立場からはそれは容易に首肯しにくいことである(13)。選挙権を有しない者の政治的表現の自由も最大限尊重しようというのであれば、頼る憲法条文として結局は憲法二一条等を持ち出さざるをえないのではなかろうか(14)(15)。

私の場合は、選挙は国民主権と密接にかかわる場面であるから、表現の自由はその場面で最も尊重されなければならないという論法をとっている。

(f)　選挙制度への規範的要請

「二元説では、理論上は、制限選挙制、強制投票制も許容される。これに対して一元説では理論上、普通・平等・自由選挙制、非強制選挙制が要請される」とされる。

しかし、この整理にはいささか問題があるように思われる。制限選挙制は、普通選挙の保障により、日本国憲法の上では明文で否定されていると解してよいのである。二元説をとろうと一元説をとろうと、憲法解釈上制限選挙制はとりえないのであって、これは具体的相違点にならない。平等・自由選挙についても同様である。強制投票制の問題を別にすれば、それ以上の論評は無用のように思えるが、若干付言しておこう。ここでは「理論的に」ということが肝心な点かもしれないからである。しかし、公務説と制限選挙制が結び付いた歴史があり、公務説が制限選挙制を理論づけたことがあるということは事実だとしても、そのことは理論的に公務性の承認が制限選挙制に結び付くということを必ずしも意味しない。むしろ制限選挙を克服する理論として公務説を超えた二元説が登場したのではなかったか。二元説は権利性を認める理論なのである。他方一元説であっても「理論的に」は、制限選挙制を容認することが本当に不可能なのであろうか。たとえば、読み書きが満足にできない者にも平等に選挙権を保障すべきだという要請は、まさに普通選挙の要請ではあるが、一元説の一義的な論理的要請とはいえないのではないかという疑問がある。なぜなら「政治的な意思決定能力をもつ主権者」からこれらの者を除外する考え方は、「理論的に」成り立ちうるようにも思われるからである。もっとも歴史的にみて、権利説がそのような論理と結びついたことは実際にはなかったであろう。しかし日本国憲法は明文でそれを禁止しているし、その四〇年の歴史のなかで、公務性の承認がそのような論理と結び付いたことがなかったのも事実である。

これに対して、強制投票制の可否については、この整理は一応当たっているように思われる。公務性を認めれば、公務の遂行にとって必要があれば強制投票制をとることは許されるという論理をたしかに導きやすいし、他方権利だけととらえれば、本来義務とは相容れないと言いやすい。しかしこの点でも実は問題がなくはない。すなわち、棄権の自由をめぐる問題は、「選挙権の法的性質いかんと切り離して別な憲法解釈問題として論ずる余地がある」[16]と思われるからである。公務性を承認しても、憲法一五条四項や一九条を根拠に棄権の自由を導き出すことは十分できる。これに対して一元説をとる場合には、一五条一項から当然に導かれるということになるのであろうが、憲法一五条四項や一九条だけから導くのと一五条一項から導くのとどちらが説得的かという問題がある。権利一元説が一つの憲法理論を基盤として成り立つということと、日本国憲法がその憲法理論のいう権利一元説を採用しているかどうかとは別のことだから[17]、権利だから強制できないということを一五条一項からそう簡単に引き出せるとは思われない。しかし、ともかく他の点と違って論理的な相違点がかなりはっきりと出ているから、この点は後でさらに詳しく検討することにしよう。

(g)　立法裁量の範囲

「二元説では広範な立法裁量も許容されるのに対して、一元説では権利の性格から立法裁量が制約される」とされる。これについての論評はすでに述べたことと重なり合う。公務性を承認しても基本的権利性を認める以上、立法裁量を制約的に解しうる点で変りはない。ただし、立法裁量がそもそも認められないというのであれば、両説はその点で異なることになるが、その場合の問題点については後述する。

なお、選挙区や投票の方法その他、憲法四七条で「法律で定める」とされ、憲法上明確に枠付けがなされていない事項については(理論的に枠付けができる場合には話は別である)、その限りで立法裁量が働くことは当然のことであり、一元説もそれを否定する趣旨ではないであろう。

このようにみてくると、両説の相違点とされるものが、憲法解釈の帰結をそれほど左右するようなものではないということが明らかになったように思われる。少なくとも機能的にみればそうである。そして、実はこれらの点はすでに奥平教授の一元説批判で指摘されているところとほぼ同じ趣旨であり、[18] 憲法解釈論の次元では少なくともこういうことが言えるのである。

二　二元説批判の問題点

(1)　選挙の公務性と選挙権の公務性

(a)　辻村論文では、さらに「選挙権の権利性を認めつつ、同時にその公務性も承認しようとする場合には、両者の論理的関係が問われることにならざるをえないであろう」とされ、公務性を強調する場合の問題点が二つ挙げられている。旧来の公務説を想起させる反動的な意味あい、選挙権論の論理的帰結を不明確にする争点ぼかしの意味である。この部分の所説をそのまま引用すると、「まず、選挙自体の公務性と選挙権の公務性との関係を明確にする必要があるであろう。……選挙権を『選挙という公務に参加する権利』と捉える場合には、選挙権の公務性が直接前提とされているわけではない。にも拘らず、ここから選挙権の公務（義務）性や権利の制約が導かれる論法には注意が必要である（公務担当者の決定を国法に委ねることで、種々の権利制約を正当化した旧来の公務説の機能が想起される）。……最近のように、投票権・代表選出権という選挙権の権利性を認めつつ、同時にその公務性も示認しようとする場合には、両者の論理的関係が問われることにならざるをえないであろう。」「あくまで通説の立場を前提とする場合には、現代の選挙権論として公務性を強調することの意味（旧来の公務説を想起させることからくる反動的な意味あいのみならず、選挙権論の論理的帰結を不明瞭にする争点ぼかしの意味――このことは、強制投票制の問題について法的義務ではなく道義的義務を持ち出して本質的な論点を不明瞭にしている見解にも示される）を自覚した上で、選挙権の権利性と選挙ないし選挙権の公務性との論理的な整合性を追究することが求められる」ということである。[19]

二元説批判のこの部分は、解釈論の相違点の問題ではなく、公務性承認説の論理的欠陥ならびに公務性承認の持つ一種の政治的機能に向けられている。

(b)　この批判に対しては、まず第一に認識の問題として、公務性の承認と公務性の強調とは異なるということを挙げておきたい。少なくとも最近の二元説に立つ論者の多くはむしろ権利性を強調しているのであって、公務性を強調しているのではない。ただ、公務的性格を否定することもできないとし、そこからくる一定の限界に言及しているだけである。

(c)　第二は、「旧来の公務説を想起させる反動的な意味あい」という点についてであるが、これは多分にことばだけの問題のように思われる。たとえば「特別権力関係」のように、ことば自体が一定の内容＝古い内容と結び付くときには、たしかにことば自体が反動的な意味合いをもち、一定の機能を営むおそれがないわけではない。しかし選挙権の場合、「特別権力関係」のように日本国憲法の下でも実際にそういう機能を営む傾向があった概念とは、少し事情が異なるように思われる。少なくとも旧体制から新体制への推移に伴い、選挙権はまさに権利として（特に女子選挙権）華々しく脚光を浴びたのであって、選挙の公務性の承認が「特別権力関係」のような意味合いで一定の反動的機能を営んできたとは到底思えない。それに「公務」自体は、日本国憲法にもなじむことばであって、あえて別のことばに置き換える必要性は見出しにくい。いずれにしても「反動的意味あい」というのは、いささか言い過ぎであって、選挙権の制約を正当化するマジック・ワードとして公務性が使われたという例は、少なくとも日本国憲法の下では、ほとんど見当たらない。判例の上ではむしろ「選挙の公正」、さらには「公共の福祉」のような包括的概念で制約が正当化されることのほうが多かった。そしてこれに対しては、多くの公務性を承認する論者は、制約が正当化されるのは個別・具体的な理由について、選挙権の重要な性格に鑑み、厳格な審査に耐えるものだけが許されるという違憲審査基準論で対応してきたはずである。ところで「最近のように……」という場合として、かつての私の小論[20]が参照文献とされている。私の小論では、公務性を承認する立場を明確にとっているわけではないが、一応従来の通説的立場の延長線上で考えていたことは始めに述べた通りである。しかし私は、今までに手掛けたいくつかの選挙関係の論文のなかでは、公務性をことさら強調したことはなく、むしろ権利的性格をもっぱら強調してきたつもりである。

それはともかくとして、辻村論文では選挙の公務性と選挙権の公務性が区別されているが、選挙の公務性まで肯定するのかどうかこの文脈だけでは必ずしも明瞭ではない。しかし「選挙が公務性をもつとしても選挙権はそうではない」ということだと思われる。だが、選挙が公務性をもつ以上、選挙権の行使は必然的に公務性を持たざるをえないものと私には思われる。なぜなら、選挙は選挙権の行使によって行われるものであり、選挙と選挙権はその意味で不可分一体の関係に立つからである。権利の行使が同時に公務の遂行にあたることは、選挙権がまさに必然的に公務の遂行に係わる権利だからであり、むしろそこに他の基本権と異なる選挙権の特別な性格を見出すことができるといってよい。たとえば投票は選挙権の行使にあたるが、それを選挙の執行という観点からみれば公務の遂行にあたるということになる。(21)(22) もっとも、選挙権の内容を広くとらえると、すべての面にわたって公務性を認めることに問題があることは否定できない。この点については後で検討する。

(d)　第三に、「争点ぼかし」ということは、なにを意味するのかは必ずしも明瞭でない。しかし、強制投票が例に挙げられているので、おそらく公務性の承認は強制投票の正当化に論理的に結び付くはずであるのに、二元説ではその点があいまいにされているということを指すのであろう。しかし、選挙が一面で公務性をもつということから、短絡的に、日本では強制投票制度も合憲という結論が導かれるわけではない。思想・良心の自由その他の条文からむしろ否定的な答えが導かれるであろうことは先に示唆したとおりである。もっとも、そのように他の複数の条文や憲法全体の趣旨を挙げなければならないし、解釈の分かれる余地があることをもって、「争点ぼかし」といわれているのかもしれない。しかし、たとえば直接選挙の原則ひとつをとってみても、憲法は直接的には規定していないのであって、いくつかの条文を総合してそれを導くよりないのである。他方一元説では、それだけで直接選挙の要請を導きうるというものでもないであろう(23)。

もうひとつは、公務＝義務ととらえながら、それを法的義務ではなく道義的義務ととらえる立場への批判であろう。しかし、同一の論者が適宜両者を使い分けているならばともかく、一貫して道義的義務ととらえる立場にはこの批判はあたるまい。なお私自身は、公務性を客観的意味でのみとらえており、個人の義務という観点からはとらえていない。

(2)　二元説批判の問題点と整理

(a)　はじめに検討したように、二元説のなかにもいろいろな立場があり、そのなかの選挙権の基本権的性格を強調する立場と権利説の立場とで、解釈論の帰結に大きな差が生じるとはいえない。辻村教授の批判は、二元説のなかでかつて存在した立場、今も存在し、あるいは存在しうるさまざまな立場の一部にあてはまるものではあっても、公務性を承認するすべての立場にあてはまるものではない。それらを共通の立場として批判の対象にする場合、公務性を承認する学説のなかで最も権利説に近いものが選ばれていたら、ポイントがかえってはっきりしたのではないかと思われる。どちらにしても公務性の承認の有無だけでは解釈の帰結に大きな差は生じないが、多少とも差が生じることは否定できないので、その差の生じるところがポイントである。

(b)　では、それはどこにあるか。一元説は、選挙権の内容を広くとり、主権者の権利であるから立法による制約は権利「内在的制約」しか許されないと解する。それに対して二元説は、選挙権の内容を限定的にとらえ、また立法による制約は「内在的制約」だけには限られないと解する。ポイントはそこにある。
こうして一元説では権利の性質から「論理的」に立法裁量の制約や強制投票の禁止を語るのに対して、二元説では選挙権そのものだけからはそれらを導かず、むしろ選挙や政治活動に関する憲法上の諸原則・諸規定から導くことになる。したがって一元説のようにすっきりとした演繹的な解釈はとりえないため、解釈にもある程度の幅が生じることになる。立法裁量や投票義務付けについて一元説のような割り切り方はしにくい面がたしかにある。このようなことが相違点である。しかしその相違点は、解釈論としてはたして一元説の正当性を示すものかどうかは疑問である。一元説のように、主権者の権利ということからすべての諸権利を演繹し、かつ立法裁量を排除するというのは、あまりにも割り切りすぎた論議であるように思われる。そこで今度は一元説の問題点について、節を改めて検討してみることにしよう。

三　一元説の問題点

(1)　立法裁量について

二元説は、要するに立法裁量を一定の範囲で認めるが、一元説は「内在的制約」以外に立法による制約を認めない。しかし二元説だからといってみながみな広い裁量を容認しているわけではなく、有力説はむしろ権利性を重視し、立法裁量は出来るかぎり制約的に解しようとしていることは、今までもたびたび述べたとおりである。たしかに二元説のなかのいくつかの学説は公務的性格からくる権利制約を承認する。しかしそれは、憲法の諸規定が一定の範囲を法律に委ねていると解することが自然だということから来るのであって、公務的性格から演繹的に制約を導いているわけではない。解釈論は理論的支えを背景に持ちながらも憲法条文に即して行われるべきものだから、日本国憲法の諸規定をみれば、そこで一定範囲の立法裁量を否定することは出来ないと思われる。そのことは、公務というかいわないかに関係なく認めざるをえないのではなかろうか。もっともその範囲は個別の事項ごとに異なってくるし、論者によって広狭は当然あるであろう。私は立法裁量をなるべく狭く解そうとする立場に立っているが、解釈論としては立法裁量を一刀両断的に切り捨てるわけにもいかないと考えている。ちなみに、従来の私の考え方を要約的に示せば次のとおりである。その考え方は今も変わっていない。

「憲法は具体的制度構築を立法裁量に委ねている（委ねざるをえない）からこそ、その限界を画するものとして憲法上の原則を明記しているのだというようにとらえなければならないと考える。」「選挙に関する法律は、まず第一に憲法上明記された要請を忠実に具体化するものであることが、いわば絶対的に要請されているのであり、つぎに選挙区制のように憲法上直接に原則的な定めのない事項についても、国民主権原理や選挙に関する近代立憲主義に共通の原則的な考え方に拘束され、前者の場合よりはゆるやかであるが、やはり憲法上の枠組のなかで制度構築がなされなければならないはずである。(24)」

(2)　棄権の自由について

つぎに、棄権の自由（投票義務付けの禁止）について検討してみよう。権利一元説をとればたしかに棄権は権利の不行使だけを意味することになるが、(25)棄権の自由を無条件に認めることがその理論に本当に適合的かどうかについては疑問がある。権利説の選挙観においても有権者の主体的投票行為が望ましいことに変りはないはずであり、ただ強制まではすべきでないという程度のことが考えられているのではなかろうか。そうでなければ選挙権の積極的意義が消えてしまうことになる。棄権自体に固有の積極的意義を認めれば話はまた別であるが、それはおそらく大政翼賛選挙のような場合に認められるのであって、その理論が想定する理想的な選挙の姿にはおそらく反するであろう。二元説でもそのような事態をも視野にとらえて棄権の自由を別の観点から根拠づけているのであって、両説の論者の考えていることには、実質的な違いはさほどあるわけではないと思われてならない。

しかし、たしかに二元説のなかには、投票の義務付けは立法政策の当否の問題はあっても憲法上禁止されてはいないと解する立場もあり、(26)またオーストラリアやヨーロッパのいくつかの国で実際に制度として存在しているところでもある。したがって、この点では両説のはっきりした違いを認めてもよいようである。権利説では投票の義務付けは論理的に一切認められないのに対して、二元説では論理的に絶対認められないとまではいいにくいという点はそのとおりだからである。けれども、選挙権が最も基本的な権利でありながら、その具体的な不行使の自由が同時に権利の内容として語られることには、なにか違和感を禁じ得ない。選挙権は代表を選出する権利であるはずであるが、これでは代表を選ぶも選ばないも自由というかなり無責任な権利になってしまいはしないだろうか。自然権の場合はそれでもよいけれども、選挙権はやはりそれとは性格が異なるように思われる。けだし選挙権の行使・不行使の効果は、集団的な代表選出の完成にかかわるという点において公的意味をもつものであり、まったく個人的処理になじむ領域とは性格が異なるからである。(27)

こうして、仮に棄権の自由は論理的に認められるという考えに立っても、それを選挙権の内容として語るのははたして適切かという疑問がある。たとえば「裁判を受ける権利」は権利であるから、義務付けになじまないけれども、仮に一定の争訟が発生したら裁判を義務付けるという制度があるとしたときはどうであろうか。これを違憲と構成することはできるが、しかしそれを「裁判を受ける権利」の侵害というのは適切でないように思われる。むしろ、人格権、自己決定権等を含む幸福追求権の侵害あるいは良心の自由の侵害というべきであろう。また労働組合結成の強制を違憲というときにも、団結権の侵害ではなくて、結社の自由や良心の自由の侵害とみるべきものであろう。請願権の行使の強制もやはり良心の自由や人格権の侵害であろう。要するに、ある権利の行使を強制されないということは、自由権の観点から語られるべき問題であり、自由権以外の場合には、その権利自体の侵害とは少し違う問題のように思われる。

そこで、選挙権にはそのような自由権的側面が認められるかどうかが問題となるが、この点、選挙権の自由権的側面を認めることは、自然権的性格を否定した前提と整合するかどうか疑問である。やはり選挙権そのものとは一応切り離さざるをえないのではなかろうか。それとも、それは実定法上の権利であるけれども権利として認められると同時に自然権的な性格も具有するということであろうか。しかし自然権は、実定法の根拠がなくても本来認められてしかるべき権利ないし自由と観念されるものであるから、このような構成もできないであろう。

このようにみてくると、棄権の自由を選挙権の観点から語ること、権利だから不行使は当然許されるということは、かえって選挙権の積極的意義があいまいになる点で、逆に二元説の弱点になっているという印象を受ける。また実際には日本では戦前においてすら採用されたことがなく（法案提出の動きがあったことはある）、現行法でも問題にされていない強制投票制の可否について、「理論的に」違いが生じるということは、解釈論の次元ではあまり積極的な意味を持ちえないであろう。[28]

ちなみに西ドイツ憲法は、三八条一項で「ドイツ連邦議会の議員は、普通・直接・自由・平等および秘密選挙によって選挙される。……」と定め、同二項で「一八歳に達した者は、選挙権を有し、成年に達した者は、被選挙権を有する」と規定している。この条項は「基本権」の章ではなく、「連邦議会」の章の冒頭に位置付けられているが、このように選挙の原則と選挙権を分けている。自由選挙の原則の中には強制投票の禁止が含まれているとドイツでは一般に解されているが、それは選挙権の性質からではなく、ナチ時代の反省によるもので、政策的理由によるものである。もちろん、憲法上の原則として、また基本的権利として採用されたものであり、単なる立法政策によるものとはわけが違うことはいうまでもない。

(3)　論理性について

右の議論とも関連して、別の観点からの一元説と二元説の違いは、仮に結論が同じようなところに落ち着くことが多いにせよ、一元説ではその結論が論理必然的に導かれるのに対して、二元説では必ずしもそうはならないという点であろう。しかし、立憲主義という共通の基盤に立ったとしても、個々の人権規定の解釈はさまざまに分かれうるのであり、そのことは諸々の憲法上の権利や自由の解釈についていえることである。同じ共通基盤に立った他の論者が違う論理を展開したとしても、それは共通基盤に問題があるということを必ずしも意味することにはなるまい。そして一元説は「内在的制約」だけを強調するが、なにがそれにあたるかについては、やはり一元説の論者のなかでも異なってくるのではなかろうか。まったく無制限というのでもないかぎり、個別的な検討がやはり必要なのである。

(4)　包括的内容について

一元説と二元説の違いは、直接的には「公務」性の承認の有無の点に求められているが、実は選挙権のスタンスの取り方の違いのように思われる。プープル主権に基礎をおく一元説では、「選挙権の内容は、選挙人資格請求権・投票参加権・投票権・信任権などを含む、包括的な公務員選定権（選任権）である」、「選挙権を選挙の全過程に及ぶ権利と解する」。したがって、選挙に関する憲法上の原則をすべて選挙権の内容として語ることになる。普通選挙の原則も平等選挙の原則も、また選挙活動の自由も棄権の自由もすべて選挙権の要請であり内容であるとされる。これに対して二元説は、選挙権そのものと選挙に関する憲法上の原則とを一旦切り離して把握している。すなわち、選挙人資格請求権ととらえるか投票までの権利ととらえるかの違いはあっても、端的に、選挙資格を有し、選挙に参加し投票するという部分すなわち公務に参加する部分をとらえて選挙権といっているのである。選挙はいうまでもなく代表選出の過程であり、ダイナミックな過程であるが、それに関する憲法上の主張内容をすべて選挙権の内容とみなすか、そうではなくて、それを一旦いわば静的にとらえて、その最も中心的な部分、すなわち選挙に参加する資格——端的には投票する資格——の部分を選挙権というかの違いである。そのようにとらえることは、決して残りの部分をおろそかにすることではなく、それぞれの局面ごとに個々的に権利ないし自由として主張できるものは主張するということである。普通・平等・自由選挙の内容は、それぞれに憲法上の原則であり、同時に主観的権利として主張できるということである。

選挙に関する憲法上の原則にはさまざまな側面があるので、それらをすべて同じ選挙権の内容に含ませることは、選挙権をあまりにも包括的にとらえることになりはしないかとの懸念がある。選挙に関する憲法上の原則は人権ならびに国会の章に散在しているので、それらをまとめて整理したり、体系化したりするのはよい。しかしそれを選挙権の内容とする必要は少しもない。これらの内容をすべて盛り込んで統一化しようとすれば、選挙権の性格としては逆に共通項である権利性だけを主張せざるをえないことになるのではあるまいか。もっともこういうと、憲法上の原則は選挙権から論理的に導き出されるのだから議論が顚倒していると批判されるかもしれないが、しかし解釈論としては一五条一項だけからすべての要請を説得的に導き出せるとは到底思えない。それは、包括的人権とされる幸福追求権からあらゆる望ましい個別的人権をただちに導き出せるわけではないのと同様である。それだけでなく、仮に導き出せるとしても権利の内容が包括的に過ぎ、結局は個別規範としての内実を明確にした後でなければ有効とはいいがたいであろう。(29) そしてそれは結局は憲法上の明記された原則に頼って行われることになるのではあるまいか。憲法上の明記された原則まで一つの権利のなかにすべて取り込むことが、解釈論として望ましい在り方なのか私には疑問である。

むすび

(1) 以上で私は、一元説と二元説の違い、すなわち、公務性の承認の有無だけでは解釈の次元ではさしたる相違を生むわけではないこと、相違点を強調すれば一元説の側にもいくつかの問題点があることを述べてきた。しかし、検討を試みているうちに、問題の真のポイントが段々みえてきたような気がする。それは、三(4)で述べたことであるが、選挙権の法的性格論は結局は、選挙権の定義の問題あるいはそれに盛り込む内容の違いに帰着するのではないかということである。もともと論者の考えている内容が異なるのだから性格も異なるだけの話ではないかと思われてきた。

日本国憲法には選挙、選挙人という文言や普通選挙ということばは見出せるが、選挙権ということばは実は見出せない。憲法一五条一項は「公務員選定罷免権」であり、これが選挙権の根拠規定となるが、この規定はかなり原則的な規定であって、この規定から選挙権の定義を一義的に導き出すことは実は困難であり、なんらかの憲法理論によって導き出すしかない。そしてこの点、かつての通説は、立憲主義の下における選挙権論の歴史的沿革を踏まえて、「選挙人として選挙に参加する資格または地位」と定義し、そこからその二元的性格を説いたのである。その後、これを継承する学説は次第にその権利的側面を強調し、また選挙人にとっての義務というより公務という性格の方に重点を置くようになったが、そのようなものとして二元的性格を承認してきた。これに対して近時の一元説は、プープル主権論を基礎に、選挙権を主権行使に参加する権利であり、包括的な公務員選定権であると定義する。そこでは最初から限定された選挙行為にかかわる以上の包括的な権利が語られ、また権利のみが語られているのである。定義がそもそも権利だけなのだから、公務性が承認されないことは、いわば当然である。二元説は選挙権を国家により執行される選挙への参加という場面に限定するから、権利であり公務であると言いやすい。これに対して一元説では、その場面は全体のごく一部に過ぎないから、選挙の公務性までは認めても、選挙権に一般的に公務性を承認するわけにはいかないというだけのことではなかろうか。つまり、同じものの性格について見解が分かれるのではなく、そもそも違うものをとらえて、性格が違うと言っているだけなのではないか。このような見方がもし当たっているとすれば、問題は、選挙権を包括的にとらえるのと限定的にとらえるのとではどちらが適切かということに還元されるのではなかろうか。

そしてこの点、すでに検討してきたように、包括的な把握は、選挙権の中に選挙に関する権利ないし自由をすべて織り込むことによって一見その内容を豊かなものにしているようにみえるが、それに伴うマイナスの側面もありはしないかという疑問を述べた。それに対して限定的なとらえ方は、選挙権を限定的にとらえるけれども、選挙に関する権利を限定的にとらえるわけではなく、選挙に関する諸権利として個別的にとらえるのである。個別的にというのは、決しててんでんばらばらにという意味ではなく、諸権利を歴史的にまた体系的にとらえながら、しかし少しずつ性格の異なるものとして、それぞれの性格に応じて個別的にとらえるという意味である。私は後者のような把握をしてきたし、そのことは、歴史的な一元説か二元説かの問題にかかわりなく、解釈論の次元では正当なのではないかと今でも考えている。

(2)　誤解を防ぐために付け加えると、私はここで、決して一元説に対する二元説の優位を主張しているわけではない。辻村論文が一元説対二元説という図式で論争を提起しているので、それに即してささやかな検討を試みたのであるが、初めに断わっておいたように、出発の時点での問題点は「公務性」の承認の有無という点だけにしぼられている。それは、辻村論文が公務性を承認する学説を一括して二元説として批判の対象としているのでそうせざるをえなかったということなのであるが、私自身は明確な二元説の立場ではないし、ただ単純に公務性の承認の有無が解釈論にとってどれほどの意味を持つかを検討してみたに過ぎない。そしてその結果は、上記のようなところに落ち着き、公務性の承認の有無は解釈論の次元で本質的な問題ではないということになった。その限りで一元説批判になっているが、ただ私の立場では、公務性というときそれを個人の法的義務とはとらえず、あくまで選挙権が選挙という公務の執行に同時に携わるという側面をとらえているということを、ここで最後にもう一度繰り返しておきたい。

そして当面の真の論争相手は、実は一元説ではなくて、学説の批判にもかかわらず広い立法裁量を認めがちな判例の立場やそれを肯定する立場である。すなわち、公務性の承認の有無は解釈論の次元で本質的な問題とされてはならない、安易に公務性を持ち出して権利制約を正当化することはできない、という主張を本稿では併せて行ってきたつもりなのである。一元説の真の相手も実はそれと変わらないであろう。そうだとするならば、一元説対二元説という全面的な対立図式ではなく、むしろどちらの立場でも共通に主張できる部分を確認した上で、重なり合わない部分について、相互の違いをさらに掘り下げて検討するという方法が、解釈論の次元では適切なように思われる。要するに複眼的で柔軟な思考が必要なのではないかということである。(30)

（1）拙論「選挙権の法的性格」清宮＝佐藤＝阿部＝杉原編・新版憲法演習３（一九八〇年）六頁。
（2）辻村みよ子「選挙権の『権利性』と『公務性』――『選挙権論争』をめぐって」法時五九巻七号（一九八七年）七一頁以下。その後、次掲書三八頁以下に収録。
（3）辻村みよ子・「権利」としての選挙権（一九八九年）。なお、辻村教授の選挙権関係の主要な論文はこれに収録されているので、以下「辻村・前掲」というときには本書を指す。
（4）拙論・前掲五頁。
（5）辻村・前掲一四頁参照。
（6）学説の整理は、いろいろな論者によって、今までしばしば行われてきた。ここでは若干の文献だけを挙げておく。林田和博・選挙法（一九五八年）三六頁以下、山本浩三「選挙権の本質」公法四二号（一九八〇年）二六頁以下、伊藤良弘「参政権」杉原編・憲法学の基礎概念Ⅱ（一九八三年）七九頁以下、深瀬忠一「選挙権と議員定数配分」小島編・憲法の争点（新版）（一九八五年）エ八二頁以下、辻村・前掲一七〇頁以下等。
（7）辻村・前掲五～六頁。なお①②では、公務、公務に参加する資格に対して、代表選出、主権者の権利という相違点が示され、⑤では、ナシオン主権とプープル主権が対比されている。
（8）選挙権が「基本的人権」か否かをめぐって、奥平・長谷川、奥平・浦田論争がみられたが、ことばの用い方の問題に帰着したようである。少なくともプープル主権論に立つ権利説のいう選挙権は、「自然権」ではないとされている。奥平康弘「選挙権は『基本的人権』か――選挙権論をめぐって（その１）」法セ三四〇号（一九八三年）八頁以下、同「選挙権の法的性質――選挙権論をめぐって（その２）」法セ三四一号（同）八頁以下、浦田一郎「選挙権論をめぐって――奥平康弘氏の批判に対する反論」法セ三四三号（同）七四頁以下、長谷川正安「選挙権論をめぐって――奥平康弘教授の批判に応える」法セ三四八号（一九八四年）二二頁以下参照。これら論争についての辻村教授の評価につき、辻村・前掲四〇頁以下参照。なお、以下の叙述において引用個所を示さない「　」の部分は同四五～四九頁からの引用（表に基づく要約を含む）である。
（9）最高裁昭和三〇年二月九日大法廷判決（刑集九巻二号二一七頁）における斎藤・入江裁判官の補足意見。
（10）辻村・前掲二三頁。同旨、二〇七頁。具体的な判例評釈においても、最終結論は留保されている。

(11)　奥平康弘「公職選挙法二条の合憲性」奥平＝杉原・憲法演習教室（一九八七年）一四三頁以下。
(12)　拙論・前掲五頁参照。なお、下級裁判決のなかには、「投票は、選挙権の行使にほかならないから、選挙権の保障の中には、当然に投票の機会の保障を含む」としたものがある（札幌高判昭和五三年五月二四日判時八八八号二六頁）。
(13)　なお、奥平康弘「参政権論――最近の学界の動向から」ジュリ増刊総合特集・選挙（一九八五年）一〇頁参照。
(14)　もともと選挙運動の自由につき厳格な審査基準によるべきことを初めて明確に主張したのは奥平教授であり、それ以後、表現の自由の観点から議論がなされてきた（奥平康弘「言論の自由と司法審査――戸別訪問禁止規定をめぐって――」東大社研編・基本的人権４（一九六八年）所収）。
(15)　辻村論文では選挙ルール論に関して相違点が指摘されているが、選挙ルール論批判は政治的表現の自由の観点からも十分行えるし、行われてきたはずである。
(16)　奥平・前掲注13論文九頁参照。
(17)　この点は辻村教授自身も認めているかのようである。辻村・前掲一九六頁参照。
(18)　辻村論文においてはその奥平論文が参考文献に挙げられているが、これらに対する再反論は直接的な形ではなされていない。
(19)　辻村・前掲四八頁以下。
(20)　拙論・前掲。
(21)　たとえば憲法二七条一項は「すべて国民は、勤労の権利を有し、義務を負ふ」と定めている。したがって、その具体的な法的意味はともかくとして、勤労行為が権利の行使であると同持に義務の遂行であるといっても別におかしくはない。選挙への参加が権利の行使であると同時に公務の遂行であるということを論理的矛盾だといっても、あまり意味がないように思う。
(22)　なお、奥平「選挙権の法的性質」法セ三四一号（一九八三年）一〇頁参照。
(23)　辻村論文のこの箇所では、なぜか直接選挙の要請には触れられていない。主権的権利ということから論理的に導かれる要請といっても、選挙の方法等の点は簡単には内容を確定しにくいからであろうか。

(24)　拙論「選挙に関する憲法上の原則」公法四二号（一九八〇年）六五〜六六頁。
(25)　辻村・前掲一八三頁。
(26)　中村睦男・憲法三〇講（一九八四年）六九頁。
(27)　ことのついでにいえば、辻村論文では、奥平・長谷川、奥平・浦田論争を紹介し、それが用語の違いや誤解に基づく点が多いことを挙げた上で、『選挙権は基本的人権か否か』という論点は、選挙権論の真の論点ではありえない」と指摘されている（辻村・前掲四〇頁以下・四六頁）。この指摘は私も正しいと思う。しかし奥平教授の場合、選挙権は基本的人権ではないというとき、「それは、憲法上保障された権利であり、したがって法律によって左右されてはならない中核部分があるが、憲法より構成される選挙制度とつき合わされる運命にある権利である」という点がポイントになっている（奥平「参政権論」ジュリ総合特集・選挙一二頁（一九八五年））。これに対して辻村論文では、選挙権は超国家的自然権ではなく、実定法（憲法）に根拠を持つ権利だとされる。その限りではたしかに「選挙権は基本的人権か否か」という論点は真の論点ではないが、しかし主権者の権利であるということから「内在的制約」のみが許されるとするのであるから、機能的には、それは自然権ととらえる立場と実質的にはほとんど変りがないことになる。したがって機能的には、この立場が自然権説に対するのと同じ理由で批判されても、やむをえない面があるように思われる。辻村論文で、主権者の権利説と自然権説との違い――根拠等の違いではなく、具体的解釈論の違い――が併せて検討されていたならば、問題の所在が一層明らかになったのではないかと思われる。
(28)　この点、辻村論文では、「強制投票権制（ママ）の採用が事実上妥当か否かという議論をしているわけではないのであり、論理の問題と事実の問題を混同してはならない」とされている（辻村・前揚一五頁）。しかし、選挙の法的性格から「論理」的に強制投票の禁止を引き出すことの難点はここで検討したとおりであり、他方一九条等から棄権の自由を導き出す学説は、それら憲法規範から論理的に結論を導いているのである。なお前にも述べたが、今日の「公務性」を承認する学説の多くは、必ずしもそれを法的意味での「義務」とはとらえていないのである（芦部信喜・憲法と議会制（一九七一年）二八七頁、奥平康弘「選挙権の法的性質」法セ三四一号（一九八三年）一一頁等参照）。辻村論文では、法的意味での「義務」というのではないなら「論外」とされているが、二元説の中のかつての通説ないし有力説が「義務」性を認めていたことから、二元説をすべて同類とみなしているのではなかろうか。

(29)　もっとも、ちょうど幸福追求権が人権の総則的規定であると同時に包括的人権として一定の規範内容が認められるに至っているように、一五条の公務員選定罷免権を主権者の権利にかかわる総則的規定であると同時に包括的な権利であるととらえる余地は十分あると思われる。私が「端的に代表を選出する権利」ととらえたときにも、そのような考え方が幾分背景にあった。選挙権、選挙に関する諸権利の淵源をそれに求めることまではよい。しかしそこから一気に主権の行使＝内在的制約のみという解釈を導くわけにはいかず、憲法の他の条文との関連を考慮しなければならないと思われる。

(30)　本稿では、被選挙権の問題も併せて検討する予定であったが、紙数も尽きたので、それはまた別の機会に行うことにしたい。私は立候補の自由という意味で被選挙権の権利性を肯定するが、立候補の自由を制約している現行法の諸規定――供託金制度、年齢制限――の合憲性に関しては公務性論議に関係なく、意見の分かれる余地があると考えている。なお、本稿を書くにあたり知的刺激を与えていただいた辻村教授の問題提起に対して感謝したい。

(雄川一郎先生献呈論集『行政法の諸問題(上)』有斐閣、一九九〇年)

Ⅲ　選挙法制

はじめに――概観

(1)　日本で最初の選挙法は、一八八九年に明治憲法と同時に制定された衆議院議員選挙法である。明治憲法は天皇主権の原理を定めたが、立法に協賛する帝国議会の一院たる衆議院については、憲法上「選挙法ノ定ムル所ニ依リ公選セラレタル議員ヲ以テ組織ス」と定められ（明憲三五条）、これに基づき衆議院議員選挙法（明治二二法三）が制定された。憲法は、選挙に関してそれ以上に原則を定めることも、国民の側の権利として位置付けることもしていなかったから、結局この法律の定めにすべてが委ねられたことになる。そして衆議院議員選挙法は、当初は選挙権・被選挙権を直接国税一五円以上を納めるそれぞれ二五歳・三〇歳以上の男子に限定し、市町村の区域による小選挙区制度を採った。その後一九〇〇年、一九一九年の改正で直接国税納入要件は次第に緩和され、普選運動が高まった一九二五年には遂に廃止され、普通選挙制が実現する。しかしもう一つの婦選運動の方は実を結ばず、その実現には戦後を待たなければならなかった。またこのときいわゆる中選挙区制の採用、戸別訪問等の選挙運動制限規定の導入等が行われ、それらは、戦後になっても日本の選挙制度の大きな特徴をなすことになる。

(2)　国民主権原理を採用した日本国憲法の下で、国民代表を選ぶ選挙制度は飛躍的に重要さを増し、それにふさわしい選挙の基本原則が憲法の上でも定められた。敗戦後、日本国憲法制定以前の一九四五年暮に、すでにその原理を一部先取りして、衆議院議員選挙法の大きな改正（昭和二〇法四二）が行われたが、その主な改正点は、第一に、はじめて女性にも選挙権が与えられ、「婦選」が実現したこと、第二に、選挙権年齢が満二〇歳にまで引き下げられたこと、第三に、大選挙区制限連記制が採用されたことである。

一九四六年一一月三日に公布された日本国憲法は、公選の対象を拡大するとともに、選挙に関する原則的な規定をいくつか設け、また選挙権を国民の基本的な権利として位置付けた。これら憲法規定はいうまでもなく選挙法の上位規範であって、選挙法の立法者をも拘束する。憲法の関連規定はつぎのとおりである。

第一五条一項　公務員の選定罷免権を国民固有の権利として保障
　　三項　成年者による普通選挙の保障
　　四項　投票の秘密の保障
第四三条一項　両議院議員の国民代表性
　　二項　議員定数の法定主義
第四四条　議員・選挙人資格の法定主義と人種、信条、性別、社会的身分、門地、教育、財産又は収入による差別の禁止
第四七条　選挙区、投票の方法その他両議院の議員の選挙に関する事項の法定主義
第九三条二項　地方公共団体の長、その議会の議員等の住民による直接選挙の保障

このように日本国憲法には、選挙の原則がかなり具体的に定められている。もちろん、第四七条の規定を始めとして、立法府に委ねられている事項も多い。しかしそのような事項についても、立法府は憲法全体の趣旨によって常に拘束されているものといえる。いずれにせよ、天皇主権から国民主権への転換を主軸として、まず第一に、選挙の対象が広がり、参議院議員選挙と地方公共団体の長や議会の議員の選挙が新たに加わった。第二に、

分散的にではあるが、憲法の中に普通・平等・直接・秘密等の近代選挙の原則が定められた。このような基本的な転換に合わせて、選挙制度を定める法も根本的に改められる必要があったはずである。しかし実際にはどうであったか。

先に述べたように一九四五年の衆議院議員選挙法は、いくつかの憲法の要請を先取りしたものであった。しかし、もうひとつの大きな改正点であった選挙区制度が、はやくも一九四七年の再改正でもとの中選挙区制に引き戻されたように、基本的には守旧の引力が働いていた。新憲法との齟齬がきわめて顕著な点を除いては、旧来の選挙法を一旦はご破算にした上で、抜本的に一から制度を構築し直すという作業は、日本国憲法施行後もついになされず、むしろ旧制度を継承しつつ特に新憲法に抵触するおそれのあるところだけを部分修正したにとどまる法律が引き続き通用させられた。そのため、戦前からの戸別訪問の禁止や選挙人資格の厳しい制限等の規定が相当程度引き継がれたのであった。選挙の対象の拡大に対応して、地方選挙のためには一九四六年に東京都制、府県制、市制、町村制それぞれの一部を改正する法律が、また一九四七年には参議院議員選挙法（昭和二二法一一）が、制定されたが、これらについても事情は共通していた。

そのことの問題点につき、ある論者は的確につぎのように指摘している。「選挙法が、旧憲法下の帝国議会に対する法律をここかしこ繕っただけで、新憲法下の国会のそれとして通用し得るかのように考えているところに根本の問題があるのではなかろうか。このような基本的な法律の内容は、決して単なる技術的なものにとどまることを得ないで、必ず基本的な政治的意義を伴っているのであるから、根本的な意思変革に際しては、旧体制下の法律から一度は明確に分離し、全く新たな構想の下に、自由な立法をするのがほんとうである。(1)」

一九五〇年には、上述のそれぞれの選挙法規を一本にまとめて公職選挙法（昭和二五法一〇〇）が制定され、以後これがすべての公職の選挙についての基本法となる。制定当初の公職選挙法には、旧い選挙運動制限規定等がほとんどそのまま継承された。在宅投票制のような斬新な制度も含まれていたが、それもつぎの地方選挙で悪用されたとしてすぐに廃止されるなど、立法政策の問題に過ぎないと当時は考えられていた。

その後、公職選挙法の小改正はほとんど毎年のように行われて今日に至っている。以下、主として憲法の観点からみた主要な論点について、法制度の推移と問題点をみていきたい。

一 選挙区制度

(1) 衆議院議員選挙区制度

(a) 一九四五年法（昭和二〇法四二）では、従来の中選挙区制に替えて、大選挙区制限列記制が採用された。これは、原則として都道府県を単位とする大選挙区制とするが、議員定数一五人以上の都道府県は二選挙区に分割するという方式で選挙区を定め（同法別表）、議員定数三人以下の選挙区では一人、四人以上一〇人以下の選挙区では二人以内、一一人以上の選挙区では三人以内を投票用紙に記載するというものであった（同法二七条）。そしてこの新制度の下、敗戦後初めての総選挙が一九四六年四月に施行されたが、新人・婦人の当選者の輩出、革新系の進出などに脅威を抱いた当時の保守系は、興味本位の選挙になるとか、事務が煩瑣であるなどの難点を挙げて、翌一九四七年三月にふたたび中選挙単記投票制に戻す改正（昭和二二法四三）を行った。そしてその四月には総選挙が施行され、その結果、片山内閣が誕生する。

(b) この中選挙単記投票制は、都道府県をいくつかの選挙区に分け、基本的には三人ないし五人の議員定数を割り振り、単記投票で選ぶという方式であり、一九九四年の改正まで四八年間続いた。この選挙区制度の下で生じた最も大きな憲法問題は議員定数不均衡問題であったが、一九六四年、一九七五年、一九八六年、一九九二年の四回にわたって議員定数の部分是正がなされた（後述三参照）。その際、分区がなされたり、単純減などがあった結果、二人区や四人区などの変形も部分的に生じた。この選挙区制度は、費用がかかるとか、同士討ちや共倒れの危険があるなどの難点が指摘され、また、大選挙区制に比べれば小党有利ともいえないが、全国的にみればほぼ比例代表に近い選挙結果をもたらしたといわれる。したがって、数度の小選挙区制案の浮上にもかかわらず、その都度粘り強く生き延びてきたのであるが、一九九四年についに終止符を打たれてしまった。

過去の中選挙区制に対する挑戦としては、一九五五年から五六年にかけて鳩山内閣が改憲と結び付けて画策した小選挙区法案、一九七三年に田中内閣が打ち出した小選挙区・比例代表並立制案などがあったが、これらはいずれも大政党が得票率を超える議員当選率を狙ったことが露骨であったから、かろうじて廃案に追い込まれた。ところが一九九〇年代になると、後者の案ときわめて類似する制度が「政治改革」の旗印の下に不透明な成行きで中選挙区制にとって替わることになった。すなわち一九九四年の衆議院議員選挙区制度の大変革であり、従来の中選挙区制に替えて、小選挙区・比例代表並立制が採用され（平成六法二・一〇）、ついでその具体的な選挙区割りが決定された（平成六法一〇四）。定数配分は、小選挙区選出議員三〇〇人、比例代表選出議員二〇〇人とされた(2)。

(2)　参議院議員選挙区制度

(a)　参議院は日本国憲法の下ではじめて公選による第二院として位置付けられた。そして憲法は参議院議員の性格も衆議院議員と同様に「全国民を代表する」ものとし（憲四三条一項）、その選挙方法については「参議院議員の任期は、六年とし、三年ごとに議員の半数を改選する」（憲四六条）とだけ定めた。そして一九四七年に制定された参議院議員選挙法（昭和二二法一一）は、第二院の特徴が出せるよう考慮して、総議員総定数を二五〇人とし、そのうち都道府県単位の地方区選出議員一五〇人、全国区選出議員一〇〇人とした（一回の選挙ではそれぞれ七五人、五〇人を選出）。

(b)　当初は多くの無所属議員を輩出して、第二院にふさわしいと考えられた議員構成は、すぐに変化し、参議院は次第に衆議院のカーボン・コピーと呼ばれるようになった。そこで参議院の改革問題が浮上し、一九八二年に選挙区制度の改正が行われた（昭和五七法八一）。これは、従来の全国区制に替えてあらたに拘束名簿式比例代表制を採用するというものであったが、「銭酷区」「残酷区」などと呼ばれたように金と手間のかかりすぎる全国区の負担を解消しようというのが、その実質的な狙いであった。そのため、すでに政党化が進んでいるとはいえ、理念的には「数」よりも「理」であるべき府に政党中心の選挙制度が導入された。いわば理念なき改革と呼ぶべきものであった。

(c)　参議院選挙区の議員定数不均衡も衆議院と同じ頃から問題となっていたが、一九九四年に部分是正がなされた（後述三参照）。

(d)　衆議院議員選挙が小選挙区・比例代表並立制に変えられたことにより、参議院議員選挙区制度もいま一度見直しが必要であろう。単位は違っても、ほぼ同様な選挙区制度の組合せでは参議院の特色は出しにくいと思われるからである（参議院選挙区のほぼ半分は事実上小選挙区である）。しかし今のところそのような改革の動きはない。

二　普通選挙――選挙人資格等

(1)　選挙人資格

選挙権が国民の憲法上の権利となったことから、その制約には十分な理由が認められなければならないことになった。一九四五年の衆議院議員選挙法改正では、この点まだ十分な吟味がなされておらず、一九四七年参議院議員選挙法でも同様であったが、一九五〇年の公職選挙法制定の際に改められた。すなわち、一九四五年法の段階では、まだ禁治産者、準禁治産者、破産者、公的扶助を受ける貧困者、住所不定者、六年の懲役または禁錮以上の刑に処せられた者、六年未満の刑に処せられ一定期間経過していない者等（同法六条）広い範囲にわたって欠格事由を定めており、一九四七年法もそれに従っていた。

それに対して公職選挙法は、準禁治産者、破産者、貧困者、住所不定者等をはずし、欠格事由としては、禁治産者、禁錮以上の刑に処せられその執行を終わるまでの者または執行を受けなくなるまでの者、選挙犯罪に因る刑の執行猶予者に限定した（同法一一条）。欠格事由はその後基本的に変更がなく、ただ現在では、公職に在る間に収賄罪等に問われた者につき一定期間欠格とする条項が追加されている（公選一一条四号）。これらについては多少の議論もあるが、通説・判例は合理的な制限であり合憲と解している。(3)

(2)　在宅投票制問題

身障者等、投票の意思があっても投票所へ事実上赴けない者のための在宅投票制は一九四八年の衆議院議員選挙法改正（昭和二三法一九五）によってはじめて認められ、一九五〇年の公職選挙法にそのまま引き継がれた。すなわち、「疾病、負傷、妊娠、不具若しくは産褥にあるため歩行が著しく困難であるべき」選挙人について、在宅のままで投票できる制度を採用したのである（同法四九条、施行令五八条）。これは投票機会の実質的保障という観点から見て画期的なことだったといってよい。ところがその直ぐ後の一九五一年四月施行の統一地方選挙においてこの制度が濫用され選挙の公正を害したとして、一九五二年には廃止されてしまった（昭和二七法三〇七）。しかし当時はこの廃止行為を憲法問題ととらえる動きは少なく、学説もまたほとんど無関心の状態であった。

その後しばらく経って、自覚的な一身体障害者が「在宅投票制復活訴訟」と呼ばれる国家賠償請求訴訟を提起し、この訴訟は実体面でも手続面でも憲法学のかなりの関心を引くようになった。訴訟の成行きとしては、第一審では制度の廃止行為は違憲・違法、第二審では一定期間以降の立法不作為は違憲・違法とされ、国会議員の故意・過失の認定は分かれたものの、実体面での違憲性を確認するという点では基本的に同旨の判決となった。しかしこれらに対して最高裁は技術的な国家賠償法の解釈論に終始し、通常の違憲・合憲の問題とは異なり、「国会議(4)(5)

員の立法行為は、立法の内容が憲法の一義的な文言に違反しているにもかかわらず国会があえて当該立法を行う〔あるいは行わない〕というごとき、容易に想定し難いような例外的な場合でない限り、国家賠償法一条一項の規定の適用上、違法の評価を受けない」と判断した。(6) これは司法的救済の可能性をほぼ否定した判決であるが、訴訟理論とは別に、第一審判決が下される少し前の一九七四年に在宅投票制の相当部分を復活させる法改正が行われ（昭和四九法七二）、実質的には復活したといってよい状態に戻った。

(3)　選挙人名簿への登録問題

選挙人名簿への登録制は、正当な選挙人を確定するために必要な制度であり、それをどのような方式にするかは、立法政策に属する問題である。しかしそれは、憲法上の選挙権を事務的な理由で制限するようなものであってはならないはずである。過去に、この点で不十分で、不当に選挙権の行使を妨げる事態が生じたことがあるので、その概要を紹介しておきたい。

公職選挙法は当初、基本選挙人名簿と補充選挙人名簿の併用方式を採用していたが、一九六六年の改正（昭和四一法七七）により、永久選挙人名簿方式を採用した（同法一九条）。ところが、同改正では毎年三月三〇日および九月三〇日を法定の登録日としたが、それ以外には補充を行わないこととした。そのためこれらの定時修正の中間の時期に新たに選挙権を取得した者は、最長六ヵ月の間登録されず、その間の選挙に間に合わないということになった。実際に一九六七年一月施行の総選挙では、そのような有権者の数は四〇数万人にのぼったといわれる。そこでその違憲を理由とする選挙差止訴訟が提起されたが、下級裁判決では「立法政策の問題」として一蹴されている。(7)

しかしその後一九六八年の改正（昭和四三法三九）により、登録は六月と一二月にも行うように定められ、空白期間は半分に短縮された。さらに一九六九年の改正（昭和四四法三〇）では、それまでの登録申請方式に換えて、住民基本台帳に引き続き三ヵ月間記録されていることを要件とする職権登録方式が採用され、またそれと併せて毎年九月の定時登録のほか、選挙のたびごとの補正登録の制度が採用された。ところがこの方式では、九月一日現在で確定した選挙人名簿は一〇月一〇日まで変更できないこととされていたため、一九七九年一〇月六日に施行された総選挙の際に新有権者一五万人が投票できないという事態がふたたび生じた。その後、この空白期間も解消され（昭和五六法二〇）、以後、新有権者が事務手続上の理由だけで投票できないという事態は生じないことになった。しかしこの経緯は、かなり最近にいたるまで、立法府が選挙権をかなり粗雑に扱って、問題の重大さを認識できなかったことを示す典型例だといえる。

(4)　選挙資格に関するその他の問題

(a)　選挙権年齢　年齢要件は、一九四五年の改正で満二〇年以上に緩和され、さらにこれは「成人者による普通選挙」として、憲法上も保障されている。しかしその後多くの国家、とくに先進国においては満一八年とされるようになってきており、それらとのギャップが生じている。検討されるべき問題である。

(b)　在外日本人の選挙権　国際化の時代になり、外国に長期滞在する日本人の有権者で、事実上選挙で投票できない者の数は四〇万人を超えるという。これらの人々の投票権についても、もはや放置できないところにきているといえる。諸外国にも例がある郵便投票、大使館での投票等が検討されるべきであり、それを求める世論も最近かなり盛り上がっている。また長期航海の船員の選挙権についても類似の問題がある。

(c)　定住外国人の選挙権　選挙権は「国民固有の権利」（憲一五条一項）であり、外国人には認められないというのが、従来の選挙法の規定であり、また通説・判例の立場であった。しかしこの点についても見直しが必要な時期にきている。さしあたりは、地方選挙での選挙権につき、最高裁はごく最近、永住者等に法律で地方選挙についての選挙権を付与する措置を講ずることは憲法上禁止されているものではないと判断している。(8)この判決は、国政選挙については外国人の選挙権を否定しており、また所詮は立法政策の問題だとしているのであるが、判決の結論に関係がないのにわざわざ立法の合憲を示唆し、しかも個別裁判官の意見表明ではなく、法廷意見として示されている。一般に司法消極主義の色合いが強い判例の傾向に鑑みるとき、このメッセージは重視されてよい。現在世論の盛上りを背景に各政党レベルでの検討がなされているが、立法化が期待される。

三　平等選挙――議員定数不均衡問題

議員定数不均衡問題は、戦後選挙制度の抱えた大きな憲法問題の一つであった。衆議院中選挙区、参議院選挙区（旧地方区）に当初割り振られた議員定数は、ほぼ当時の人口に比例して配分したものであり、当初でも多少の不均衡は存在したが、憲法の平等選挙の要求に反するとは認識されていなかった。しかも、その後の激しい人口異動にもかかわらず、国会は不均衡是正に消極的な態度をとり、一票の較差が拡大し、もはやどうにも看過できない程度にまで達して初めて最小限の是正をするという有様であった。そのためいつまで経っても抜本的解決がなされないまま今日にまで至った。

(1)　衆議院議員選挙区

一九四七年の最初の割振りの時点での最大較差は一対一・五程度であったが、その後最高一対五程度にまで達したことがある。今までに四回の定数是正が行われてきたが、最近の二回は、最高裁の違憲判決に促され、あるいはそれを意識して行われたものである。最高裁は、昭和五一年判決で投票価値の平等は憲法上の要求であることを認めたが、その後の判決では大体一対三位を限界線と考えているようであり、そのため最大較差は定数是正の直後でもそれに近いものになっており、一対二程度を限界とみる学説の立場からみれば、常に違憲状態が続いている。

①　一九六四年の改正（昭和三九法一三二）　最大較差が一対三・五五に達し、世論の批判が強くなった。それをかわすため、総定員を一九人増やし、またそれに伴い一選挙区定員の最大を五に押さえるため、六選挙区を分割した。それにより最大較差は一対二・二程度にまで縮小した。

②　一九七五年の改正（昭和五〇法六三）　ふたたび不均衡が拡大して、最大較差が一対四・九九にも達した。この翌年に最高裁の衆議院議員定数不均衡違憲判決が下されるが[9]、それを先取りした形で定数是正を行った。総定員を二〇人増やし、六選挙区を分割した。

③　一九八六年の改正（昭和六一法六七）　最大較差一対四・四を含む総選挙につき前年に最高裁が下した二回目の違憲・事情判決[10]を受けて、議員定数を是正した。八の選挙区で定数を一人増やし、七の選挙区で定数一人減とした（八増七減）結果、最大較差は一対二・九程度に下げられた。

④　一九九二年の改正（平成四法九七）　一九九〇年の総選挙において最大較差が一対三・一八になったので、四度目の議員定数是正を行った。九の選挙区で定数を一人増やし、一〇の選挙区で定数を一人減とした（九増一〇減）結果、最大較差は一対二・八程度に下げられた。なおこの翌年に最高裁は右総選挙時の定数不均衡につき、「違憲状態だが、合理的期間内」という判決を下した[11]。

このように果てしないいたちごっこが続きそうな様相を呈していたが、一九九四年の選挙区制度改革により、中選挙区制度は姿を消すことになり、この次元での議員定数不均衡問題も消滅した。しかし、新たに設置された小選挙区の区割りでは最大較差一対二を超える部分がかなりあると伝えられている。小選挙区の場合には中選挙区以上に議員定数の均衡を保つ必要があると思われ、定数不均衡問題は形を変えて再び浮かび上がる可能性がある。

(2)　参議院議員選挙区

参議院選挙区（旧地方区）については、衆議院の場合以上の定数不均衡がみられ、これも違憲訴訟で繰り返し争われてきた。しかし、国会は衆議院の場合以上に是正に消極的であり、裁判所もまた強い態度で迫ることをしなかった。一九八三年に最高裁は、一対五・八五でもなお合憲とし、[12] その理由としては、是正の技術的限界、参議院議員の地方代表的性格加味等々が挙げられている。しかしこれらの理由自体にも疑問がある以上、人口の少ない選挙区に人口の多い選挙区よりも多い定数が配分されている「逆転現象」を正当化することはむずかしい。一九九二年の全国選挙では最大較差一対六・五九がみられ、さすがにこれについては違憲と判断する高裁判決も出された。[13] 最高裁判決はまだであるが、ついに国会は一九九四年六月に、八増八減（一回の選挙では四増四減）の定数是正（平成六法四七）を行った。それでも最大較差はまだ一対四・八一もあり（神奈川選挙区と鳥取選挙区）、この問題もまだけりがついたとはいえない。

(3)　地方議会

都道府県議会に関しても、各地で同様の議員定数不均衡問題が生じ、裁判所の違法判決[14]とそれに対応する定数是正の事例が多数みられる。

四　選挙運動の制限

(1)　選挙運動の過剰で複雑な制限は、日本の選挙制度の大きな特色になってしまって今日に至っている。その中でも戸別訪問の禁止は、先進国ではほかに韓国の例があげられるにとどまっており、この面での後進性が目立っている。戸別訪問を始めとする各種の選挙運動規制は、一九二五年の普通選挙制導入とともに始まり、戦後も一応の議論はされたが、結局基本的には各種制限規定が残され、またその後も新しい規制が積み重ねられていった。最も新しいところでは一九九四年法による選挙前の個人演説会等のポスター禁止がある（公選一四三条一六・一九項）。学説は、当初は違憲の疑いを表明する立場は少なかったが、その後憲法訴訟理論の緻密化とともに違憲説も有力となってきた。そしてそれに対応する下級裁の違憲判決も一九六〇年代の後半頃から散見されるようになった。

しかし最高裁は、選挙の公正の確保を理由に合憲判決を繰り返し、今日に至るまでその態度は変わっていない。最も問題とされてきたのは、戸別訪問の禁止、文書図画の制限、事前運動の禁止であるが、戸別訪問については一九五〇年に、[15]法廷外文書図画の頒布禁止については一九五五年に[16]それぞれ合憲判決が下され、また一九六九年には事前運動の禁止を合憲とするとともに、併せて他二者についての合憲判例を確認する判決が下されている。[17]その後も、若干注目された補足意見が付されたことはあるものの、合憲の判例が踏襲されている。しかし、選挙運動の自由を基本的に表現の自由の問題ととらえ、その合憲性判定には厳格な基準を採用すべきだという立場の学説は、判例に承服していない。

一九九四年の法改正の原案には戸別訪問解禁が織り込まれ、これは画期的なことのように思われた。しかし、最後の与野党の妥協のなかで結局は日の目をみなかった。国会のなかの戸別訪問解禁論者は立法政策の問題としてしかとらえていないことをこの結末は示している。なお、このときは一旦は法改正が成立し（平成六法二）、その後「公職選挙法の一部を改正する法律の一部を改正する法律」という悪ふざけのような名前の法律で削除された（平成六法一〇）。そのことも指摘しておきたい。

(2)　選挙運動規制の根底にあるのは、選挙の公正の確保、選挙の腐敗や金権選挙の排除という大義名分である。そして後者の排除が必要なのはいうまでもないのであるが、それが選挙運動の規制と短絡的に結び付けられるところが問題なのである。選挙運動の自由と両立できる規制が考えられなければならない。ところが、肝心の政治資金規正法（昭和二三法一九四）は長くザル法とさげすまれ、実効性にとぼしかった。一九七五年三木内閣の下でかなりの改善が施されたが（昭和五〇法六四）、これも大した利き目がなく、一九九四年の政治改革（平成六法四）の効果は今後をみなければまだ分からない。それと結び付いた政党助成法（平成六法五）についても、憲法の観点から論ずべき点は多いが、それらについてはもはや詳論の余裕がない。

おわりに

私は以前から、日本の立法府には選挙に関してどこまでが憲法上の要請であり、どこからが立法政策の問題なのかという自覚が欠けているのではないかという趣旨のことを、いろいろな機会に繰り返し書いてきた。一九九四年の法改正を横にみながら、いままた同様の指摘をしなければならない。さまざまな大改正がなされたが、選挙法制の五〇年は、旧制度の延長線上にあり、その底を流れるものは変わっていないのではないか。その認識に立った上で、戦後五〇年目にして行われた衆議院選挙区制度変革と政党助成制度採用という大改正がこの後の日本の憲法政治にどのような影響を与えていくかを注視すべきである。

（1）鵜飼信成・憲法における象徴と代表（岩波書店、一九七七年。論文初出一九回九年）一五六頁。
（2）この改正の問題点については、最近にも多数の議論がなされているが、ここでは詳論できない。たとえば、ジュリスト一〇四五号（特集・政治改革立法）所収の諸論文を参照。
（3）最大判昭和三〇年二月九日刑集九巻二号二一七頁等参照。
（4）札幌地小樽支判昭和四九年一二月九日判時七六二号八頁。
（5）札幌高判昭和五三年五月二四日高民集三一巻二号二三一頁。
（6）最一小判昭和六〇年一一月二一日民集三九巻七号一五一二頁。

(7) 東京地決昭和四二年一月二七日判時四七一号三頁。
(8) 最三小判平成七年二月二八日判時一五二三号四九頁。
(9) 最大判昭和五一年四月一四日民集三〇巻三号二二三頁。
(10) 最大判昭和六〇年七月一七日民集三九巻五号一一〇〇頁。
(11) 最大判平成五年一月二〇日民集四七巻一号六七頁。なおこの改正後、一九九三年の総選挙時には較差一対二・八二となったが、最高裁は合憲と判断している（最一小判平成七年六月八日）（判例集未登載）。
(12) 最大判昭和五八年四月二七日民集三七巻三号三四五頁。
(13) 大阪高判平成五年一二月六日判時一五〇一号八三頁。
(14) 最一小判昭和五九年五月一七日民集三八巻七号七二一頁参照。
(15) 最大判昭和二五年九月二七日刑集四巻九号一七九九頁。
(16) 最大判昭和三〇年四月六日刑集九巻四号八一九頁。
(17) 最大判昭和四四年四月二三日刑集二三巻四号二三五頁。

（ジュリスト一〇七三号、一九九五年）

＊　本文で触れた在外投票に関しては、平成一〇年の公職選挙法改正により、限定的に認められることになった（現行公職選挙法三〇条の二～三〇条の一五、四九条の二参照）。また選挙人資格等に関する公職選挙法一一条一号の「禁治産者」は、平成一二年の改正により「成年被後見人」へと改められた。

その他、平成一二年の法改正により、衆議院の比例代表選出議員数が二〇人削減され、参議院についても定数是正に伴い、総定員を二四二人とする改正が行われた（法四条参照）。さらに参議院の比例代表選挙については非拘束名簿式が導入された。

Ⅳ　小選挙区・比例代表並立制選挙の問題点

はじめに

一九九六年一〇月施行の衆議院議員総選挙は、小選挙区・比例代表並立制という新しい選挙区制度の下での最初の総選挙であった。そして総選挙の結果、単独で議席の過半数を制した政党はなかったが、連立政権には至らず、第一党となった自民党を少数与党とする第二次橋本内閣が誕生した。

数年前に日本新党という台風の目が政界に接近し、通り抜けて以来、議会政治の状況は大きく変化した。その兆しはすでにそれ以前に、消費税・リクルート事件・農政の「三点セット」で自民党が惨敗し、初の参議院与野党逆転がなった一九八九年七月の参議院議員通常選挙の頃からみられたのであるが、ともかく一九五五年の保守合同以来、五五年体制といわれた自民党の一党単独政権が、四〇年近くの年月を経て遂に崩壊したのであった。そしてその後に続くさまざまな出来事――本稿でそれらを細かく叙述する余裕はない――は、憲法学にとってもさまざまな検討課題を提供した。そして、その延長線上にある今回の総選挙の結果は、それらの課題の上にまたひとつ新たな問題を積み重ねたといってよいであろう。

そこで、このたびの総選挙については、政治学的観点からの検討もさりながら、憲法学の立場からも、いささかの検討が試みられなければならない。本稿にはその一つとしての役割が期待されているものと思われる。しかし、率直に言って、新しい議論のためにはもう少し時間が必要なのではないかという気持ちが現在の筆者には強い。新しい選挙区制度については、その成立以前から賛否両論が飛び交い、その長所や短所を論じてきた。したがって、選挙結果が実際にどうなったかをみて、それぞれの議論が当たっているか、正当だったかどうかを検証することは、ある程度可能である。しかし、すでに多くの論者が指摘しているように、選挙区制の長短の議論は、一般論としては選挙区制度自体の問題として論じられても、具体的な適用の場合には、さまざまな他の条件ないし要因がからむので、演繹的に一義的な議論どおりにはならない場合がある。そしてそのような他の条件等の変化も激しい現況においては、一回の総選挙だけでは分析の材料に事欠くのではないか、さらに選挙後の政党状況の変化もあり、全体的にもう少し時間をかけて様子をみなければ、確かなことはいえないのではないか、という意味においてである(1)。

しかし、総選挙が終ってしばらくした今の時点で、新しい選挙区制度について従来から問題点といわれてきたことが具体的にどういう形で表れたのかをこの時点でひととおり整理しておくことは、やはり必要なことと思われる。そこで以下に、従来の論議の再整理と、今回の選挙結果に基づく新制度の問題点の再提示という作業を行うことにしたい(2)。

本稿での取上げ方はそのように限定的なものである。大きな政治状況の中での政治学的分析については、併載の佐々木論文を参照されたい。

一　選挙区制度の一般論

一九九四年の公職選挙法改正によって新しく採用された小選挙区・比例代表並立制という衆議院議員選挙区制度（以下、単に「新選挙区制度」ないし「新制度」と略す）に関しては、すでに第八次選挙制度審議会での審議・答中の段階から無数の議論がなされてきた。一般に選挙区制度として考えられるものは、「小選挙区制、大選挙区制、比例代表制」、「単記制、連記制」、「一回投票、複数回投票」の組合せであるが、それは無数に近くあり、歴史的にも実にさまざまなものがみられる。それらの特色や長短の説明は今日では教科書的解説の対象になっているところであるから、小選挙区制は多数代表につながり、大選挙区制は単記制ないし制限列記制を採ると少数代表的に働き、比例代表制は文字通り比例代表となるというようなことを含め、説明は省略する(3)。

ここで、日本で従来採用されてきた選挙区制度を簡単に振り返ってみると、明治憲法下では初期の頃には種々の制度的試みがあり、一時小選挙区制がとられた時期もあったが、次第にいわゆる中選挙区制が定着をみた。そして敗戦後の一九四五年の改正では、大選挙区制限連記制が採用されたが、一度だけの適用でふたたび中選挙区制に戻され、それ以来一九九四年までこの制度が、数度の議員定数是正により一部の選挙区は変則的になった（二人区など）とはいえ、基本的には維持された。それにはもちろん長短があったが、保守政権の側は、これにあきたらず、強力な政府の実現を目指す小選挙区制の提案がしばしば行われてきた。小選挙区論は、具体的な案として提出されたものは常に世論の反対に遭い、つぶされてきたが(4)、その際強調された中選挙区制の問題点は国民の中に潜在意識として残ったと思われる。「政治改革」論議において、その短所が強調されると、その改廃があまり抵抗なく受け入れられてしまった。

二　新選挙区制の理念

さて選挙制度審議会の審議の最終段階では、中選挙区制に代わる新しい選挙区制度として、小選挙区・比例代表並立制案と小選挙区・比例代表併用制案がしのぎをけずったようであったが、結局は妥協的に前者が採用された。名前は似ているが実質は似て非なる二つの案があっさり一つにまとまったことは、筆者にとっては不思議であった。また、田中内閣の時の案と基本的には似通った案が、議会でそれはどの抵抗を受けなかったことも不思議であったし、学界での受止め方の微妙な変化も不思議であった(5)。

それはともかく、選挙制度審議会の答申によると、今日求められている選挙制度改革の具体的内容としては、①政策本位・政党本位の選挙とすること、②政権交代の可能性を高め、かつそれが円滑に行われるようにすること、③責任ある政治を確保しうるよう、政権を安定するようにすること、④政権が選挙の結果に端的に示される国民の意思によって直接に選択されるようにすること、⑤多様な民意を選挙において国政に適正に反映させること、などが必要である。そして中選挙区制は、①・②および政治腐敗防止の観点から、今や排除すべきであるとする。つまり、中選挙区制では同一選挙区で同一政党から複数の候補者が出馬するために、非政策的な個人本位の選挙となり、選挙費用もかかる。しかもそこでは、長年にわたり政党の勢力状況が固定化し、政権交代が行われにくい原由となっており、それが結局は政治における緊張感の喪失と政治腐敗を招きやすくしている、というのである。これに対して小選挙区制は、②・③・④を満たすが、⑤の要請にはこたえられないという特性と問題点をもっている。他方、比例代表制は、⑤の要求にはこたえられるが、小党分立・連立政権への道を開き、③の要求にはこたえられない。したがって、小選挙区制を積極的に評価しながら、⑤の要求をも満たすものとして、小選挙区・比例代表並立制を提案する。そして小選挙区比例代表併用制については、小党分立・連立政権をもたらす大きな可能性をもち、③・④の要求を満たしえないうえに、超過議席の問題もあるという理由で、採用できないとしている(6)。

このように「政権交代」が最重点目標とされてきた。政権交代が議会制民主主義のあるべき姿であることは一般論としては問題のないところ、日本では五五年体制の下でその可能性がまったくといってよいほど無い状況が続いていた。その体制がようやく崩れ、政権交代の可能性がみえてきたときであるから、これが目標に掲げられること自体は正当であったと思われる。ただ問題はその内容である。民意から離れたいわば擬似的な政権交代は、いままで以上の議会制民主主義の空洞化をもたらすおそれなしとしないからである。(7) 他の諸々の憲法的要請との兼合いが考慮されなければなるまい。とりわけ、政権交代は少数派の切捨てを上回る憲法上の価値の実現に仕えうるのかという観点からの考察が必要であろう。

しかし、政権交代の可能性という一点だけにしぼっても、新制度については疑問が呈されていた。新制度に批判的な学説は、つぎのような指摘をほぼ共通して行っていた。第一に、「イギリス型小選挙区制の下では、『三乗比の法則』——二大政党制の場合、政党間の議席の比率は各政党の得票率の三乗に比例するという経験則——が働くといわれ、多党制のもとではそれがさらに強化されるはずであるから、一党だけが突出する『ガリバー型多党制』のもとでは、突出した一党のみがその小選挙区制の受益者となるのではないか」。第二に、「たしかに、小選挙区制の下においては第三党以下の政党には当選の可能性がほとんどなくなるから、その導入によって多党制が二大政党制に再編成される可能性も考えられないわけではない。しかし、政治の長期構想や憲法原理について、国民世論およびそれに対応する政党の間で根本的な対立（「世界観的対立」）が存在する場合には、小選挙区制を導入してもこの種の政党の再編成は容易にはおこりえない。『小選挙区制がその長所を発揮できるためには、選挙人の意思自体がほぼ二つの基本的な立場にしか分れていない社会、しかも両党間に共通の広場が存在しなければならない』といわれるゆえんである。加えて、小選挙区比例代表並立制においては、……各政党はこの比例代表部分で得票率をあげようとして他党との政策の相違を維持強調せざるをえない立場にあり、その意味で政党間の政策協定さえもが困難とされていることにも留意すべきであろう(8)」。

学説には、もちろんあらゆる立場がありうるけれども、右のような立場が憲法学界では比較的に有力だったと思われる。また憲法学界以外でも、一九八九年一二月から一九九〇年一月にかけて、日本選挙学会の全会員を対象として行われた「選挙制度改革に関する有識者調査」によれば、回答者の約六割が比例代表制を支持している。(9) 基本的には比例代表制を支持し、小選挙区制採用には消極的な意見が学界では比較的有力であったといってよい。

しかし第八次選挙制度審議会は小選挙区・比例代表並立制を答申し、これが政府案となった。国会の審議の過程では、当初の小選挙区よりも比例代表に重きをおいて出発した原案が、妥協の末、小選挙区への定数配分比率を高めた案となって衆議院を通過したものの、参議院では一部与党の造反もあって否決され、不透明な与野党党首会談の末に、小選挙区三〇〇、比例代表二〇〇案で妥協をみ、選挙区制度の改正がなった。より比例代表制へ傾斜した一部議員の反対によって、かえって小選挙区部分の比重が大きくなり、全体として小選挙区制に傾斜した制度が誕生したのは、なんとも皮肉なことであった。

ところで、新制度を批判する学説は、中選挙区制のままでよいと主張するものが多いが、ドイツ型併用制を採用すべきであるという有力な立場もあり、その趣旨はたとえば、つぎの文章に簡潔に示されている。筆者も基本的にこの立場を支持している。

「小選挙区制と比例代表制との並立型は両者の単純な折衷であるが、それぞれの短所を半減させるものの、それぞれの長所をも半減させるので、無意味というべきであろう。小選挙区制と比例代表制との併用型のほうは、議席の各政党への配分は比例代表制によって行い、具体的な当選者の確定について小選挙区制を加味するものであるから、多元的国民意思の正確な反映という比例代表制の長所を全面的に生かしながら、選挙民と候補者・議員との結びつきの間接性という問題点を部分的に解消することができるので、意味のある試みということができる。」(10)(11)

三　選挙結果の分析

新制度が制立した時点は、自民党が過半数割れで野に下り、共産党を除く従来の野党勢力が日本新党を求心力にして連立政権を成立させた時代であった。日本新党の公約は「政治改革」のすみやかな実現であり、衆議院選挙区制度の改正もその一環と位置付けられていた。ところが、細川を羽田が引き継いでいくぼくもなく、社会党（当時）が連立から離脱、自民党との連立に走った。新しい連立政権は村山・橋本の継投で二年数ヵ月読いたが、その時期にこれに対抗する勢力を結集した新進党が成立した。また、総選挙が真近に迫ると、社会党が社会民主党になり、各政党から横断的に参加者を得て民主党があらたに結成された。こうして既成政党の分離・統合が行われたのは、もちろん来るべき選挙、その選挙区制度を意識してのことであろうが、分離・統合の結果、数年前までの既成政党がよきにつけあしきにつけ備えていた各党の性格や政策の特色が、一党を除き、稀薄になり特色がぼやけてしまった。すでに総選挙の施行される前から新制度はその威力を発揮したといってもよいのである。史上最低といわれる五九・六五％という今回総選挙投票率は、多分に、選挙民にとって各党の特色が分かりにくいということの反映であろう。[12]このところ他の選挙においても投票率の低下が目立っているので、ほかの要因ももちろんあるが、既成政党の支持者が分裂した政党のどの部分に投票すればよいか分かりにくかった面が多分にあるのではないか。たとえば消費税問題一つをとっても、選挙時点で各政党のいうことに差があろうと、どの党も政権につけば結局は引き上げる、それではどの党を選んでも結局は同じという不信感ないし諦観が低投票率につながったのではないだろうか。もしそうだとすると、それは新制度の問題という以前に、根本的には各政党自体の在り方の問題であるように思われる。

ともかく政党状況が変化しているので、政党を固定軸として新制度の問題点を指摘するという単純な作業はできない。最初に、もう少し時間がほしいと述べたゆえんであるが、その点を留保した上で、全体の大まかな状況を新聞社のデータを頼りに分析してみよう。

まず政党の選挙結果は表のとおりである。

この数字をみると、当然のこととはいえ、比例代表では議席獲得数と得票率とがほぼ比例している。[13]これに対して、小選挙区での両者のゆがみは、一見しただけでも明らかである。自民党は三八・六％の得票率で、実に五

政党名	議席数		小選挙区			比例代表区		
	選挙前	選挙後	当選者数	議席率	得票率	当選者数	議席率	得票率
自　民	211	239	169	56.3%	38.6%	70	35.0%	32.8%
新　進	160	156	96	32.0	28.0	60	30.0	28.0
民　主	52	52	17	5.7	10.6	35	17.5	16.1
共　産	15	26	2	0.7	12.6	24	12.0	13.1
社　民	30	15	4	1.3	2.2	11	5.5	6.4
さきがけ	9	2	2	0.7	1.3	0		1.0
民改連	2	1	1	0.3	その他	0		その他
自由連合	2	0	0			0		
新社会	2	0	0			0		
諸　派	0	0	0		6.7			2.6
無所属	10	9	9	3.0				

（朝日新聞1996年10月21日朝刊による）

六・三％の議席を獲得しているのに対して、共産党は一二・六％の得票率で、わずか〇・七％の議席しか獲得していない[14]。

結局、今回の選挙については、小選挙区の部分について、多様な民意を反映せず、死票が増えるというおきまりの短所がくっきり浮かび上がったのに対して、他方、選挙民が政策を選択できるという長所は、政党間の政策の違いの不透明さによってほとんど生かされることなく終わった。しかし、では比例代表部分には問題がなかったかというとそうもいえない。政党間の政策の違いの不透明さは、ごく一部の政党を除き、多様な民意を託すべき政党の選択をむずかしいものにしたように思われる。さらに、某政党の比例代表名簿により当選した議員がほとんど当選と同時にその政党を離脱するという事件が生じたが、これは法的な制約がむずかしいとはいえ、政党本位の選挙で特定の政党名簿を支持した選挙民への明らかな裏切行為であり、議員や候補者自体が政党政治に必ずしもなじんでいないことを示す例であろう。しかも他方では、すでに繰り返し識者によって指摘されてきたように、各政党自体にも党員との関係、候補者の選定、政策の決定はじめ、党運営が民主的に行われているのか不確かな点が多々ある。要するに完全な比例代表制にも、政党の在り方にまだ問題がある以上、不安は常についてまわる。そうすると、もともとの中選挙区制へさしあたり復帰するのが良策ということになろうが、実は中選挙区制も採用当時は、それまでの大選挙区制限連記制を改悪するものと批判されたことを忘れてはなるまい。結局どの制度にも長所と短所はついてまわることが再認識されるべきである。

右のようなことをあれこれ考えた末、現実的には小選挙区・比例代表併用制が採られるべきだというのが筆者の立場であるが、いずれにせよ一回だけの経験だけから決定的な議論を引き出すことはできない。ただ、他の点はともかくとしても、事前に当然予想され結果もその通りになった小選挙区部分についてだけは、その早急な検討・手直しを主張したい(15)。

四　新制度の枠内での問題点

(1)　議員定数の不均衡　新制度のメリットの一つは、議員定数不均衡問題の抜本的解決ができるということであった。たしかに、中選挙区制で一選挙区に三人ないし五人という基本枠を維持し、かつ都道府県の区画を崩さないで議員定数の均衡を維持することは、技術的に一定の限界がある。この点、小選挙区制は、基本選挙人数を定めて調整していけばよいのだから、均衡の維持はやさしいように思われた。しかし実際には、区割りの最初の段階ですでに一対二・一台の格差がみられたし、総選挙時にはそれが一対二・三程度に達してしまった。中選挙区制の時には最初の配分時点での格差は一対一・五程度であったことからしても、これは憂慮すべき事態である。しかし、定数不均衡を監視し、是正を勧告する立場にある区割り委員会は、この程度ではまだ、という判断のようである。これは、投票価値の平等という憲法価値を不当に軽視しているように思われる。再びその違憲を争う選挙無効訴訟が提起されたのは当然の成行きというべきであろう。定数の均衡確保の点ですぐれているという議論は、はやくも成り立たなくなってしまった。

なお、比例代表制の部分は、今回とくに問題はなかったようであるが、ブロック制を採る以上、その定数配分についても投票価値の平等に関わる問題が生じる可能性が残っていることを、念のために指摘しておきたい。

(2)　重複立候補の問題　新制度の枠内で比較的不評だったのが、重複立候補を容認する制度、つまり小選挙区の立候補者が同時に比例代表名簿に名を連ねること、しかも小選挙区での成績で順位を決める「惜敗率」方式も認められたことである。そのため、極端な例では、小選挙区で供託金没収になった候補者が、比例代表名簿で当選するというようなことがおきた。このような重複立候補は、小選挙区を比例代表制の内枠とするドイツの併用制では格別違和感もなく受け入れられており、現首相のコール（ＣＤＵ）でさえ過去何度も小選挙区では当選できなかったことはよく知られている。併用制の下では、これは厳密な意味では重複立候補には当たらないのである。ところが、日本の新制度である並立制では、小選挙区制と比例代表制は別々のものなので、二重立候補の観を呈することになる。それは、参議院では選挙区と比例代表との二重立候補は認められていないこととの対比からみても一層おかしなものに映る。これは、小選挙区でのいわば一発勝負で敗れた者を、その政党内での地位に鑑みて比例代表制の部分で救済するといういわば候補者個人を救済するという制度である。しかし、ではどうして小選挙区で健闘したが結果的に敗れた政党の立場は救済されないのか。立候補者個人は救済されても、結局その分だけほかの名簿登載者がはじきだされてしまうのであるから、小選挙区での各政党の健闘結果は制度的には一切救済されないのである。政策本位とか政党本位ということをいうなら、これは実におかしなことなのであって、そのおかしさは直接的には二重立候補を容認する制度にあるが、基本的には並立制のかかえる矛盾そのものだということができる。すなわち、政策や政党よりも候補者個人を重くみるという背理が存在するのである。

むすび

以上、大変雑駁な論述に終始してしまったが、要するに今回の総選挙の結果だけでみると、新選挙区制の長所とされるものは一向に見えてこず、短所として批判されてきたことだけが、はっきりと数字に表れたということである。しかも、新制度下の最初の総選挙だというのに、目を覆うような戦後最低の投票率である。最初にも触れたように、今後の展開をもう少し視野に入れる必要はあるが、とりあえず私たちは、出発点での議論にもう一度立ち返ってみる必要があるのではなかろうか。

（1）　総選挙後、たとえば比例代表制による当選議員の離党、小選挙区当選議員の党籍変更、政党の分裂騒ぎ、集団的離党等の動きが続いている。

（2）　念のため、筆者の新制度に対する評価を最初に述べておくと、結論的に、新制度は実質的小選挙区制につながるので反対。従来の中選挙区制をどうしても替えるというなら、選挙制度審議会でも浮上していたドイツ型の小選挙区・比例代表併用制が最も妥当という考え方である。そして、ここで時間が必要だというのは、あくまで従来の議論を超える新しい議論のためには、という意味であって、決して新制度をしばらく続けるべきだという趣旨ではない。

（3）　基本類型から最近の小選挙区・比例代表並立制にいたるまでの各選挙区制度の特徴と長短を解説した手頃な文献として、日比野勤「国会――選挙区制度」法教一八九号（一九九六年）三六頁以下。

（4）　とくに、一九五五年から五六年にかけて第三次鳩山内閣が画策したが廃案となった小選挙区法案、一九七三年に田中内閣が準備したが提出を断念した小選挙区・比例代表並立制案は、世論の厳しい批判にさらされた。

（5）　筆者は、この時期からしばらく国際交流基金により北京に派遣されていたので、新制度に関しては当時なにも発言していない。

（6）　読売新聞社調査研究本部編・日本の選挙世界の選挙（一九九〇年、読売新聞社）三二三頁以下。なお同書三二八頁以下に、第三次から第七次までの選挙制度審議会の答申が資料として付されている。
（7）　この点につき、たとえば浦部法穂「政権交代と改憲論」憲法問題6（三省堂、一九九五年）七頁以下参照。
（8）　杉原泰雄「政治改革の理念と現実」憲法問題3（三省堂、一九九二年）一八頁。なお二重引用部分は、芦部信喜「選挙制度改革問題断想」日本選挙学会年報『選挙研究』六号（一九九一年）一七頁。この部分はいささか長い引用になったが、お許しいただきたい。
（9）　会員総数二八九人（憲法学専攻者はその一割もいない）のうち有効回答数一〇六で、「衆議院における望ましい選挙区制を考える上で最も重視する点」（三個選択）は、「議席配分に民意ができるだけ正確に反映されるようにする」（五二・八％）、「政党・政策中心の選挙が行われるようにする」（五一・九％）、「政権交代を可能にする」（四七・二％）となっており、また「衆議院議員選挙の選挙区制として望ましいもの」は、比例代表制（二四・五％）、小選挙区・比例代表制併用制（二二・七％）、小選挙区・比例代表制並立制（二・三％）、小選挙区制（一〇・四％）、中選挙区制（七・五％）となっている。残りの四二・六％は無回答分であり、回答分の中だけでみると、比例代表制（三一・七％）、小選挙区・比例代表制併用制（二八・一％）、小選挙区・比例代表制並立制（一四・六％）、小選挙区制（一三・四％）、中選挙区制（九・七％）で、六割が比例代表制を支持している（平野浩「選挙制度に関する有識者調査（中間報告）」日本選挙学会『選挙制度改革の諸相』（北樹出版、一九九〇年）四六頁以下、同五一頁）。なお、沖野安春「選挙制度改革に関する有識者調査コメント」（同書六七頁）は、つぎのように分析している。「選挙制度には二つの側面があって、一つは民意の反映――さまざまなグループの意見をできるだけ正確に議会に反映させるという側面と、統治主体（政府）――政策の決定と実行――の形成を容易にする、議会多数派の形成にも直接民意を反映させ、多数派の形成を容易にするという側面があるはずである。このアンケート結果では、議会への民意反映という側面が重視され、『政権担当政党の決定に民意が反映されるようにする』という側面は比較的無視されているようである。」
（10）　栗城寿夫「議会制と選挙制度」ジュリ九五五号（一九九〇年）五一頁。同じくドイツ型併用制を評価する有力説として、芦部・前掲注8および「議会制百年と今後の課題」法教一一六号一七頁。なお、学説の一般的状況については、藤野美都子「選挙制度改革と『政治改革』」憲法問題3（三省堂、一九九二年）三七頁以下、ならびに同論文で紹介されている諸文献参照。

(11)　しかし、この併用制にも反対する立場がある。小林武「新選挙制度の映し出したもの」法時六九巻一号（一九九七年）二頁以下は、今回の総選挙が民意の反映にほど遠いものであったことを指摘し、小選挙区制の廃止と比例代表制の採用を訴えるが、この併用型については、「小選挙区制を伴う以上、運用をくりかえすことによって小政党淘汰の『小選挙区制効果』が支配的となる点で、私見からは賛同しがたい」という（同五頁）。しかしこの意味はよく分からない。かりに小政党淘汰になるにしても、それは選挙民の選択の結果であって、制度自体による淘汰とは根本的に性質が異なると思う。比例代表論者の多くも、小党分立を好ましいというのではなく、かえって比例代表制の下で小党が淘汰され二大政党制になることもありうるという議論をしているのではないだろうか。

(12)　ちなみに前回の一九九三年七月の総選挙では六七・二六％で、これまたそれまでの最低記録であった。さらに一九九五年七月の参議院通常選挙での四四・五二％も最低記録である。

(13)　ただし、ブロック制からくるひずみが小政党に不利に働いている点は問題である。今回の結果を単純に全国単位の比例代表に換算すると、自民四、新進三、民主三の減、逆に社民二、共産二、新社会三、さきがけ二自由連合一の増になるという（朝日新聞一九九六年一〇月二三日朝刊）。

(14)　こうして小選挙区の場合、死票は有効投票総数の五五％に達した。なお中選挙区制下の前回総選挙では二四・七％であった。

また、一九九三年の前目総選挙での各政党の得票率と議席占有率はつぎのとおりであった（朝日新聞一九九六年一〇月二二日夕刊）。

自民　三六・六％—四三・六％
社会　一五・四％—一三・七％
新生　一〇・一％—一〇・八％
公明　八・一％——六・八％
共産　七・七％——二・九％

民社　　　三・五％——二・九％
さきがけ　二・六％——二・五％
その他　　八・〇％——六・八％

(15)　朝日新聞の投票者アンケートの分析によると（対象者一万一八〇〇人）、新選挙制度への評価は、「続けるべきだ」二九％、「中選挙区に戻すべきだ」二七％、「小選挙区だけにすべきだ」一四％、「比例代表制だけにすべきだ」六％、「その他」二四％となる（朝日新聞一九九六年一〇月二二日朝刊）。

また、今回の当選議員に対する面接アンケートの結果（回答率九四・二％）によれば、「選挙制度を見直す必要があると思うか」に対する回答は、「並立制を維持し手直しすべきだ」が四七％、「制度を改める」が四六％、「このままでよい」六％、無回答一％となっている。制度維持の意見が半数を上回っているが、なんらかの手直しが必要だという意見が多く、その内容としては、「重複立候補制廃止」が最も多く、ついで「総定数削減」、「比例区を全国単位に」、「比例区を県単位に」、「小選挙区と比例区の配分変更」、「小選挙区の格差を是正」などであるという（朝日新聞一九九六年一一月一七日朝刊）。

（ジュリスト一一〇六号、一九九七年）

＊　衆議院議員選挙については、その後平成一二年に改正がなされ、比例代表選出議員定数の二〇名削減、重複立候補者の復活当選制限、比例代表選出議員の他政党への移動禁止等が定められた。

V　参議院全国区制の改正
――「拘束名簿式比例代表制」の問題点――

はじめに

いままでの参議院全国区選挙制を廃止して新たに拘束名簿式比例代表制を採用するという公職選挙法一部改正法が先の第九六国会において成立した。参議院全国区選挙についてはもう大分以前からなんらかの改革の必要性が叫ばれており、比例代表制の導入案が有力な改革案の一つとして浮上していたことは事実である。したがって今回の改正を一つの英断とみて高く評価するむきも少なくないと思われる[1]。しかし参議院全国区制の改革については、地方区との関連も考慮したさまざまな改革案がほかにも検討されていたし、比例代表制案にしてもさらに具体的にはいくつかの異なる方式が検討されてきたことも事実である。全国区の存置論も含めて、それぞれの得失をもう少し時間をかけて検討すべきではなかったであろうか。少なくとも世論や国会のなかでの反対論・慎重論の提起した今回の改正法の問題点のすべてにわたって国会で十分な審議が尽くされたとは思えない。選挙制度は議会制民主主義の根幹を支えるものであるだけに、その改正にあたっては世論や参考人の意見によく耳を傾け、小政党や無所属の議員から提示された疑問点について十分納得のいく答を用意し、それらの合意を得る努力が、改正を促進する大政党側には要求されていたはずである。しかし残念ながらそのような努力は十分になされず先が急がれたきらいがある。

参議院選挙制度に関しては、地方区の議員定数不均衡問題というもう一つの深刻な問題があることは周知のとおりである。選挙のたびごとに提起されている違憲訴訟において、裁判所はいまだ明確な違憲判決こそ下してはいないが、少なくともいわゆる逆転区現象は違憲の疑いが強いとし、ただ国会で改正を検討している経過を尊重すると現時点ではまだ違憲とは断定しにくいという趣旨の高裁判決もすでに出されている。(2) さらに衆議院に眼を向けるとそこにも一層深刻な議員定数不均衡問題があり、高裁段階での違憲判決がすでに下されている。(3) 国会としてまず取り組むべき焦眉の課題はこれら議員定数不均衡の解消ということではなかったのか。そのような焦眉の問題を棚上げにしておいて、まだ改革の方向性については論議の余地が多分にあった全国区選挙制の改正を、大政党同士の内々の合意の下に先に強行したという点に、大きな疑問を感じざるをえない。

このように成立経過にこだわるのも、もとはといえば今回の改正法の内容には問題点が多すぎると思えるからである。新聞報道によると、衆議院公職選挙法改正調査特別委員会は今後の国会でさらに改正する含みをもたせる狙いから、「選挙制度の持つ特性にかんがみ、当委員会における審議ならびに公述人及び参考人の意見をも反映し、妥当と認められる事項については、すみやかに所要の措置をとるものとする」との付帯決議を採択したという。(4) これが今後の改善の余地を示唆するものであれば、そのこと自体は有意義である。しかし逆にいえばそれは、今回の改正法の内容にまだ十分検討済みでない問題点が含まれていることを示唆するものといえよう。そのような問題点を十分検討してから改正に踏み切っても決して遅くはなかったのではあるまいか。

そのような成立過程の問題点もさりながら、今後も引き続きなされなければならない論議の参考に供するために、以下に今回の改正法の主要な問題点を検討しておきたい。

一　理念なき改正

日本国憲法の新しい統治制度の発足にあたって、参議院の国政における役割は、数の政治に対する理の政治をもって衆議院との間に抑制と均衡を保つことにあるものと解され、選挙制度も参議院のそのような役割にふさわしい理の代表を確保できるようなものにし、衆議院選挙に対する特色を出そうという観点から種々論議されたが、結局、都道府県を単位とする地方区と全国を一選挙区とする全国区の併用制が採用された。参議院の選挙制度に関しては、衆議院と同じく「全国民を代表する選挙された議員でこれを組織する」（憲四三条）ことと、「議員の任期は六年とし、三年ごとに議員の半数を改選する」（憲四六条）ことだけが憲法上定められ、議員資格、議員定数、選挙区、投票の方法その他議員の選挙に関する事項は法律で定めることとされているが（憲四三条二項、四七条）、同じ公選制ながら右のような選挙区制をとることにより、衆議院に対する特色を確保しようとしたのである。この選挙区制度が昭和二五年の公職選挙法にもそのまま引き継がれて今日にまで至った。

全国区制は、学識経験者や職能代表が広く全国から選出され得る制度としての期待を担って発足し、昭和二二年四月に実施された第一回選挙（このときは全員選挙）では学識経験者を含む多数の無所属議員の選出をみた。全国区で五七名、地方区で五四名の無所属議員が誕生し、総議席の四三％をも占めた。そしてその多くが参集した「緑風会」は参議院第一の会派として院の運営をリードし、参議院の特性を発揮しようとした。こうしてこの制度によせられた期待は充たされたかにみえたのであるが、三年後の第二回選挙の結果「緑風会」ははやくも第三位に転落し、以後凋落の一途をたどることとなった。参議院は政党化の方向へ歩みだし、次第に「ミニ衆議院」化していったのである。(5) 最初に多数の無所属候補者を当選させた全国区も、政党や大組織を中心とした組織主導型の選挙が行われる選挙区になり、一部の有力タレント候補者を除いて、組織に乗らない学識経験者等の出番は事実上封じられてしまった。こうして全国区制が当初の期待を裏切ることになっていくとその欠陥も眼につくようになったが、政党や大組織にとっても厖大な費用を要する全国区選挙は重荷に感じられていき、金権選挙の横行とともに「銭酷区」、「残酷区」などと呼ばれる有様で、改革の必要が多方面から叫ばれるようになったのであった。しかし、参議院の特色を生かしつつ全国区制のかかえる問題点を解決する改革案は具体的にはなかなか得にくく、改革は難航していたところ、今回は大政党の利害が一致して、前者の点を犠牲にしても後者の点を解決するという形での改正が実現したのである。

すなわち今回の改正は、厖大な費用のかかる選挙制度を改めるという点にもっぱら主眼をおいたものであり、参議院の特性を生かすための選挙制度はどのようなものであるべきかという視点は二の次になっているか、あるいは欠落してしまっている。いわば現象的な問題の一部（それが重要であることを否定する気はいささかもないが）だけに心を奪われて、より本質的な問題（参議院制度の理念に照らしてこの選挙制度はどのようにあるべきかという問題）を十分考慮していないのである。しかも現象面の解消のための改正が同時に参議院制度のあり方の根本に影響を与えるような制度改正になっている。このような改正の姿勢にははなはだ問題があるといわなければならない。

改正法案の提案趣旨説明をみると、「参議院にふさわしい人を、より得やすい制度にすることが必要」、「現在の全国区制度が国全体という広大な地域を選挙区とし、八千万人の有権者を対象とする個人本位の選挙となっているので、有権者にとって候補者の選択が著しく困難であること、また多くの候補者にとって膨大な経費を要すること等、これらの問題点の解消を図ることが必要」、「加えて、政党が議会制民主主義を支える不可欠の要素となっており、また、国民の政治的意思形成の媒介として重要な機能を果している現状に眼を向ける必要もある」ということが述べられ、「これらの諸点を綜合的に勘案して、現在の個人本位の選挙制度から政党本位の選挙制度に改めることが適当であるとの結論に達した」ものとされている[6]。

しかし政党本位の選挙制度をとると、常識的には議員に対する政党の拘束力は必然的に強まるものとみなければならないから、それは「参議院にふさわしい人を、より得やすい制度」には実はなりえない。「参議院にふさわしい人」というのは、理念的には各界を代表する識者で理の政治に明るい人ということになろうが、政党本位の選挙制度はそのような人たちの単独立候補の途を狭めることになる（改正法では、狭めるだけでなく法的に否定している）。また各政党の見識によってそのような人たちが名簿に登載される可能性があるとしても、政党への組入れがその前提となるかぎり、党議を離れた理の政治をそれらの人たちに期待するのは無理というものであろう。また、国政における政党の意義はまさしく提案理由にいうとおりであるけれども、それを政党本位の選挙制度に結びつけるのであれば、それはまず衆議院の選挙制度について考えてみるのが本則であって、それを通り越していきなり抑制の府といわれる参議院の選挙制度についてそのことを強調するのは、いかにも唐突に過ぎ奇異に感じられる。参議院の政党化が今日もはや避けられない現象であるということは大方の識者が認めるところであり、実情は実情として率直に認識しなければならないけれども、その現象を固定化ないしますます助長する制度を設ける積極的な理由はないと思われる。また参議院選挙だけについて考えてみても、地方区（改正法の名称では「選挙区」）の選挙はいままでどおり「個人本位」の選挙制度のままにしておくこととの関連はどうなるのであろうか。こういった点についての説明はなにもなされていない。そこには参議院制度ならびにその選挙制度のあり方に関する首尾一貫した哲学が欠けているといわなければなるまい。

　このようにみてくると、以上の二つの点はどちらも改正を正当化する理由としては不十分で、きめ手にはなりえない。結局残るのは、理念の問題はさておくとしても、いままでの全国区制のかかえる現実的な問題点をともかく早く解消したいということだけである。しかも、全国区制のかかえる問題点として掲げられていることのうち、選挙人にとっての選択困難性ということはそれほど大きな理由とはなりえていないはずで、究極的なきめ手はあくまで厖大な選挙費用問題の解消ということである。しかし選挙費用の問題は、本来政治資金規正の強化や法定費用の厳正遵守をはかり、いわゆる金権選挙の体質を変えることによって解決されるべき問題であろう。厖大な経費問題の生じるゆえんは別のところにあり、全国区制はただそれを量的に増幅しているにすぎない。全国区制の責に帰するのは罪のなすりつけというものである。

「これらの諸点を総合的に勘案」すると、今回の改正は理念なき改正とでもいうべきものであり、すでにその点だけからみても歓迎しにくい。

二　比例代表制と憲法

政党本位の選挙制度は一般的にいって参議院の政党化を一層助長することになるであろう。そしてそのこと自体本来の参議院制度の理念に反するという考え方が一方に成り立つ。しかし参議院が公選制をとるかぎり政党化は避けられないのであって、むしろ政党化を前提として参議院本来の機能を発揮できるような選挙制度に改めるべきだという考え方も他方に成り立っている。仮に参議院の政党化が一層進むことになったとしても、選挙区、選挙方法、選挙の時期、議員の任期の違い等により、時々の衆議院とは違う政党構成が得られるならば、なお衆議院に対する抑制機能を果たす余地があるであろう。したがって政党本位の選挙制度の採用は、その立法政策上の適否はともかくとして、参議院制度設立の趣旨をただちに没却させるということにはならず、参議院制度本来の理念に反するという理由で違憲と断じることはできないであろう。実は憲法自身も参議院の性格についてそれほどはっきりしたことはなにも定めていないのである。しかし、具体的に採用された拘束名簿式比例代表制が憲法の選挙権に関する諸規定に違反しないかどうかは個別に検討されなければならない。今回の改正法の内容については、国会審議の段階でも一部に違憲の主張がなされていたし、法律が成立した後はやばやと違憲訴訟提起の準備がなされたとも伝えられている。(7) 憲法上の論点についてすでに法案の段階で一通りの検討を施した論文も出されているが、(8) ここでも私の立場から若干の検討を行っておきたい。

憲法上の問題は、大きく分けて、まず一般的に、政党本位の拘束名簿式比例代表制をとることは憲法上許容されるかどうかの問題と、つぎに具体的に、定められた制度における候補者名簿届出の要件、供託金制度、選挙運動の制限などが、国民の選挙権・被選挙権をはじめ、関連する権利・自由の侵害にならないかどうかの問題とがある。

まず前者の問題について検討を加えてみる。日本国憲法には西ドイツ基本法のように政党について正面から規定する条文は存在しない。しかしそのことは、憲法が政党を否認するものでないことはもちろん、政党に対して傍観者的態度をとっているということを意味するものではない。むしろ、「普通選挙制、国民主権を基礎とする代表民主制、ないしは議院内閣制度等々の規定からみて、憲法は政党が国政上の重要かつ不可欠の機能をはたすべきこと、政党結成は自由でありかかる政党は必ずや複数たるべく、また、諸政党間に機会均等の認められるべきこと等は憲法の定める政治制度の当然の前提として承認せられているものと解すべきである」[9]という考え方が学説上も多数を占めているといってよいし、また八幡製鉄政治献金事件の最高裁判決[10]においても、「憲法は政党について規定するところがなく、これに特別の地位を与えてはいないのであるが、憲法の定める議会制民主主義は政党を無視しては到底その円滑な運用を期待することはできないのであるから、憲法は、政党の存在を当然に予定しているものというべきであり、政党は議会制民主主義を支える不可欠の要素なのである」と判示されている。政党の議会制民主主義に対する関係がそのようなものだとすると、憲法に明文の規定がないからといって、政党本位の選挙制度を否定するのは正当ではない。むしろ政党が国民の政治意思を形成する最も有力な媒体であることに着目するとき、国民の政治意思をなるべく正確に議会の構成に反映させるためには比例代表制が最も適しており、それは憲法の積極的に要請する制度だと解することもできる[11]。いずれにしても、憲法における明文規定の欠如は制度否定の論拠にはなりえない。

つぎに、比例代表制は議員や候補者に対する政党の拘束を強めることになるが、そのことが「全国民を代表する」議員という憲法四三条の規定に触れないかという問題がある。政党による拘束はいままでの制度においてもみられたところであるが、それは自由委任に基づく国民代表の観念とは必ずしも矛盾するものではない、といままでの学説は解してきた。政党による拘束は社会的・政治的実体の次元の問題であり法的次元の問題とはなっていないこと、政党も究極的には全国民的利益を目指すものであり、政党の決定に従って行動する議員も実質的に全国民の代表たりうることなどがその理由として挙げられている。[12]しかし通説的見解においても、「議員が所属する党を変更する自由を認めないとか、党からの除名が議員たる地位の喪失をまねくとか、というほど強い政党の拘束があればともかく、一般に政党の拘束を自由委任と矛盾すると考えるべきではなかろう」[13]という捉え方をしているので、政党による拘束を法的にまで認めることになると違憲の論議が生じる余地がでてくる。[14]

今回の改正法においては、政党による議員拘束について格別の定めをせず、ただ選挙の前日までに「除名、離党その他の事由により当該名簿届出政党等に所属する者でなくなった」名簿登録者について当該名簿届出政党等からその旨の文書による届出があった場合にはその者は名簿から抹消される、という規定がおかれているだけである（八六条の二第五項）。この規定の合理性は特に説明するまでもなく明らかであろうが、問題は、比例代表制によって当選した議員が当選後に当該名簿届出政党から除名されたりあるいは離党したりした場合をどうみるかである。そのような場合について格別の規定が設けられていないことは、自由委任の原理が優先させられたことだと解することができよう。したがって、先に挙げたような違憲の疑いはさしあたり生じない。しかし、今度は逆に、選挙人は政党に対して投票しているという側面からみると不合理との感じがなかなかぬぐいきれない。将来具体的な事例がでてきた場合に、憲法四三条の再解釈も含めて新たな論議を呼びそうな気がするが、ここでは問題の所在を明らかにするだけにとどめておく。ちなみにこのような問題は西ドイツの比例代表制の下では、基本法上認められた政党の役割と自由委任の原則という二つの憲法上の価値が衝突する場合として論じられてきたが、自由委任の原則を優先させ、議員が政党から除名されたり自ら離党したりした場合にも議席を失うことはないし、また辞任を申し出る義務もない、というのが通説・判例である(15)。

比例代表制については、そのほか選挙権関係の憲法規定が問題とされる余地があるかもしれない。しかし、普通・直接・自由・平等・秘密選挙を憲法上保障している西ドイツをはじめ、近代選挙の原則を承認しているヨーロッパ諸国において比例代表制が多く採用されていることからみても、比例代表制一般が憲法に抵触するということにはならないと思われる。先にも述べたように参議院全国区だけを比例代表制に改めるということには疑問もあるが、それは憲法違反の疑いとまではいえない。

三　候補者名簿の要件

比例代表制一般には違憲の疑いがないにしても、具体的に採用された制度における個別規定については違憲問題の生じる余地がある。今回具体的に採用された拘束名簿式比例代表制について最も問題とされているのは候補者名簿提出の要件であり、それはつぎのような定めになっている(法八六条の二)。

一　当該政党その他の政治団体に所属する衆議院議員又は参議院議員を併せて五人以上有すること。

二　直近において行われた衆議院議員の総選挙又は参議院議員の通常選挙における比例代表選出議員の選挙若しくは選挙区選出議員の選挙における当該政党その他の政治団体の得票総数が当該選挙における有効投票の総数の一〇〇分の四以上であること。

三　当該参議院議員の選挙において公職の候補者(この項の規定による届出をすることにより公職の候補者となる名簿登載者を含む)を一〇人以上有すること。

このような要件は新しい政党にとって不利であるが、とりわけ無所属候補者の単独立候補の途を封じることになり、無所属候補者の立候補の自由と無所属候補者に投票したい人の選挙権を侵害するのではないか、結社の自由（結社しない自由を当然含む）を侵害するのではないか、信条により議員資格を差別することになり、ひいては法の下の平等にも反するのではないか、等々の憲法上の疑義がすでに提出されているようである。この点については、無所属候補者は無所属候補者として結集すればよく、また無所属候補者単独でも他の同志九人を形式的に立候補させることによって自らも立候補できるのであるから実質的には無所属立候補が可能になっているという見方もある(16)。しかし、前者には結社の自由の問題がひっかかってくるし、後者についていえば供託金制度が強化され、一候補者四〇〇万円と倍増されたうえに、没収規定も厳しいものになっている（法九四条）点を考慮すれば、成り立たない論だとみなければなるまい（供託金制度の問題は単独立候補の問題を離れても一般的に立候補を厳しく制限する点で憲法上の問題とする余地がある）。改正法の定める要件においては無所属候補者の単独立候補の途は実質的に閉ざされている。この点はさすがに厳しすぎるとして第三の要件を緩和すべきだという野党側の提案もあった。今後修正の可能性もないではないが、展望はそう明るくはない(17)。

このような立候補の制限が憲法に違反しないかの問題は、結局は立候補の自由に憲法上独自の価値が与えられているかどうかの問題だと思われる。最高裁はかつて、「憲法一五条一項には、被選挙権者、特にその立候補の自由について、直接には規定していないが、これもまた同条同項の保障する重要な基本的人権の一つと解すべきである」と判示している(18)。しかし、被選挙権はあくまで選挙される資格ないし地位にすぎず、それは法律で定められることになっているから、法定の選挙制度に依存する権利であり、基本権と呼ぶのはおかしいと説く有力な学説がある(19)。被選挙権の意味はそのとおりであろう。しかし、立候補の自由が国民の基本的な権利であるという右最高裁判決の考え方は正当だと私には思われる。そして右の判決においてはおそらく、法定の要件に従って立候補することをなにものからも妨げられないという意味に力点がおかれているものと思われるが、さらに法律で被選挙権を定めるにあたって尊重されなければならない憲法上の価値という意味が同時に含まれていると解される。国民主権国家においては国民は原則として誰でも代表に選ばれる資格を有すべきものであり、法律でもってその資格を制限できることは憲法も予想しているところではあるものの、その制限には十分な合理的根拠がなければならず、合理的根拠のない制限は単に立法の不当の問題にとどまらず違憲問題になるものと考えるべきであろう。ところで今回の改正法ではいままでの全国区制における立候補資格がさらに加重されたことになるが、右のような立場からするとこの要件加重の合理性を積極的に論証できないかぎり、違憲の疑いから解放されないと思われるところ、そのような合理性の論証はなんらなされていないように私には思われる。改正法の名簿提出の要件がどのような理由、どのような基準に基づいて作られたのかを知る資料を現在の私は持たない。臆断はつつしまなければならないが、もし泡沫候補対策というのであればそれは供託金の倍増によってすでに充たされているはずである。またいわゆる破片政党の締出しというのであれば（無所属議員も一人一党とみることができる）、それは比例代表制導入の理念にはむしろ合わないのではないかと思われる。西ドイツでは一定の政局安定確保の見地から法的に破片政党の締出しをはかっているが、それは投票の配分段階で行われており、立候補の段階では行われていない。それは比例代表原理の修正であり、衆議院についてなら多少論議の余地があるかもしれないが、抑制の府でありしかも多元的な構成がむしろ期待される参議院についてはそれを合理化する積極的理由はなにもないように思われる。そのほかに考えられるのは、単独立候補を認めるとかなりの死票が出ることが予想され、そのことが、死票をなくすという比例代表制の理念に合わないのではないかということである。比例代表制の場合死票というのは正確でないかも知れないが、単独立候補者が過剰得票した場合（たとえば、三名の比例配分をうけうる投票を得た場合）や落選した場合には実質的な死票が生じることになる。この点はたしかに一考に値するであろう。しかしこれは究極的には立候補者ならびに選挙人の判断に委ねられるべき問題のように思われる。さらに技術的な問題もあるかもしれないが、私の思いつくかぎり、あえて単独立候補を封じなければならないほどの理由はいまのところないようにみえる。そして合理的な理由が積極的に示されないかぎり、それは立法裁量の限界を超えており違憲といわざるをえないと思われる。

その他の憲法条項との関係を検討する余裕はなくなってしまったが、要はいままでの立候補資格以上に加重することに合理性が見出せるか否かである。もし合理性が見出されるとすれば、他の憲法条項違反の疑いも結局は解消されることになろう。逆に合理性が見出せないかぎり、他の憲法条項違反の疑いも重なって残ることになろう。

むすび

そのほかの大きな憲法上の問題点としては、供託金制度の強化、比例代表選出議員の選挙運動の大幅制限がある。前者については、それ自体立候補の自由を著しく制限するものではないかという問題提起にとどめておく。後者については、文書・図画頒布の禁止（法一四二条二項）、街頭演説の禁止（一六四条の五第二項）等の新たな制限規定を設けた根拠を問いたい。比例代表制の導入がなぜこのような選挙運動の規制強化を伴わなければならないのか理解に苦しむ。おそらく選挙費用節約の見地からであろうが、選挙運動の自由は経費の問題と軽々と引き換えできない問題なのではないか。なお法一七八条の三は、選挙区の選挙運動において比例代表選出議員の選挙に係る運動をすることは妨げられないとしているが、これは選挙区でも駒数をそろえられる大政党に有利に働くことになるであろう。平等原則違反の疑いもないではない。

＊　＊　＊

以上、憲法上の論点を中心に改正法の批判的検討を行ってきたが、ほかにも検討されるべき問題点は多く残されている。しかし、技術的問題を含めて、ここではもはや検討すべき紙面の余裕がない。

今回の改正は大政党中心に行われ、その内容にはすでにみたようにさまざまな問題点が含まれている。私の立場からみれば強い違憲の疑いがある部分もある。なるべく早い機会に国会で再検討され、適切な修正措置が講じられることを希望しておきたい。

しかしそのような問題の部分を除くと、新しい制度にはそれなりの魅力があることも否定できない。対処の仕方によってはこの制度は、小党はもとより無所属の議員や候補者にとって有利に働く可能性は多分にあると考えられる。特に無所属候補者は、結集してつぎの選挙に臨むことができれば、大政党に強烈なしっぺ返しをすることもできるかもしれない。つぎの選挙においては既成政党のかなえの軽重が問われると同時に、無所属議員の存在価値も問われることになろう。国民の判断を注意深く見守りたい。

（1）ちなみにある新聞社の全国世論調査によると、「この制度では、候補者個人ではなく、政党に投票することになります。あなたは、この新しい選挙制度に賛成ですか、反対ですか」という質問に対して、賛成と答えたもの二八％、反対と答えたもの四二％、その他・答えないもの三〇％であったという（朝日新聞一九八二年九月一一日付）。

（2）東京高判昭和五四年六月一三日判時九三三号一六頁。

（3）東京高判昭和五五年一二月二三日判時九八四号二六頁、大阪高判昭和五七年二月一七日判時一〇三二号一九頁。

（4）朝日新聞一九八二年八月一八日付。

（5）当初の二十数年間の衆・参両議院の選挙結果につき、資料コンメンタール憲法（法時臨増四三巻二号三三一頁）参照。

（6）ジュリスト誌提供のコピーによる。

（7）読売新聞一九八二年八月一九日付。首都圏の無党派地方議員らによるもので、憲法一四条一項、一五条一項、二一条一項、四四条等違反を理由に参院選の事務差止請求訴訟を提起するという。

（8）佐藤功「比例代表制の憲法問題――参議院全国区制改革案の問題点」法セ三二〇号二〇頁。

（9）円藤真一「政党」芦部＝池田＝杉原編・演習憲法（一九七三年）五〇〇頁。

（10）最大判昭和四五年六月二四日民集二四巻六号六二五頁。

(11) 長尾一紘「選挙制度の選択と立法裁量の限界」比較法雑誌一一巻二号五七頁参照。
(12) 佐藤功・前掲論文二二頁参照。
(13) 芦部信喜「両議院の組織」基本法コンメンタール新版憲法（一九七七年）一八一頁。
(14) なお、憲法四三条の国民代表を自由委任の観念で捉えない有力な学説があることに注意（杉原泰雄「国民主権と国民代表制の関係」奥平＝杉原編・憲法学4（一九七六年）六三頁参照）。
(15) Vgl.Peter Badura, "Art.38", S.51, in Kommentar zum Bonner Grundgesetz ; BVGE 2, 1(74). ただし、禁止された違憲政党の議員は議席を失うものと解されている（右掲判例）。なお基本法の関連条文を参考のために掲げておく。「政党は、国民の政治的意思の形成に協力する」（二一条一項一段）、「議員は、全国民の代表者であって、委託および指図に拘束されることなく、その良心のみに従う」（三八条一項後段）。
(16) 佐藤功・前掲論文二五頁。
(17) 社会党は五人以上、新自連は三人以上、共産党は個人立候補を認める修正要求を持っているようであるが、自民党には修正の意思はないという（朝日新聞一九八二年八月一八日付）。
(18) 最大判昭和四三年一二月四日刑集二二巻一三号一四二五頁。
(19) 佐藤功・前掲論文二五頁参照。

（ジュリスト七七六号、一九八二年）

＊　本文の公職選挙法八六条の二の規定は、平成六年衆議院比例代表制の導入により八六条の三に移され、また一部改正された。すなわち、旧八六条の二第一項二号は八六条の三第一項二号となり、要件一〇〇分の四以上が一〇〇分の二以上に緩和されている。また、旧八六条の二第五項は、現行法では衆議院に関する八六条の二第七項を八六条の三第二項で準用するという形をとっている。
　また平成一二年の法改正により、参議院比例代表制の部分について、従来の拘束名簿式が非拘束名簿式に改められた。

Ⅵ 「百日裁判」

「百日裁判」とは、選挙にかかわる裁判のうち、提訴から大体一〇〇日以内に決着がつけられるべきだとされている裁判をいう。本来どのような事件の裁判も、慎重にしかも迅速に行われるべきものであるが、慎重さの要請と迅速さの要請とは究極的には相反する場合もある。そこで両者の調整が必要であるが、それは通常の事件においては多くは裁判の当事者の態度や裁判所の訴訟指揮の問題となる。しかし法律でとくに迅速さの要請が制度として規定されたものがあり、それが公職選挙法の「百日裁判」である。

最近の「政治改革」の一環として、この制度の強化がはかられ、このたびそれが初めて適用された事件の最高裁判決も下された。この機会に「百日裁判」について考えてみよう。

一 「百日裁判」の意義と沿革

周知のように公職選挙法は、選挙に関する特別の訴訟として選挙無効訴訟と当選無効訴訟を定めている（第一五章二〇二条以下）。選挙の結果に影響を与えるような違法があった場合や当選人の確定に誤りがあったような場合に、選挙そのものを無効としてやり直しをさせたり、間違った当選人を排除して正当な当選人を確定することを目的とした訴訟である。さらに公職選挙法は、選挙で当選した候補者やその総括主催者等が選挙に関して買収、経歴詐称その他の選挙犯罪に問われ有罪とされた場合にも、当選を無効とする旨を定めている（二五一条）。これらはいずれも選挙の公正を確保するための制度であることはいうまでもない。そして選挙無効・当選無効に伴って再選挙、繰上補充、補欠選挙などが行われる。

このような再選挙、繰上補充、補欠選挙などの制度を実効あるものにするためには、裁判所の判決はなるべく早く下される必要がある。たとえば議員の任期満了直前の判決ではほとんど再選挙などの意味がないことになってしまうが、それほど極端な場合でなくても、早ければ早いほど制度の趣旨が生かされるという関係になる。そこで、きちんとした審理と迅速さの調和点として、「百日裁判」の制度が採用されたのである。

この制度は、すでに一九四五年の衆議院議員選挙法改正（昭和二〇年法律四二号）の際に導入されたが、当初はまだ「選挙ニ関スル訴訟ニ付テハ裁判所ハ他ノ訴訟ノ順序ニ拘ズ速ニ其ノ裁判ヲ為スベシ」（法一四一条ノ三）という漠然とした訴訟促進の定めにとどまっていた。しかしその趣旨は一九四七年の参議院議員選挙法（昭和二二年法律一一号）にも受け継がれた（法七五条、「衆議院議員の選挙に関するこれらに相当する訴訟の例による」）。そしてこれらを統一した一九五〇年の公職選挙法（昭和二五年法律一〇〇号）の二一三条一項が後述のような定めをして、今日に至っている。さらにその二年後の公職選挙法一部改正（昭和二七年法律三〇七号）で二五三条の二が挿入され、現行の同条一項と三項に当たるものが付け加えられた。さらに下って、政治腐敗防止策の一環として一九九二年の一部改正（平成四年法律九八号）により第二項が新たに加えられ、従来の第二項は第三項に繰り下げられたのである。

公職選挙法の具体的規定はつぎのようになっている。まず法第一五章に定める選挙無効および当選無効の訴訟については、二一三条一項「訴訟の判決は事件を受理した日から百日以内に、これをするように努めなければならない」、同条二項「前項の訴訟については、裁判所は、他の訴訟の順序にかかわらず速かにその裁判をしなければならない」。ついで当選人等の選挙犯罪に関わる刑事事件についても、まったく同じように、「訴訟の判決は、事件を受理した日から百日以内にこれをするように努めなければならない」と定め（二五三条の二第一項）、同三項では、他の訴訟の順序に優先して裁判を行うべきことを定めている。さらに、同二項は「裁判長は、第一回の公判期日前に、審理に必要と見込まれる公判期日を、……一括して定めなければならない」と定めているが、これはつい最近（一九九二年）の法改正によるものであり、後であらためて詳しく述べる。

二　合憲性と従来の問題点

この「百日裁判」の制度に対しては、かつて法二五三条の二を適用された刑事被告人の側から、裁判を受ける権利を害しまた不合理な差別であり違憲との主張がなされたこともあった。しかし最高裁はつぎのように合憲と判断している。「刑に処せられたときは、当該当選人の当選が無効となるのであるから、……事犯の性質上、右当選人としての法律関係を速かに確定させるため、特に他の事件に優先して審理判決すべき要請が存するのであり、同法二五三条の二の規定は、まさに右の要請に応えようとする趣旨に出たものであって、合理的な根拠があるものとして是認されるべく、これがため裁判が粗漏、拙速に流れ被告人の防禦権を不当に制限するも可なりとする趣旨でないこと固よりである」（最大判昭和三六年六月二八日刑集一五巻六号一〇一五頁）。この判旨はまったく正当というほかなく、この判旨に付け足してその正当性をあれこれ論ずる必要はないであろう。

このようにして「百日裁判」は合憲だし、選挙における不正を排除し、議会の議員や自治体の長が公正に選挙されていることを確保するために必要な制度だといえる。しかし、もともとこの「百日裁判」の規定は訓示規定にとどまっており、そうするとそれは運用如何では骨抜きにされてしまうおそれがある。「百日」とは、長いようでもあるが短いようでもあり、たとえば「ナポレオンの百日天下」というときには、短いというニュアンスで用いられ、「百日咳」というときには、長いというニュアンスであろう。それはともかく、訴訟当事者が引延しを計ったり、それに対応する裁判所の訴訟指揮がゆるかったりするときには、訴訟が遅延し、制度の趣旨を生かせないことになる。いままではむしろそのような実効性を欠く場合のほうが目立ったように思われる。二〇年ほど前の参議院議員選挙に際して選挙違反事件で地域主催者の有罪が最終的に確定したが、起訴後二年以上を経過していたという極端な例もあるが、このような任期満了後の場合はもとより、任期満了近くの有罪確定でもこの制度の趣旨はほとんど生かされないことになる。なお二一三条の訴訟についても同様の問題があり、たとえば町議会議員選挙に大量不正投票の違法があり、最高裁の選挙無効判決が下されたが、議員の任期満了直前だったため再選挙の意味がなくなったという事例を初め、無数の例がある。期間内の判決でも、刑事事件の場合は、争われる場合には地裁・高裁・最高裁と三〇〇日を要するし、無効訴訟等の場合には、異議申立て・審査請求・高裁・最高裁で、やはり最短でも同じくらいの日数を要するのだから、少しゆるめると、すぐ形骸化してしまうのである。

三　強化規定の導入と適用事例

そこで、具体的に公判期日をあらかじめ一括して設定するという強化策が一九九二年の改正でなされたわけである。それはつぎのように定められた。

法二五三条の二第二項　前項の訴訟については、裁判長は、第一回の公判期日前に、審理に必要と見込まれる公判期日を、次に定めるところにより、一括して定めなければならない。

一　第一回の公判期日は、事件を受理した日から、第一審にあっては三十日以内、控訴審にあっては五十日以内の日を定めること。

二　第二回以降の公判期日は、第一回の公判期日の翌日から起算して七日を経過するごとに、その七日の期間ごとに一回以上となるように定めること。

そしてその典型的な適用の機会がまもなく訪れた。N参議院議員経歴詐称事件がそれである。一昨年（一九九二年）七月に施行された参議院議員選挙に際し、愛知県選挙区から立候補して当選したN氏は、選挙公報掲載文にM大学入学・中退の学歴を掲げ、また演説会で公費海外留学歴を披露したりしたが、実はこれらの事実はなく経歴詐称であったとして、公職選挙法二三五条一項の「虚偽事項の公表罪」で起訴された。政治腐敗批判が高まっている折であり、また客観的にみて虚偽の学歴であることも容易に認識できる事件であったため、新規定の実効性をためすよい機会となった。一九九三年八月三一日に起訴されたが、第一審では右の条文に忠実な期日指定を行い、九月二八日の第一回公判から始まって一六回にわたる公判が持たれ（内三回は予定日が取り消され二〜四日後に追加指定されている）、一二月二四日に判決（有罪）が下された（名古屋地判平成五年一二月二四日判時一四八五号二頁）。この裁判は結果的には一一六日かかったが、新規定に忠実に従い、その趣旨をほぼ満たした判決であったと評することができよう。

この判決に対しては当然のように控訴が行われたが、第二審では、一九九四年一月一二日に記録が受理され、四月二六日に判決（控訴棄却）が下された（名古屋高判平成六年四月二六日判時一四九二号六一頁）。この間九五日であるが、ここでも条文にほぼ忠実な期日指定が行われた。さらに事件は上告されたが、最高裁は上告受理から六三日目の一九九四年七月一八日に上告棄却の判決を下し（朝日新聞同日夕）、みずからも迅速な裁判の要請に応えた。こうして起訴後一年未満に裁判は終了し、N議員の当選は無効とされ（法二五一条）、法定の再選挙が施行されることになった（法二〇九条）。

この事件において、被告人側から新規定の合憲性が争われたが、第一審判決は先述の最高裁判例を引き、特別に理由を付け加えることもなく合憲と判断しており、第二審でも同様の判断が示され、さらに第一審の審理への適用が違憲だという主張も理由がないとして退けられている。そして最高裁もこれら判決を支持した。

このように、この裁判では新強化規定の実効性が立証され、まずは上々の滑り出しだと評してよかろう。そしてこれは「百日裁判」の制度が設けられたもともとの趣旨からいっても大変結構なことである。法曹三者協議会も「百日裁判」の実現への協力を確認していると伝えられている（朝日新聞一九九四年三月一九日）。

しかし、現行の公職選挙法には「べからず」選挙という辛口の批評もみられるように、煩瑣な制限・禁止規定とそれにかかる罰則規定があり、一部の規定には憲法違反の疑いも提起されている。裁判所は一方における慎重な審理という要請にも十分に配慮する必要があることを、最後にあえて指摘しておきたい。

（法学教室一八九号、一九九四年）

Ⅶ　連座制
——公選法改正による拡大・強化——

昨年（一九九五年）八月の仙台高裁判決（判時一五四九号四頁）を嚆矢として、最近に至るまで全国各地の高裁で連座制の適用による当選無効や一定期間立候補禁止の判決が相次いで下され、注目を集めている。そして本年六月には、基本的に高裁判決の立場を支持する最高裁小法廷判決も下されるに至った（法教八月号六三頁、一〇月号一七八頁参照）。これらが注目を集めるのは、どれも従来にない厳しい内容の判決だからである。連座制の強化はもともと一昨年の「政治改革」の一環として行われた公職選挙法の改正の目玉の一つだったのであるが、当時は学界や世論の主要関心が衆議院議員選挙区制度の改正の点にあったため、比較的地味な扱いを受けていた。しかし昨年四月に全国各地で施行された地方議会選挙は、その最初の適用の場を提供することになり、各地の高裁が改正法に忠実な適用を行ったため、その予想以上の厳しさがあらためて認識されはじめたというわけである。

一　連座制とは

連座制とは、選挙運動の責任者が買収・供応等の悪質な選挙犯罪により有罪判決を受けた場合には、立候補者もそれに関与しているとみなし、当選無効等の取扱いにする制度であり、その趣旨は、選挙の腐敗を防止し、もって選挙の公正を確保することにある。

このような連座制は、普通選挙制を採用した一九二五（大正一四）年の衆議院議員選挙法においてすでに採用されていた。もともと一八八九（明治二二）年の最初の衆議院議員選挙法の時から、当選人の選挙犯罪の場合の当選無効規定は置かれていたのであるが、普通選挙法は、あらたに選挙事務長を制度化するとともに、その選挙事務長が一定の選挙犯罪で刑に処せられたときにも当選を無効とする旨定めた（同法一三六条）。ただし「選挙事務長ノ選任及監督ニ付相当ノ注意ヲ為シタルトキ」は免責とされていた（同但書）。

この制度が日本国憲法下の選挙制度にも引き継がれ、一九五〇（昭和二五）年の公職選挙法は、「選挙運動を総括主宰した者が［買収及び利害誘導罪等］の罪を犯し刑に処せられたときも［当選を無効］とする」と定め（公選旧二五一条一項）、同時に、「但し、当選人が選挙運動を総括主宰した者の選任及び監督につき相当の注意をしたとき若しくは選挙運動を主宰した者であることを知らなかったとき又はその者が当選人の制止にかかわらず選挙運動を総括主宰した者であるときは、この限りでない」とした（同但書）。さらに、出納責任者が［報告書提出の義務違反］の罪を犯し刑に処せられたときも同様とし（同条二項）、同様の免責規定を置いた（同但書）。

二　平成六年公選法改正

しかしこのような連座制は免責規定が甘く、実効性が薄かった。そこで一九五四（昭和二九）年の法改正により独立の連座制規定をあらたに設け（法二五一条の二）、免責規定を削除するなど、その強化がはかられた。さらに一九六二（昭和三七）年には、相当広範囲にわたる選挙運動の主宰者や同居の親族の場合を連座に加え、免責をさらに限定し、二五一条の三を新たに設けて公務員の地位利用についても厳しく規制するなどの拡大・強化が行われた。その後、一九八一（昭和五六）年には、同居していない親族の場合にも連座制が拡大された。このように連座制は以前から少しずつ拡大・強化されてきていたのであるが、それでもいろいろ免責の抜け道があって、選挙の腐敗防止に十分役立ってきたともいえなかった。そこで一九九四（平成六）年二月の公職選挙法改正（平成六年法二号）においては、「政治改革」のキャッチフレーズの下、政治腐敗防止策の一環としてのその実効性が国民にアピールできるように、かなり大きな拡大・強化が行われたのであった。

すなわち、第一に、従来の連座制の効果は当選無効に限定されていたが、新たに向う五年間の立候補禁止制度を設けて、それは当選者のみならず落選者にも適用することにした（二五一条の二第一項）。第二に、連座制の対象範囲を広げて、従来連座制の対象とされていなかった立候補予定者の一定の親族（二五一条の二第一項四号）や公職の候補者等の秘書（同項五号――新設）を新たに対象者に加えた。第三に、従来親族については、禁錮以上の刑に処せられても執行猶予の言渡しを受けた場合には連座制の対象にならなかったものを、執行猶予付判決の場合も連座制の適用対象に含めることにした（二五一条の二第一項）。そしてつづく同年一一月の公職選挙法改正（平成六年法一〇五号）により、連座制の範囲をさらに拡大して、組織的選挙運動管理者等の選挙違反についても連座制を適用することとした（二五一条の三）。このように従来の制度と比べると新しい連座制は相当に拡大・強化されたのである。たとえていえば、従来は本社の重役クラスの企業犯罪についてだけ、社長にも直接の責任を負わせていたのを、あらたに支店長や課長クラスの行為についても直接責任を負わせる制度に改めたようなものである。

三　「組織的選挙運動管理者」

初めに述べたように、昨年四月の地方選挙に関して、各地の高裁が新連座制を適用するケースが相当数みられ、まあなんとかなるさとたかを括っていた一部の当選議員や選挙関係者の心胆を寒からしめているようである。

各地の裁判での主要争点は、買収等罪を行った者が「組織的選挙運動管理者」にあたるかどうかという点である。ほとんどの高裁判決が具体的ケースにつきそれを認定しているのであるが、その判断は、自治省選挙部があらかじめ広報で、立法提案者の答弁等をふまえた行政解釈として国民一般に示しているところとくに齟齬するところはない。それによると――

「『組織的選挙運動管理者等』とは、公職の候補者又は公職の候補者となろうとする者（『公職の候補者等』といいます。）と意思を通じて組織により行われる選挙運動において、当該選挙運動の計画を立案若しくは調整又は当該選挙運動に従事する者の指揮若しくは監督その他当該選挙運動の管理を行う者をいいます。」

「現実にどのような者が組織的選挙運動管理者等に該当するかは……一般的には次のような基準に沿って判断されることとされています」（第一三二回国会・衆議院政治改革に関する調査特別委員会、参議院政治改革に関する特別委員会における質疑に対する提案者の答弁等）。

＊　政党、後援会、会社、労働組合、宗教団体、町内会、同窓会等各種の組織（政治団体であるかどうかを問いません。）により行われる選挙運動であること、その組織の総括者（例えば、政党の都道府県連の会長・支部長、後援会長、社長、委員長等が該当する場合が多いと思います。）と公職の候補者等との間に選挙運動を行うことについての意思の連絡（暗黙のうちに相互の意思の疎通がある場合も含みます。）があることが前提となります。

＊　『当該選挙運動の計画の立案若しくは調整を行う者』とは、選挙運動全体の計画の立案又は調整を行う者をはじめ、ビラ配り、ポスター貼り、個人演説会・街頭演説等の計画を立て、又はその流れの中で調整を行う者をいいます。

＊　『当該選挙運動に従事する者の指揮若しくは監督を行う者』とは、ビラ配り、ポスター貼り、個人演説会・街頭演説等への動員、電話作戦等に当たる者の指揮監督を行う者をいいます。

＊『その他当該選挙の管理を行う者』とは、選挙運動の分野を問わず、上述の二つの方法以外の方法により選挙運動の管理を行う者（例えば、選挙運動従事者への弁当の手配、車の手配、個人演説会場の確保等の管理を行う者）をいいます。

また、選挙の立候補者が選挙組織管理者等の「［買収等の選挙犯罪を］行うことを防止するため相当の注意を怠らなかったとき」を免責事由として定めている法二五一条の三第二項三号は、再び抜け道とされてはならず、したがって「管理者が買収等をしようとしても容易にこれをなすことができないだけの選挙組織上の仕組を作り、維持することがその内容になる」と厳しくとらえる（仙台高判平成七年一〇月九日判時一五四九号三頁）のが、妥当であろう。

四 連座制と学説・判例

ところで、連座制の拡大・強化は選挙腐敗の防止のためには有効であるが、反面で候補者等の立場を不当におびやかすことにはならないであろうか。この点、従来の憲法学説は、連座制はある程度まではやむをえず、合憲と解する立場が主流で、違憲論はほとんどみられなかった。また、選挙違反者について一定期間公民権停止をすることにも、若干の疑問は出されながらも同じく合憲と解する立場が主流であった。腐敗状況の克服のために思い切った荒治療も必要だとする世論の中で、これらをいわば組み合わせて拡大・強化された新しい連座制についても、違憲問題はほとんど提起されなかった。

連座制の合憲性に関しては、最大判昭和三七年三月一四日（民集一六巻三号五三七頁）が「その犯罪行為は候補者の当選に相当な影響を与えるものと推測され、またその得票も必ずしも選挙人の自由な意思によるものとはいい難い。従ってその当選は、公正な選挙の結果によるものとはいえない」として合憲としている。また選挙違反者の選挙権・被選挙権の停止については、最大判昭和三〇年二月九日（刑集九巻二号二一七頁）が、「一旦［選挙］の公正を阻害し、選挙に関与せしめることが不適当とみとめられるものは、しばらく、被選挙権、選挙権の行使から遠ざけて選挙の公正を確保すると共に、本人の反省を促すことは相当である」といっている。これらの判例に照らせば、新しい連座制の対象は、当時に比べて相当に広げられているとはいえ、なお同じ枠組みの中にあるものと説明できるだろうし、同じ選挙区の同じ選挙には判決確定後五年間は立候補を禁止するということも、なお従来の選挙違反者の被選挙権停止の正当化理由の延長線上にあると説明できるだろう。しかしこのあたりがおそらくはぎりぎりの線であって、これ以上の強化は立候補の自由や選挙運動の自由、さらには当選議員の地位を不当におびやかすおそれがある。

（法学教室一九四号、一九九六年）

Ⅷ　平成六年法改正で拡大・強化された連座制の初適用例

——平成七年八月二九日仙台高裁判決（判例時報一五四九号三頁）、同年一〇月九日仙台高裁判決（判例時報一五四九号三頁）——

一　事　実

平成七年四月に施行された統一地方選挙において、

①事件の被告Y_1は、M県議会議員選挙に立候補し、落選した者であるところ、同人の妻Aが同選挙に関して買収等を行い、公職選挙法二二一条一項一号違反等により懲役一年六月（執行猶予五年）の有罪判決を受け、これが確定した。そこで検察官が、AはY_1と意思を通じて選挙運動をしていた者に該当するとして、同法二一一条に基づき、同法二五一条の二第一項によりY_1に対して向かう五年間の立候補禁止を求める訴えを提起した。これに対して、Y_1はまったく争わず、「請求を認諾する」旨の書面を提出して口頭弁論期日に欠席した。

②事件の被告Y_2は、Y県議会議員選挙に立候補し、当選した者であるところ、同人の妻BおよびY_2の選挙組織の事務局員Cが同選挙に関して買収等を行い、公職選挙法二二一条一項一号違反等によりそれぞれ懲役一年二月（執行猶予四年）の有罪判決を受け、これが確定した。そこで検察官が、BとCはいずれもY_2と意思を通じて選挙運動をしていた者であり、かつCは公職選挙法二五一条の三所定の「組織的選挙運動管理者」に該当するとして、同法二一一条に基づき、同法二五一条の三第一項（C関係）および二五一条二第一項（B関係）によるY_2の当選

無効および向う五年間の立候補禁止を求める訴えを提起した。

これに対してY_2は、買収等の真実を否認したほか、次の諸点にわたって抗弁を行った。

ⓐ　Cは単なる事務分担者であり、「組織的選挙運動管理者」に当たらない。

ⓑ　免責　「被告は、選挙浄化の責任をはたすため、選挙対策本部事務所内、連絡所の各事務所内に、買収、供応行為等を禁ずる旨のポスターを貼付したほか、選挙対策本部役員、運動員及び各連絡所内の責任者、運動員等に対し、法に反することがあると、折角当選してもこれが無効になったり、五年間の立候補制限を受けることがあるので、絶対に選挙違反を起こさないように訓示していた。また、事務所開きの際、参集した有権者に対し演説した場合も、同様に連座制の趣旨を説明して選挙浄化を訴えていたのである。したがって、本件選挙における被告に対しては、同法条第一項の適用はないというべきである。」

ⓒ　憲法三一条違反　「〔改正法の公布・施行から本件選挙告示日までの期間はそれぞれ四月強ないし三月強であり〕法律の改正の場合、通常、その周知期間は、最低でも六ヶ月を要するとされていることに比較すると、本件の法改正の周知期間は余りに短く、改正内容が選挙運動員や支持者に周知徹底されていたとは到底いえない状況であった。……加えて、本件の基礎事実たる違反行為は、その違法性の程度からして可罰性に疑問があり、このような選挙違反について連座制を適用することは、憲法三一条に違反する。」

ⓓ　裁量棄却　「一切の諸事情を斟酌すれば、本件請求は裁量的に棄却されるべきである。」

二　判　旨

①　請求認容。

「原告の本訴請求原因事実は、全部被告の認めるところである。右の事実によれば、原告の請求は理由がある。」

「なお、……本件訴訟物は、被告の被選挙権という公法上の権利の制限にかかるものであり、被告の私法上の処分権限の及ぶ範囲を超えるものであるから請求認諾の対象にはならないものと解するのが相当である。」

②　請求認容。

ⓐの点につき、「認定事実によれば、本件選挙に関し、Ｃは、……本件の選挙計画の立案・調整、運動方針の決定、運動員の指揮監督等を行っていたものであるから、法二五一条の三第一項にいう組織的選挙運動管理者等に該当することは明らかである。」

ⓑの点につき、「平成六年法律第一〇五号で二五一条の三を追加し、連座制の対象を組織的運動管理者等（以下この項に限り単に『管理者』という）にまで拡げた法改正の目的は、選挙浄化の一層の拡充徹底を図る点にあり、したがって、総括主催者当のみが連座制の対象とされていた従前の場合以上に、公職の候補者等は選挙浄化のための努力をしなければならなくなったわけである。管理者の選挙違反を理由として当選を無効としたり、立候補の制限をするのは、右目的を担保し努力傾注に期待するための措置なのであるから、候補者等が選挙浄化のために努力を尽くし、その責任を果したといいうる場合には、同条二項三号の『(買収等の選挙犯罪を）行うことを防止するため相当の注意を怠らなかったとき』に該当するものとして、連座制の適用を免れることになる。右の目的と制裁とはこのような関係になっているので、右条文の解釈としては、如何に努力しても結果的に管理者による選挙犯罪が生ずれば連座制の適用を受けるのを免れることができないというのではない代りに、通り一遍の注意や努力をすれば連座制の適用除外になるというのでもなく、そのためには、管理者が買収等をしようとしても容易にこれをなすことができないだけの選挙組織上の仕組を作り、維持することがその内容になるものと考える。すなわち、右目的の達成を念頭においた組織内の人的配置をして、管理者に役割・権限が過度に集中しないように留意し、選挙資金の管理・出納が適正明確に行われるよう十分に心掛け、その上で、対象罰則違反の芽となるような事項についても、この防止を計るために候補者等を中心として常時相互に報告・連絡・相談しあ

えるだけの態勢にしていたと認められることなどがそれに該当しよう。それでもなお管理者において買収等の選挙犯罪をしたとすれば、それはその者限りの責任であるとして、このような場合には連座制の適用が免除されうると解するのが相当である。」「これを本件についてみるに、前記の被告主張どおりの事実があったとしても、それだけでは選挙違反を防止するための措置としては一般的、抽象的に過ぎ、実効性に乏しいものというほかなく、そのような努力をしただけで、法二五一条の三第二項第三号にいう『相当の注意を怠らなかった』といいうるものではない。」

ⓒの点につき、「〔被告が選挙違反防止の努力を尽くさず、また選挙違反が軽微でないことに鑑み〕法改正の周知期間が必ずしも長くなかったことを考慮しても……憲法三一条に反するとはいえない。」

ⓓの点について、「〔被告の主張する事柄が〕法に基づく当選無効等の請求を裁量的に棄却すべき事由になるとは解しがたい。」

三　評　釈

(1)　平成六年法改正による連座制の拡大・強化

これらの判決は、平成六年の公職選挙法改正により拡大・強化された連座制が、下級裁判所において初めて適用された例である。そこでまずその法改正の趣旨と新しく採用された制度の概要を記すことから始めたい。

もともと公職選挙法は昭和二五年の制定当時から、選挙の腐敗防止のために、当選人が一定の選挙犯罪を犯して刑に処せられた場合にはその当選を無効とするだけでなく、選挙運動の総括責任者が選挙犯罪違反で刑に処せられた場合にも当選を無効とする連座制を併せて定めていた（公選旧二五一条）。しかし当初の連座制は免責規定が甘く実効性が薄かったことから、昭和二九年の法改正により法二五一条の二により独立の連座制規定を新たに設け、免責規定を削除するなど、その強化がはかられた。さらに昭和三七年には、相当広範囲にわたる選挙運動の主宰者や同居の親族の場合を連座に加え、免責をさらに限定し、二五一条の三を新たに設けて公務員の地位利用についても厳しく規制するなどの拡大・強化が行われた。その後、昭和五六年には、同居していない親族の場合にも連座制が拡大された。このように連座制は以前から少しずつ拡大・強化されてきていたのであるが、それでもいろいろ免責の抜け道があり、選挙の腐敗防止に十分役立ってきたともいえなかった。そこで平成六年二月の公職選挙法改正（同年法二号）においては、「政治改革」のキャッチフレーズの下、政治腐敗防止策の一環としてその実効性が国民にアピールできるように、かなり大きな拡大・強化が行われたのであった。すなわち、第一に、従来の連座制の効果は当選無効に限定されていたが、新たに向う五年間の立候補禁止制度を設けて、それは当選者のみならず落選者にも適用することにした（二五一条の二題一項）。第二に、連座制の対象範囲を広げて、従来連座制の対象とされていなかった立候補予定者の一定の親族（二五一条の二第一項四号）や公職の候補者等の秘書（同項五号―新設）を新たに対象者に加えた。第三に、従来親族については禁錮以上の刑に処せられても執行猶予の言渡しを受けた場合には連座制の対象にならなかったものを、執行猶予付判決の場合も連座制の適用対象に含めるとこにした（二五一条の二第一項）。そして同年一一月の公職選挙法改正（平成六年法一〇五号）により、連座制の範囲をさらに拡大して、組織的選挙運動管理者等の選挙違反についても連座制を適用することにした（二五一条の三）。このように従来の制度と比べると新しい連座制は相当に拡大・強化されたということができる。

(2)　最初の判決としての意義

平成七年四月に全国各地で施行された地方選挙は、この新しい連座制が適用される最初の機会となり、各地で相当数の立候補禁止や当選無効の訴訟が提起された。ここで取り上げる判例は、どちらも仙台高裁の判決であるが、これら訴訟についての最初の判決であることに意義がある（この判決につづいて、東京高判平成七年一一月一日、大阪高判平成七年一一月七日、福岡高判平成七年一一月八日等いずれも立候補禁止の判決を下したと伝えられている（法教一八四号一二二項「最近のおもな判例」欄参照)）。

しかし①の事件では、被告が真実についても法の適用についてもまったく争っていないので、法律学的論評のしようがない。「なお書き」にある「被選挙権は私法的処分の対象にならない」という裁判所の判断も常識的なものである。要するに①は立候補禁止判決の最初の例ということ以上に、取り上げるべき格別の論点を含んでいない。

これに対して②の事件では、事実についても法の適用についても一応争っているので、以下ではその争点に即して検討してみることにしよう。

(3)　行政解釈と裁判所の判断

②事件の争点の第一は、Ｃが「組織的選挙運動管理者」に該当するかどうかである。この点についての裁判所の判断は、自治省選挙部が広報において、立法提案者の答弁等をふまえた行政解釈として国民一般に示しているところ（後述(5)）ととくに齟齬するところはないので、その行政解釈を参考のためにここに掲げておく。

「現実にどのような者が組織的選挙運動管理者等に該当するかは実際の具体例に即して判断されることになりますが、一般的には次のような基準に沿って判断されることとされています。（第一三一回国会・衆議院政治改革に関する調査特別委員会、参議院政治改革に関する特別委員会における質疑に対する提案者の答弁等）。

＊　政党、後援会、会社、労働組合、宗教団体、町内会、同窓会等各種の組織（政治団体であるかどうかを問いません。）により行われる選挙運動であること、その組織の総括者（例えば、政党の都道府県連の会長・支部長、後援会長、社長、委員長等が該当する場合が多いと思います。）と公職の候補者等との間に選挙運動を行うことについての意思の連絡（暗黙のうちに相互の意思の疎通がある場合も含みます。）があることが前提

となります。

＊『当該選挙運動の計画の立案若しくは調整を行う者』とは、選挙運動全体の計画の立案又は調整を行う者をはじめ、ビラ配り、ポスター貼り、個人演説会・街頭演説等の計画を立て、又はその流れの中で調整を行う者をいいます。

＊『当該選挙運動に従事する者の指揮若しくは監督を行う者』とは、ビラ配り、ポスター貼り、個人演説会・街頭演説等への動員、電話作戦等に当たる者の指揮監督を行う者をいいます。

＊『その他当該選挙の管理を行う者』とは、選挙運動の分野を問わず、上述の二つの方法以外の方法により選挙運動の管理を行う者（例えば、選挙運動従事者への弁当の手配、車の手配、個人演説会場の確保等の管理を行う者）をいいます。」

そして事実認定に関しては、裁判所の判断に格別の疑問点は見出されない。

(4)　無過失免責の否定

②事件の法的争点の第二は、無過失免責の抗弁が認められないかどうかである。法二五一条の三第二項三号は、選挙の立候補者が選挙組織管理者等の「〔買収等の選挙犯罪を〕行うことを防止するため相当の注意を怠らなかったとき」を免責事由として定めているが、従来かなり広い免責規定が連座制の実効性を妨げてきたことと、それを少しずつ限定するような法改正の流れの中にあって、とくに一段と厳しく実効性をもたせようとした立法趣旨に鑑みると、この規定はゆるやかに解されてはならず、立候補者において真摯に選挙違反を起こさせないとする姿勢があったというだけでは足りず、それを具体的に示すなんらかの形が要求されているものと解されるべきであろう。判決では、「管理者が買収等をしようとしても容易にこれをなくすことができないだけの選挙組織上の仕組を作り、維持することがその内容となる」として、その中身をさらに詳しく述べているが、おおむね妥当

な考え方であろう。選挙組織は本来は立候補者の当選を目的とし、選挙人の票を獲得することを任務とするものであるが、それには選挙違反防止といういわば自己観察というべき任務も当然に含まれているべきものである。ところが選挙組織管理者等はとかく前者の任務に専念しがちであり、後者をおろそかにする傾向があるので、立候補者は、連座制との関連ではとくに後者の任務がきちんと遂行されるように、姿勢だけでなく一定の形を作ることが要求されるというわけである。その形は基本的には判決の呈示しているようなものであろうが、より具体的にはいろいろありそうで、その限りではかなりの幅が認められてよいように思われる。今後いくつかの事例を通じてその輪郭が次第に客観的に定まっていくものと思われる。

本件の事実認定によれば、立候補者のとった立候補者のとった選挙違反防止のための措置は、判決の指摘するように「一般的、抽象的にすぎ、実効性に乏しいものというほかない。」この程度で免責されるとすれば、新しい連座制の実効性がほとんどなくなってしまうことは明らかであり、それは法の趣旨とするところではない。この部分の判旨は正当である。

(5)　適法手続

第三は、憲法三一条違反の主張である。被告は、新連座制への法改正の周知期間が短すぎたことが本件違反の決定的要因になっていること、本件の可罰性に疑問があることなどから、本件への連座制適用は憲法三一条の精神に反すると主張している。前者の点については、判決は、「被告主張のように法改正の周知期間が必ずしも長くなかったことを考慮しても」というややあいまいな表現をしている。しかし、とくに十分な周知期間が必要とされる立法については、本来その法律の附則で公布・施行の時期が配慮されるべきものである。平成六年二月の改正はきわめて不透明な与野党間の妥協によって成立したもので、たとえば一旦廃止された戸別訪問禁止規定が一〇日足らずの間に復活するというような、妥協に基づく混乱があった。しかし、その公布の段階で決まった事項の施行は積み残しのいくつかの事項（小選挙区の区割りがその中心）を補った上でそれらと併せてなされることになり、連座制に関しては問題の二五一条の三の規定が追加され、一一月二五日に公布され、一二月二五日に施行された。そしてその実際の適用は、衆議院については法律施行日以後に初めてその期日を公示される総選挙から、参議院については法律施行以後その期日を公示され又は告示される選挙から、その他の選挙は平成七年三月一日以後その期日を告示される選挙から、とされたのである。したがってこの規定は国政選挙では、もっと以前に選挙が施行されてもそれに適用されるべきものであった。重大な法改正であるが、それだけに審議の過程から国民の注目を浴びていたものであり、ましてや選挙関係者の関心を強く惹いていたことは間違いあるまい。それに公布後四か月も間があったのだから、形式的にも実質的にも周知期間が短すぎたという議論はあたらない。

蛇足ながら若干付け加えておくと、連座制の拡大・強化については国民に対する周知措置がかなりよく行われてきたといえる。二月の法改正については三月に、自治省・（財）明るい選挙推進協会の作成した『政治改革関連四法のあらまし』なる小冊子が、評者の住む市では戸別に配布された。そこでは新しい連座制についての解説もわかりやすくなされており、連座制の対象者としては、従来、総括主催者、出納責任者、地域主催者のほか「候補者の親族」とされていたのが、「候補者又は立候補予定者の親族」とされ、さらに「候補者又は立候補予定者の秘書」まで拡大された旨が図式で示されている。そして一一月の法改正については、自治省選挙部・都道府県選挙管理委員会・市区町村選挙管理委員会・（財）明るい選挙推進協会の作成した広報紙が配布された。それは「連座制がさらに強化されます」という大見出しで、とくにつぎの点に注意を促している。「既に、平成六年三月に成立した政治改革関連法により連座制の対象者が拡大されましたが、選挙浄化の徹底を期するため、今回さらに連座制の対象となる者の範囲が拡大され、組織的選挙運動管理者等に該当する者も対象とされることとなりました。」「『組織的選挙運動管理者等』とは、公職の候補者又は公職の候補者となろうとする者（『公職の候補者等』といいます。）と意思を通じて組織により行われる選挙運動において、当該選挙運動の計画の立案若しくは調整又は当該選挙運動に従事する者の指揮若しくは監督その他当該選挙運動の管理を行う者を言います」。そしてさらにこれに該当する者をより具体的に説明している（前述(3)参照）。一般の選挙人に対してもこのような広報がなされたのだから、立候補予定者等がこれらを知らぬはずがなく、また選挙管理委員会からも立候補に際して重ねて説明を受けてたはずである。さらに対策の期間も到底不十分とはいえない。

被告その他の主張は本件の選挙違反が軽微だという前提に立ってのものであり、それが成り立たない以上はほとんど無意味である。この点の抗弁は苦し紛れになされただけとの感を否めない。

(6)　判決の評価

第四は、裁量棄却の主張であるが、この主張は実質的には第三点の主張と重なっており、本件の選挙違反が軽微だという前提に立った主張である。裁判所の判断では、その前提が成り立たないし、裁判所の判断に格別の疑問点も見出せないから、これも失当といわざるをえない。

以上により、被告の主張をすべて退けた判旨は正当だといえる。

(7)　憲法上の論点について

被告の提起した争点に即しての批評は以上に尽きるが、多少紙面の余裕があるので、最後に、本件では争われていない憲法上の問題点に触れておきたい。

連座制についての従来の憲法学説は、選挙腐敗の防止のためにはこのような制度もある程度まではやむをえないことであり、合憲と解する立場が主流で、違憲論はほとんどみられなかった。また、選挙違反者について一定期間公民権停止をすることも相応の合理的理由があるとして、若干の疑問は出されながらも同じく合憲と解する立場が主流であった。腐敗状況の克服のために思い切った荒療治も必要だとする世論の中で、これらをいわば組み合わせて拡大・強化された新しい連座制についても、違憲問題はほとんど提起されなかった。それは、右の事情に加えて「政治改革」論議では選挙区制度と政治資金規正・政党助成の問題のほうがはるかに深刻に受け止められたからだと思われる。本件の被告も強化連座制自体については憲法問題を提起していない。

連座制の合憲性に関しては、従来総括主宰者の選挙違反の場合に認められていた「当選人が選挙運動を総括主宰した者の選任及び監督につき相当の注意をしたとき」等の免責事由を削除した昭和二九年の法改正後の連座制規定につき、憲法一三条・三一条・一五条に違反するという主張を退けた最大判昭和三七年三月一四日（民集一六巻三号五三七頁判時二九一号六頁）が先例であるが、その合憲とする理由は、「その犯罪行為は、候補者の当選に相当な影響を与えるものと推測され、またその得票も必ずしも選挙人の自由な意思によるものとはいい難い。従って、その当選は、公正な選挙の結果によるものとはいえない」ということに求められている（同判決の解説として、野村敬造「連座制」ジュリ憲法判例百選Ⅱ（第二版）（一九八八年）三三六頁、小針司「同上」同上（第三版）（一九九四年）三四四頁等を参照）。また選挙違反者の選挙権・被選挙権の停止については、憲法一四条・四四条に違反するという主張を退けた最大判昭和三〇年二月九日（刑集九巻二号二一七頁、判時四五号二〇頁）が、「一旦〔選挙〕の公正を阻害し、選挙に関与せしめることが不適当とみとめられるものは、しばらく被選挙権、選挙権の行使から遠ざけて選挙の公正を確保すると共に、本人の反省を促すことは相当であるから」といっている（同判決につき、作間忠雄「選挙権・被選挙権の性質」ジュリ憲法判例百選Ⅱ（第二版）（一九八八年）三一〇頁、岡田信弘「同上」同上（第三版）（一九九四年）三一六頁等を参照）。これらの判例に照らせば新しい連座制の対象は、当時に比べて相当に広げられているが、なお同じ枠組みの中にあるものと説明できるだろうし、同じ選挙区の同じ選挙には判決確定後五年間は立候補を禁止するということも、なお従来の選挙違反者の被選挙権停止の正当化理由の延長線上にあると説明できるだろう。しかしこのあたりがおそらくはぎりぎりの線であって、これ以上の強化は立候補の自由や選挙運動の自由、さらには当選議員等の地位を不当におびやかすおそれもある。第一に、法二五一条の三は連座にかかわる選挙犯罪を買収・利害誘導罪など悪質なものに限定しているが、将来これをさらに拡大することは、公職選挙法が実に複雑な制限・禁止規定を定めていることや戸別訪問規定等違憲の疑いが提起されているものもあることに鑑み、原則としてなされるべきではない。第二に、立候補の制限は、解散等がない限り実質的には次の一回だけの制限であり、厳しすぎるとはいえないが、それを超える制限は制裁としては重すぎ、被選挙権の必要かつ合理的な規制の限度を超えるものと思われる。なお、もとの刑事裁判と本訴の裁判にかかる時間によって禁止の始期も変わるが、すでに強化されている「百日裁判」の趣旨に従ったすみやかな裁判の進行が望まれ、それと同時に、とくに同一選挙における事件については、平等原則の観点からも、なるべく判決の時期が一致するような配慮が検察官・裁判所の両方に望まれるところである。第三に、それとも関連するが、選挙違反の摘発や本訴の提起は、とりわけ同一選挙においてはすべての候補者に対していままで以上に公平でなければならない。一部の候補者を狙い撃ちにするなど、運用の如何によっては公訴権の濫用や適用違憲の問題が生じることになろう。

（判例評論四四九号（判例時報一五六四号）、一九九六年。題名変更）

第二部　議員定数不均衡訴訟

Ⅰ　衆議院議員定数規定の平等原則違反と違憲判決の方法

――昭和五一年四月一四日最高裁大法廷判決（民集三〇巻三号二二三頁）――

一　事実の概要

原告（上告人）は、昭和四七年一二月一〇日に行われた衆議院議員選挙の千葉県第一区（定員四人）における選挙人であるが、この選挙においては各選挙区毎に一票の価値に明らかな差があり、同区の一票の価値は著しく低いものになっている、このような定数配分を定める公選法別表第一は、合理的根拠なく住所（選挙区）の関係いかんによって国民を不平等に扱ったものだから、憲法一四条に違反するとして、公選法二〇四条に基づき、同選挙区の選挙の無効判決を求めて出訴した。

第一審の東京高裁は、同選挙において選挙区別の議員一人あたりの有権者数が最高と最低ではそれぞれ平均から二・六倍強と二分の一弱程度の偏差を示していても、そのような投票の価値の不平等がいまだ国民の正義公平観念に照らし容認できない程度に至っているとは認めがたく、別表第一は違憲ではないとして原告の請求を棄却した（昭和四九年四月三〇日）。そこで原告はこの判決を不服として上告した。

二　判　旨

破棄自判（請求棄却。ただし当該選挙の違法を宣言）。

(1)　選挙権の平等と選挙制度

㈠「憲法一四条一項に定める法の下の平等は、選挙権に関しては、国民はすべて政治的価値において平等であるべきであるとする徹底した平等化を志向するものであり、〔憲法一五条一項、三項四四条但し書〕等の各規定の文言上は単に選挙人資格における差別の禁止が定められているにすぎないけれども、単にそれだけにとどまらず、選挙権の内容、すなわち各選挙人の投票の価値の平等もまた、憲法の要求するところであると解するのが、相当である。」

㈡　しかし、右の投票価値の平等は、各投票が選挙の結果に及ぼす影響力が数字的に完全に同一であることまでも要求するものではなく、選挙制度の仕組みの具体的決定について裁量権をもつ国会は、その他の種々の要素も考慮して決定しうべきものである。とはいえ、「国会がその裁量によって決定した具体的な選挙制度において現実に投票価値に不平等の結果が生じている場合には、それは、国会が正当に考慮することのできる重要な政策的目的ないしは理由に基づく結果として合理的に是認することができるものでなければなら」ず、具体的選挙制度はその観点からの吟味と検討を免れることはできない。

(2)　本件議員定数配分規定の合憲性

㈠　衆議院議員の選挙における選挙区割と議員定数の配分の決定には、きわめて多種多様で複雑微妙な政策的および技術的諸要素が含まれているが、それらをどのようにしんしゃくするかは、「結局は、国会の決定したところが「その裁量権の合理的な行使として是認されるかどうかによって決するほか」ないが、「このような見地に立って考えても、具体的に決定された選挙区割と議員定数の配分の下における選挙人の投票価値の不平等が、国会において通常考慮しうる諸般の要素をしんしゃくしてもなお、一般的に合理性を有するものとはとうてい考えられない程度に達しているときは、もはや国会の合理的裁量の限界を超えているものと推定されるべきものであり、このような不平等を正当化すべき特段の理由が示されない限り、憲法違反と判断するほかはないというべきである。」

(二)　本件議員定数配分規定は、選挙区別議員一人あたりの人口数の開きをほぼ二倍以下にとどめることを目的とした昭和三九年の公選法の一部改正にかかるものであるが、本件「選挙当時においては、各選挙区の議員一人あたりの選挙人数と全国平均のそれとの偏差は、下限において四七・三〇パーセント、上限において一六二・八七パーセントとなり、その開きは、約五対一の割合に達していた、というのである。このような事態を生じたのは、専ら前記改正後における人口の異動に基づくものと推定されるが、右の開きが示す選挙人の投票価値の不平等は、前述のような諸般の要素、特に右の急激な社会的変化に対応するについてのある程度の政策的裁量を考慮に入れてもなお、一般的に合理性を有するものとはとうてい考えられない程度に達しているばかりでなく、これを更に超えるに至っているものというほかはなく、これを正当化すべき特段の理由をどこにも見出すことができない以上、本件議員定数配分規定の下における各選挙区の議員定数と人口数との比率の偏差は、右選挙当時には、憲法の選挙権の平等の要求に反する程度になっていたものといわなければならない。」

しかし右の理由のほかに、本件のように合憲性の欠如が漸次的な事情の変化によるものである場合には、さらに慎重な考慮を要し、平等原則違反の現実からただちに違憲の断定をすべきではなく、「人口の変動の状態をも考慮して合理的期間内における是正が憲法上要求されていると考えられるのにそれが行われない場合に始めて憲法違反と断ぜられるべきものと解するのが、相当である。」ところが、この見地からしても本件の場合、「憲法上要求される合理的期間内における是正がなされなかったものと認めざるをえない。」

かくして、「本件議員定数配分規定は、本件選挙当時、憲法の選挙権の平等の要求に違反し、違憲と断ぜられるべきものであったというべきである。」そして、定数配分の決定は、「一定の議員総数の各選挙区への配分として、相互に有機的に関連し、一の部分における変動は他の部分にも波動的に影響を及ぼすべき性質を有するものと認められ、その意味において不可分の一体をなすと考えられるから、右配分規定は、単に憲法に違反する不平等を招来している部分のみでなく、全体として違憲の瑕疵を帯びるものと解すべきである。」

(3)　本件選挙の効力

しかし本件選挙の効力についてはさらに別途の考察を要する。公選法二〇四条の訴訟において、議員定数配分規定そのものの違憲を理由として選挙の効力を争うことは、他に適切な手段がなく、他方国民の基本的権利を侵害する国権行為に対しては、できるだけその是正、救済の途が開かれるべきであるという憲法上の要請に照らして、肯定される。しかし、定数配分規定およびこれに基づく選挙を当然無効と解する場合はもちろん、右の選挙無効訴訟によって本件選挙を無効にした場合でも、それによって「得られる結果は、当該選挙区の選出議員がいなくなるというだけであって、真に憲法に適合する選挙が実現するためには、公選法自体の改正にまたなければならないことに変わりなく、更に、全国の選挙について同様の訴訟が提起され選挙無効の判決によって〔衆議院の活動が不可能となり、違憲規定の改正さえできないという〕不当な結果を生ずることもありうるのである。また、仮に一部の選挙区の選挙のみが無効とされるにとどまった場合でも、もともと同じ憲法違反の瑕疵を有する選挙について、そのあるものは無効とされ、他のものはそのまま有効として残り、しかも、右公選法の改正を含むその後の衆議院の活動が、選挙を無効とされた選挙区からの選出議員を得ることができないままの異常な状態の下で行われざるをえないこととなるのであって、このような結果は、憲法上決して望ましい姿ではなく、また、その所期するところでもないというべきである。」

そこで、このような不都合な事態を回避するために、行訴法三一条の事情判決制度の援用が考えられる。「この規定は法政策的考慮に基づいて定められたものではあるが、しかしそこには、行政処分の取消の場合に限られない一般的な法の基本原則に基づくものとして理解すべき要素も含まれていると考えられるのである。」公選法二一九条は、選挙無効訴訟について右規定の準用を排除しているが、本件のような場合には特に、右「規定に含まれる法の基本原則の適用により、選挙を無効とすることによる不当な結果を回避する裁判をする余地もありうるものと解するのが、相当である。」「もとより、明文の規定がないのに容易にこのような法理を適用することは許されず、殊に憲法違反という重大な瑕疵を有する行為については、……一般にその効力を維持すべきものではないが、しかし、このような行為についても、高次の法的見地から、右の法理を適用すべき場合がないとはいいきれないのである。」

本件は、先にみたような事情に鑑み、前記の法理に従い、違憲の議員定数配分規定に基づく違法な選挙であるが、判決主文でそのことを宣言するにとどめ、これを無効としないことにするのが相当である。

〈岡原裁判官ほか四名の反対意見〉　定数配分規定は可分であり、一選挙区についての投票価値不平等の違憲は必ずしも他の選挙区についての違憲を来たさないから、本件選挙当時の議員定数配分規定は、千葉県第一区に関する限り違憲無効であり、これに基づく選挙もまた無効とすべきである。

〈岸裁判官の反対意見〉　同じく可分の前提に立って、千葉県第一区に関する定数配分は、それが過少に限定されている点において、かつ、その限度で違憲なのであるから、選挙は無効であるが、当選人四名の選挙に関する限りはその当選の効力は維持されると解する。

〈天野裁判官の反対意見〉「本件の訴えは、公選法〔二〇四条〕の規定の許容する範囲外のものというべきであり、かつ、そのような訴えのために道を開いた実定法規が制定されていない以上は、結局、不適法の訴えとして却下されるほかない。」

三　解　説

(1)　判決の位置付け

本判決は、昭和四八年の尊属殺重罰規定違憲判決、昭和五〇年の薬事法距離制限規定違憲判決についで最高裁の下した違憲判決であり、しかもそれが直接に国の統治の基本問題にかかわるものであるだけに、最高裁判例の中でも重要な地位を占め、今後に与える影響力も大きいと考えられる。その故であろう、この判決に関する論評は、筆者が目を通したものだけでもすでに十指を超えているが、判旨ならびに反対意見の中に含まれている多くの論点はいずれも違憲審査の基本問題にかかわっており、今後もさらに詳しい論及がひきつづき行われることが予想される。

(2)　判決に至るまでの経緯

議員定数の不均衡は、昭和三〇年代にすでに問題となっており、選挙制度審議会等でも論議がかわされてきたにもかかわらず、立法府における具体的是正が実現しないままに、不均衡は衆・参両院についてますます拡大していった。そこで、昭和三七年施行の参議院選挙について、不平等を理由とする選挙無効訴訟が提起されたのを始めとして、ほとんど中央選挙のたびごとに同様の訴訟がくり返し提起されてきた。そしてこれに対する最高裁の基本的態度は、昭和三九年二月五日の大法廷判決（民集一八巻二号二七〇頁）において明らかにされ、そこでは、①訴訟を違法とせず、②統治行為論を援用せず、③しかし、選挙区別議員一人あたりの人口数の開きが一対四程度ではなお立法政策の当否の問題にとどまり、違憲問題は生じない、という判断が示された。この判決後、昭和三九年には衆議院議員定数の一九名増による配分是正がなされた（参議院については是正なし）が、その後も不均衡は拡大し、衆・参両議院議員定数とも最大一対五程度の開きにまでなった。しかし、次々にくり返される訴訟において、高裁・最高裁とも昭和三九年判決の線を大体踏襲してきた。ただ、昭和四六年施行の参院選に関して争われた訴訟において、東京高裁が一対五程度の不均衡を前にして、「別表第二が、今日なお違憲無効のものでないと断定することは困難であるというべきであり、国会において近い将来、現情勢に即応して、不均衡を除去するため、何らかの改定が行われることを期待せざるを得ない」としつつも、「選挙の結果に異動を及ぼす虞がないとして請求棄却されたのが注目された（東京高判昭和四八年七月三一日判時七〇九号三頁）。しかしこれも上告審では立法裁量の範囲内の問題として処理された（最一小判昭和四九年四月二五日判時七三七号三頁）。本件訴訟は、昭和四七年施行の衆議院選挙に関して、東京第三区・第七区、神奈川第一区、埼玉第一区とともに提起されたものの中で、不均衡の一番大きいものであって、高裁での棄却後いずれも上告された中で、特に本件だけが大法廷に回付されていたので、最高裁がなんらかの新しい判断を下すのではないかと注目されていたものである。なお、この訴訟係属の間に、昭和五〇年、三木内閣の下で再び定員二〇人増による是正が行われ、衆議院議員定数配分に関する限り、不均衡は最大一対三弱程度にまでおさえられていた。

(3)　主要論点の分析

本判決の主要な点は、一対五程度の不均衡をかかえる定数配分規定は立法裁量の限界を超え違憲であるとした点、ならびに、選挙の効力に関しては事情判決制度を援用してこれを無効としなかった点である。さらに違憲判断を下す前提として、訴訟の適法性を認め、かつ統治行為論を採用してない点をつけ加えることができよう。これらの諸点につき、以下に若干の検討を試みる。

(a)　訴訟の適法性　　本件訴訟は、今までのものと同様に、公選法二〇四条に基づく選挙無効訴訟として提起されている。しかしこの規定は、同法の定める適法な再選挙の実施の可能性を前提としており、定数配分規定が違憲無効とされそれを改正しなければ適法な再選挙を行えない場合をもともとは予定していない。それにもかかわらず、昭和三九年判決以降のどの判決も、この点については正面から触れることなく、結果的には訴訟の適法性を認めてきたわけであり、これに対する疑義は少数意見の中で表明されてきたにとどまる。昭和三九年判決における斎藤意見、昭和四一年判決（最三小判昭和四一年五月三一日裁判集民事八三号六二三頁）における田中二郎意見がそれであり、本判決における天野反対意見もこれらの系譜上にある。学説上も、少数意見の立場を支持する有力な見解があり（田口）、また、適法としても結局は選挙無効の理由になりえないとする見解がみられた（田中(真)）。しかし、学説上もむしろ適法性を肯定しようとする立場の方が優勢だったと思われ、その論拠は本判決の多数意見の中に要約的に示されているところにほぼ尽きるであろう。ただ違憲判断の後始末については、先の東京高裁判決に影響を与えた芦部説を除いては、十分な検討がなされていなかったのは事実である。その点を一応解決することによって、本判決は肯定説の立場に説得力を与えることができたと思われる。いずれにせよ本判決によって論議には一応の終止符がうたれた。

次に、今までの訴訟では国側は統治行為論の採用を主張してきたが、高裁では否定され、最高裁では一貫してこの法理に正面から触れることなく、立法裁量の問題にふみこんでいた。本判決においても統治行為論については全く触れられておらず、このようなケースには統治行為論の出番がないことを暗黙のうちに認めていると解される。今後の統治行為をめぐる論議に一定の影響を与えるであろう。

(b)　定数配分規定の違憲判断　　判旨(1)㈠は、選挙権の平等は投票価値の平等をも含み、しかもそれは憲法の要求するところである、ということを明言している。この点は昭和三九年判決が「議員数を選挙人の人口数に比例して、各選挙区に配分することは、法の下に平等の憲法の原則からいって望ましいところ」とするにとどまったことに較べれば、画期的な判断といってよいであろう（衆議院と参議院では事情が異なるとの考え方も成り立つが、その点はここでは措く)。判旨はつづいて、右の原則が立法府における他の種々の要素の勘案によってある程度相対化されることを認めている。もちろんそれには合理的な限界があるとされるが、それを判定する具体的な基準は示されておらず、かえって「結局は、国会の具体的に決定したところがその裁量権の合理的な行使として是認されるかどうかによって決するほかない」との接近方法をとるため、せっかくたてられた投票価値平等の原則が立法裁量をどのように限界づけるかという肝心の点があいまいのままであるという不満が残る。しかし、本件一対五程度の開きにつき「一般的に合理性を有するものとはとうてい考えられない程度に達しているばかりでなく、これを更に超えるに至っている」と述べているところから、右の偏差より低い程度でも違憲となる可能性を示唆しているとはいえよう。

つぎに判旨は、違憲の状態が生じてもそれが本件のような漸次的な事情の変化による場合には、それを直ちに違憲と断ずべきでなく、合理的な期間内に憲法上要求されている是正が行われない場合に初めて違憲といいうるのだとしている。このくだりは、西ドイツの憲法裁判所が同様のケースにおいてとった立場を連想させる(BVGE16, 130)。違憲状態への移行が漸進的であり、しかもその是正が単に当該国家行為の除去だけですまず、新たな立法行為を必要とする場合の司法府の対処方法の一つを示すものであるが、このような裁判所の見解が示されたのは、わが国ではおそらく初めてであり、今後詳しい検討が必要な論点であろう。

このように裁判所は違憲判断を下すにあたって十分に慎重な態度を採っているのであるが、それでもなお違憲判断にふみきった。違憲の結論は、その部分だけについてはおそらく学説においても国民の意識においても格別異論のないところであろう。

(c)　違憲判決の方法　　違憲判断そのものについては、天野裁判官を除く一四裁判官が意見を一にしているのに対し、違憲判断の及ぶ範囲と選挙の効力をどうするかについては意見が分かれている。多数意見が、定数配分規定は不可分一体という前提に立って、選挙無効の結論から生じるおそれのある憲法の予期せざる混乱を避けるために事情判決制度を援用しているのに対し、二つの反対意見は、可分性を前提として、千葉県一区の選挙を無効とすべきだとしており、岡原等意見では選挙の無効により当選も無効とされるが、岸意見では当選の効力は維持されると解されている。定数配分規定が可分か不可分かは「果てしない論争」（岸意見）になろうが、もともと議員定数が先にさだめられ、それをどのように配分するかを決める規定と考えられることと、定数是正は過去二回いずれも立法府では定数増によって行ってきたことは根本的是正にならないのではないかと疑義を抱いてきた筆者としては不可分論をとりたい。しかし、違憲審査の及ぼす影響を限定するために、あえて可分として理論構成することはそれなりに許されると考えられ、この点にはあまりこだわりたくない。

ともあれ、多数意見のとる「事情判決」の方法については、その苦心を評価しながらも、法治主義の例外的・変則的事態の制度をば憲法訴訟の領域にまで容易に拡大・類推ないし準用することは、一歩誤まれば、違憲の既成事実の事後追認ということになりかねない（和田）との危惧を表明する論評が多い。たしかにこのような危惧は存在するし、判決が抽象的にはその濫用を戒めながらも具体的な限定要件を十分明確にかつ説得的に示していない点は問題であろう。しかし本件に関する限りこのような処理の仕方でやむをえないのではないか、判決は全く新しい法理を事情判決制度を借りて表明しているものと思われ、むしろ憲法訴訟法理の検討を深めて、このような方法が許される限界点を明確にする作業を進めるほうが実りがあるのではないか、というのが筆者の率直な感想である。

「事情判決」の方法をとらなければ、さしあたり考えられるのは二つの反対意見がとる方法である。しかし岡原等意見の方法では、勝訴によってかえって提訴者側が不利な立場を甘受しなければならないという一種の背理が生じ、また岸意見では選挙の無効と当選の効力維持との関係がうまく説明できない。定数不足の部分についてのみ選挙は無効というのであれば、当選の効力との関係はなんとか説明がついても、それはいわば立法府の不作為部分が無効という超絶技巧にたよることになるのではなかろうか。一般的に国家行為が平等原則違反の点においてのみ違憲・違法である場合の救済方法は、現行の訴訟手続の中に十分織り込まれていない。侵害的な行為の場合にはその無効や取消しで十分だけれども、利益提供的な行為や本件のような場合、実質的な救済には立法府・行政府のなんらかの新たな行為が必要であって、無効や取消しだけで済ませばかえって訴訟目的に反する結果を生じさせる。このような場合には、違憲・違法が確認されても、当該行為自体は効力を維持するという判決方法が認められなければおかしい（西ドイツではこのような場合、違憲無効判決と区別して違憲性確認判決を認める）。これを無名抗告訴訟一形態としてまず容認し、本件訴訟は特殊であるけれども、その考え方を応用して、選挙は違法であるが、定数不足の当該区で行われた部分の効力は維持するという判決方法も可能だったのではあるまいか。もしそれが可能なら反対意見に含まれる矛盾は一応解消できるし、形式的には判決主文の「請求棄却」が、「請求認容」に代わることになろう。

本件の場合には、昭和五〇年の法改正によりともかくも定数是正がなされているという特殊事情もあり、今後とも判決方法をめぐる論議の百出が予想される。紙数も尽きたので、筆者もいずれ論議になんらかの形で加わる意思を表明して、筆を置く。

〈参考文献〉　判決に直接関連するものだけ
ジュリ六一七号・特集「衆議院議員定数違憲判決」（芦部信喜、阿部泰隆、越山安久各氏の論文掲載）
佐藤功「議員定数不均衡違憲判決の問題点」法セ二五五号
和田英夫「衆議院議員定数違憲判決とその問題点」判時八一一号
樋口陽一「違憲審査における積極主義と消極主義」判タ三三七号
矢野邦雄「選挙区への議員定数配分の不平等と選挙の効力」判評二一〇号
伴喬之輔「議員定数配分規定違憲判決について」ひろば二九巻九号

高橋和之「議員定数配分の不平等」憲法学４（ジュリスト『昭和五一年度重要判例解説』、一九七七年）

＊　本文の公職選挙法別表第一は、判決の前年にすでに改正されていた。その後も二回ほど定数是正がなされたが、一九九四年の選挙区制大改正により、以後、衆議院小選挙区の区割りを定める規定になっている。

Ⅱ　衆議院議員定数判決の意義と問題点
──平成五年一月二〇日最高裁大法廷判決（民集四七巻一号六七頁）──

はじめに

さる一月二〇日に、衆議院議員定数配分規定について、久し振りに最高裁大法廷判決が下された。今回の司法審査の対象になったのは、一九九〇（平成二）年二月一六日に施行された衆議院議員総選挙のときの議員定数配分規定であるが、それは一九八六年七月の定数是正（最大較差を一対二・九二にまで縮小）から三年七か月経過しており、その間不均衡が拡がって、最大較差一対三・一八の不均衡を含むものになっていた(1)。

さてその判決要旨は、「定数配分の不均衡は三年前の総選挙当時すでに違憲状態には達していたが、是正のために必要な『合理的期間』はまだ徒過していないので、違憲とまでは断じえず、したがって選挙は有効だ」というものであるが、このような判決内容は、いままでの判例の流れに照らすと、ほぼ予想できるものではあった。合憲状態と違憲状態の境目となる較差は一対三程度ということは、いままでの判例の流れから読み取れていたし、他方、「合理的期間」に関しては、定数是正後五年過ぎた時点での定数配分規定について、いまだその期間内と判断した大法廷判決もあったからである。しかしそれぞれに微妙な点もあって、実際、高裁段階での判決は、従来の判例の線に沿った場合に考えられる三つの選択肢をそれぞれに選んでいて、興味深いものであった(2)。

ところで、今回の判決自体は従来の判例の線に沿うものであり、いわば一つの先例を積み重ねたという類いのものであって、理論的に新しい問題点を付加しているものではない。しかも、現在の衆議院議員の任期はあと一年と迫ってはいるが、昨年暮の一二月一〇日に九増一〇減の定数是正が行われて、それから間もない時点で下された判決として、それが政治部門に対してどれほどのインパクトを与えうるのかは疑わしい。しかしそうはいっても、やはり最高裁大法廷判決としての重みを軽視することはできない。そこで、従来の流れを振り返りながら、その問題点をあらためて検討してみることにした。なお理論的には、各裁判官の意見の方に含蓄のあるものがみられるので、そちらの方の検討にも意を注ぎたいと思う。

一　議員定数判決の流れと本件の経緯

(1)　定数不均衡問題の由来について、ここであらためて一から詳しく説明する必要はないであろう。一九五〇年の公職選挙法制定時には当時の選挙区の人口にほぼ比例して定められた議員定数配分規定[3]につき、その後の人口の激しい異動にもかかわらず、国会が適切な是正措置を怠ったことにより、選挙区ごとの一票の価値に著しい不均衡を生じさせることになった。そして、これは憲法の要求する選挙権の平等に反するという世論の批判にもかかわらず国会はなかなか重い腰を上げないので、これを選挙無効訴訟として争う道が開拓され、一九六〇年代後半頃から総選挙のたびごとに訴訟の提起がみられるようになった。いわゆる議員定数違憲訴訟である。

(2)　一九七六年に最高裁大法廷は、この訴訟を適法と認め、実体判断をして、一九七二年一二月施行の総選挙時の議員定数の不均衡は立法裁量の限界を超えており違憲だという画期的な判決を下した（最大判昭和五一年四月一四日民集三〇巻三号二二三頁）。この判決は、①訴訟の適法性を認め、②定数配分規定を不可分一体のものとして審査の対象とし、③定数不均衡が違憲状態にあるかどうかの判断基準を示し、④一定の「合理的期間」を猶予する必要を認め、最後に、⑤違憲の場合にも、「事情判決」により選挙の違法を宣言するにとどめ、選挙を無効とはしない、という法理をとるものであった。(4)

そして、理論的にはこれらどの点にもまだ検討課題が残っているが、その後の判例の積重ねにより、今日では①・②の点はほとんど問題とされなくなっている。(5) これに対して③・④は、その後も新しい判決が出るたびに、その判定基準の設定自体および具体的な事件についての判定の妥当性がたえず問題とされてきた。そして学説はさらに、⑤の法理の採用はやむをえないとしながら、それよりさらに先のこと、すなわち、違憲・事情判決に対して国会が順当に対応しない場合に、さらにどのような判決方法が適切か、というような議論をし始めていたというのが、あらかたの状況である。

(3) 右の③・④の内容については次節にまわし、ここでは、一九七六年判決前後からの選挙時の較差状況、訴訟提起、裁判所の判決、国会の対応、などを手短かに述べておくことにする。

(a) 一九七六年判決で問題とされた総選挙以前、一九六三年一一月の総選挙（最大較差一対三・五五）を争ったのが、衆議院議員定数違憲訴訟提起の始めであった。しかし、これが高裁に係属中の一九六四年七月に第一回目の定数是正（一九増）により、最大較差は一対二・一九にまで戻った。最高裁判決は結局得られなかった。

(b) その後較差はふたたび拡がり、一九七二年一二月の総選挙（最大較差一対四・九九）について訴訟が提起された。最高裁に係属中の一九七五年七月に第二回目の定数是正（二〇増・分区）により、最大較差は一対二・九二にまで戻った。しかし翌年一九七六年四月に最高裁は、総選挙当時の較差は違憲状態にあり、是正のために必要な「合理的期間」も徒過していたとして、違憲と断じ、「事情判決」により選挙は有効と判断した（前掲(2)の判決）。このとき国会は、違憲とされた定数配分規定はすでに先取り的に是正済みであるとして、再度の是正の検討には入らなかった。

(c) 一九七六年一二月の総選挙（最大較差一対三・五〇）についての訴訟は、高裁段階では合憲判決と違憲・

事情判決に分かれていたが、最高裁に係属中の一九七九年九月に解散、一〇月に総選挙となり、訴えの利益が喪失したとして、最高裁の実体判断は得られなかった。

(d)　一九七九年一〇月の総選挙についての訴訟は、翌年五月にふたたび解散、六月に総選挙という短期間の政変のため、高裁段階での判決も得られなかった。

(e)　較差はさらに拡がり、一九八〇年六月の総選挙（最大較差一対三・九四）について訴訟が提起され、これに対しては、一九八三年一一月に最高裁大法廷判決が下された（最大判昭和五八年一一月七日民集三七巻九号一二四三頁）。同判決は、一九七六年判決の判定基準に従い、「較差は違憲状態に達しているが、まだ是正のために必要な合理的期間内にあるから違憲とは断じられない。しかしすみやかな是正が望まれる」という趣旨の警告的な判決を下した。この判決は、衆議院の解散がほぼ確実に予想された時点での判決であり（実際に、判決後三週間で衆議院は解散された）、国会はなにも手を打たないまま、一二月の総選挙になだれこんだ。

(f)　この時の、一九八三年一二月の総選挙（最大較差一対四・四〇）について、すぐに訴訟が提起された。一九八五年七月に最高裁大法廷は、その選挙当時にはもう「合理的期間」も過ぎていたとして、再び違憲・事情判決を下した（最大判昭和六〇年七月一七日民集三九巻五号一一〇〇頁）。

最高裁判決に対応しての定数是正は、ずいぶんもめたが、ともかく一九八六年六月に第三回の定数是正（八増七減）がなされ、定数是正と同時に衆議院解散、七月に衆・参同日選挙が施行された。この時点で、最大較差は一対二・九二にまで押さえられた。

(g)　定数是正後の総選挙（最大較差一対二・九二）についても訴訟が提起されたが、一九八八年七月に最高裁第二小法廷は、是正後の定数配分規定は違憲状態にあるともいえないとする合憲判決を下した（最二小判昭和六三年一〇年二一日民集四二巻八号六四四頁）。

(h)　その後、またまた較差が一対三を超えた一九九〇年二月施行の総選挙について提訴されたのが本件である。

そのあらましはすでに述べたとおりであるが、この総選挙の後も較差は漸増したので、一九九二年一二月の臨時国会で第四回目の定数是正（九増一〇減）がなされ、最大較差は一対二・八二にまで縮小された。

二　判旨の分析

(1)　二段の判定基準

議員定数配分規定が憲法の要求する選挙権の平等に違反していないかどうかにつき、本件判決が採る判定基準は、つぎのような二段がまえのものである。

①「議員定数配分規定の合憲性は、結局は、国会が具体的に定めたところがその裁量権の合理的行使として是認されるかどうかによって決するほかはない。」しかし、「不平等が生じ、それが国会において通常考慮し得る諸般の要素をしんしゃくしてもなお、一般に合理性を有するものとは考えられない程度に達しているときは、右のような不平等は、もはや国会の合理的裁量の限界を超えているものと推定され、これを正当化すべき特別の理由が示されない限り、憲法違反と判断されざるを得ないものというべきである。」

②「もっとも、制定又は改正の当時合憲であった議員定数配分規定の下……の較差が、その後の人口の異動によって拡大し、憲法の選挙権の平等の要求に反する程度に至った場合には、そのことによって直ちに当該議員定数配分規定が憲法に違反するとすべきものではなく、憲法上要求される合理的期間内の是正が行われないときに初めて右規定が憲法に違反するものというべきである。」

そしてこのような判定基準は、判決ごとに表現に若干の違いはみられるが、最高裁が一九六七年の最初の違憲判決以来一貫して示してきた判定基準である。したがって、このような判定基準自体については、すでに繰り返し従来の判例に即して学説でも議論され、また私もほどほどに議論に参加してきたので、ここでは問題点だけを簡単に述べるにとどめ、あらためて詳しく論じることはしない。むしろ、判定基準に従って具体的にどう判断されたかということの方をみておきたい。

(2)　違憲状態の判定基準

まず違憲状態の判定基準からみていくと、これは、立法裁量を広く認め、著しい不合理がある場合にその限界を超えて違憲状態になるという緩やかな基準である。これに対して、有力な学説は、選挙権のような重要な基本権に関して平等原則が問題になるときには厳格な基準で判定すべきことを繰り返し説いてきた。厳格な基準といっても、どこまでの較差が許されるかをはっきり示すことは難しいが、一人一票の原則からいって、少なくとも一対二を超える較差は許されないという考え方が支配的である。(6) しかし最高裁判例は右記のような緩やかな基準によっており、しかも「一般に合理性を有するものとは考えられない程度」とは具体的にはどのような場合についていえるのか、この基準自体からはその答が出てこない。では具体的にはどうなのかというと、それは総合判断によるが、目印になるのはやはり最大較差だということになる。そして今までの判例においては、前述のとおり、最大較差一対四・九九から一対四・四〇を経て一対三・九四までが違憲状態と判断されていた。他方、一九七五年の定数是正直後の最大較差一対二・九二について、一九八三年判決および一九八五年判決が、「合理的期間」を過ぎたか否かの判定に関連して、「違憲と判断された右改正前の議員定数配分規定の下における投票価値の不平等状態は右改正により一応解消されたものと評価できる」旨述べており、さらに、奇しくも同値となった一九八六年の定数是正直後の較差につき一九八八年判決は、今後は正面から定数改正の成立に至るまでの経緯に照らせば、「一般に合理性を有するものとは考えられない程度に達している、とまではいうことができない」と判断している。これらのことから最高裁判例は一応最大較差一対三を合憲・違憲の境目とみていると受け止められてきた。今回の最大較差は一対三・一八だったから、境目にぎりぎり接近しているが、これが違憲状態と判断されたことから、そのような受け止め方は正しかったということになる。

こうして判定基準に問題があるものの、結論的に当該較差は違憲状態にあることを認めた点については、合憲と判断した高裁判決もあったことに鑑みれば、限定的にせよ評価しなければなるまい。

(3)「合理的期間」論

「合理的期間」論は、一般的にその考慮が必要な場合があることは理解できるが、どのような条件の下で、どの程度の期間認められるべきかという判定基準は、きわめて抽象的にしか示されていない。これも緩く解すると国会の不当な怠慢を制限なく認める結果になってしまうので、真に必要最小限の期間に限定して認められるべきであろう。しかし学説においてもこの点の検討はまだ十分だとはいえず、検討課題として残されている。

さて一九七六年の判決は、その前の定数是正から総選挙まで八年五か月も経っていたこと、不均衡の程度もかなり大きく、それも相当期間続いていたことから、「合理的期間」は過ぎていると判断した。ところが、一九八三年の判決は、定数是正から総選挙まで約五年経っていたが、「合理的期間」はまだ過ぎていないとして、合憲判決を下し、同時に違憲の警告を発するものであった。その際、前述のように判決は、定性是正により違憲状態は一応解消したという判断に立って、それ以後違憲状態に達した時点からの「合理的期間」を問題にしている。こうして定数是正がなされないまま、新たな総選挙が行われたが、それは定数是正後八年四か月も経った時点でのものであり、これに対しては、一九八五年判決は、「合理的期間」は過ぎたと判断し、違憲・事情判決を下した。今回の判決は、定数是正から三年七か月経った時点でのものであり、従来の判例の流れからすると「合理的期間」内とされることはかなり予想できることではあった。

もっとも「合理的期間」論は、期間だけでなく、諸般の要素を総合して判断されるので、定数是正からの経過時間はあくまでも一つの目安である。そして「合理的期間」論は今回の判決のポイントにあたるので、その部分の判旨を少し詳しく紹介しておきたい。それは、つぎのとおりである。

「昭和六〇年大法廷判決によって違憲と判断された昭和六一年改正法による改正前の議員定数配分規定の下における投票価値の不平等状態は、右改正の結果解消されたものと評価することができるものというべきであるが、その後の右較差の拡大による投票価値の不平等状態は、右較差の程度、推移からみて、昭和六一年選挙後で本件選挙のある程度以前の時期において憲法の選挙権の平等の要求に反する程度に達していたものと推認することができる。」「右の時期については、事柄の性質上これを判然と確定することは不可能であるので、右較差の拡大による投票価値の不平等状態が憲法の選挙権の平等の要求に反する程度に達した時からどれだけの期間経過した後に本件選挙が施行されたものかは、明らかではないといわざるを得ないが、本件選挙の施行の日までの期間は、本件議員定数配分規定の施行の日である昭和六一年選挙の施行の日（昭和六一年七月六日）からは約三年七か月、昭和六〇年国勢調査の確定値が公表された日（昭和六一年一一月一〇日）からは約三年三か月である。」「以上の事実のほか、人口の異動は絶えず生ずるものである上、人口の異動の結果、右較差が拡大する場合も縮小する場合もあり得るのに対し、国会が議員定数配分規定を頻繁に改正することは、政治における安定の要請から考えて、実際的でも相当でもないことを考慮する必要があり、また、本件選挙当時の選挙区間における議員一人当りの選挙人数の較差の最大値が昭和六一年選挙当時の較差の最大値と比べて著しく掛け離れたものでないことなどを総合して考察すると、本件において、選挙区間における議員一人当りの選挙人数の較差が憲法の選挙権の平等の要求に反する程度に達した時から本件選挙までの間にその是正のための改正がされなかったことにより、憲法上要求される合理的期間内における是正がされなかったものと断定することは困難であるといわざるを得ない。」

このような総合判断である。前述のように較差の許容限度を厳しく考える立場からは、延々と違憲状態が続いていることになり、「合理的期間」内と言える余地はない。これに対して判例のように一応違憲状態は解消されたという前提に立てば、右のような議論が生じる余地がある。しかしその立場でも、前回の定数是正は抜本的な解決にはほど遠く、ぎりぎり合憲といえるものだったという見方もなりたち、そうするとやはり「合理的期間」は過ぎたという判断がなされる余地がある。この点は実は何人かの裁判官の意見・反対意見に現れているところなので、後で紹介・検討することにしたい。

(4)　事情判決との相違

いずれにせよ今回の判決は形式的には合憲判決であるが、違憲状態に達していることを判決理由の中で認めているのだから、実質的には一種の違憲確認判決ということができる。これは一九八三年判決と同じパターンであり、それについてはすでに指摘したところである[7]。ただ、一九八三年判決には傍論で違憲警告が付されていたが、今回の判決には付けられていない。ところで一九八三年判決の場合には、解散・総選挙が必至という状況の中で判決が下され、実際に判決の三週間後（一一月二八日）に衆議院は解散された。違憲・事情判決を下しても国会で定数是正をしてから選挙に臨むということは到底期待できなかったので、最高裁の違憲判決が無視されてつぎの総選挙が行われるという悪い先例の発生を避けるために、「合理的期間」論を最大限活用したのではないかという憶測もできなくはなかった。今回の判決も、佐川急便事件により政情不安定・解散含み・しかし定数是正の目途は立たないという状況の中で下される可能性もあったのだが、皇太子の婚約により事態が急に変わり、解散はしばらくはなさそうだという状況になり、また九増一〇減の定数是正が実際に行われたことでもあり、違憲判決を下しても国会は先取り的にそれに対応しているという一九七六年の時と同じような事態になっていた。そのように違憲・事情判決を出しやすい状況にあったにもかかわらず、その一歩手前に止まったという点が、今回の判決の特徴だといえばいえるであろう。

しかし今回の場合、違憲・事情判決まで行かなかったからといって、それとの相違点は、あまり大きな意味を持たないように思う。たしかに形式的にいえば、合憲判決と違憲判決の違いは決定的であるが、総選挙は無効としないが、議員定数配分規定の違憲確認をしているという点で、実質的には大きな違いはないのである。どのみちこのようなケースにおいては裁判所の第一義的な役割は、違憲の確認により、それを排除する改正法の制定を国会に促すことにある。その際、国会へのインパクトとしては、違憲状態の確認だけの判決よりも違憲・事情判決の方が幾分重いという程度である。まだ「合理的期間」内にあるから、是正をしなくても違法ではないという理屈は一応成り立つが、実は判決が述べているのはあくまでも三年前の総選挙の時点のことをいっているのであって、現在の時点ではもう六年半も経過し、較差も依然として拡がっていることを考えれば、現在の時点では違憲状態に加えて「合理的期間」の徒過もおそらく指摘できたのではないのだろうか。この点、一九八五年判決が、一九八三年判決の直後に施行された総選挙について違憲・事情判決を下していることは、大いに参考になると思われる。

裁判所の第一義的な役割をそのようなものと考えると、今回の場合には、どのような他の点での違いがあろうと、当該総選挙当時の議員定数配分規定は違憲状態にあったという確認こそが肝心の点だといってよい。仮に定数是正がまだなされていない状態を想定すると、右にも示唆したような次第で、どのみち国会はなんらかの是正をしなければならないように追い込まれたであろう。

もっとも、今までのような定数是正でよいのかという問題はあり、これには後で触れるが、裁判所の判決に抜本的解決策を期待するのは、現在の司法部門と政治部門との役割分担の有り方を前提とすると、到底無理というものであろう。

三　各意見の検討

(1)　多様な個別意見

今回の判決には、二人の裁判官の意見、五人の裁判官の反対意見が付されている。各者それぞれの意見表明は大変興味深い。多数意見については前節までで分析はほぼ尽くしたと思うので、ここでは各意見についてみていきたい。

(2)　意　見

(a)　園部裁判官　まず判定基準について、「議員定数配分規定が、ある選挙区の選挙人について、他の選挙区の選挙人の二倍を超える価値の票を投ずる権利を与えているようなことがあれば、結果的に、地域によって価値の異なった選挙権の行使を認めるいわゆる等級選挙を定めているものとみざるを得」ず、平等原則違反の問題が生じる。つぎに、この種の訴訟に関する裁判所の役割について、「現行の定数訴訟においては、裁判所は、議員定数配分規定の全体について合憲性の有無を客観的に判断するにとどめ、違憲と判断される場合でも、それを無効としないこととするのが妥当である」、「今日においては、定数訴訟が、期せずして違憲宣言訴訟の役割を果たしているとみることができないわけではない。」違憲だが選挙は有効という扱いは定型的にとらえるべきであり、結論としては、当該定数配分規定を違憲と判断し、請求は棄却する判決を下すべきである。

(b)　味村裁判官　一九七六年判決の反対意見に示された「議員定数配分規定は可分」という考えをとり、違憲訴訟の提起されている選挙区を中心に、他との較差を問題にすべきである。そして本件選挙当時において、東京五区における議員一人当りの選挙人数の、全選挙区中議員一人当りの選挙人数が最少である宮崎二区における右数に対する較差は二・一三、全選挙区中議員一人当りの選挙人数が最多である神奈川四区における右数との較差は〇・六七であるが、「右の較差に示される投票価値の不平等は、国会の合理的裁量の限界を超える程度に達しているとは解されない」ので、結論としては多数意見に従う。

(3)　反対意見

(a)　橋元裁判官　　許容される較差は一対二くらいであり、従来の最高裁判決が暗黙に判示するところの違憲状態になる一対三の最大較差は、前述のように、投票価値の平等の理念に非人口的要素を加味し、国会の裁量権を尊重した結果の調和的数値にほかならないのであるから、右数値を基準とすれば議員定数配分規定は違憲状態にある。つぎに「合理的期間」の判断をするに当たっては、「政策的要素ないし国会の裁量権に対する配慮はそれ程必要がなく、憲法上最も重要かつ基本的な原則であるところの投票価値の平等の理念すなわち人口比例主義をより一層重視すべきである」。そしてこのような観点からは、一九八六年の改正時点での最大較差も違憲状態にあるものと考えざるをえないし、しかもその違憲状態はさらにそれ以前から経常的に生じていたものであるから、国会は「合理的期間」内の定数是正を怠ったとみざるをえない。是正の際、国勢調査の公表を待って抜本改正の検討をする旨の付帯決議がされたことも考慮に入れてよく、結論として違憲・事情判決を下すべきである。

(b)　中島裁判官　　一対三未満という基準は、一応の合理性を持ち、今日定着していると判断してさしつかえなく、基準として明示すべきである。これよりさらに厳しい基準は非現実的である。「合理的期間」の判断に当たっては、国会が真摯に取り組んだかどうかも考慮してよく、そうすると、前回是正の際の付帯決議にもかかわらずいたずらに歳月が経過しており、期間内に適切な是正がなされなかったと判断せざるをえない。なお、今回の判決は違憲・事情判決とすべきだが、国会がさらになにもせず再度の訴訟となったときには、判決後一定期間後の選挙無効という判決方法をとるべきである。

(c)　佐藤裁判官　　較差一対二を超えれば違憲状態であり、また逆転現象が全国で相当数に達しているときは、それだけで違憲状態だといえる。「合理的期間」は必要最小限の期間とすべきであり、せいぜい国会の二つの会期をもって足りるとすべきだから、本件ではすでに経過している。付帯決議についての考え方は、橋元・中島意見に賛成する。また判決方法についての考え方は、中島意見と同じである。

(d) 木崎裁判官　較差一対二を超えれば明らかに平等原則に反する。定数配分に関し、人口的要素以外の諸事情についての国会の裁量権を過大視する必要はなかろう。「合理的期間」の意味は、較差是正に必要な最短期間と解すべきであり、従来の大法廷判決はこの点で甘すぎる。判決方法としては、可分論をとった上で、較差が一対二以上の選挙区の選挙については、相当の期間（一年間）に是正が行われないときは選挙を無効とする趣旨の判決を行うべきである。

(e) 小野裁判官　定着しているようにみえる一対三の基準は、一つの目安であり、ある程度の幅を持っている。本件の場合、是正後の較差はこの幅の中にあり、きわめて不十分であった。一九八六年の是正は、暫定措置と位置付けられるものであり、そのための「合理的期間」は、一九八五年大法廷判決によって既に経過したものとされたまま、徒過しつづけているものといわざるを得ない。本件選挙当時の議員定数配分規定は違憲無効であり、違憲・事情判決を下すべきである。

(4) 概　評

意見と反対意見の概要は以上のとおりである。紙数も少なくなってきたので、ごく簡単に概評しておくこととする。

(a) まず、意見・反対意見を含めて七裁判官の意見はみな少しずつ違う点が注目される。論点が数点にわたるから、意見の広がりは当然だともいえるが、この数年裁判所の沈滞が指摘されてきたところであり、多様な意見が出されたことはそれ自体歓迎すべきことである。本件に限らず、いっそうの活性化を希望したい。

つぎに、一九七六年判決以来の論議があるので、いままでに出てきた意見を大きく超える斬新な意見が登場したわけではないが、不適法説を説く意見はさすがに一つもなくなったことと「合理的期間」の判定についての厳しい見方が示されたのが全体としての特徴だといってよいと思う。

(b)　違憲状態の判定基準については、多数意見に対して、おおむね一対二が限度だという意見が四つあり、一対三の目安でよいが多数意見よりは厳しい態度を採る意見が二つ示されている。多数意見でも結論としては違憲状態という判断なのだが、今後をにらんだ場合無視できない意見分布であろう。ちなみに、一対二は有力な学説がかねてより主張するところである。また、逆転現象それ自体で違憲となる可能性を示唆した意見があるのも注目される。

(c)　反対意見はすべて、違憲状態にあるのみならず「合理的期間」も徒過しており、違憲だと断じている。この場合の「合理的期間」の判定についても各自の意見は分かれているが、立法のための必要最小限度の期間というふうに厳しく枠付けをしようとする意見がいくつかあることが注目されてよい。なお園部意見は、独自の違憲確認訴訟的性格付けにより「合理的期間」には触れていないが、違憲と断じている点では、反対意見と実質的に変りはないとみてよかろう。

(d)　反対意見の中にはさらに、可分論に立って、将来的無効の判決を下すべきだとする一意見と、事情判決後の再度の訴訟の場合には将来的無効の判決を下すべきだとする二意見がある。すでに一九八五年判決の補足意見に現れた見解であるし、今回は違憲・事情判決は反対意見の立場なので、前回ほどの警告効果はないであろうが、先行きの伏線としての意味はやはり失っていないというべきであろう。

総じて今回の判決自体はあまり変り映えしないが、諸意見が将来に向けての伏線を含んでおり、その意味では無視できない判決といえよう。

むすび――九増一〇減是正の問題点

最初に触れたように、一九九二年一二月一〇日、他のいくつかの関連法改正とともに衆議院議員定数の是正がなされた。しかし是正の方法は前回と同じく、単純に最過剰区から順に削減し、逆に過少区へ順に配分して、ほどほどに調整しようとするものである。そのため前回の是正とほぼ同様に、つぎのような問題点を指摘できる。(8)

① この是正により最大較差は一対二・八一（当初の人口比で一対二・七七）にまで縮小されるという。それは前回の是正時に比べれば幾分ましではあるが、しかし多数意見の基準でも依然としてかなり違憲に近く、まして四意見の一対二基準説によれば話にならない是正である。

② 選挙区間の逆転現象や都道府県単位でみた逆転現象が解消されず、あるいはあらたに生じる可能性がある。(9)

③ 増減の結果、またいくつかの二人区や六人区が出現するが、もともとの三～五の定数配分の原則を崩すおそれがある。

結局いままでと同様の小手先の是正の繰返しであり、このようなことでは、違憲問題はいつまで経っても基本的には解消することができない。次の選挙についても違憲訴訟が提起されることが、ほぼ確実に予想される。なお参議院の議員定数不均衡是正は、今回も先送りになってしまったが、現在最大較差は人口比で六・六二倍に達しているという。判例上は参議院選挙制度の特質が強調され、学説にもそれに同調する向きもある。しかし右の較差と多くの逆転現象を総合すると、従来の判例の延長線に立っても、そろそろ司法的に違憲が確認されてよい時期に来ているように思われる。しかし、近く国会で是正が成立しそうだというジャーナリズムの観測もあるので、さしあたりはそれを待ちたい。

（1） 最大較差は有権者数による比較。以下同じ。

（2）この選挙につき各地の高裁に提起された選挙無効訴訟に対する判決は、①この程度の較差ではいまだ合憲状態であるとする合憲判決（東京高判平成三年二月八日判時一三七六号三頁）、②較差はすでに違憲状態だが、まだ「合理的期間」内にあるとする判決（広島高判平成三年一〇月一四日判時一三九八号一九頁）、③較差はすでに違憲状態であり「合理的期間」も徒過したとする違憲・事情判決（大阪高判平成三年五月二七日判時一三八七号三六頁）と、三者三様に分かれていた。なお、これら判決の論評として、辻村みよ子「一九九〇年衆議院選挙定数訴訟」ジュリ平成三年度重要判例解説（一九九二年）二四頁参照。

（3）一九五〇年の公職選挙法制定当時の最大較差は一対一・五一であった。

（4）同判決の問題点につき詳しくは、「特集・衆議院議員定数違憲判決」ジュリ六一七号（一九七六年）所収の座談会および諸論文参照。

（5）もっとも、大勢には影響していないが、本判決にも可分論に立つ二つの意見がある。

（6）注（4）の文献所収の芦部信喜「議員定数配分規定違憲判決の意義と問題点」三六頁以下参照。

（7）この点につき、拙論「衆議院議員定数大法廷判決の意義と問題点」ジュリ八〇六号（一九八三年）二一頁以下参照。

（8）今回の定数是正につき、岡本修＝笠井真一「公職選挙法の一部を改正する法律について」ジュリ一〇一八号（一九九三年）八三頁以下参照。なお前回の部分改正の問題点につき、拙論「衆議院議員定数改正の経緯と問題点」ジュリ八六五号（一九八六年）三六頁以下参照。

（9）たとえば前回の是正による石川県と富山県。人口では石川の方がやや多いが、石川二区で削減があったため、総議員数は、石川五、富山六となった。昨年末の是正であらたに五県ほどがこのような不利な立場になるという。

（ジュリスト一〇二〇号、一九九三年）

＊　本文の公職選挙法別表第一は、ほどなく一九九四年の選挙区制大改正により、衆議院小選挙区の区割りを定める規定に変わっている。

III　衆議院中選挙区制下の議員定数不均衡に関する最後の最高裁判決

――平成七年六月八日最高裁第一小法廷判決（民集四九巻六号一四四三頁）――

一　判決の要旨

公職選挙法（平成六年法律第二号による改正前のもの）一三条一項、別表第一、附則七項ないし一一項の衆議院議員の議員定数配分規定は、平成五年七月一八日施行の衆議院議員選挙当時、憲法一四条一項に違反していたものということはできない（反対意見がある）。

二　事　実

平成五年七月一八日に施行された第四〇回衆議院議員総選挙は、平成四年法律第九七号により改正された公職選挙法の衆議院議員定数配分規定に依拠したものであるが、選挙施行時、同配分規定の下では、選挙区間の議員一人当りの選挙人数の最大較差一対二・八二（愛媛三区と東京七区との比較）を含む不均衡がみられた。そこで、東京七区に在住の選挙人である原告Xは、このような議員定数配分規定に基づく選挙は、憲法の保障する選挙権の平等に反する違憲・違法な選挙であるとして、選挙無効訴訟を提起した。第一審の東京高裁は、「衆議院議員の定数を、人口以外の他の要素をも考慮して配分するとしても、選挙権として一人に二人分以上のものが与えられることがないという基本的な原則をできる限り遵守すべきもの」としながらも、本件の事情の下では、「国会が今後さらに抜本改正のための検討を続けることを前提として、当面違憲状態とされるまでに拡大した較差の現状を是正するための暫定措置を講じることとしたことをもって、立法裁量権の行使として、是認する余地のない不合理なものであるということはできない」から合憲という判決を下した（東京高判平成六年六月三日民集四九巻六号一四七三頁）ので、Xはさらに上告した。

三　上告理由

第一に、原判決の採る基準は妥当ではない。現時点で採り得る方法の中で、最も選挙権の平等を保障する定数配分を可能にするのは、上告人主張の、基準人数に一議員を保障する「基準人数論」（国勢調査人口を議員総数で割った議員一人当りに対応する人口値）であり、これを容易に採用できるのに、一対二や一対三の基準を採用することはできないはずである。

第二に、原判決は本件配分規定を暫定的措置ととらえているが、すでに六年ほど抜本的是正を怠っていたという事情があり、暫定的措置というとらえ方はあやまりである。

要するに、「基準人数論」を採用し、違憲の判断を下すべきである。

四　判決理由

「法の下の平等を保障した憲法一四条一項の規定は、国会の両議院の議員を選挙する国民固有の権利につき、選挙人資格における差別の禁止にとどまらず（四四条ただし書）、選挙権の内容の平等、換言すれば、議員の選出における各選挙人の有する影響力の平等、すなわち投票価値の平等をも要求するものと解すべきである。」「しかしながら、憲法は、国会の両議院の議員を選挙する制度の仕組みの具体的決定を原則として国会の裁量にゆだねているのであって（四三条、四七条）、投票価値の平等は、右選挙制度の決定のための唯一、絶対の基準とすべきではなく、原則として、国会が具体的な選挙制度の決定に当たって正当に考慮することのできる他の政策的目的ないしは理由との関連において調和的に実現されるべきものである。」

「〔中選挙区単記投票制〕の下において、選挙区割と議員定数の配分を決定するについては、選挙人数又は人口と配分議員数との比率の平等が最も重要かつ基本的な基準であるというべきであるが、それ以外にも考慮されるべきものとして、都道府県、市町村等の行政区画、地理的状況等があり、また、人口の都市集中化の現象等の社会情勢の変化を選挙区割や議員定数の配分にどのように反映させるかという点も考慮され得べき要素の一つである。このように、選挙区割と議員定数の配分の具体的決定に当たっては、種々の政策的及び技術的考慮要素があり、これらをどのように考慮して具体的決定に反映させるかについて客観的基準が存在するものでもないから、議員定数配分規定の合憲性は、結局は、国会が具体的に定めたところがその裁量権の合理的行使として是認されるかどうかによって決定するほかはない。」「右の見地に立って考えても、具体的に決定された選挙区割と議員定数の配分の下における選挙人の投票の有する価値に不平等が存在し、あるいはその後の人口の異動により右のような不平等が生じ、それが国会において通常考慮し得る諸般の要素をしんしゃくしてもなお、一般に合理性を有するものとは考えられない程度に達しているときは、右のような不平等は、もはや国会の裁量権の合理的行使の限界を超えているものと推定され、これを正当化すべき特別の理由が示されない限り、憲法の選挙権の平等要求に反している状態であると判断されざるを得ないものというべきである。」「以上は、最高裁〔昭和五一年四月一四日判決以来の大法廷判決〕の趣旨とするところである。」

「本件選挙の施行当時、右較差が示すような選挙区間の投票価値の不平等が存在するが、これは、平成四年改正法の成立に至るまでの経緯に照らせば、選挙人数又は人口と配分議員数との比率の平等が最も重要かつ基本的な基準とされる衆議院議員の選挙制度の下で、国会において通常考慮し得る諸般要素をしんしゃくしてもなお、一般に合理性を有するものとは考えられない程度に達しているとまではいうことができず、そうすると、本件議員定数配分規定は憲法の選挙権の平等の要求に反するものではない。」

「以上のように解すべきことは、昭和五八年大法廷判決及び昭和六〇年大法廷判決が、昭和五〇年法律第六三号による公職選挙法の改正の結果、昭和四五年一〇月実施の国勢調査による人口に基づく較差が最大一対四・八三から最大一対二・九二に縮小することとなったこと等を理由として、昭和五一年大法廷判決により違憲と判断された右改正前の議員定数配分規定の下における投票価値の不平等状態は右改正により解消されたものと評価することができる旨を判示し、また、平成五年大法廷判決が、昭和六一年法律第六七号による公職選挙法の改正の結果、昭和六〇年一〇月実施の国勢調査による人口に基づく較差が最大一対二・九九となり、その後、昭和六一年七月六日施行の衆議院議員総選挙当時の右選挙人数の較差が最大一対二・九二となったこと等を理由として、昭和六〇年大法廷判決によって違憲と判断された右改正前の議員定数配分規定の下における投票価値の不平等状態は右改正により解消されたものと評価することができる旨を判示した趣旨に徴して、明らかであるというべきである。」

裁判官高橋久子、同遠藤光男の反対意見があるほか、裁判官全員一致の意見で上告棄却（高橋久子、大堀誠一、小野幹雄、三好達、遠藤光男）。

裁判官高橋久子、同遠藤光男の反対意見は、次のとおりである。

「〔審査基準そのもの〕については、私たちも多数意見に同調するものであり、意見を異にするものではない。しかしながら、〔その結論〕には、賛成することができない。」

「代議制民主主義体制を採る憲法の下においては、代議員たる国会議員を選出するための投票権が平等に与えられ、かつ、これを自由に行使しうることが必要不可欠の要請というべきである。このように考える以上、具体的な選挙制度の決定に当たっては、投票価値の平等こそが、何より重要視されるべきであり、他の要素、つまり政策的目的ないし理由との関連において考慮されるべき非人口的要素は、あくまでもこれを補正するためのものにすぎないのであるから、この種の非人口的要素を投票価値の平等以上に重視することは許されないといわなければならない。すなわち、選挙区割と議員定数を決定するについて、厳格に前記比率の平等の原則を貫き、選挙区間の議員一人当たりの選挙人数又は人口の較差を一対一ないし実質的にこれと同視すべき範囲内にとどめるべきであるとまではいえないが、右較差が一対二を著しく超えることになれば、実質的にみて、投票価値平等の要請よりも、むしろ非人口的要素を重視したことにほかならないことになる。したがって、これによる補正は、右較差が一対二ないしこれに限りなく近い数値にとどまることを限界としてのみ考慮することが許容されるにすぎないと解すべきである。」

「公職選挙法制定後の最大較差の推移をみると、昭和二五年四月の制定当時には一対一・五一であった……。昭和三九年七月の改正時の一対二・一九という較差は、一対二に極めて近いものであって、必ずしもこれを違憲と断定し得るものとは考えないが、その後の較差は、いずれも一対二をはるかに超えるものであって、到底憲法の要求を満たしているとは考えられないものである。」

「また、平成六年……改正前の公職選挙法別表第一が、五年ごとに直近に行われた国勢調査の結果によって同表を更正するのを例とすると定めていたにもかかわらず、……国会がその責務を十分に果たしてきたものとはいい難い。」

「これらの諸点にかんがみると、本選挙当時における本件最大較差（一対二・八二）は、私たちの考える前記限界をはるかに超えるものであり、したがって、憲法の選挙権の平等の要求に反する状態にあったと判断せざるを得ない。また、このような状態が少なくとも三〇年近くの長きにわたって継続していたのであるから、国会に認められた是正のための合理的期間をはるかに超えていたことは明らかであり、本件定数配分規定は憲法に違反するものであったというべきである。」そして結論としては、事情判決の法理を用い、「本件においては、主文においてその違法を宣言するにとどめ、本件選挙を無効としないこととするのが相当であると考える。」

【参照条文】　憲法一四条一項、旧公職選挙法一三条一項、同法別表第一、附則七項ないし一一項

五　批　評

(1)　本判決の意義

本判決は、従来の最高裁判例を踏襲したものに過ぎず、判例理論としてはなんらの新しい研究素材をも提供するものではない。そこで、本件判決に対する最も簡にして要を得た批評は、おそらく「今までの判例を踏襲したもので、それ以上でもそれ以下でもない」ということに尽きるであろう。

いままでにも何回か類似の判例批評の筆を執ってきた私にとって、今回の筆は一段と重い。結局は従来と同じことを繰り返すことにならざるをえないからである。それにもかかわらず、あえて筆を執るに至った事情は、やや個人的なことも含めて、次のとおりである。すなわち、第一に、本判決は昭和五一年の最高裁大法廷違憲・事情判決以来、延々と繰り返し提起されてきた従来の中選挙区制下での衆議院議員定数配分規定違憲訴訟の最後の事件に関するものであるということ、第二に、私はその最初の判決の頃からこの問題にかなりの関心を持ち、私の研究時間の相当部分をこの問題の探求に注ぎ込んできたこと、第三に、衆議院議員選挙中選挙区制は、すでに一九九四年の公職選挙法改正によって廃止され、新たに小選挙区・比例代表並立制が採用されたが、その小選挙区間の議員定数較差がすでに一対二・三に達するなど、議員定数不均衡は姿を変えて再び憲法問題となっている

こと（すでに一九九六年一〇月施行の総選挙につき、議員定数配分の違憲を争う選挙無効訴訟が提起されている）、第四に、小法廷判決だからこそとはいえ、判決は三対二の僅差で下されており、その反対意見（私の立場はこれに近い）の存在に今後の希望を見出しえたこと、したがって、理論的には従来の議論に付け加えるべき格別なものにはなにもないが、今回は従来の経緯や議論をここで整理しておくだけでも、なにがしかの意義があろうと考えたことによる。さらに付け足すと、本件のもう一つ前の最高裁大法廷判決（最大判平成五年一月二〇日民集四七巻一号六七頁）のときに別の法律誌に批評を書いたことでもあり（「衆議院定数判決の意義と問題点」ジュリ一〇二〇号二八頁以下〔本書第二部Ⅱ〕。なお、辻村みよ子「判例批評」民商一〇九巻三号五〇四頁以下が同判決の批評を行っている）、一応の締め括りにあたる本件判決に関してなにも発言しないのでは尻切れトンボのような気がしたことにもよる。以上、個人的な事情をもいささか加えて述べたが、本判決の意義は、要するに衆議院中選挙区制の下での議員定数配分規定の合憲性についての最後の判決だという点にある。若干の回顧を加えながら、以下、整理を行ってみよう。

(2)　訴訟の判断枠組み

議員定数訴訟については、最終的な違憲判決に至る前に通過すべき法理論上の関門を、出発点に立ち返ってあらためて展望すると、次のようなものがあった。

①訴訟の適法性論、②統治行為論、③訴えの利益論、④投票価値の平等論、⑤立法裁量の限界論――判定基準論、⑥合理的期間論、そして最後に⑦違憲判決の方法としての違憲・事情判決論、さらに将来効判決、選挙無効判決論等である。

①　訴訟の適法性論　　選挙無効訴訟で定数配分規定の違憲を争うことは許されないという有力説も当初主張されていたが、最高裁は、憲法上の権利救済の途を閉ざすべきでないという見地から、その適法性を承認し、今

日ではほとんど争われなくなった。過剰代表区の選挙人がこの種の選挙無効を主張できるかという理論的問題がまだ残されているが、現実問題とまではなっていない。

② 統治行為論　当初、国側が主張したが、最高裁ではまともに取り上げられず、今日ではまったく問題になっていない。

③ 訴えの利益論　訴訟の審理が長引いた場合に、判決以前に次の選挙が行われ、訴えの利益が失われる場合がある。当初は、そのようなケースがいくつかあった。衆議院の解散が予想以上に早まるなどして、やむをえない場合もあるが、これは審理のスピードとの兼合いである。最近では審査の論点がしぼられているので早めの判決が期待できるし、最近これを理由とする裁判打切りの例はみられなくなっている。

④ 投票価値の平等論　憲法の保障する選挙権の平等は投票価値の平等を含むか否かについては、学説上、選挙権の平等は形式的に一人に一票を与えれば十分だという見解も一部に有力だったし、最高裁も当初は、そのような思考に立っていたふしがみられる。しかしその後、投票価値の平等は憲法上の要請であることを承認するに至った。この点についても、今日異論は生じていない。

⑤ 立法裁量の限界論――判定基準論　投票価値の平等を認めても、それと立法裁量の関係をどうとらえるかである。最大較差を指標とした場合、一対三を少し上回った場合を違憲状態とした最高裁判決はあるが、逆に一対三未満の場合に違憲状態と判断した例はなく、結局一対三程度の基準で判断しているものと推認される。

⑥ 合理的期間論　違憲状態が確認されても、その状況を見定め新たな立法をするために一定の期間が猶予されるべきで、それを超えた場合にはじめて違憲と断じられるべきであるという「合理的期間」論は、最初の違憲判決の時から登場し、それなりの意義は認められてきたが、この「合理的期間」の中にあるか外にあるかの判断基準は必ずしもはっきりと示されていない。

⑦ 違憲判決の方法　そして最後に違憲判決の方法としての違憲・事情判決論、さらに将来効判決、選挙無

効判決論等の問題がある。「憲法の所期しない結果」を避けるために実質的に違憲確認にとどめる判決方法として事情判決の方法が採用され、さらに事情判決後の問題として、事情判決繰返し説、将来効判決説、選挙無効判決説などが学説上は議論され、また最高裁判決の意見の中で自己の見解を披露している裁判官もあるが、幸いにいままでのところ違憲・事情判決に対して国会は次回選挙までに定数是正を行うことで応えてきたので、さしあたりは理論上の問題にとどまっている。

その他、定数配分規定の可分・不可分の議論もあるが、これは最近、訴訟の大筋には直接関係のない議論になっている。

(3)　従来の判例

右にすでにその一端を示した一連の衆議院議員定数不均衡違憲訴訟についての判断枠組みは、最高裁五一年判決で初めて示され、その後の大法廷、小法廷のすべての判決が踏襲するところである。昭和五一年判決をあらためて整理すると、次のようになる。すなわち、①選挙無効訴訟において公職選挙法の規定（別表第一）自体の違憲を争う途を認める。②投票価値の平等を憲法の要求として認めるが、他方立法裁量の尊重をうたい、結局、「国会において通常考慮し得る諸般の要素をしんしゃくしてもなお、一般に合理性を有するものとは考えられない程度に達しているときは、右のような不平等は、もはや国会の裁量権の合理的行使の限界を超えているものと推定され、これを正当化すべき特別の理由が示されない限り、憲法の選挙権の平等の要求に反している状態であると判断されざるを得ない」という判断基準に立つ。③また、「憲法の選挙権の平等の要求に反している状態であると判断され」た場合でも、ただちに定数配分規定を違憲と断じるべきではなく、「人口の変動の状況をも考慮して合理的期間内における是正が憲法上要求されていると考えられるのにそれが行われない場合に始めて憲法違反と断ぜられるべきもの」とする。④さらに、違憲と断じる場合でも、事情判決の法理を用い、「本件選挙は憲法に違反する議員定数配分規定に基づいて行われた点において違法である旨を判示するにとどめ、選挙自体はこれを無効としない」とする。その他、定数配分規定の不可分性などの判断も共通するが、以上の点は、最高裁昭和五一年大法廷判決以降、すべての判決が踏襲するところである。本判決においても、これら基本枠組みは、反対意見の立場をも含めて、すべて踏襲されているところである。ただ、これらの枠組みを前提としながらも、その具体的適用の次元で違いが生じることになる。本判決の場合には、もっぱら④の点に関しての判断の違いが注目されなければならない。

(4)　違憲判断の基準

投票価値の平等の要請と立法裁量の尊重との調和点をどこに見出すべきかについては、従来種々の論議がなされてきた。その判断の際、分かりやすい議論はなんといっても最大較差を指標とするものだったから、従来の議論は、最大較差どの程度までが憲法の許容範囲かといった形で行われてきた。しかしそれはあくまで指標としてそれを議論してきたのであって、最大較差のみを念頭に置いて議論がなされてきたわけではない。むしろ、それも一つの重要な要素とした総合的考察が行われてきたとみるべきであろう。とまれ、この点では、一人一票の原則からして、実質的に一人に二票以上を与えることになる一対二を超える較差は許されないと主張する芦部説が学説の主流を形成した。これに対して、従来の最高裁大法廷判決の中の裁判官の見解は、もう少し緩く、一対三程度を許容限界とする立場が有力であった（これら以外にも種々バラエティーに富んだ立場があることはいうまでもないが、それぞれに少数説の立場を超えられないでいるように見受けられる）。最高裁判事の中にも学説の立場を支持する有力な意見が散見されるが、法廷のなかでは依然少数説にとどまっている。

さて、本判決における三人の裁判官の多数意見は、従来の判例を踏襲する以外のなにものでもない。それに従えば、一対二・八台という最大較差は、従来の判例に照らし違憲状態を解消された状態のものであって合憲だという結論が導かれる。そして、実体面で合憲とされる以上、問題はそれで終りということになる。このような判断は甘すぎるということを学説は（私も含めて）繰り返し主張してきた。しかし議論はすでに大分前から平行線を辿ったままなのである。これに対して二人の裁判官が基本的に一対二許容限界論の立場から反対意見を書いた。先にも触れたように、この二人の反対意見の存在が光る。これがなければ、まったくなんの変哲もない一判決としてしか扱いようがなさそうであった。

(5)　反対意見の評価

二人の裁判官の反対意見は、基本的に学説の主流の立場に沿うものになっている。多数意見が、立法裁量偏重の従来の判例になんら疑問を抱かない態度とは、極めて対照的である。堂々たる論旨であるが、これら二人が、裁判官出身ではないこと、最高裁判事に任命されたのにはかなり偶然の要素も動いていたのと、なにか関連するところがあるのであろうか。いずれにしても、従来の学説の主流を支持してきた私としては、この反対意見を支持する。そしてこれがバネになって、さらに最高裁の判決にまで学説が反映されることを切に期待したい。

なお、上告人の主張する「基準人数論」は、たしかに一つの合理的な考え方ではあるが、最大較差論も、最大較差だけを問題にしているのではなく、総合判断の一つの分かりやすい指標として用いているだけなのだから、本質的に違う議論を展開しているとは読めない。平均的定数配分選挙区を基準として、それとの偏差を問題にすべきだという趣旨の議論は、すでに当初より存在したところである。判決も反対意見も上告理由のこの部分には付き合っていないが、それは上記のような次第だから、決して不当とはいえまい。

(6)　違憲判断後の処理方法

二人の裁判官の反対意見のように、一対二を相当超える最大較差を含む場合を違憲状態と判断した場合、判例の論理に従えば、次に生じるのは「合理的期間」の問題である。しかしこの点については、反対意見自らが示すように、このような基準によるときは、昭和五一年判決前後の立法府による定数是正も違憲状態を解消できない不十分なものだったのであり、すでに三〇年以上にわたって違憲状態が存続していたといわざるをえないことになる。「合理的期間」をどのようにとらえるかは今後の課題として残されているが、少なくとも本件反対意見の立場に立てば、それが徒過しているという以外に方法はない。

そしてその後は、事情判決の援用の是非であるが、この点については、私はすでに多くのことを書き過ぎるくらいに書いてきた（さしあたり拙著・憲法訴訟の原理と技術（有斐閣、一九九五年）三〇一頁以下に所収の諸論文参照）。したがって、ここでは論旨正当という結論だけを述べておこう。ただ、事情判決の方法を肯定する議論には、これでやむをえないというニュアンスのものが多いが（たとえば、吉田善明「議員定数の不均衡と法の下の平等」樋口＝野中編・憲法の基本判例（第二版）五七頁）、もっと積極的に評価してよいもののように思われるということだけをつけ加えておきたい。

(7)　今後の課題

最初にも触れたように、さしあたり本判決の意義は、中選挙区制の下で定数不均衡を扱った最後の最高裁判決だという点にある。しかし重要さの点では前記平成五年の最高裁大法廷判決の方がやはり上だといえる。なぜなら、それは大法廷判決であり、最大一対三・一八の較差を含む定数配分規定は違憲状態に達しているとまでは判断していること、三年数月をもってなお「合理的期間」内と判断したこと、六人の意見ないし反対意見がそれぞれに個別に出されていることなどの点で、より味わいのあるものになっているからである。しかしそれとてもやはり、従来の判例を踏襲したものにすぎないという点に本質的な違いはない。

そして、これまた最初に触れたように、これからは小選挙区・比例代表並立制の下での議員定数不均衡の克服が新たな課題となる。この制度の採用に当たっては、とくに小選挙区に関して衆議院議員選挙区画定審議会設置法（平成六年法三号）により七人の委員からなる審議会を設置し、これが必要と認めるときは改定案を作成して、内閣総理大臣に勧告するものとし（同法二条）、その際一対二を超えないことを基本とする旨定められた（同法三条）。しかし、最初の区割りの時点で最大較差はすでに一対二・一三七であり、一九九六年一〇月の総選挙の時には最大較差は一対二・三に広がって、この違憲を訴える選挙無効訴訟がすでに提起されている。さしあたりはその成行きに注目しておきたい。

(8)　関連年表

最後に、衆議院議員定数の最大較差・最高裁判決・国会の対応を簡単に年代順に整理したものを参考のために掲げておく（なお数値については、参考にした新聞報道等の数値に若干の違いが見られるので、あくまで概数）。

昭和二五年	最初の定数配分	一対一・五一
昭和三五年	国勢調査	一対三・二一
昭和三九年	定数是正	一対二・一九
昭和四七年	総選挙	一対四・九九（違憲・事情判決―昭和五一年）
昭和五〇年	定数是正	一対二・九二
昭和五一年	総選挙	一対三・五〇（却下判決―昭和五四年）
昭和五四年	総選挙	一対三・八七
昭和五五年	総選挙	一対三・九四（違憲状態・違憲警告判決―昭和五八年）
昭和五八年	総選挙	一対四・四〇（違憲・事情判決―昭和六〇年）

昭和六一年　定数是正　一対二・九二
昭和六一年　総選挙　一対二・九二（合憲判決―昭和六三年）
平成二年　総選挙　一対三・一八（違憲状態・合理的期間内判決―平成五年）
平成四年　定数是正　一対二・七七
平成五年　総選挙　一対二・八二（合憲判決―平成七年）
平成六年　新選挙区制度　一対二・一四
平成八年　総選挙　一対二・三一（？）

（民商法雑誌一一五巻六号、一九九七年。題名変更）

Ⅳ　参議院定数不均衡合憲判決についての若干の考察

——昭和五八年四月二七日最高裁大法廷判決（民集三七巻三号三四五頁）——

はじめに

議員定数不均衡訴訟について私はかねがね関心を抱いてきたが、今回の参議院に関する訴訟については、とりわけつぎの二つの点に関心をもっていた。一つは、最高裁は参議院選挙制度の特殊性をある程度まで考慮するであろうが、それはどの程度までか、その考慮によっても、最大較差一対五・二六にも至っている不均衡をなお合憲というのであろうか、それともなんらかの違憲判断に踏み切るのであろうかという点であった。もう一つは、仮になんらかの違憲判断を下すとして、訴訟の後始末にはどのような法理、どのような判決方法を用いるのであろうかという点であった。そして私としては、最高裁は後始末の問題にかなり苦労するとしても、なんらかの違憲判断ないし違憲の警告は示してくれるのではないかとの期待を、ひそかに抱いていた。しかし残念ながら、今回の大法廷判決はそのような私の期待を充たすものではなかった。判決は、広い立法裁量の容認とともに投票価値の平等の要求の著しい相対化を行い、不均衡を立法裁量内に押しこむことによって問題の決着をつけてしまい、私の抱いていた第二の関心事などは、そもそも問題にさえならなくなってしまったのである。

今回の大法廷判決により、参議院議員定数不均衡問題についての司法的決着は一応つけられたということになろう。しかし現実の不均衡状態は依然として残っているし、さらに較差が拡大した三年前の選挙時における不均衡についての違憲訴訟(1)も後に控えている。また衆議院議員定数不均衡についての違憲訴訟(2)も裁判所に係属中である。国会が賢明な是正策を講じないかぎり、衆・参両院の不均衡についての違憲訴訟はこれからもくり返し提起されざるをえないであろう。そうだとすれば、憲法学においても、この問題への取組みの姿勢を今後ともゆるめることはできない。

そこで、まず手始めに、今回の大法廷判決について若干の批判的検討を行うことにしたい。私はいままでも参議院議員定数不均衡問題について私見を述べる機会があったし(3)、判決文に接した今でも私の基本的考え方に変りはない。そこで、部分的にはかつて述べた意見をくり返すことになるかも知れないことをあらかじめお断りしておきたい。なお、今回の判決について私は別に簡単な解説的小論を他誌に発表済みであること(4)も、ここでお断りしておきたい。

一　投票価値の平等と立法裁量

判決はまず、昭和五一年最高裁大法廷判決における投票価値の平等と立法裁量の関係にかかわる判旨を確認している。出発点として重要なので、念のためにそのさわりをここに引用しておく。

「選挙権の平等の原則は、単に選挙人の資格における……差別を禁止するにとどまらず、選挙権の内容の平等、すなわち議員の選出における各選挙人の投票の有する価値の平等をも要求するものと解するのが相当である。」

「憲法は、右の投票価値の平等を選挙制度の仕組みの決定における唯一、絶対の基準としているものではなく、国会は、正当に考慮することのできる他の政策的目的ないし理由をもしんしゃくして、その裁量により衆議院議員及び参議院議員それぞれについて選挙制度の仕組みを決定することができるのであって、国会が具体的に定めたところのものがその裁量権の行使として合理性を是認しうるものである限り、それによって右の投票価値の平等が損なわれることとなっても、やむをえないものと解すべきである。」

昭和五一年判決について私は、投票価値の平等を憲法上の要求と認めた点を評価しながらも、「せっかくたてられた投票価値平等の原則が立法裁量をどのように限界づけるかという肝心の点があいまいのままであるという不満が残る」との感想を記し[5]、その後の下級審判決には、同判決においてたてられた投票価値の平等の要求をますます絶対化する方向へ引っ張っていこうとするものと、逆にますます相対化する方向へ引っ張ろうとするものとがみられるという指摘を行ったことがある[6]。しかし、いずれにせよそれは、参議院議員定数不均衡についての昭和三九年判決がもっぱら立法裁量に重きをおき、「議員数を選挙人の人口数に比例して各選挙区に配分することは、法の下に平等の憲法の原則からいって望ましいところ」というにとどまったことと較べれば、「画期的な判断」とまで評価できたのである。

ところで昭和五一年判決は衆議院議員定数不均衡に関するものだったので、右の判旨が参議院議員定数不均衡についても同じようにあてはまるかどうかについては疑問の余地もあり、今回の判決がこの点についてどう判断するかが、まず注目された。この点、判決は特にことばを尽くしていないが、右の判旨を出発点にすえたことで、参議院についてもあてはまるという考え方をとったものということができる。この点に関しては、伊藤補足意見が明瞭に、「日本国憲法の下においては、両院ともに全国民を代表する選挙された議員で構成される（憲法四三条）のであって、参議院は衆議院と組織原理を全く異にするものではない」ということから、「五一年大法廷判決は、衆議院議員の選挙のみでなく、参議院議員の選挙についても判断を示しているものと考えられる」と述べており、また団藤反対意見にあっても、それは両議院に共通の説示であるとみられるべきであるとされている。判決のこの出発点に関しては、正当だと評価できる。

二　参議院の特殊性と立法裁量

つぎに判決は、「ひとしく全国民を代表する議員であるという枠の中にあっても」、立法府が衆議院に対する参議院の独自性確保のために全国区ならびに都道府県単位の地方区による選出方式を採用したことは、合理的な立法裁量の範囲内に収まるという。投票価値の平等の問題を一応棚上げにすれば、このこと自体については私も格別異論は唱えない。しかし判決はつづけて、「公職選挙法が採用した参議院地方選出議員についての選挙の仕組みが国会に委ねられた裁量権の合理的行使として是認しうるものである以上、その結果として、各選挙区に配分された議員定数とそれぞれの選挙区の選挙人数又は人口との比率に較差が生じ、そのため選挙区間における選挙人の投票価値の平等がそれだけ損なわれることとなったとしても、……これをもって直ちに右の議員定数の配分の定めが憲法一四条一項等の規定に違反して選挙権の平等を侵害したものとすることはできない」。「すなわち、［参議院］選挙制度の仕組みの下では、投票価値の平等の要求は、人口比例主義を基本とする選挙制度の場合と比較して一定の譲歩、後退を免れないと解せざるをえない」。「したがって、本件参議院議員定数配分規定は、その制定当初の人口状態の下においては、憲法に適合したものであった」という。

ここですでに、参議院選挙制度の特殊性により投票価値の平等が後退させられるべきこと、すなわち選挙制度の選択についての立法裁量が投票価値の平等の要求より優先されるべきことが、述べられている。たしかに制定当初の議員定数配分についてもすでにある程度の不均衡があったにもかかわらず、特に違憲問題が提起されたことはなかった。したがってそれは合憲であったと言いやすいし、その際右のような理由はそれほど抵抗なく受け入れられやすいであろう。しかし私見によれば、投票価値の平等の要求と選挙制度に関する立法府の裁量とでは、憲法上はむしろ前者が優越すると考えられるのであって、後者のために前者が譲歩を強いられるということは原則としてはあってはならないことのように思われる。まず、立法裁量はもともと憲法上の原則の枠内で認められるべきものであって、憲法が立法裁量を認めていることからそれを憲法上すでに立てられている原則に優越したり、あるいは対等の地位を与えられていると解することはできないのではあるまいか。むしろ憲法が選挙制度を自らは具体的に定めず立法裁量に委ねているからこそ、憲法上の原則はそこにおいて一層厳しく貫かれなければならないという捉え方をすべきなのではあるまいか。つぎに、数歩譲って、選挙制度の構築が立法裁量に委ねられているという趣旨を、立法裁量上の選択により具体的に制度化されたものには憲法規範と同じ地位が与えられることである、と仮に考えてみよう。つまり立法裁量上の選択の結果を、「参議院選挙については全国区と地方区を設け、地方区は都道府県単位の選挙区とする」、「全国区選出の議員総数は一〇〇人、地方区選出のそれは一五二人とする」という憲法上の規定があるのと基本的には同じだと仮定するのである。このような場合にはすでに単純な技術的理由からして、投票価値の平等の要求は相対化されざるをえないが、それは憲法規範の間の調整の問題として認めざるをえないところであろう。しかし、そのような制度上必然的に生じる制約以上にさらに投票価値の平等を後退させるためには、よほどの特段の合理的理由が存在しなければならないはずである。さもなければ立法裁量ということばは結局すべての憲法原則を空洞化できるマジック・ワードとなってしまうであろう。

ところで、いま仮に右のような考え方に立つと、制定当初にある程度の不均衡があったとしても、定数配分規定の合憲性にはほとんど問題はなかったということになる。しかし憲法は、投票価値の平等にとってのそのような窮屈な事態を回避するためにこそ、選挙制度を憲法上固定せず立法裁量に委ねたのだと考えることもできるのである。立法裁量はむしろ投票価値の平等をより貫徹させるためにこそ認められているのだといってもよいであろう。このように考えることが許されるとすれば、選挙制度構築について広い立法裁量権を容認しながらも、なお制定当初の不均衡についても違憲の疑義を提出できることになろう。ただし、この考え方では制定当時に立法府にそのような裁量権行使まで要求するのは無理だということで、違憲と断じることは回避できることになろう。

制定当初の不均衡については、仮に一対二を超える格差がみられるとしても、さしあたり右のような考え方に立って、違憲とまではいえないであろうとみるところまで譲歩したいというのが、現在の私の率直な気持である。

三　違憲判断の基準

つぎに判決は、本件で争われている昭和五二年七月の参議院議員選挙においては、最大格差が一対五・二六に拡大し、またいわゆる逆転区現象が数選挙区間においてみられるけれども、選挙制度の仕組みの改正は複雑・困難な問題であり、その決定は国会の裁量に委ねられるとしたうえで、つぎのような違憲判断の基準を設定する。「人口の異動が生じた結果、それだけ選挙区間における議員一人当たりの選挙人数の較差が拡大するなどして、当初における議員定数の配分の基準及び方法とこれらの状況との間にそごを来したとしても、その一事では直ちに憲法違反の問題が生ずるものではなく、その人口の異動が当該選挙制度の仕組みの下において投票価値の平等の有すべき重要性に照らして到底看過することができないと認められる程度の投票価値の著しい不平等状態を生じさせ、かつ、それが相当期間継続して、このような不平等状態を是正するなんらの措置を講じないことが、前記のような複雑かつ高度に政策的な考慮と判断の上に立って行使されるべき国会の裁量的権限に係るものであることを考慮しても、その許される限界を超せると判断される場合に、初めて議員定数の配分の定めが憲法に違反するに至るものと解するのが相当である。」

この基準は、昭和五一年判決で設定された基準を再確認しただけのもののようにもみえる。昭和五一年判決はつとに、「具体的な比率の偏差が選挙権の平等の要求に反する程度となったとしても、これによって直ちに当該議員定数配分規定を憲法違反とすべきものではなく、人口の変動の状態をも考慮して合理的期間内における是正が憲法上要求されていると考えられるのにそれが行われない場合に始めて憲法違反と断ぜられるべきものと解するのが、相当である」と判示していたのである。しかしよくみると、両者の説示には微妙な違いがある。昭和五一年判決においては、投票価値の平等に反している状態＝違憲状態をまず確認し、ついで合理的期間を考慮したうえで最終的に違憲と断ずべきか否かが決せられるという、いわば二段階論がとられていると思われる。ところが今回の判決においては、両者がいわば一体的に捉えられ、総合的に違憲か否かが判断されるという論理になっているようにみえる。すなわち、今回の判決は立法の不作為の方に重点をおいて基準を設定しているようにみえるのであり、そうだとすると、一般に立法府の作為についての違憲判断と立法府の不作為についての違憲判断とでは、後者について要件が加重されることを認めざるをえない以上、定数不均衡についても違憲といいうるための要件をより厳しくしたというふうにも受けとめられるのである。しかも昭和五一年判決の論理では、現在の違憲状態を確認しつつ、合理的期間をいまだ経過していないから裁判所としては違憲とは断じえないという、一種のゆるやかな違憲性確認判決をとる余地が残されているのに対し、今回の判決の論理ではその道も閉ざされてしまうように思えてならない。今回の判決では、いまだ違憲の問題が生じるような著しい不平等状態は生じていないという点で決着をつけているので、直接的な影響はないが、近い将来に扱われることになると思われる衆議院議員定数不均衡についてどうなるか、注目しておきたいと思う。私自身の意見としては、昭和五一年判決のような二段階論がとられてしかるべきだと考えている。

四　本件不均衡についての判断

判決は、参議院の特殊性を考慮した選挙制度を採用することについて立法裁量が広く認められること、較差の是正には技術的な限界もあること、投票価値の平等の要求も人口比例主義を基本とする制度と同一には論じられないことなどを挙げて、前記のような較差ならびに逆転区現象の存在にもかかわらず、いまだ違憲の問題が生ずる程度の著しい不平等状態が生じていたとするには足りず、是正措置を講じなかったことは立法裁量権の限界を超えていないと判示している。

ここのところの論議はきわめて粗っぽいとの印象を免れない。二で述べたことをくり返すことにもなるが、私の基本的立場を数歩譲って、立法裁量上選択された選挙制度が一応憲法規範的位置にまで高められ、投票価値の平等はその制度に必然的に伴う技術的理由によって一定の相対化を免れないというところまで認めることとしよう。この場合、各地方区に議員を二人ずつ配分し、残りを人口の多い選挙区に比例配分的に偶数ずつ割りあてることは合理的であり、その結果生じる較差は投票価値の平等と参議院選挙制度の基本原則の調和の問題として許容されざるをえないであろう。しかし各地方区へ二名ずつ配分した残りを、人口数の大きい選挙区よりも人口数の小さい選挙区の方により多く配分するということにしたならば、それにはそれを正当化するに足る特段の事情が存在しない限り、投票価値の平等の要求に反する違憲があると断ぜざるをえないのではあるまいか。そして本件において問題とされている逆転区現象は、まさに時の経過とともに結果的にそのような配分が行われたのと同様の状況を生みだしているのである。そうであるならば、少なくとも逆転区現象だけについては、選挙制度についての広い立法裁量を認める立場に立ってもなお違憲状態にあるということが確認できるはずであり、残る問題はそのような状態の程度や継続性と是正のために必要な合理的期間の考慮だけということになるのではなかろう。このような考え方は有力な学説によっても唱えられてきたところであり[7]、要は、投票価値の平等を立法裁量によって相対化することを認めるとしても、その立法裁量上選択された制度そのものから必然的にもたらされる相対化（すなわち、理由のある相対化）までを認めるのであって、さらにそれ以上の相対化を認めるためにはそれ相応の理由がさらに示されなければならない、という考え方である（その場合、相対化の程度が小さいとして特別の理由がなくともなお許容できると考える余地も残されてはいる）。ところが判決においては、立法裁量をこのように段階づけて捉えるという発想がみられず、一切を広く立法裁量という共通項にくくってしまっているのである。これでは、出発点において投票価値の平等の要求を掲げた意味がほとんどなくなってしまうことになるのではあるまいか。

逆転区現象はすでに相当期間にわたってみられるところであり、その方向も恒常化し、逆流の可能性はまずみられない。これは少なくとも違憲状態にあることが確認されてよいのではあるまいか。そうして是正のための合理的期間をどう考えるかはまた別個の問題である。しかし、このような考え方をとるのは、ひとり谷口判事だけにとどまってしまった。

判決が逆転区現象と全体の不均衡とを区別せずに扱ったことは、実は私の基本的立場からは評価できる。私もまた両者を区別すべきでないと考えてきたからである。しかし私の基本的立場では、投票価値の平等の要求のまえには、現行選挙制度自体が譲歩しなければならない（たとえば、かつて論議された道州制くらいの単位での選挙区の再編成によってそれは可能となるはずである）と考えられ、したがって問題を逆転区現象だけに矮小化することには疑問があるということであって、判決のように選挙制度を投票価値の平等よりも優先させる立場とは出発点において相容れないのである。立法裁量を重視する判決の基本的立場に立った場合にも、少なくとも逆転区現象については別の判断ができたはずだということを、ここではいいたかっただけである。

五　各裁判官の意見について――その一

多数意見についての私の批評は以上に尽きるが、つぎに、判決に付されている各裁判官の意見について簡単な感想を記しておきたい。補足意見、意見、反対意見があるが、それらは、違憲判断に積極的な意見と消極的な意見の二つに再整理することができよう。まず消極的な意見の方からみていきたい。

最も詳細なのは伊藤補足意見であるが、同意見は、憲法一四条一項にかかわる問題の違憲審査の基準として、一項後段列挙事由による差別については厳格な基準が採用されるべきであるという、いわゆる二重の基準説の考え方を示している。これは、いままでも学説（伊藤説も含む）上かなり有力に唱えられてきた考え方が[8]、最高裁大法廷判決における補足意見のなかで始めて述べられたという点で、かなり重要な意義をもつものと思われる。しかしここでの二重の基準説は、後段列挙事由以外の事由による差別については逆に合憲性の推定が強く働くということを強調するために用いられている点が、私にとっては気がかりである。私は、少なくとも一項後段列挙事由による差別については厳格な基準が採用されるべきであるという意味では二重の基準説を支持できるが、しかしそれ以外の事由による差別についても厳格な基準が採用されるべき場合があると考えるものであって、特に本件のように較差が本来ゼロであるべきことが憲法の究極的な要求と考えられる場合で、較差の程度の許容限界が問題になっているものについては、厳格な基準によるべきだと考えている。この論点についてはまた別の機会に少し詳しく論じたいと思う。そのあとの伊藤補足意見の展開は基本的に多数意見と同じなので、再批評する必要はないと思われる。ただ、しめくくりのところで同意見が、現在の状態について、「定数配分の立法政策上の当不当の問題を生じ、その是正が期待される面もないではない」と述べているのは、きわめて控え目ながら立法府の賢明な是正策を促しているとみられる点で、多数意見のつきはなした態度よりは好感がもてる。

つぎに大橋補足意見は、逆転区現象を全体の不均衡と別に論じる必要はないという議論を補足するものである。この論点についてはすでに私の意見を述べてきたところであるから、ここでくり返すまでもないであろう。ただこの意見においては、今日の逆転区現象が一定方向に向いて恒常化している事実が考慮されていないことと、逆転区現象の解消によって少なくともいくつかの選挙区間において個々の選挙人の投票価値の平等が回復するということが考慮されていない、ということを指摘しておく必要があるであろう。

さらに横井意見は、参議院の特殊性からその選挙制度については投票価値の平等は憲法上要求されておらず、制度構築にあたっての重要な要素という程度にとどまる、という立場から合憲の結論を導くものである。これは昭和三九年判決の考え方に限りなく近いものであり、私には到底賛成できない。ただこの意見はその反面として、衆議院選挙制度においては「投票価値の平等を軸とした人口比例主義を基本原則とする選挙制度を憲法自身が予定している」といっており、衆議院議員定数不均衡問題については厳しい態度がとられるべきことを示唆している点に注意しておきたい。

消極的意見の最後は藤崎意見である。同意見は、憲法には投票価値の平等の要求は含まれておらず、本件訴訟も不適法だというものである。すなわち、本件のような訴訟はもともと不適法なのであり、昭和五一年判決のいう「国民の基本的権利を侵害する国権行為に対しては、できるだけその是正、救済の途が開かれるべきである」という立場に立っても、そもそも憲法が投票価値の平等を要求していない以上、右によって本件訴訟を適法として救済することはできず、結局本件訴訟は不適法として却下すべしというものである。不適法説は、三九年判決における斎藤意見、五一年判決における天野意見に引き続き今回もなお一裁判官によって受け継がれたわけである。しかし、投票価値の平等、訴訟の適法性、いずれも参議院議員定数不均衡訴訟に特有の問題でなく、すでに昭和五一年判決に即して大方の論議が尽くされてきたところであるから、ここでは特に改まった論評はしない。(9)

六　各裁判官の意見について――その二

つぎに、違憲判断に積極的な立場の二裁判官の意見をみよう。

谷口意見は、逆転区現象について、「議員定数の配分の多寡という量的問題を超えてその配分について著しい不平等を生じているというべきであり、そこではもはや投票価値の平等の原理が全く考慮されていない状態になっている」、それを合憲というためには、「被上告人において特段の主張立証を必要とする」という立場から、現在の逆転区現象は違憲の状態を生じていると判断し、ただし本件選挙当時においては是正問題はいまだ国会の裁量判断のための猶予期間内にあるものとして、違憲の判断は抑制せざるをえないという趣旨のものである。これは本件訴訟の原審判決の一つがとった考え方であり、私も数歩譲った立場で考える限り、この意見は正当だと思う。問題は「合理的期間」の考慮であり、実質的にみればいまだ合理的期間内という判断は甘すぎるというほかないが、それを違憲判決の生じさせる現実に不都合な事態を回避するためのクッションとして用いざるをえない実情を考慮するとき、この判断にあえて異論を唱えることは私にはしにくい。この意見はかなり現実的・常識的なもののように私には思われ、ただひとりの意見にとどまったことが不思議に思われてならない。

おしまいは団藤反対意見である。同意見は、参議院の特殊性を考慮してもなお一対五・二六という異常な較差を容易に是認はできないこと、立法府には広汎な裁量権が認められるべきであるにしても、二七年間もの放置によってこのような不均衡が生じたことを立法裁量権の行使によるものと認めることはできず、結局、「本件選挙当時において本件参議院議員定数配分規定は全体として違憲の状態にあったものとみとめざるをえない」、ただし昭和五一年判決と同じ趣旨で「事情判決」とすべきだというものである。この意見は立法府のいままでの怠慢を鋭く突いているが、他方で立法裁量権の行使があったならばそれについては多数意見と同じように広く容認できるというニュアンスを含んでおり、実質的には現在の不均衡状態ではなく、立法府の怠慢を違憲というものであろう。しかし形の上では現在の不均衡状態を違憲と断じているのであるから、その後始末の方法が問題となる。同意見は「事情判決」によるべきであるとしているが、今回は昭和五一年判決の場合とは違い、つぎの参議院選挙が目前に迫っていて、判決後選挙までの間に立法府の是正措置がなされることは事実上不可能な状況にあることを考えると、はたしてその方法によってよいのか疑問が残る。すなわちこの方法により、過去の選挙を無効とすることから生じる不都合な事態は回避できるが、違憲の確認をうけた定数配分のままでつぎの選挙が行われざるをえないという不都合な事態を新たに生じさせることになるのではないか。この方法をとる場合には、最小限の立法措置が可能な期間を、違憲判断の基準としての「合理的期間」とは別に考慮する必要があると思われる。

それとも、立法府の是正措置がなされるまで選挙の執行停止をするという道が考えられるのであろうか。この問題は別途検討に値するように思われる。

むすび

私にとっては大変不満の多い判決であるが、はじめにも述べたように、この判決によって参議院議員定数不均衡問題についての司法的決着は一応着けられた。しかしこの問題の真の解決のためには、いずれにせよ立法府の賢明な是正措置が必要だということに変りはない。判決の立法裁量論は、立法府にとっては、この問題を解決する責任は立法府にあるということの強調と受けとめられるべきであろう。伝えられるところによると、与野党は、参議院選挙後に是正策に積極的に取り組むことに基本的に合意したといわれる。国民に納得のいく是正案の成立を期待したい。

（1）　大阪高判昭和五七年九月二八日判時一〇七〇号一九頁は、昭和五五年の参院選当時の最大較差一対五・三七を違憲状態にあるとしつつ、「合理的期間」論によって請求を棄却している。
（2）　大阪高判昭和五七年二月一七日判時一〇三二号一九頁は、昭和五五年の衆院選当時の最大較差一対三・九五を違憲とし、「事情判決」により請求を棄却している。
（3）　拙稿「選挙をめぐる憲法問題と判例の動向」ジュリ七一〇号一〇〇頁。
（4）　拙稿「参院定数不均衡合憲判決の検討」法セ三四二号一六頁。
（5）　拙稿「衆議院議員定数配分規定の平等原則違反と違憲判決の方法」ジュリ昭和五一年度重要判例解説一四頁〔本書第二部Ⅰ〕。

(6) 拙稿「議員定数裁判の最近の動向」ジュリ六八〇号八三頁。

(7) 佐藤功「参議院地方区の議員定数不均衡」法セ二九三号一四頁。

(8) 伊藤正己「法の下の平等」公法一八号二四頁、阿部照哉「法の下の平等」新版憲法演習Ⅰ二二〇頁。

(9) 最近の不適法説の立場に立つ論文として、青木一男「国会議員定数配分規定の違憲問題の基本点について」ジュリ六八〇号八九頁、平賀健太「一人一票・一票同値(1)」判時一〇二四号三頁。

(判例時報一〇七七号、一九八三年。題名変更)

＊ 参議院議員定数配分を定めていた別表二は、平成六年衆議院選挙区改革に伴い、別表三に移され、その年に不均衡をある程度緩和する改正が行われた。その後、平成一二年にも定数是正のための改正が行われている。

Ⅴ　参議院選挙区選出議員の定数配分の不均衡の合憲性

――昭和六三年九月二四日最高裁第一小法廷判決（判例集不登載）――

一　判決要旨

公職選挙法の参議院（選挙区選出）議員定数配分規定は、昭和五八年六月二六日施行の参議院議員選挙当時においては、いまだ憲法に違反するに至っていない。

二　事実の概要

昭和五八年六月二六日施行の参議院（選挙区選出）議員選挙当時の公職選挙法の参議院（選挙区選出）議員定数配分規定の下では、選挙区間の議員一人当りの選挙人数の最大較差は一対五・五六に達しており、また、有権者数の少ない選挙区の方が有権者の多い選挙区よりも多い議員定数を配分されているといういわゆる逆転現象も一層進行していた。そこで同選挙における東京都選挙区の選挙人Xが、このような議員定数の不均衡は、憲法の保障する平等選挙の原則に照らし到底看過することのできない程度に達しており、参議院（選挙区選出）議員選挙制度の特殊性その他国会の裁量的権限を考慮しても、なおその許容される限界を超えるものというべきであり、かかる違憲の定数配分規定による選挙は無効とされるべきだと主張して、東京都選挙管理委員会Yを相手取り公職選挙法二〇四条に基づく選挙無効訴訟を東京高裁に提起した。これに対してYは型通りに訴訟の不適法性および定数配分規定の合憲性を主張した。

東京高裁昭和六一年八月一四日判決（判時一二〇二号二一頁）は、まず従来の最高裁判例（最大判昭和五一年四月一四日民集三〇巻三号二二三頁、最大判昭和五八年四月二七日民集三七巻三号三四五頁等）にならって本件訴訟の適法性を認めた上で、本案については昭和五八年判決の示した判断基準に依拠して、そこでいまだ著しい不平等状態とはいえないとされた最大較差一対五・二六を含む定数配分の不均衡が、本件選挙時にはさらに拡大されているとはいえ、なおその先例における選挙当時と大きく異なるところがあるとはいえない、したがって本件定数配分は違憲とはいえず、その下での本件選挙も違憲ではないとしてXの請求を棄却した。そこでXはさらに上告した。

三　判決理由

一　最高裁大法廷昭和五八年四月二七日判決（民集三七巻三号三四五頁）に示された参議院選挙制度の特殊性と国会の裁量に関する基本的な考え方を踏襲する。昭和五七年の拘束名簿式比例代表制導入により選挙制度の仕組みが一部変わったが、「選挙区選出議員は従来の地方選出議員の名称が変更されたにすぎないものであり、比例代表選出議員も、全都道府県の区域を通じて選挙されるものである点においては、従来の全国選出議員の場合と変わりがないということができ、右改正後の選挙制度の仕組みは、国民各自、各層の利害や意見を公正かつ効果的に国会に代表させるための方法として合理性を欠くものとはいえず、国会の有する立法裁量権の合理的な行使の範囲を逸脱するものであるとは断じえない。」

二　「原審の確定したところによれば、本件議員定数配分規定につき人口の異動に対応した是正措置が講ぜられなかったことにより、昭和五八年六月二六日の本件参議院議員選挙の当時においては、選挙区間における議員一人当たりの選挙人数の較差が最大一対五・五六に拡大し、かつ、いわゆる逆転現象も一部の選挙区の間に生じていたというのである。しかしながら、選挙区選出議員の議員定数の配分と選挙人数に右のような不均衡が存したとしても、それだけではいまだ違憲の問題が生ずる程度の著しい不平等状態が生じていたとするに足りないというべきことは、前記大法廷判決の趣旨に徴して明らかであり、したがって、将来右較差が更に拡大し、当該選挙制度の仕組みの下においても到底看過することができないと認められる程度の投票価値の著しい不平等を生じさせ、かつ、その状態を相当期間放置したことが国会の立法裁量権の限界を超えると判断される場合は格別として、本件選挙当時においては、いまだ本件議員定数配分規定が憲法に違反するに至っていたものとすることはできない。」

裁判官全員一致の意見で上告棄却（大内恒夫、角田禮次郎、高島益郎、佐藤哲郎、四ツ谷巖）。

【参照条文】　憲法一四条一項・一五条・四三条一項・四四条但書、公職選挙法別表第二

四　分　析

周知のとおり参議院の選挙区選出議員（昭和五七年の法改正前の呼称は地方選出議員）の定数配分規定（公職選挙法別表第二）は、昭和二二年の人口調査をもとに定められたが、その後の激しい人口異動にともない定数配分に著しい不均衡が生じたにもかかわらず、国会は適切な是正を行わず（昭和四六年に沖縄復帰にともない議員数が二名付加された以外、今日まで元のままである）、ついに昭和三〇年代になって訴訟でその違憲性が争われるようになり、最近ではほぼ選挙のたびごとに訴訟が提起されている。そして最高裁は、最初は約一対四の最大較差がみられた昭和三七年七月施行の選挙につき、基本的に「立法政策の当否の問題」として合憲判断を下し（最大判昭和

三九年二月五日民集一八巻二号二七〇頁）、しばらくはそれを踏襲してきた。しかしその後、衆議院の議員定数不均衡について、投票価値の平等を憲法の要請とした上で違憲と判断した最高裁判決（最大判昭和五一年四月一四日民集三〇巻三号二二三頁）が出るに及び、しかも参議院の場合も較差はますます拡大し、逆転現象も顕著にみられるようになってきたので、判例変更がなされるかが注目された。

ところが、最大較差一対五・二六を含む昭和五二年七月施行の参議院議員選挙当時の定数不均衡につき、最高裁は、参議院の特殊性を考慮した選挙制度の採用について立法裁量が広く認められること、較差の是正には技術的な限界もあること、投票価値の平等の要求も人口比例主義を基本とする制度と同一には論じられないことなどを挙げて、「人口の異動が当該選挙制度の仕組みの下において投票価値の平等の有すべき重要性に照らして到底看過することができないと認められる程度の投票価値の著しい不平等状態を生じさせ、かつ、それが相当期間継続して、このような不平等状態を是正するなんらの措置を講じないことが、前記のような複雑かつ高度に政策的な考慮と判断の上に立って行使されるべき国会の裁量的権限に係わるものであることを考慮しても、その許される限界を超えると判断される場合に、初めて議員定数の配分の定めが憲法に違反するに至るものと解するのが相当である」というきわめて立法府に甘い判断基準を示し、これに照らすと上記のような不均衡の程度ではいまだ合憲と判断したのである（最大判昭和五八年四月二七日民集三七巻三号三四五頁）。

その後、昭和五五年六月施行の選挙当時には、最大較差は一対五・三七に拡がっていたが、最高裁第一小法廷は、多少の不均衡の拡大はあっても「なお右先例における選挙当時と大きく異なるところがあるとはいえない」として同じく合憲と判断した（最一小判昭和六一年三月二七日判時一一九五号六六頁）。そしてさらに較差の広がった本件選挙についても、基本的に同趣旨の判断を行ったのである。ただこの間に昭和五七年の法改正があったため、それによっても基本的な事情にはなんら変りがないことを付言しているだけである。ついでながら、判旨のこの部分は上告人の主張に対して答えたわけではなく、また拘束名簿式比例代表制の憲法上の論点につき正面から判断したものでもないが、少なくともその基本的枠組みについては合憲性を確認したことになる。

さて、肝腎の選挙権の平等と立法裁量の関係については、本判決は昭和五八年判決を踏襲しただけのものであり、右掲の昭和六一年判決と同様に、理論面ではこれといった格別の意義を持つものではない。しかし、それまでよりも最大較差が一層拡大した定数配分についての合憲判断という点で、昭和五八年判決のいう立法裁量権の範囲が少なくともこの程度までに広いことを確認した、あるいはそれを広げたという意味を持っている。

昭和五八年判決の論理自体について学説上はさまざまな批判があるが（たとえば、憲法判例百選Ⅱ（第二版）三二〇頁所収の解説および参考文献（辻村みよ子執筆）参照）、それはここでは措くとして、その論理に従っても本件の場合すでに「投票価値の著しい不平等」が生じていると判断できたのではなかろうか。上告人も上告理由のなかで特に逆転現象に関してそのことを訴えたが、実らなかった。しかしこのように小刻みに先例と大差ないからという論法でいくと、立法裁量の外延はどこまでも広げられることになりはしないか。しかもこれはまだ不均等についての判断であって、相当期間の猶予がさらに用意されているのである。その後も較差はさらに広がる傾向を示しているなかで、違憲審査制の意義についてあらためて考えさせられる。

（民商法雑誌九八巻六号、一九八八年）

＊　参議院議員定数配分を定めていた別表二は、平成六年衆議院選挙区改革に伴い、別表三に移され、その年に不均衡をある程度緩和する改正が行われた。その後、平成一二年にも定数是正のための改正が行われている。

Ⅵ　東京都議会議員定数の不均衡と選挙の効力

――昭和五九年五月一七日最高裁第一小法廷判決（民集三八巻七号七二一頁）――

一　判決要旨

東京都議会議員の定数並びに選挙区及び各選挙区における議員の数に関する条例（昭和四四年東京都条例第五五号）の議員定数配分規定は、昭和五六年七月五日の東京都議会議員選挙当時、公職選挙法一五条七項に違反していたものである。

二　事　実

昭和五六年七月五日に施行された東京都議会選挙は、昭和四四年東京都条例第五五号「東京都議会議員の定数並びに選挙区及び各選挙区における議員の数に関する条例」（以下、本件都条例と略す）一条ないし三条の定数配分規定（以下、本件定数配分規定と略す）に基づいて行われたが、右選挙における最過疎区の千代田区選挙区と江戸川区選挙区の間に議員一人あたりの人口比率で一対四・五一、同じく有権者比率で一対三・七九の格差がみられた。また右選挙における人口比率での最大格差は、千代田区選挙区と練馬区選挙区の間の一対五・一五であった。

右選挙における江戸川区の選挙人Xらは、本件定数配分規定は憲法前文・一四条一項・一五条一項三項・四四条但書・九三条一項、公職選挙法（以下、公選法と略す）一五条七項に違反しており、従って選挙は無効であるとして、公選法二〇二条一項により東京都選挙管理委員会Yに対して異議申立をした。しかしYが申立却下の決定を下したため、Xらは、右異議申立に対する決定を取り消す、及び、江戸川区における本件選挙を無効とする、との判決を求める訴えを公選法二〇三条に基づき東京高裁に提起した。これに対して東京高裁は、訴訟の適法性を認め、さらに選挙の違法を認めるとともに請求を棄却する「事情判決」を下した（東京高判昭和五八年七月二五日判時一一〇八号三頁）。そこでYが上告したのが本件である。

三　上告理由

㈠　本件定数配分規定自体の違憲・違法を理由とする選挙の効力に関する訴訟は公選法の予定するところではなく、公選法二〇三条の規定による訴訟として本件訴訟は不適法であり、またYには被告適格がない。さらに本件定数配分は高度の政治問題に属する事項であるから司法審査になじまない。いずれにしても本件訴訟は不適法として却下されるべきであり、これを適法とした原審の判断は違法である。

㈡　たとえ定数配分規定を改正したとしても、地方自治法九〇条四項によれば、次の一般選挙の場合でなければ改正規定に基づく選挙を行うことができず、公選法二〇三条の訴訟目的である効果的再選挙の実施は現行法上不可能であるから、本件訴訟は訴えの利益を有しない。また仮に却下を免れるとしても、選挙の規定違反が選挙の結果に異動を及ぼす虞れがないことが明らかであるから請求棄却を免れない。しかるにこれらの主張を理由なく排斥した点で、原審の判断には、理由不備並びに理由齟齬の違法がある。

㈢　本件定数配分規定を違法とする原審の判断は、人口比例主義に固執し、地方自治に関する憲法の精神並びに法の現実を無視した独断的判断であり、憲法一五条、九二条及び九三条並びに公選法一五条七項及び二六六条二項の規定の解釈を誤った違法がある。

四　判決理由

一　「定数配分規定自体の違憲、違法を理由とする地方公共団体の議会の選挙の効力に関する訴訟が公選法二〇三条の規定による訴訟として許されることは、当裁判所の判例（昭和五一年四月一四日大法廷判決、昭和五八年一一月七日大法廷判決）の趣旨に徴して明らかであり、本訴を適法とした原審の判断は正当として是認することができる。」

二　「地方自治法九〇条四項の規定は、定数配分規定が当該選挙の施行当事において既に違憲、違法であったとされる場合にまで、次に施行される任期満了等による（公選法二〇三条の規定による訴訟とは無関係の）一般選挙の時期の到来に至るまでの間、旧規定による定数配分の結果を維持せしめようとする趣旨に出たものであるとは到底解し難く、定数配分規定の違憲、違法を理由として選挙を無効とする判決がなされたときは、これに従い、議会において速やかに違憲、違法の定数配分規定を改正した上、選挙管理委員会において改正規定に基づく適法な選挙を施行すべきが当然である。」「地方自治法九〇条四項の規定は、定数配分規定が違憲、違法とされる場合にこれを是正して新たな選挙を行う妨げとなるものでないこと、前説示のとおりであるのみならず、そもそも公選法二〇五条一項にいう『選挙の結果に異動を及ぼす虞がある』とは、仮に当該選挙において選挙の規定違反がなく、適法に選挙が行われたとすれば、その結果が現実に生じた結果と異なった可能性のある場合を指すのであって、一般に定数配分規定の違憲、違法が選挙の結果に異動を及ぼす可能性を有することは疑問の余地がないところである。」

三　「定数配分規定が公選法一五条七項の規定に適合するかどうかについては、地方公共団体の議会の具体的に定めるところがその裁量権の合理的な行使として是認されるかどうかによって決するほかはない。」

「しかしながら、地方公共団体の議会の議員の選挙に関し、当該地方公共団体の住民が選挙権行使の資格において平等に取り扱われるべきであるにとどまらず、その選挙権の内容、すなわち投票価値においても平等に取り扱われるべきであることは、憲法の要求するところであると解すべきであり、このことは当裁判所の判例（前掲昭和五一年四月一四日大法廷判決）の趣旨とするところである。そして、公選法一五条七項は、憲法の右要請を受け、地方公共団体の議会の議員の定数配分につき、人口比例を最も重要かつ基本的な基準とし、各選挙人の投票価値が平等であるべきことを強く要求していることが明らかである。したがって、定数配分規定の制定又はその改正により具体的に決定された定数配分の下における選挙人の投票の有する価値に不平等が存し、あるいは、その後の人口の変動により右不平等が生じ、それが地方公共団体の議会において地域間の均衡を図るため通常考慮し得る諸般の要素をしんしゃくしてもなお一般的に合理性を有するものとは考えられない程度に達しているときは、右のような不平等は、もはや地方公共団体の議会の合理的裁量の限界を超えているものと推定され、これを正当化すべき特別の理由が示されない限り、公選法一五条七項違反と判断されざるを得ないものというべきである。」

「もっとも、制定又は改正の当時適法であった定数配分規定の下における選挙区間の議員一人あたりの人口の格差が、その後の人口の変動によって拡大し、公選法一五条七項の選挙権の平等の要求に反する程度に至った場合には、そのことによって直ちに当該定数配分規定の同項違反までもたらすものと解すべきではなく、人口の変動の状態をも考慮して合理的期間内における是正が同項の規定上要求されているにもかかわらずそれが行われないときに、初めて当該定数配分規定が同項の規定に違反するものと断定すべきである。」

四　「本件選挙当時において、選挙区間における議員一人当たりの人口の較差は、全選挙区間で最大一対七・四五、特別区の区域を区域とする選挙区間で最大一対五・一五、右人口が最少の千代田区選挙区と被上告人らの属する江戸川区選挙区との間で一対四・五二に達し、いわゆる逆転現象も一部の選挙区間において依然として残っていた。」

「選挙区間における本件選挙当時の右較差は本件条例制定の前後を通じた人口の変動の結果にほかならないが、前記のとおり、選挙区の人口と配分された定数との比率の平等が最も重要かつ基本的な基準とされる地方公共団体の議会の議員の選挙の制度において、右較差が示す選挙区間における投票価値の不平等は、地方公共団体の議会において地域間の均衡を図るため通常考慮し得る諸般の要素をしんしゃくしてもなお、一般的に合理性を有するものとは考えられない程度に達していたというべきであり、これを正当化する特別の理由がない限り、選挙区間における本件選挙当時の右投票価値の較差は、公選法一五条七項の選挙権の平等の要求に反する程度に至っていたものというべきである。そして、都心部においては昼間人口が夜間常住人口の数倍ないし十数倍に達し、それだけで行政需要が大きいことや、各選挙区における過去の定数の状況を考慮しても、右の較差を是認することはできず、他に、本件選挙当時存した選挙区間における投票価値の不平等を正当化すべき特別の理由を見いだすことはできない。」

「また、本件配分規定の下における選挙区間の投票価値の較差は遅くとも昭和四五年一〇月実施の国勢調査の結果が判明した時点において既に公選法一五条七項の選挙権の平等の要求に反する程度に至っていたものというべく、右較差が将来更に拡大するであろうことは東京都における人口変動の経緯に照らし容易に推測することができたにもかかわらず、東京都議会は極く部分的な改正に終始し、右較差を長期間にわたり放置したものというべく、同項の規定上要求される合理的期間内における是正をしなかったものであり、本件配分規定は、本件選挙当時、同項の規定に違反するものであったと断定せざるを得ない。」

裁判官藤崎萬里の反対意見があるほか、裁判官全員一致の意見で上告棄却（角田禮次郎、藤崎萬里、谷口正孝、和田誠一、矢口洪一）。

【参照条文】　憲法一四条一項・一五条一項・三項・四四条但書、公職選挙法一五条七項・二〇三条・二〇五条一項・二六六条二項、地方自治法九〇条四項、東京都議会議員の定数並びに選挙区及び各選挙区における議員の数に関する条例（昭和四四年東京都条例第五五号）三条

五　批　評

(1)　本判決の位置付け

本判決は、地方議会議員選挙における定数不均衡問題についての最初の最高裁判決である。定数不均衡問題が地方議会議員選挙のレベルでも争われるようになったのは比較的最近のことであるが、本件訴訟を嚆矢として、ほかにも各地でいくつかの訴訟提起がなされていると伝えられており（たとえば、千葉県議会議員選挙について東京高判昭和五九年八月七日判時一一二二号一五頁参照）、問題の性質は基本的には同じであるだけに本判決の有する意義はきわめて大きいといえる。

ところで、周知のように定数不均衡問題は、国政選挙のレベルでは既に二〇年以上も前から選挙無効訴訟で争われてきており、その司法的解決の可能性と限界に関する基本的考え方は、今まで数回にわたって下された最高裁大法廷判決の中で示されてきたところである（最大判昭和五一年四月一四日民集三〇巻三号二二三頁、最大判昭和五八年四月二七日民集三七巻三号三四五頁、最大判昭和五八年一一月七日民集三七巻九号一二四三頁）。そして本件の原審判決も、また本判決も、それら最高裁判例の基本線に沿って判断を下している。すなわち、投票価値平等の要求が基本的に地方議会議員選挙についても憲法上存在するという前提の下に、地方議会議員選挙に関する公選法や地方自治法の特別規定の解釈を行い、具体的な定数不均衡について違法の結論を導き出しているのである。

国政選挙での定数不均衡に関する最高裁判例については、昭和五一年判決を中心として、数多くの論評、判例

批評が今までに見られるところであり、著者もまた何度かの機会を捉えて論評を試みたことがある（「衆議院議員定数配分規定の平等原則違反と違憲判決の方法」ジュリ六四二号『昭和五一年度重要判例解説』〔本書第二部Ⅰ〕、「議員定数裁判の最近の動向」ジュリ六八〇号、「衆議院議員定数大法廷判決の意義と問題点」ジュリ八〇六号等々）。そこで本批評においては、検討を一からくり返すことは避け、もっぱら地方議会議員選挙の場合の特殊な問題点に焦点をあてて批評することにしたい。

(2) 訴訟の適法性

まず本件訴訟の適法性に関しては公選法二〇三条の規定は二〇四条の規定と基本的に同趣旨のものであることに格別問題はない（前者は地方議会議員選挙に関し、後者は衆・参両議院議員選挙に関するという違いがあるだけである）。したがって、定数配分規定の違憲・違法を理由とする選挙無効訴訟を二〇四条の訴訟として適法と認める以上、二〇三条の訴訟も適法とされることは当然である。藤崎裁判官の反対意見は不適法をいうが、それは、国政選挙に関する二〇四条の訴訟を不適法とする理由を述べ、「右の趣旨は、地方議会の場合にもそのまま当てはまることである」とするものであり、新たな理由を付け加えたものではない。

評者は、昭和五一年判決に示された適法説の立場を支持するが、それは地方議会議員の場合にもそのまま当てはまることである。念のために、昭和五一年判決の趣旨を次に引用しておく。

「元来、右訴訟は、公選法の規定に違反して執行された選挙の効果を失わせ、改めて同法に基づく適法な再選挙を行わせること（同法一〇九条四号）を目的とし、同法の下における適法な選挙の再実施の可能性を予定するものであるから、同法自体を改正しなければ適法に選挙を行うことができないような場合を予期するものではなく、したがって、右訴訟において議員定数配分規定そのものの違憲を理由として選挙の効力を争うことはできないのではないか、との疑いがないではない。しかし、右の訴訟は、現行法上選挙人が選挙の適否を争うことのできる唯一の訴訟であり、これを措いては他に訴訟上公選法の違憲を主張してその是正を求める機会はないのである。およそ国民の基本的権利を侵害する国権行為に対しては、できるだけその是正、救済の途が開かれるべきであるという憲法上の要請に照らして考えるときは、前記公選法の規定が、その定める訴訟において、同法の議員定数配分規定が選挙権の平等に違反することを選挙無効の原因として主張することを殊更に排除する趣旨であるとすることは、決して当を得た解釈ということはできない。」

(3)　地方自治法九〇条四項の解釈

つぎに上告理由において、地方議会議員選挙にかかわる特殊問題として地方自治法九〇条四項規定の存在が挙げられ、訴えの利益がないかあるいは「選挙の結果に影響を及ぼす虞」がないことが主張されたが、判決はこれに対して正面から反論した上で斥けている。地方自治法九〇条四項は、都道府県議会の場合「議員の定数の変更は、一般選挙の場合でなければ、これを行うことができない」と定めている（なお同九一条三項に、市町村議会の場合について同旨の定めがある）。これは確かに地方議会議員選挙についての特別の規定であり、不適法説を形式的に補強する材料とはなりえている。しかし国政選挙に関する昭和五一年判決の多数意見の解釈は、「公選法の規定自体の中から、いわば制度内在的に導き出されたというよりは、裁判所のもつ憲法保障機能に照らし、かなりの程度……『自由な法創造的思考』を働かせて導き出されたというのほかはないもので、このことは、多数意見みずからが明らかに自覚していたことであるし」、「したがって、これには強い反対もある」（今村成和「議員定数配分規定の違憲問題と最高裁」田中二郎先生追悼論文集『公法の課題』六四頁）というものである。既に国政選挙に関しても、選挙無効の判決が確定したときは四〇日以内に再選挙が行わなければならないという規定（公選法三四条・一〇九条）の存在を強調して不適法却下ないし選挙の結果に異動を及ぼさないものとして請求棄却とすべきだとする有力な見解が示されていたが（昭和四一年五月三一日最高裁第三小法廷判決（裁判集民事八三号六二三頁）

における田中二郎意見)、昭和五一年判決の多数意見がそのような見解にくみしなかったのは、右に掲げたように、「およそ国民の基本的権利を侵害する国権行為に対しては、できるだけその是正、救済の途が開かれるべきであるという憲法上の要請」を公選法の規定の形式よりも重くみたからにほかならないのである。地方議会議員選挙についても投票価値の平等が要請されていると考えられる以上、地方自治法九〇条四項の規定の形式から不適法説を導くことは、右の立場からは適切ではない。そして逆に右の趣旨に見合った合理的解釈を施すことが正しいということになる。判旨に示された解釈はそのような観点からみて正当である。また、その解釈をとった場合「選挙の結果に異動を及ぼす虞」も当然可能性としてありうるところであり、この点に関する判旨もまた正当である。

(4)　公職選挙法一五条七項の解釈

さて肝心の実体判断であるが、定数配分の基準について明文の規定がない衆・参両議院議員選挙の場合と異なり、地方議会議員の選挙に関しては公選法一五条七項に次のような定めがある。すなわち、「各選挙区において選挙すべき地方公共団体の議会の議員の数は、人口に比例して、条例で定めなければならない。ただし、特別の事情があるときは、おおむね人口を基準とし、地域間の均衡を考慮して定めることができる」。そのため本件における投票価値平等の侵害は、直接的には憲法違反の問題としてではなく、右公選法規定違反の問題として扱われている。しかし判旨においては、地方議会議員の選挙に関しても投票価値の平等は憲法上の要請であることが、昭和五一年判決の趣旨として確認され、公選法一五条七項はその憲法上の要請を受けたものだとされているので、実質的には憲法判断と重なっているということができよう。それのみならず、「公選法一五条七項は……人口比例を最も重要かつ基本的な基準とし、各選挙人の投票価値が平等であるべきことを要求していることが明らかである」という判示には、公選法の当該規定は地方議会議員選挙における投票価値の平等に関して憲法の要請をより厳格化しているという示唆を読みとることも不可能ではない。いずれにしても、地方議会議員選挙の場合にも憲法の投票価値の平等の要請はいささかも緩和されないとされていることは明らかである。そのことはさらに、公選法一五条七項ただし書について、衆議院議員選挙に関しての国会の立法裁量権を超える特別の裁量の余地を与えたものだという解釈がとられていないことと、都選管が主張した公選法二六六条二項の特例について、それは「同法一五条七項ただし書の規定が存しなかった当時に設けられた規定であって、同ただし書の規定以上に広範な裁量権を都の議会に付与するものではない」という判示となって表れている。

最高裁昭和五一年判決は、「選挙権は、国民の国政への参加の機会を保障する基本的権利として、議会制民主主義の根幹をなす」ということから説き起こしているが、それになぞらえて言えば、地方自治を保障している憲法の下での地方議会議員選挙につき、「選挙権は、住民の自治政治への参加の機会を保障する基本的権利として、地方自治（住民自治）の根幹をなす」ということができるであろう。そしてそこから導き出される投票価値平等の要請は、前者の場合と本質的に異なることはないのである。この点についての判旨は全く正当と評することができる。

(5)　較差のとらえ方

次に本判決は具体的な較差の検討に移り、全選挙区間の最大較差と特別区の区域を区域とする選挙区間の最大較差を挙げ、さらに逆転現象も一部の選挙区間において残っていたことに言及し、このような較差は、それを正当化すべき特段の事情もないので、議会の裁量の限界を超えていると判断している。これらの較差は、どちらをとっても、従来の最高裁判例に照らせば裁量の限界を超えていることが明らかであるけれども、基本的には全選挙区間の較差が問題にされたのだと評者は解したい。というのは、将来を展望すれば、特別区選挙区間の較差の解消だけでは問題の真の解決にならず、そのことを本判決は十分認識していると思われるからである。それは、先述した公選法二六六条二項には一五条七項ただし書以上の裁量は認められないという判示と、全体として読みとれる配分規定は不可分一体という考え方（原判決はこの点を明示している）からの帰結である。ちなみに原判決は、不可分一体の考え方に基づき、公選法二六六条二項により一選挙区とみなされる特別区全域と特別区以外の各選挙区と間の較差をも問題にしながらも、直接的には特別区選挙区間の較差につき違法と判断していた。これは、原告の方でも直接的には特別区選挙区間の較差を争っていたことに対応するものであった。しかし、二六六条二項に一五条七項ただし書以上の意味を認めないという解釈がとられる以上、二段階の判断はもはや必要がなく、端的に全選挙区間の較差を取り上げれば足りることになる（全選挙区間といっても、特殊事情の存する島部選挙区は既に比較の対象からはずされている）。ただいずれにしても類似の選挙区間の較差を取り上げる方が、特段の事情について余分の考慮をしなくて済むだけ、その違法を鮮明に示すことができるから、原告側はそこに焦点を合わせていたのであった。本判決が両方の較差を並列的に掲げているのは、したがって納得できることであるが、反面、全選挙区間の較差だけを問題にすれば足りるとしているのかどうか若干不明確な点を残すことになったように思われる。

ところで本判決においても、較差の許容限界がどこらあたりにあるかは格別示唆されていない。東京都議会では、本判決後に定数是正を行い、最大較差を一対三・四程度に押えたが、その新しい定数配分規定に基づき昭和六〇年七月七日に施行された都議会議員選挙につき新たに選挙無効訴訟の提起があったと伝えられている。この較差に対する今後の最高裁の判断に注目したい。評者としては、特段の事情がない限り一対二を下まわる基準が採用されるべきだと考えている。

なお「合理的期間」論も、国政選挙の場合と同じように本件にも適用されているが、具体的判断の結果、合理的期間内の是正もなされなかったと判示された。昭和四八年、五二年、五六年に本件配分規定の一部改正が行われていたのであるが、それらはいずれも部分的手直しに止まり、違法の較差解消になっていなかったから、この点の判旨も正当と評するよりほかかない。

(6)　選挙の効力について

本件の原判決は、本件定数配分規定を違法と断じたが、その下での選挙の効力に関しては「事情判決」の法理を援用して、無効とはしなかった。その理由としては、「その選出議員の資格を失わせることは、ある意味ではより重大な瑕疵があるともいうべき過剰配分選挙区の選出議員の資格に影響がない以上、結果的にはかえって投票価値の平等という憲法上の要請に背反することになる」という無効判決の直接の効果の問題点、ならびにそれに関連して生じるさまざまな法律上・事実上の難点が挙げられている。その理由は国政選挙に関し最高裁昭和五一年判決が挙げた理由とは必ずしも同じではないが、基本的には選挙無効は当該選挙区の議員がいなくなるだけという不都合な事態の回避という点で一致しているということができる。

上告人の都選管がこの点につき格別争わなかったため、本判決ではなんらの判断も示されていない。しかし原判決の判決方法は黙示的に肯定されたものと受け止めてよいと思われる。地方議会議員選挙の場合、選挙無効判決が出ても国政選挙の場合ほどの混乱は予想できず、「憲法の所期しない結果」はそれほど深刻なものになるとは思えないが、選挙無効判決によって当該選挙区の議員がいなくなるだけという一種の背理が生じること、適法な選挙のためには定数是正を行わねばならず、それは本来議会自身の任務であるということに鑑み、事情判決の方法でやむをえないと思われる。ただしこれは実質的な違憲（法）宣言判決であるから、議会は定数是正なしのまま次の選挙を迎えることは許されず、万一そのような事態に立ち到った場合には、再度の選挙無効訴訟については裁判所は選挙無効判決を下すべきだと考える（これは評者の持論である。拙論「衆議院議員定数大法廷判決の意義と問題点」ジュリ八〇六号二七頁注15参照）。その際、国政選挙の場合にはかなりのリスクを覚悟しなければならないが（本稿執筆中に接した最高裁昭和六〇年七月一七日判決の補足意見においては、選挙を無効とするが無効の発生を一定時期将来にずらす方法によってリスクを緩和することが示唆されているようである）、地方議会議員選挙の場合には、リスクはより少ないはずである。ただ先述のとおり、本判決後不完全ながらも定数是正が行われたので、さしあたり本件に関しては、このような問題が現実化することは避けられた。

＊　本判決に関しては、既にいくつかの批評や解説がみられる。主なものを以下に掲げておく。清水睦「地方議会議員の定数不均衡と投票価値の平等」法教四八号八四頁、和田進「地方議会議員選挙における定数配分不均衡訴訟」ジュリ八二〇号五六頁、戸松秀典「東京都議会議員選挙定数訴訟」ジュリ八三八号『昭和五九年度重要判例解説』一三頁。

（民商法雑誌九二巻六号、一九八五年。題名変更）

＊　本文の公職選挙法一五条七項の内容は、その後の改正により、現行法では一五条八項に定められている。

Ⅶ　千葉県議会議員定数の不均衡と選挙の効力
――昭和六〇年一〇月三一日最高裁第一小法廷判決（判例時報一一八一号八三頁）――

一　要　旨

千葉県議会議員の選挙区等に関する条例（昭和四九年千葉県条例第五五号）の議員定数配分規定は、昭和五八年四月一〇日施行の千葉県議会議員選挙当時において、公職選挙法一五条七項の規定に違反していたものである。

二　事実の概要

昭和五八年四月一〇日に施行された千葉県議会議員選挙は、千葉県議会議員の選挙区等に関する条例（昭和四九年千葉県条例第五五号、以下「本件条例」と略す）に基づいて行われたが、右選挙当時の選挙区間における議員一人当りの人口の較差は最大一対六・四九に達しており、三つの特例選挙区を除外した計算でも最大一対四・五八であった。また、いくつかの選挙区間で逆転現象がみられ、逆転区間の較差も最大一対三・六九に達していた。そこで、右選挙におけるA選挙区の選挙人Xが、投票価値の平等に反する選挙だとして、千葉県選挙管理委員会への異議申出を（却下）経て、選挙無効の訴えを東京高裁に提起した。東京高裁昭和五九年八月七日判決（判時一一二号一五頁）は、該定数配分規定は公選法一五条七項に違反すると断じながら、「事情判決」の法理を援用して、選挙無効の請求を棄却するとともに、選挙の違法を宣言した。これに対して千葉県選挙管理委員会が一部破棄を求めて上告したのが本件である。

原審が適法に確定した事実によると、本件条例は昭和四五年の国勢調査の結果に基づき新たに選挙区の区割り及び各選挙区への議員定数一定めたものであるが、制定当時の定数の配分は、公選法一五条二項の規定によるいわゆる強制合区の対象たるべきＢ及びＣの区域を同法二七一条二項の規定により独立の選挙区（特例選挙区）とした上、これに各定数一配分し、Ｄ・Ｅ・Ｆ・Ｇの各選挙区に同法一五条七項ただし書を適用して人口比例によった場合よりも一だけ多い定数を配分したほかは、ほぼ人口に比例したものであった。その結果、昭和五〇年の選挙の際には、人口較差は最大一対三・五五を示したが、Ｂ・Ｃを除外した残りの選挙区についてみると、最大較差は一対二・七六にとどまっていた。

その後、昭和五四年施行の選挙に際しては本件条例に改正は加えられず、昭和五〇年の国勢調査の人口に基づくと、同選挙においては最大較差一対五・六一であり、Ｂ・Ｃの特例選挙区を除いた残りの選挙区間についてみても最大較差一対四・二三であった。また本件条例のその後の改正により新たに特例選挙区とされたＨ選挙区を除外した残りの選挙区間についてみても、最大較差一対三・九三であり、さらに一部の選挙区間で逆転現象がみられた。

右選挙ののち本件選挙までの間、本件条例については、公選法一五条二項の規定による強制合区の対象となることが明らかとなったＨ選挙区を特例選挙区とする等の改正がなされたのみで、右のような投票価値の較差を解消ないし緩和することを目的とする改正はされなかった。そして本件選挙においては冒頭に示したような較差がみられるに至った。

三　判決理由

一　定数配分規定そのものの違憲・違法を理由とする地方議会議員選挙の無効の訴えが公選法二〇三条の規定による訴訟として許されることは、当裁判所の判例の趣旨とするところである（最一小判昭和五九年五月一七日民集三八巻七号七二一頁）。

二　地方議会議員選挙に関する定数配分規定の違法性の判断基準については、「当裁判所の判例の示すところであり（前掲昭和五九年五月一七日第一小法廷判決）、これを変更すべき理由はない。」

三「本件選挙当時において選挙区間に存した右のような議員一人当たりの人口の較差は、本件条例制定後の人口の変動の結果にほかならないが、……選挙区の人口と配分された定数との比率の平等が最も重要かつ基本的な基準とされる地方公共団体の議会の議員の選挙の制度において、右較差が示す選挙区間における投票価値の不平等は、地方公共団体の議会において地域間の均衡を図るため通常考慮し得る諸般の要素をしんしゃくしてもなお、一般的に合理性を有するものとは考えられない程度に達していたというべきであり、これを正当化する特別の理由がない限り、選挙区間における本件選挙当時の右投票価値の較差は、公選法一五条七項の選挙権の平等の要求に反する程度に至っていたものというべきである。本件において右特別の理由を見いだすことはできない。」

「そして、本件定数配分規定の下における選挙区間の投票価値の較差は昭和五〇年一〇月実施の国勢調査の結果が判明した時点において既に公選法一五条七項の選挙権の平等の要求に反する程度に至っていたものというべく、右較差が将来更に拡大するであろうことは記録によって明らかな千葉県における各地域の人口変動の経緯に照らし容易に推測することができたものというべきである。しかるに、千葉県議会は、本件選挙までの間に右のような投票価値の較差を解消ないし緩和することを目的とする改正を行わず、右較差を放置したものであって、公選法一五条七項の規定上要求される合理的期間内における是正をしなかったものというべく、したがって、本件定数配分規定は、本件選挙当時、同項の規定に違反するものであったと断定せざるを得ない。」

裁判官全員一致の意見で上告棄却（谷口正孝、和田誠一、角田禮二郎、矢口洪一、高島益郎）。

【参照条文】　公職選挙法一五条七項、二〇三条

四　分　析

衆・参両議院議員選挙における議員定数不均衡問題が選挙無効訴訟で争われるようになってから久しいが、最近、各地の自治体で地方議会議員選挙の議員定数不均衡問題がクローズ・アップされており、同じく選挙無効訴訟で争われるケースが出てきた。そして、既に本判決の中でも引用されているように、最高裁第一小法廷昭和五九年五月一七日判決（民集三八巻七号七二一頁）は、本判決に先立つ約一年半前に、東京都議会議員選挙の議員定数不均衡に関して、基本的には衆議院議員定数不均衡の場合と同様の判断基準によりながら、違法の判断を下している。本件は地方議会議員定数不均衡に関する二番目の上告事件であるが、細部の違いはあるにしてもその基本的内容は都議会の事案の場合となんら異なるところはなく、したがって本判決の法理は前判決に較べて新しいものはなにも付け加えられておらず、具体的な立法裁量の限界や合理的期間の判断にしても、判断基準の一層の明確化に資するような手がかりをなんら提供するものではない。

そのようなわけで本判決は、法理論的観点からは、従前の判例を踏襲しただけのものとして、判例集登載の必要もないといえるが、前判決から一年半近く経た時点での判決であり、今後の同種の事案についての最高裁の対処の基本パターンを改めて示したという点において、少なからざる意義を有するといえる（なお、昭和五九年判決自体の意義と問題点に関しては、拙評（民商九二巻六号八五〇頁以下、本書第二部Ⅵ）を参照頂ければ幸いである）。

（民商法雑誌九四巻三号、一九八六年）

＊　本文の公職選挙法一五条七項の内容は、その後の改正により、現行法では一五条八項に定められている。

Ⅷ 千葉県議会等の議員定数不均衡と選挙の効力

――平成元年一二月一八日最高裁第一小法廷判決（判例時報一三三七号一七頁、民集四三巻一二号二一三九頁）、同月二一日最第一小法廷判決（判例時報一三三七号二六頁）、同日最高裁第一小法廷判決（判例時報一三三七号三八頁）――

一 事実

昭和六二年四月一二日に施行された統一地方選挙での千葉、兵庫、岡山各県の県議会議員選挙につき、各選挙の選挙人ら（①②原告・被上告人、③原告・上告人）が、各選挙における議員定数不均衡の違法を理由に公選法二〇三条に基づく選挙無効訴訟を提起した。

① 千葉県議会議員選挙における投票価値の最大較差は、三つの特例選挙区を含めた場合には一対三・九八、特例選挙区を除いた場合には一対二・八一であった。前回の昭和五八年四月一〇日施行の選挙についても同様の選挙無効訴訟が提起されたが、その当時の投票価値の最大較差は特例選挙区を含めると一対六・九四、特例選挙区を除くと一対四・八五に達しており、一審の東京高裁はこれを違法とするとともに請求を棄却する事情判決を下し、最高裁もそれを支持した（最一小判昭和六〇年一〇月三一日判時一一八一号八三頁）。その後千葉県議会は、その判決を受けて、昭和六一年一二月に「千葉県議会議員の選挙区等に関する条例」（昭和四九年千葉県条例第五

五号）を改正し、その結果右のような程度にまで較差が縮小されていた。

原判決（東京高判昭和六三年九月一九日判時一二八六号二四頁）は、特例選挙区の設置には特別の理由を見出せず、定数配分規定は全体として違法だとし、違法を宣言するとともに、事情判決の法理の援用により請求を棄却した。

②　兵庫県議会議員選挙における投票価値の最大較差は、二つの特例選挙区を含めた場合には一対四・五二、特例選挙区を除いた場合には一対三・八一であった。但し前回の昭和五八年の選挙当時には、昭和五七年の条例改正により較差はそれぞれ一対三・六九と一対二・八〇に縮小されており、その後本件選挙までに較差が拡大したことが公式に確認されてから本件選挙までには八か月余の期間しかなかったという事情があった。

原判決（大阪高判昭和六三年一一月二二日判時一二九七号三頁）は、特例選挙区の設置には合理的な理由がなく、定数配分規定は全体として違法だとし、違法を宣言するとともに、事情判決の法理の援用により請求を棄却した。

③　岡山県議会議員選挙における投票価値の最大較差は、二つの特例選挙区を含めた場合には一対三・四四五、特例選挙区を除いた場合には一対二・八三四であった。

原判決（広島高岡山支判昭和六三年一〇月二七日判時一二九三号二八頁）は、特例選挙区の設置は県議会の裁量権を逸脱したものとはいえず、またそれを考慮した場合の不均衡はいまだ違法とまではいえないとして、請求を棄却した。

二　判　旨

①　破棄自判

「議員の法定数を減少するかどうか、特例選挙区を設けるかどうか、議員定数の配分に当たり人口比例の原則を修正するかどうかについては、都道府県の議会にこれらを決定する裁量権が原則として与えられていると解される。」

「具体的にいかなる場合に特例選挙区の設置が認められるかについては、客観的な基準が定められているわけではなく、結局、前示の公選法二七一条二項の制定の趣旨に照らして、当該都道府県の行政施策の遂行上当該地域からの代表確保の必要性の有無・程度、隣接の郡市との合区の困難性の有無・程度等を総合判断して決することにならざるを得ないところ、それには当該都道府県行政における複雑かつ高度な政策的考慮と判断を必要とするものであるから、特例選挙区設置の合理性の有無は、この点に関する都道府県議会の判断がその裁量権の合理的な行使として是認されるかどうかによって決するほかはない。そして、都道府県議会において、右のような観点から特例選挙区設置の必要性を判断し、かつ、地域間の均衡を図るための諸般の要素を考慮した上でその設置を決定したときは、それは原則的には裁量権の合理的な行使として是認され、その設置には合理性があるものと解すべきである。もっとも都道府県議会の議員の選挙区に関して公選法一五条一項ないし三項が規定しているところからすると、同法二七一条二項は、当該区域の人口が議員一人当たりの人口の半数を著しく下回る場合、換言すれば、配当基数（すなわち、各選挙区の人口を議員一人当たりの人口で除して得た数）が〇・五よりも著しく下回る場合には、特例選挙区の設置を認めない趣旨であると解される。」

「千葉県議会が、……三選挙区を特例選挙区として存置したことは、同議会に与えられた裁量権の合理的な行使として是認することができるから、その存置には合理性があり、しかも右の程度の配当基数〔〇・三五（二選挙区）と〇・四二〕によれば、いまだ特例選挙区の設置が許されない程度には至っていないものというべきである。」

「投票価値の最大較差は、本来は、特例選挙区を含めた場合には一対四・三五、特例選挙区を除いた場合には一対二・九一であるはずのところを、千葉県議会が公選法一五条七項ただし書を適用して本件条例を定めた結果、投票価値の最大較差は、……特例区を含めた場合には一対三・九八、特例選挙区を除いた場合には一対二・八一になっており、いずれも較差が縮小されているということになる。」

「本件選挙当時において右のような議員一人当たりの人口の較差が示す投票価値の不平等は、……裁量権の合理的な行使として是認することができ、したがって、本件条例にかかる定数配分規定は公選法一五条七項に違反するものではなく、適法というべきである。」

②　破棄自判

（特例選挙区の設置の合理性につき、①判決と同旨。但し配当基数は〇・四二と〇・四五）。

「本件選挙当時において、議員一人当たりの人口（投票価値）の最大較差は、本来は、特例選挙区を含めた場合に一対三・七二、特例選挙区を除いた場合に一対三・一五であるはずのところを、兵庫県議会が公選法一五条七項ただし書きを適用して本件条例を定めた結果、右最大較差は、……特例選挙区を含めた場合には一対四・五二、特例選挙区を除いた場合には一対三・八一となっている。」

「このような不平等は、もはや都道府県の議会の合理的裁量の限界を超えているものと推定され〔るが、本件の場合〕、合理的期間内における是正がされなかったものと断定することは困難である。」「本件選挙当時、選挙区間における投票価値の較差は、公選法一五条七項に違反する程度に至っていたものではあるが、いまだ是正のための合理的期間は経過しておらず、本件選挙当時の本件条例にかかる定数配分規定を公選法一五条七項に違反するものと断定することはできないというべきである。」

③　上告棄却

（特例選挙区の設置の合理性につき、①判決と同旨。但し配当基数は〇・四七四と〇・四八七）。

「投票価値の最大較差は、本来は、特例選挙区を含めた場合に一対三・四六五、特例選挙区を除いた場合に一対二・八五一であるはずのところを、岡山県議会が公選法一五条七項ただし書きを適用して本件条例を定めた結果、投票価値の最大較差は、……特例選挙区を含めた場合には一対三・四四五、特例選挙区を除いた場合には一対二・八三四となっており、いずれも較差が縮小されているということになる。」（定数配分の適法性につき、①判決と同旨）。

三　評　釈

(1)　概　況

都道府県議会の議員定数不均衡について、衆議院の場合と同様の選挙無効訴訟が提起され裁判で争われるようになったのは、昭和五六年七月施行の東京都議会議員選挙からであるが、これについての最高裁判決（最一小判昭和五九年五月一七日民集三八巻七号七二一頁、判時一一一九号二〇頁）は、基本的には国政選挙におけると同様の投票価値の平等の要請を認め、またほぼ同様の判断基準を採用した。ただし憲法の投票価値平等の要請を受けて公選法一五条七項が人口比例主義を定めているので、議員定数不均衡は直接的には同条項に違反するかどうかの問題とされ、最大較差一対五を超える不均衡を含む定数配分規定が違法と判断されている。また、違法とされた場合の事後処理の方法として、事情判決をとることも同様に認められている。このような最高裁判例の態度は、判断基準に問題はあるものの、その他の点では大旨妥当だと評価することができるよう（拙評「東京都議会議員定数の不均衡と選挙の効力」民商九二巻六号八五〇頁以下〔本書第二部Ⅵ〕参照）。

その後さらに千葉県議会の議員定数配分規定、条例改正後の東京都議会の議員定数配分規定についても違法・事情判決が下された（最一小判昭和六〇年一〇月三一日判時一一八一号八三頁、最三小判昭和六二年二月一七日判時一二四三号一〇頁）。具体的にどの程度の較差が生じれば違法になるかは、判断基準からは必ずしも明らかにできないが、最高裁は最大較差一対三・九四を含む衆議院議員定数配分規定につき違憲状態にあるとの判断をすでに出し、またその中では一対三を超える場合の違憲の可能性を多分に示唆していたので（最大判昭和五八年一一月七日民集三七巻九号一二四三頁）、特例選挙区を除いても最大較差がそれをかなり上回っていたこれらの事件の場合には、結論的に違法判断が下されることに格別問題はなかったといってよい。特例選挙区の問題は当事者にも裁判所にもすでに意識されてはいたが、その問題に関係なく違法の結論を導き出すことができたのである。

ところがここに挙げた三つの事件では、特例選挙区の設置の許容性という問題が一躍主舞台に登場することになった。特例選挙区を設置すれば、その限りで不均衡は当然拡大することになる。それがどの程度まで許容されるかという問題であるが、その設置を許容することは、結局は特例選挙区を含めた全体の選挙区間での較差の問題と、特例選挙区を除いた残りの選挙区間での較差の問題とを一旦区別し、前者については緩やかに対処するということを意味する。そしてこれらのうち兵庫県議会に関する②の事件では、実は特例選挙区の設置が許容されるとしても、それを除いた場合の選挙区間の最大較差が一対三・八一に達しているから、どのみち結論的には違法とされて問題のないケースである。ただし最高裁判決では、合理的期間をいまだ経過していないから、違法の程度には達しているが、いまだ違法と断定することはできないという処理の仕方になった。前回の選挙の際の最大較差が一対二・八〇で一応不平等状態が解消されており、その後の較差拡大が明示の資料で確認されてから八か月余しかなかったというのがその理由である。この最大較差をもって適法というのには、一対二程度を限度と考える評者の立場では承服しがたいが、最高裁判例の従来の立場からはそうなるのであり（上記最三小判昭和六二年二月一七日判時一二四三号一〇頁、最二小判昭和六三年一〇月二一日民集四二巻八号六四四頁等参照）、その立場を前提にすればこの場合は「合理的期間」内と認めざるをえないであろう。どちらにしてもこのケースでは特例選挙区の問題は結論に直接的な影響を与えるものにはなっていない。ただこの判決には、「合理的期間」論を都道府県議会の議員定数不均衡についても適用した最初の判決という意義がある。

これに対して、千葉県と岡山県の場合には、特例選挙区の設置についての判断が直接的な影響をもたらす。いままでの最高裁判例の判断基準によれば、特例選挙区の設置に合理性がなければ、全体としての定数不均衡はかなり大きな較差を含んでいるので、おそらく違法と判断されるはずだし、他方合理性があるとされれば、最大較差が一対三を下回るケースでは適法と判断される公算が大きいからである。そしてこの点、実際に①と②の原判決は合理性がないと判断して違法判決を下し、③の原判決は合理性があるとして適法との判決を下しているのである。そして最高裁は、特例選挙区の設置はいずれも合理性があるという判断をした上で、特例選挙区を含めた場合の較差と特例選挙区を除いた場合の較差を人口比定数（公選法一五条七項本文の人口比例原則に基づいて配分した定数）に基づく較差と比較しながら、②では依然として両方にかなりの較差があるので違法状態にあることは確認したが、後者の場合の較差が一対三を下回る①・③については適法という判断を加えたのである。

このように最高裁判決は、特例選挙区の設置につき議会の合理的な裁量に委ねられると判断し、全体として投票価値平等の要請を大幅に相対化している点に、今までにない特徴がみられる。較差の許容限度をはかる要素として人口比定数を上げている点も特徴に挙げてよいが、それは前者に比べれば従たる意味しか持たないであろう。

(2)　特例選挙区制度の問題点

そこで以下、特例選挙区の設置の許容性の問題を中心に検討してみることにしよう。

特例選挙区は、公選法二七一条二項「昭和四十一年一月一日現在において設けられている都道府県の議会の議員の選挙区については、当該区域の人口が当該都道府県の人口を当該都道府県の議会の議員の定数をもって除して得た数の半数に達しなくなった場合においても、当分の間、第一五条第二項の規定にかかわらず、条例で当該区域をもって一選挙区を設けることができる」に基づいて設置されている選挙区である。昭和三七年に規定が設けられ、当初は島部についてのみ認められていたのであるが、昭和四一年の改正でそれ以外にも認められることになった。島部についてはその特別扱いに十分な理由が認められ、現に東京都議会議員定数不均衡違法判決の場合、原告側もこれを特に争わず、最初から比較の対象から外されている。それがそれ以外の場合についてまで拡張された理由について、最高裁判決は、「農村部から都市部への人口の急激な変動が現れ始めた状況に対応したもの」、また「都道府県議会議員の選挙区制については、歴史的に形成され存在してきた地域的まとまりを尊重し、その意向を都道府県政に反映させる方が長期的展望に立った均衡のとれた行政施策を行うために必要であり、そのための地域代表を確保する必要があるという趣旨を含む」と解している。この立法趣旨の理解はそれでよいであろう。この特例選挙区の規定の目的は、要するに過疎地区の選挙区を維持するということにあったのであり、それを正当化するための理由が一応つけられているのである。しかし、都道府県議会の議員定数不均衡問題が生じたもともとの要因も、人為的なものではなく、定数配分後の人口の異動によるものであり、端的にいえばまさに過密化・過疎化の進行によるものである。そこでこの規定は、投票価値平等の要請を地域的な事情により一定程度相対化しようとする趣旨のものにほかならない。あえていえば、定数不均衡の拡大に直面しながら、投票価値の平等より既存の選挙区の維持の方が大切だという考え方に立脚するもので、それが立法趣旨だったといえなくもない。

都道府県議会の議員定数配分についても、投票価値平等の要請が最優先的に働くと考えれば、このような規定自体にすでに違憲の疑いが生じることになる。これに対して、地域的な要素を考慮することが、議会構成の上から一般的に許容されると考えれば、この規定には違憲の疑いは生じない。しかし後者の点は、選挙区の設置について定める一五条一項ですでに制度的に相当程度考慮済みだと考えると、最初から一対三を超える較差を容認しようとするこの規定自体にはやはり違憲の疑いがあるということになる。そうだとはいえ、島部についての特例選挙区が合理性を有し、それによる投票価値平等の要請の相対化が是認されるとすれば、類似の特殊性を有する特例選挙区の設置をただちに違憲と断ずることもできないであろう。法は、「既設の選挙区につき、当分の間」という以上になんら限定を付していないから、文面をすなおに解釈すればその設置についてはもっぱら都道府県議会の裁量に委ねているということもできるが、それでは違憲の疑いが強い以上、その要件を厳格に解することにより、違憲の適用を排除する道をとることもできると考えられる。いずれにせよ投票価値平等の要請を重視する学説においては、無限定のままなら違憲と解する立場が有力である（違憲説として、長岡徹「地方議会の議員定数不均衡と投票価値の平等」法と政治三九巻四号二三二頁以下、限定解釈説として、大隈義和「議員定数問題判決と地域代表制論」ジュリ九三四号一〇六頁以下等参照）。

(3)　各原審の判決

この点につき、各原審の判決がどのように判断したかをみてみよう。

まず①では、「三選挙区が隣接郡とは異なる独立の生活圏を有することや人口の増加等行政需要の増大がうかがわれることは認められず、また、他の地域との合区が極めて困難であることを首肯するに足る客観的な事情も存在しない。更に、本件条例の改正が審議された過程において、右特例選挙区を存置すべき特別の理由が具体的に開示され、審議されたことも何ら窺うことができない。結局特例選挙区設置の最も大きな理由は議員選出の歴史的経緯、地域からの代表確保の要請にすぎないものと推測される」とし、「本件条例改正の際特例区の存廃につき根本的な見直しを行わなかった」ことを強く批判している。

②においては、「公選法二七一条二項は、……投票価値の平等の原則に対する例外規定であるから、その解釈は厳格になされるべきであって、安易に右同条項による特例区を設けることは、相当でないというべきである。したがって、右同条項による特例区を設けるについては、当該選挙区が遠く離れた離島であるとか、峻険な山嶽に囲まれて交通が著しく不便であるというような地理的に極めて特殊な状況にあるため、隣接の選挙区に合区することが著しく困難であるなどの特別の事情の存することが必要であると解すべきである」として上で、当該事件における特例区の設置はその要件を充たしていないと判断している。

これらに対して③においては、公選法二七一条二項の趣旨は合理性を有し違憲ではないとした上で、「都道府県の議会は、……特例選挙区を存置することの当否につき、選挙人の投票価値の平等確保との関連において相当程度の範囲内では……合理的裁量権限を有するものということができる。ただ、右合理的な裁量判断において、選挙権の投票価値の平等の原理は第一義的に十分に尊重されるべきで、各選挙区に定数配分した場合に生ずる他の選挙区との議員一人当たりの人口較差の程度、また、隣接の都市との合区の可能性等をも十分検討したうえでなされるべきである」とし、当該事件の場合には裁量権の範囲を逸脱した違法があるとはいえないと判断している。

このように、②においては特例選挙区の設置につき厳格な要件が必要だとされ、③においては相応の合理性があれば足りるとされている。①においては、基準は必ずしも明確には示されていないが、おそらく両者の中間的な基準が考えられているように思われる。もっとも、③においても合理性の有無を裁判所の立場で判断しているのであり、議会の裁量について一応の合理性があるだけで足りるとしているわけではない。

(4)　最高裁判決

これに対して最高裁判決は、「原則的には裁量権の合理的な行使として是認され、その設置には合理性があるものと解すべきである」として一層ゆるやかに解するとともに、他方、「配当基数が〇・五よりも著しく下回る場合には、特例選挙区の設置を認めない趣旨」として、そこで歯止めをかけようとしている。そしていずれも「著しく下回る場合」にあたらないことを、実際にそれぞれの事件ごとに具体的な数値を挙げて示している。

このような判旨の立場は、公選法二七一条二項の文言をそのまま受け入れた場合には、無理のない解釈のようにみえる。同条項が過疎地の選挙区を念頭に置いていることは明らかであるところ、同条項は、既存の選挙区という限定をすでに行っているのであり、それについて投票価値平等の要請の相対化を是認するならば、その場合に配当基数〇・五を下回る選挙区が認められるのも当然のことであり、後はその程度如何の問題だけが残ることになる。これは一五条一項の強制合区の例外として設けられたものであり、同条項自体がすでに郡市の区域を中心に選挙区を設けることからくる一定の相対化を認めているのであるが、その一層の相対化も認めようという規定だからである。その場合でもさらに「著しく」とはどの程度かが再び問題となりうるが、投票価値平等の出発点に立って考えると、実は特例選挙区の設置自体がすでに「著しく」原則からはずれているのであり、その程度を云々してみても、問題の本質的な解明にはあまり役立たないであろう。

しかし、投票価値の平等が憲法上の要請である以上、それを法律制度によって軽々に相対化することは許されないはずである。都道府県議会の場合でも、選挙区と議員定数をもっぱら人口を基準にして過不足なく設置・配分することが投票価値平等の要請からは本来望まれることである。しかし他方、都道府県議会は住民自治のための機関であり、住民はもっとも基礎的な自治単位である市町村の住民として一定のまとまりをもって存在し、全体として都道府県の住民としての意識が形成されているのが普通であるから、それらを一定程度まとめた伝統的な行政区画としての郡市の区域によって選挙区を定めるのは、一応合理的な理由があるというべきである。人口比例的な定数配分を行っても、選挙区の定め方によっては、技術的な理由で一定の不均衡が生じる可能性があることは避けられないが、そのことは一定限度までは許されると解される。ただその程度が問題であつて、それは結局は一対二程度までとするのが、投票価値平等の要請だと思われるし、従来の学説の多くが採るところでもある。

しかしこの点、上記の最高裁昭和六二年二月一七日判決において「〔まず選挙区が定められ、各選挙区にその人口に比例して議員定数が配分されるという〕制度のもとにおいては、各選挙区に最低一人の定数を配分する関係上、……議員一人当たりの人口に一対三程度の較差が生ずることがありうるが、それは……選挙区割りに関する規定に由来するものであって、……〔公選〕法一五条七項に違反するものとはいえない」という判示があり、また、そのような制度でない国政選挙の場合でも、衆議院議員定数配分につき一対二・九二の較差があっても違憲ではないと判断されている（最二小判昭和六三年一〇月二一日民集四二巻八号六四四頁）。

結局、一対三程度が一応の目安にされているとみられる。公選法一五条二項が一定限度を超えた場合の強制合区を定めていることは、逆にいえばその限度に達しない場合には、同条三項の任意合区の規定とあいまって、定数不均衡がある程度存在しても一個の選挙区としての存立を否定しないという趣旨に読めるので、その結果一対三程度までの較差はやむをえないということである。しかしこれは、投票価値の平等よりも選挙区画の定め方を重視しすぎた考え方のように思われる。交通・情報の手段が発達し、住民の活動半径が大きく広がり、従来の基礎的単位ごとのまとまりにも変化が生じている今日の事情、とりわけ大都市部の事情を考えると、旧来の郡市の区域を最優先させる実質的理由は乏しいと思われるからである。人口比例主義からのある程度の乖離が是認されるのは、まさに住民の生・活基盤、地域的要素を選挙区設置の要素にすることを認めるからこそであって、従来の基盤の人口にかつてない異動が生じ、投票価値の平等が損なわれている今日では、これらの規定も真の人口比例主義に対する一種の例外規定に変容しているとみなすことができるのではないかと思われる（この点、一五条三項を地方議会に一定の猶予期間を与える趣旨の規定と解する学説は参考になる（長岡・前掲二三一頁））。そして、例外ないし猶予が是認されるのはそれだけの実質的理由が伴う場合に限られると考えるべきなのであって、このような制度の下では一対三くらいの較差が生じうるのは許されると簡単にいうことはできないように思われる。

その問題点はともかくとして、そのように考えることが許されるとすれば、これに対する例外規定としての二七一条二項は、投票価値平等の要請にとっては、例外の場合をさらに拡大するものであり、それが認められるためには、さらにそれだけの十分に実質的な根拠が伴わなければならないと思われる。そしてそれは、結局は②の原審判決が示したような厳格な要件の下にのみ辛うじて認められるということになるのではなかろうか。そのような限定を行って辛うじて合憲ということができるとしか考えられない。なお、この規定の「当分の間」という文言から、最高裁判例にいう「合理的期間」論の先取りを推測する余地もありそうであるが、その観点からしても、①・②・③とも「特例選挙区」に関する合理的期間はどのみち経過していると判断されざるをえないであろう。

(5)　最高裁判決の批判

議員定数不均衡問題に関して、最高裁が訴訟で取り上げることに踏み切り、衆議院ならびに都道府県議会の議員定数の極端な不均衡を違憲ないし違法と断じる判決を数度にわたって下してきたことの意義は、きわめて大きい。しかし最高裁自身は、他方で立法裁量に格別の敬意を払い、投票価値の平等の相対化を相当な程度にまで許してきたことも事実である。そしてここで取り上げた判決の場合には、後者の側面がきわめて強く現れているといわざるをえない。すなわち最高裁は、公選法の定める選挙区制度の枠を合憲のものと前提した上で、その枠内での投票価値の平等だけを問題にして、投票価値平等の要請が選挙区制度自体の在り方に対して投げ掛けている問題を原則的に立法裁量の問題として軽く処理してしまっているのである。公選法の定める人口比例主義は、憲法の要請を受けた規定だとされていたはずであるが、それをいわば公選法が規定する限りでの投票価値平等の要請に矮小化してしまっているとみなさざるをえないのである。

そのことは、実はすでに昭和六二年判決のなかで多分に示唆されていたところであるが、今回の特例選挙区の設置の容認によって、一層明らかになったように思われる。配当基数に応じた人口比定数という客観的な数字が用いられ、それに基づく判断という形がとられているので（判断基準としての従来の「一般的合理性の基準」に対して、これは「選挙区間人口比例の基準」と呼ばれることがある（上田豊三「最高裁判所判例解説」法曹四二巻五号七二八頁参照））、一見判断基準がかなりしぼりこまれたという印象を与えるが、それはすでに相当の較差を生じさせる可能性のある制度のなかでの数字であり、要するに公選法の定める制度の枠内では比較的厳格にかつ客観的に不均衡をチェックするというにとどまっているのである。しかも、「一般的合理性の基準に従って公選法一五条七項違反の有無を考えるに当たり、選挙区間人口比例の基準に照らして検討することをその重要な一つの要素として位置づけしたものではないか」（上田・前掲七三七頁）といわれているように、これがどの程度の独自の意味を持つのかもまだ不明である。いずれにしてもこのように選挙区制度の枠の中で処理するという態度は、再三述べているように、憲法の投票価値の平等の要請に忠実な解釈態度とは到底いえないであろう。

以上の次第で、評者は判旨に賛成できない。

（判例評論三七八号（判例時報一三四九号）、一九九〇年。題名変更）

＊　本文の公職選挙法一五条七項の内容は、その後の改正により、現行法では一五条八項に定められている。

Ⅸ　千葉県議会議員の選挙区の定め方と議員定数不均衡
——平成八年二月二九日東京高裁判決（行裁例集四七巻一・二号一五二頁）——

一　事実

一　原告Xらは、平成七年四月九日に執行された千葉県議会議員選挙における市川市選挙区の選挙人であるが、本件選挙を管理した千葉県選挙管理委員会（被告Y）に対して、公職選挙法（以下「公選法」という）二〇二条一項に基づく異議申出を行い、本件選挙における市川市選挙区の選挙無効の決定を求めたが、Yは同年五月八日に却下の決定を下した。そこでXらは、Yを被告として公選法二〇三条一項に基づく選挙無効訴訟を東京高裁に提起した。

二　当裁判所の認定する本件の事実関係は、おおむね次のとおりである。

(1)　平成六年に千葉県議会では、議員定数是正問題を検討するために、議長、副議長及び各党代表一三名で構成する千葉県議会議員定数等検討委員会を設置し、同委員会は同年七月一二日以降、数回開催され、協議が重ねられたが、最終的にまとまった案は得られず、各会派の意見を列記する報告書を提出するにとどまった。そこで同年一二月一三日の県議会には、当時の新生党・改革連合、民社党、公明党の会派の共同提案に係る案、すなわち印旛郡、千葉市中央区及び千葉市花見川の三選挙区の定数を各一増とし、県議会議員の現行定数九二を三増して九五とする「三増」案と、自由民主党がまとめた「五増・松戸市分割」案が議員発議で提出され、後者の案が賛成多数で可決成立した（千葉県議会議員の選挙区等に関する条例（昭和四九年千葉県条例五五号）及び千葉県議会議員の定数を減少する条例（昭和五三年千葉県条例五三号）の一部を改正する条例）。この「五増・松戸市分割」案は、衆議院小選挙区比例代表並立制の施行に伴い、小選挙区を地方選挙の選挙区の単位である「郡市の区域」とみなすことができるという公選法一五条五項の規定を受けてのもので、従来の松戸市選挙区（議員定数六）を松戸市南選挙区（議員定数四）と松戸市北選挙区（議員定数三）に分割する規定を含むものであった。

(2)　同年三月現在の住民基本台帳人口に基づくと、改正当時の松戸市選挙区の議員一人当り人口は、県下最少の選挙区のそれとの比較において三・三六四倍の較差があり、県下で較差の大きい順で九番目であった。ところが、小選挙区の各区域から松戸市以外の区域を差し引いて松戸市のみで南北の選挙区に分けたため、南選挙区の較差三・二〇〇、北選挙区の較差三・六九二（第三位）となり、後者は一増の対象となった。

(3)　本件改正の結果、全体としては、特例選挙区を含めた場合の人口比定数による最大較差は三・九五から三・四八へ、特例選挙区を除いた場合の人口比定数による最大較差は二・六八から二・四五へと縮小した。

三　Xらは、右の(2)の点に実体上の争いの主眼を置き、選挙区の分割が較差の縮小ではなく、逆にそれの拡大を招くというのは、公選法一五条の立法趣旨に反するし、このような選挙区分割と議員定数増は、「衆議院小選挙区制に便乗した党利党略であって、議会の立法裁量の限度を超えている」と主張した。

四　これに対してYは、次のような抗弁を行った。

(1)　条例自体である本件定数配分規定の瑕疵を理由とする本件訴えは、民衆訴訟としての公選法二〇三条一項の規定によって提起し得るものではなく、不適法である。

(2)　公選法一五条五項の規定は、議員一人当りの人口にかかわりなく適用することができ、人口較差の拡大防止を意図するものではなく、都道府県議会議員と衆議院小選挙区選出議員の選挙区との調整を図ることについて同議会に裁量権を認めた規定ということができる。
(3) 都道府県議会議員の選挙制度は、その居住する住民の歴史的・地域的まとまりなどを重視して選挙区を設置したのちに投票価値の平等を図るよう定数配分を行うものであり、その点で、あらかじめ定数一を前提として議員一人当りの人口の均衡を図るよう選挙区を設置する衆議院小選挙区選出議員の選挙制度とは趣旨を異にする。
(4) 本件改正は全体としての較差縮小を行っており、その中での松戸市選挙区の分割と議員定数増は、議会の裁量権の合理的な範囲内にある。

二 判旨

請求棄却(原告側上告)。
(1) 訴訟の適法性 「地方公共団体の議会の議員の定数配分を定めた条例の規定そのものの違憲、違法を理由とする地方公共団体の議会の議員の選挙の効力に関する訴訟が、公選法二〇三条の規定による訴訟として許されることは最高裁判所大法廷判決……の趣旨に照らして明らかである。」
(2) 本件定数配分の適否 「公選法は、同法一五条一項ヌ五項によって、選挙区の原則的な区割りの方法を定めると共に、同条項に規定する区域であっても議員一人当たりの人口の少ない区域については、同条二項、三項の規定によって合区することにより、各選挙区の人口較差の拡大を防止することができる旨定めているのである。結局、公選法一五条五項の規定それ自体は、同条二項、三項の規定と異なり、人口較差の拡大防止を直接意図するものというよりは、むしろ都道府県議会議員と衆議院(小選挙区選出)議員の選挙区との調整を図ることによって、それぞれの選挙区が異なった場合に生ずる混乱を防止し、地域住民の選挙における公平と便宜等を図ったものと解することができ、そのような地域選挙区を設けるか否かの選択は議会の裁量に委ねられるものと解される。同条五項の適用につき、議員の一人当たりの人口の較差の縮小でなく、その拡大を招くときは、同条項を適用することができないと解する余地はない。」

(3)　裁量権の範囲内か否かの判断　「公選法は、議員定数の配分について、さらに各選挙区間の投票価値の均衡を図るため、同法一五条八項本文で、原則として人口に比例して条例で定めることとし、ただし、特別の事情があるときは、おおむね人口を基準として地域間の均衡を考慮して定めることができると規定し、この点についても都道府県議会に一定の裁量権を認めている。したがって、議員の定数配分規定が、右各規定に照らして一般的に合理性を有するものとは考えられない程度に達していない限り違法とされることはないと解するのが相当である。」「〔認定事実に照らせば、本件改正措置は〕〔千葉県〕議会に与えられた裁量権の合理的な行使として是認し得るものであり、右改正による本件定数配分規定は適法と認めるのが相当である。」「なお……右改正の結果は、〔最高裁判例（最二小判平成五年一〇月二二日裁時一一〇九号九頁）〕にも適合するといえる。」「以上のことは、本件改正に係る自由民主党案が、前記定数等検討委員会の第四回期日に初めて提案され、前記県議会において可決されたとしても、これをもって直ちに県議会の立法裁量の限度を超えた違法なものということはできず、前記判断を左右するに足りない。」

三　評　釈

(1)　問題の概況

本件は、千葉県議会の議員定数不均衡の違法を争う訴訟であるが、その種の訴訟としては典型的なものの一つであって、訴訟手続上は格別の新味がない。また実体面においても、公選法一五条五項の解釈問題が取り上げられていることくらいが、新しいといえば新しいといえる程度のように思われる（しかも、この点でも判旨正当という答えが簡単に出てきそうである）。したがって、古くからの問題を蒸し返さない限り、評釈はきわめて短いもので足りるといえよう。そしてこの点、評者は昭和五一年の最高裁の最初の衆議院議員定数不均衡違憲判決（最大判昭和五一年四月一四日民集三〇巻三号二二三頁）の前後から、最近の中選挙区制下最後の総選挙時の議員定数合憲判決（最一小判平成七年六月八日民集四九巻六号一四四三頁）に至るまで、相当な数の評釈や解説の類を発表してきたし、言いたいことはそれらの中でもうほとんどすべて言い尽くした観がある。そこで、そのような古くからの問題にはここでは詳しく触れないことをお許しいただきたい。

(a)　ただ、客観的な状況説明だけは、初めに簡単に行っておきたい。すなわち、議員定数不均衡訴訟に関しては、初期の頃の議論の到達点であり同時に出発点に当たるのが、右記最高裁昭和五一年判決であり、そこでは、①議員定数不均衡を争う公選法上の選挙無効訴訟を適法と認め、②投票価値の平等を憲法上の要求であり、国会の立法裁量には合理的な限界があるという実体判断の基準を示し、③議員定数配分規定は不可分一体ととらえ、④定数配分が違憲状態に達していてもそれだけではまだ違憲とは断じえないという「合理的期間」論を採り、⑤違憲と断じる場合でも、「憲法の所期しない結果」を避けるため「事情判決」の方法を採るという基本枠組みが設定された。このような枠組みはその後変わっていない。

またそれは参議院の議員定数不均衡訴訟にも基本的に適用されている。ただし、②に関し、参議院選挙区選出議員の特殊性（基本は、地域代表的性格の加味と技術的困難性）が強調され、それが立法裁量限界論に反映させられている点が異なる（最大判昭和五八年四月二七日民集三七巻三号三四五頁）。

さらに、都道府県議会に係る議員定数不均衡訴訟についても手続面では基本的に同じ枠組みが提供されてきた（最判昭和五九年五月一七日民集三八巻七号七二一頁）。ただ実体面については、人口比例的議員定数配分の要求は直接的には公選法一五条によって定められていること、衆議院議員選挙区の場合と違って特例選挙区の設置など地域性を考慮に入れる余地があること等が認められ、その上で一定の実体判断の基準が示されてきた（以上の基本枠組みとその問題点については、拙著・憲法訴訟の原理と技術（一九九五年）三〇一頁以下、拙評「平四年の議員定数配分是正と平五年衆院選挙の合憲性」民商一一五巻六号（一九九七年）九三〇頁〔本書第二部Ⅲ、改題〕。とくに地方議会に関しては、拙評「東京都議会議員定数の不均衡と選挙の効力」民商九二巻六号（一九八五年）八五〇頁〔本書第二部Ⅵ、改題〕、「千葉県議会議員定数の不均衡と選挙の努力」民商九四巻三号（一九八六年）四〇四頁〔本書第二部Ⅶ〕、「〔千葉県議会等の議員定数訴訟についての評釈〕判時一三四九号一九三頁〔本書第二部Ⅷ〕等）。

(b)　千葉県議会議員定数不均衡については、いままで数度の訴訟が提起され、過去には違法判決が下されたこともあり、県議会はそれに対応して定数是正を行ってきた。その沿革につき、少しだけ補足をしておきたい。すなわち、㋐　昭和五八年四月一〇日施行の選挙当時、選挙区間の最大較差は一対六・四九に達し、三つの特例選挙区を除外した計算でも一対四・五八であり、いくつかの選挙区間で逆転現象がみられ、逆転区間の最大較差も一対三・六九に達していた——東京高裁は、違法（公選法一五条七項違反）・事情判決を下し、最判昭和六〇年一〇月三一日（判時一一八一号八三頁）もこれを支持した。

㋑　千葉県議会はこれを受けて昭和六一年一二月に条例を改正したが、それでも昭和六二年四月一二日施行の選挙当時、選挙区間の最大較差は一対三・九八であり、三つの特例選挙区を除外した計算では一対二・八一であった——東京高裁は、特例選挙区の設置に理由がないとして違法（公選法一五条七項違反）・事情判決を下した。これに対して、最判平成元年一二月一八日（判時一三三七号一七頁）は、特例選挙区の設置は合理的理由があって認められるとし、「投票価値の最大較差は、本来は、特例選挙区を含めた場合には一対四・三五、特例選挙区を除いた場合には一対二・九一であるはずのところを、千葉県議会が公選法一五条七項ただし書を適用して本件条例を定めた結果、投票価値の最大較差は、……特例区を含めた場合には一対三・九八、特例選挙区を除いた場合には一対二・八一になっており、いずれも較差が縮小されている」として、適法と判断した。

㋒　平成三年、千葉県議会は選挙に先立って定数是正を行った。同年四月七日施行の選挙当時、選挙区間の最大較差は一対三・四八であり、三つの特例選挙区を除外した計算では一対二・四五であった——東京高裁は、これを適法と判断し、最判平成五年一〇月二二日（裁時一一〇九号九頁）も、較差が縮小されているとして、適法と判断した。

(エ)　その後の経緯は「事実」のところで述べたとおりであり、投票価値の最大較差は、本来は、特例選挙区を含めた場合には一対三・九五、特例選挙区を除いた場合には一対二・六八であるはずのところを、千葉県議会が公選法一五条七項ただし書を適用して本件条例を定めた結果、投票価値の最大較差は、特例選挙区を含めた場合には一対三・四八、特例選挙区を除いた場合には一対二・四五になった。これは、最高裁平成三年判決が判断したのとほとんど同じ較差状況だといえる。上告人が較差よりもむしろ配分方法の違法を争ったのはそのためだと思われる。

(2)　判旨の第一点（訴訟の適法性）

従来の判例を踏襲するもので、正当である。類似の主張は昭和五一年判決以降も国政選挙に関して国側が繰返してきたところであるが、今日ではほとんど素通りしてよい論点だといってよいだろう（ちなみに、ある機会に、国側から訴訟を担当した検事にこの点を聞いたところ、不適法とする反対意見がその後の最高裁判決にもしばらくみられたからだということであった。しかし最近ではもはや反対意見も付されず、国側も不適法の主張はしていないようである。したがって、やや時代遅れの抗弁と評しえようか）。

(3)　判旨の第二点（本件定数配分の適否）

地方自治法九〇条一項・二項は、都道府県議会の議員の定数につきその上限の算出方法を定め、同条三項は、条例で右上限を特に減少することができる旨を定めている。また都道府県議会の議員の選挙区は、公選法一五条一項で都市の区域によるとの原則を採用している。しかし、同条二項では、当該区域の人口が議員一人当りの人口の半数に達しないときは、条例で隣接する他の郡市と合わせて一選挙区を設けなければならないとされ（強制合区）、また同条三項は、当該区域の人口が議員一人当りの人口の半数以上であっても議員一人当りの人口に達しないときは、条例で隣接する他の郡市と合わせて一選挙区を設けることもできることとしている（任意合区）。他方、公選法一五条五項は、一の郡市の区域が二以上の衆議院（小選挙区選出）議員の選挙区に属する区域に分かれている場合は、衆議院（小選挙区選出）議員の選挙区と都道府県議会の議員の選挙区との調整を図るため、同条一項から三項までの規定の適用については、当該各区域を郡市の区域とみなし、独立の選挙区とすることができる旨を定めている。

さて公選法一五条五項は、その成立の経緯からして、小選挙区の区域を従来の「郡市の区域」とみなし「独立の選挙区」としてよいというところに主眼が置かれていることは明らかである。判旨にあるように都道府県議会の場合の選挙区と議員定数の関係は、まず「郡市の区域」等によって選挙区を設け、しかる後に人口比例的な定数配分を行い、さらに調整の必要があれば選挙区の合区等を行うべきことを定めている。衆議院の小選挙区は、基準人口から出発して区域の調整を行っているので、その結果やや人工的に設定された部分が存在することは否定できないであろう。しかし、それなりの地域的まとまりを考慮している（だからこそ逆に定数不均衡を不十分にしか解消できないでいる）ことは間違いなく、そうするとこの規定自体を不合理とはちょっと言いにくいように思われる。つまり、判旨の解釈を基本的に支持せざるをえない。ただ判旨に「地域住民の選挙における公平と便宜等を図ったもの」とあるのは、立法者意思はそのように説明されているかもしれないが、その趣旨が具体的にどういうことなのかはよく分からないし、おそらくは無内容だと思われる。つまり、住民にとってというよりも、選挙管理等の行政の便宜や代議士――県議会議員の系列の再編成のための便宜などの要素の方が大きいのではないかと思われる。しかし、そうだとしても、この規定自体に不合理（ましてや著しい不合理）を見出すことは困難である。

なお、本件訴訟は松戸市選挙区ではなく市川市選挙区の選挙無効を争うものであるから、他の選挙区に係る違法を問題にする余地はあるとしても、基本的には単純な数値の較差だけを問題にすべきだという考え方も成り立とう。実質的に平等原則違反が争われており、なんらかの較差が選挙区間相互にみられるのだから、なんらかの恣意がみられる場合にはそれを追及できると評者は考えるが、この点につき、選挙無効訴訟による議員定数不均衡違憲の訴えは、民衆訴訟でありながら、実質は選挙権の平等の救済という観点から適法と認められたのだといいう抗告訴訟的理解からは、別の考え方が成り立つかもしれない。しかし評者は結論的には広い解釈を妥当と考えている。とりわけ従来のようにいわば自然に生じた不均衡ではなく、人為的な制度構築の場合には、仮に較差がどんなに小さくても、そこに恣意が働いていないかどうかを十分に吟味する必要があると思われる。それは要するに、やむをえない較差ではなく、恣意的に作り出された較差の場合には、程度の問題ではなく、差別すること自体の問題となるからである。しかし本件の場合には、選挙区の分割も、定数増による調整も、法規や判例の基準に従っているので、仮に裏に実質的に自由民主党に有利という判断が働いていたとしても、その違法をいうにはよほどしっかりしたデータがなければ立証はむずかしい。そして本件ではXらがその立証に成功しているとは到底言えないであろう。

(4)　判旨の第三点（裁量権の範囲内か否かの判断）

人為的・恣意的な差別扱いがみられない以上、後は、一般的な較差の許容範囲内におさまっているかどうかの問題だけが残る。そしてこの点、すでに判例の積重ねがあり、これを千葉県議会議員定数不均衡事件に即してみると、先に「問題の概況」のところで触れたような具合になっている。したがって、従来の判例の基準によれば、すんなり適法の判断が導かれることになろう。

しかし私はすでに種々の論評において、このような審査基準そのものに疑問を呈してきたし、その考えをいま変える気もない。すなわち、都道府県議会の議員定数配分の平等は、直接的には公選法の要求であるが、それはもともと憲法から出てくるものである。たしかに国政選挙に比べて地域的な要素を加味するなどの必要は皆無ではないが、やはり平等原則をできるかぎりきちんと適用すべき領域だと考えるからである。しかしこの点について、ここでこれ以上敷衍することは控えておきたい。最初に述べたように蒸返しは避けたいからである。

ただ、最近の最高裁の衆議院議員定数合憲判決の中には、較差一対二程度が合憲といえる限界だとする少数意見がかなりみられる。それらの少数意見の立場からは、このような地方議会議員の定数不均衡についてはどういうふうに扱われることになるのか。上告審判決にはその点だけで興味があるという現在の気持を率直に述べて、本評釈を閉じたい。

（自治研究七三巻一〇号、一九九七年。題名変更）

第三部　選挙運動の自由と規制

Ⅰ　公職選挙法一三八条の戸別訪問禁止規定の合憲性

――昭和五六年六月一五日最高裁第二小法廷判決（判例時報一〇〇三号二五頁、刑集三五巻四号二〇五頁）――

一　事　実

被告人Yらは、昭和五一年一二月五日施行の衆議院議員総選挙に際し、島根県選挙区から立候補した訴外Aに投票を得させる目的で五戸ないし七戸の選挙人方を戸別訪問した科で起訴された。

第一審（松江地裁出雲支判昭和五四年一月二四日判時九二三号一四一頁）は、戸別訪問の事実は認定したが、戸別訪問の禁止は憲法上許される合理的で必要やむをえない限度の規制と考えることはできないから、これを一律に禁止した公職選挙法一三八条一項の規定は憲法二一条に違反するとして無罪の判決を下した。

検察側の控訴に対して、第二審（広島高裁松江支判昭和五五年四月二八日判時九六四号一三四頁）も第一審と同趣旨の判断を行い、控訴棄却の判決を下した。そこで検察側はさらに上告した。

二　判　旨

「公職選挙法一三八条一項の規定が憲法二一条に違反するものでないことは、当裁判所の判例（判例A、なおB）

とするところである。」

「戸別訪問の禁止は、意見表明そのものの制約を目的とするものではなく、意見表明の手段方法のもたらす弊害、すなわち、戸別訪問が買収、利害誘導等の温床になり易く、選挙人の生活の平穏を害するほか、これが放任されれば、候補者側も訪問回数等を競う煩に耐えられなくなるうえに多額の出費を余儀なくされ、投票も情実に支配され易くなるなどの弊害を防止し、もって選挙の自由と公正を確保することを目的としているところ（判例C・D）、右の目的は正当であり、それらの弊害を総体としてみるときには、戸別訪問を一律に禁止することと禁止目的との間に合理的な関連性があるということができる。そして、戸別訪問の禁止によって失われる利益は、それにより戸別訪問という手段方法による意見表明の自由が制約されることではあるが、それは、もとより戸別訪問以外の手段方法による意見表明の自由を制約するものではなく、単に手段方法の禁止に伴う限度での間接的、付随的な制約にすぎない反面、禁止により得られる利益は、戸別訪問という手段方法のもたらす弊害を防止することによる選挙の自由と公正の確保であるから、得られる利益は失われる利益に比してはるかに大きいということができる。」

「以上によれば、戸別訪問を一律に禁止している公職選挙法一三八条一項の規定は、合理的で必要やむをえない限度を超えるものとは認められず、憲法二一条に違反するものではない。したがって、戸別訪問を一律に禁止するかどうかは、専ら選挙の自由と公正を確保する見地からする立法政策の問題であって、国会がその裁量の範囲内で決定した政策は尊重されなければならないのである。」

「このように解することは、意見表明の手段方法を制限する立法について憲法二一条との適合性に関する判断を示したその後の判例（判例E）の趣旨にそうところであり、前記Aの大法廷判例は今日においてもなお維持されるべきである。」

判旨に反対。

三　評　釈

(1)　概　評

本判決は戸別訪問禁止規定に関する最近の最高裁判決の一つであるが、内容的には従来の最高裁判例を踏襲しただけにすぎないものであり、格別新しい意義をもたない。原審が高裁としては初めての違憲判決を下していただけに注目された事件であったが、最高裁は期待に反して（あるいは予想どおりに？）従来の路線の再確認をするにとどまったのであった。本判決の特色を強いてあげれば、合憲の理由づけにいままでのものよりも多くの字数を費やしていることであるが、それは後で検討するようにほとんど無内容に近い。以下に、従来の判例の流れをふりかえりながら、若干の批判的検討を行ってみる。

(2)　判例の流れ

最高裁が戸別訪問禁止規定を初めて合憲と判断したのはB判決（最大判昭和二五年九月二七日刑集四巻九号一七九九頁）においてであったが、その理由づけはつぎのような簡単なものであった（当時は、公職選挙法に統合される以前の諸選挙法における禁止規定が問題とされた）。

「選挙運動としての戸別訪問には種々の弊害を伴うので……〔諸選挙法〕はこれを禁止している。その結果として言論の自由が幾分制限せられることもあり得よう。しかし憲法二一条は絶対無制限の言論の自由を保障しているのではなく、公共の福祉のためにその時、所、方法等につき合理的制限のおのずから存することは、これを容認するものと考うべきであるから、選挙の公正を期するために戸別訪問を禁止した結果として、言論自由の制限をもたらすことがあるとしても、これらの禁止規定を所論のように憲法に違反するものということはできない。」

この最高裁判決が下された当時は学説上格別の論議もなく、その後もかなりの間、問題にされることもなかった。しかし昭和四〇年代にはいるとようやくその無造作な表現の自由制限の論理に疑問が呈されるようになった。昭和四〇年代前半にこれに挑戦するいくつかの下級審判決があらわれたが、それには二つの流れがあった。そのひとつは、限定解釈の方法を用いて、戸別訪問の禁止は買収等の「明白かつ現在の危険」がある場合にだけ適用できるとするもの（例・東京地判昭和四二年三月二七日判時四九三号七二頁）であったが、最高裁は、戸別訪問禁止規定は全面的禁止規定であるとして、限定解釈の方法を斥けた（最三小判昭和四二年一一月二一日刑集二一巻九号一二四五頁＝C判決）。もうひとつは、戸別訪問禁止規定を全面的禁止規定と解したうえでそれを違憲と判断するもので、妙寺簡裁昭和四三年三月一二日判決（判時五一二号七六頁）を皮切りにいくつかつづいたが、最高裁はこの時期に改めて右B判決を確認する大法廷判決を下した（最大判昭和四四年四月二三日刑集二三巻四号二三五頁＝A判決）。このA判決の後しばらくは下級審判決は沈黙を余儀なくされ、ただわずかに同禁止規定の合憲を前提としたうえでの法律解釈・事実認定の段階で多少緩やかな処理を試みる判決がみられるにすぎなかった。しかしこの間、奥平康弘教授の鋭い問題提起（「言論の自由と司法審査——戸別訪問禁止規定をめぐって——」東大社研編・基本的人権４所収（一九六八年））を契機に学説上も違憲説が次第に有力になってきた。そして昭和五〇年代にはいると再びいくつかの下級審違憲判決がみられるようになり、昭和五四年一月に下された本件第一審判決もそのひとつであった。しかし最高裁はそれらの違憲判決を横にみながら依然としてA判決を固持しつづけていた（例・最一小判昭和五四年七月五日判時九三三号一四七頁）。

昭和五五年四月に下された本件控訴審判決は、最初にも触れたように高裁段階としては初めての違憲判決として注目されたが、最高裁の態度を変えることはできなかった。違憲説にとって、春はまだ遠いようである。

(3)　判旨に引用された過去の判決

判旨のなかに引用されている過去の判決は記号で示しておいたが、A・B以外の判決の趣旨をここで紹介しておこう。つぎのとおりである。

C判決（最三小判昭和四二年一一月二一日刑集二一巻九号一二四五頁）「公職選挙法一三八条一項は、選挙運動としての戸別訪問には、種々の弊害を伴い、選挙の公正を害するおそれがあるため、選挙に関し、同条所定の目的をもって戸別訪問することを全面的に禁止しているのであって、戸別訪問のうち、選挙人に対する買収、威迫、利益誘導等、選挙の公正を害する実質的違反行為を伴い、またはこのような害悪の生ずる明白にして現在の危険があると認められるもののみを禁止しているのではないと解すべきである。」

D判決（最二小昭和四三年一一月一日刑集二二巻一二号一三一九頁）「公職選挙法が戸別訪問を禁止する所以のものは、およそ次のとおりであると考えられる。すなわち、一方において、選挙人の居宅その他一般公衆の目のとどかない場所で、選挙人と直接対面して行なわれる投票依頼等の行為は、買収、利益誘導等選挙の自由公正を害する犯罪の温床となり易く、他方、選挙人にとっても、居宅や勤務先に頻繁に訪問を受けることは、家事その他業務の妨害となり、私生活の平穏も害せられることになるのであり、それのみならず、戸別訪問が放任されれば、候補者側が訪問回数を競うことになって、その煩に耐えられなくなるからである。」

E判決（最大判昭和四九年一一月六日刑集二八巻九号三九三頁――「猿払事件」判決）「国公法一〇二条一項及び規則による公務員に対する政治的行為の禁止が……合理的で必要やむをえない限度にとどまるものか否かを判断するにあたっては、禁止の目的、この目的と禁止される政治的行為との関連性、政治的行為を禁止することにより得られる利益と禁止することにより失われる利益との均衡の三点から検討することが必要である。」「〔合理的で必要やむをえない限度を超えない〕禁止に違反して国民全体の共同利益を損なう行為に出る公務員に対する制裁として刑罰をもって臨むことを必要とするか否かは、右の国民全体の共同利益を擁護する見地からの立法政策の問題であって、右の禁止が表現の自由に対する合理的で必要やむをえない制限であると解され、かつ、刑罰を違憲とする特別の事情がない限り、立法機関の裁量により決定されたところのものは、尊重されなければならない。」

(4)　原審判決

下されてからすでに三〇年以上にもなるB判決については、「ここでは、戸別訪問禁止規定が具体的にどのような弊害に対処すべく設けられたものなのかすら明らかにされず、したがってまた、想定される弊害と戸別訪問とがどのようなつながり（因果関係）に立つのかという点も究明されていない。要するに、ただ『合憲』という結論だけが示されているにすぎない」（浦部法穂「戸別訪問禁止規定に関する違憲判決と合憲判決」ジュリ昭和五四年度重要判例解説（一九八〇年）二〇頁）という批判がぴったりあてはまる。そしてA判決もまたそれをそのまま踏襲しただけのものであるから、同じ批判があてはまる。もっとも、その間D判決において戸別訪問の弊害だけは列挙されているが、目的と手段の合理的関連についてはなんらの検討も行われていない。他方、従来の下級審違憲判決においてはこれらの点について相当に立ち入った検討が行われていたのである。本件原審判決を少し長いが以下に引用しておきたい。この原審の判旨は最近の他の多くの下級審違憲判決の趣旨と大体軌を一にするものであるばかりでなく、十分に抑制された論旨を展開し、最高裁を説得するための苦心の跡がうかがわれる。つぎのとおりである。

「戸別訪問の禁止が表現内容自体の規制ではなく、表現の手段方法たる行動の制限であることは疑いない。しかしながら、そのことの故にその禁止について単に合理的な理由があればこれを制約しうるとの違憲には左袒することができない。……戸別訪問による投票依頼あるいは政策及び特定の候補者の宣伝のための表現行為は、これが我が国において永年禁止されてきた結果、自然なものといえるか否かは議論の余地があるにせよ、少なくとも多数の国民が行いうる方法の中では簡易かつ特段の経費を要さないものであるから、容易に他の方法により代替されうるものとは思われない。……しかも、戸別訪問は、通常、それ自体何らの悪性を有するものではなく、……その規制が憲法上許されるとしても、それは合理的でかつ必要やむを得ない限度においてのみ許されると解するのが相当である。」

「公職選挙法が戸別訪問を禁止した目的が、主として選挙の自由公正に対する種々の弊害を防止するためであることは疑いない。そこで右の弊害の具体的な内容及び右の弊害の防止と戸別訪問の禁止とが合理的な関連性を有するか否かについて判断する。」

「論じられている具体的な弊害のうち、議員の品位を傷つける、公事を私事化する、候補者にとって煩に耐えない、当選議員にとって不利益である、などの点については、これらの防止を目的として国民一般に対し表現の自由が制約される結果をもたらすような立法をすることが許されないことは明白である。また、個人的感情によって投票が左右される弊害があるとの点については……国家がこれに干渉するにはおのずから限度があるのであるから、……選挙人の感情に訴えての投票依頼の機会が多くなったとしても、この弊害を防止するため戸別訪問をした者に対して刑罰を科し、ひいては表現の自由を制約することはできないというほかはない。」

「多額の経費を要する……との点について考えるに、……公職選挙法は選挙の公平を期するための選挙運動に関するすべての収入及び支出並びに寄付について規制し、選挙運動に関する支出金額を制限しており（……）、これを前提とする以上、候補者にとって戸別訪問に経費がかかるとしても選挙の公正を守ることができると解されるので、右の弊害の防止と戸別訪問の禁止との間には合理的な関連性を見出すことはできない。」

「そうすると残る問題は、戸別訪問が不正行為を助長するおそれがあるという点と、被訪問者の生活の平穏を害するという点においてその弊害の防止と戸別訪問の禁止との間に合理的な関連性が存するか否かである。」

「〔前者の点につき、証拠調べの結果〕、戸別訪問を禁止しなかった場合、不正行為の温床となり易く、その機会を多からしめるという弊害を生じる蓋然性が高いということはできず、右弊害を生じるおそれは極めて抽象的な可能性にとどまるというほかはないから、右弊害の防止と戸別訪問の禁止との間には関連性が全くないわけではないにしても、これが合理的な関連性を有すると考えることはできない。」

「〔後者の点につき〕、前記のような国民一般にとっての戸別訪問の意義に照らしても、また、被訪問者の生活の平穏を害するような戸別訪問は、時間的な制限を置いたり、集団的な訪問を禁ずることなどによって容易にその弊害を除くことができると考えられることに照らしても、右の目的は戸別訪問を一律に禁止する理由とはなり得ず、戸別訪問を全面的に禁止することは、被訪問者の生活の平穏を守るための手段としては行きすぎていることが明らかである。」

「結局、戸別訪問を禁止した法の目的を格別に検討してみても、あるいはその目的自体が表現の自由を制約すべき根拠となり得なかったり、あるいはその手段によりその目的を達成しうるか否かの点で合理的な関連性を欠いたり、あるいは選択された手段がその目的を達成するうえで行きすぎていたりしているというほかはなく、これらを併せて考えてみても、戸別訪問の禁止が憲法上許される合理的でかつ必要やむを得ない限度の規制であると考えることはできない。」

(5)　審査の問題点

さて本件最高裁判決は、さすがにB判決のような単純な公共の福祉論ではなく、基本的にE判決で用いられた審査方法によって判断をしている(少なくともそういう体裁をとっている)。ここで用いられている「必要最小限度」の基準ならびにそれを判断するにあたってとられた「利益衡量論」自体がはたして適当かの問題がまずあるが、第一審・第二審の違憲判決においても「必要最小限度」の基準が用いられ、しかも違憲の結論に達しているので、ここではさしあたりその問題は棚上げにしておいて、同じ土俵の上で検討しておくこととしたい（なお、斎藤鳩彦「戸別訪問違憲判決の検討」法時五二巻六号（一九八〇年）二七頁、浦部法穂・前掲二一頁、同「「利益衡量論」公法四〇号（一九七八年）八九頁参照）。しかしこの土俵の上でみても、期待はすぐに裏切られてしまう。

というのは、判旨を読めばすぐに分るように、最高裁は、戸別訪問がもたらすさまざまな弊害を防止し、もって選挙の自由と公正を確保することが禁止目的であるとしたうえで、「それらの弊害を総体としてみるときには」、「戸別訪問を一律に禁止することと禁止目的との間に合理的な関連性がある」というに留まっているからである。判旨でまず気にかかるのは、戸別訪問のもつ消極的側面だけが前面に押しだされ、そのもつ積極的側面に関する配慮がなんらなされていないことであるが、いずれにしても最も肝心な禁止目的との合理的関連性についての審査は実質的にはなにも行われていないに等しい。判旨には要するに理由が掲示されず、ただ結論だけが述べられているのである。これでは単純な公共の福祉論をとるA・B判決と内容的にはなんら異なることなく、ただ単に言葉のうえで目的審査、合理的関連性の審査と一応の体裁をつくろっただけだと批判されても仕方がないであろう。最初に無内容だといったのはこのような意味においてである。高裁判決が実質的理由を示して違憲判断をしているのであるから、これに対しては最高裁は実質的な理由を示して対処すべきではなかったか。このような対処の仕方ではとても違憲論を説得したことにはならないであろう。この点につき検察側の上告趣意書では、D判決において実質的理由が示されており、さらにその後の最高裁合憲判決においても詳細な理由を付して合憲性を認めた第二審判決を支持しているのであるから、必要にして十分な理由はそのつど判示されてきたと主張している。しかし、D判決は戸別訪問の弊害をやや具体的に列挙しただけのものであってとても必要にして十分な理由を判示したものとはいえず、また今回は第二審判決が詳細な理由を付して違憲と判断しているのであるから、従来の第二審合憲判決が支持されてきたことをもって最高裁が今まで以上の実質的理由を示す必要はないということはできないはずである。

(6)　戸別訪問の積極的意義

いずれにしても最高裁判決は、戸別訪問の弊害を列挙し、その弊害を防止するために戸別訪問を禁止するのは合理的だというのであるが、詳細な理由を付した高裁違憲判決に対してこのような簡単な判示で済ましている裏には、戸別訪問に関するある種の固定観念があるように思えてならない。そしてそれは、戸別訪問のもつ積極的意義の過小評価と戸別訪問に伴う弊害の過大評価であり、両者の相乗作用だということに尽きるように思われる。戸別訪問の積極的意義は近年学説においても強調され（江橋崇「選挙運動の自由」公法四二号（一九八〇年）九六頁）、また下級審違憲判決においてもくりかえし指摘されてきた。本件控訴審判決もやや控え目ながら積極的意義に言及しているが、この点については第一審判決の説くところがより明瞭である。すなわち、「戸別訪問は、候補者、選挙運動者が選挙人の生活の場に出向いて、候補者の政見等を説明し、投票依頼などをすることであるから、候補者、選挙運動者にとっては、選挙運動の方法として、極めて自然なものであり、また選挙人にとっても、彼等が戸別訪問してくれることは、直接彼等と対話できることであるから、候補者の政見等をじっくり聞くのにも最も効果的な方法である。」したがって、「戸別訪問は、選挙運動の方法として、他の方法をもって代替し得ないほどの意義と長所を有するものであり、財力のない一般国民にとっては、なくてはならない選挙運動なのである。」そして「現代の議会制民主主義の下では、国民の日常的な政治活動は、最も尊重しなければならないし、とりわけ、主権者が向う数年間の政治を託する代表の選出の際には、主権者の選挙運動の自由が必要不可欠であり、それが最大限に保障されなければならないのであって、現行憲法は、まさに、この自由を保障している」という観点からみて、戸別訪問はむしろ推奨されるべきものだとする。このような戸別訪問観に多少とも理解を示したならば、おそらく弊害の列挙だけでただちに禁止との合理的関連性を導きだすことはできなかったであろうし、最後の利益衡量にしても違ったものになったはずである。禁止によって失われる利益は単に手段方法の禁止に伴う限度での間接的、付随的な制約にすぎないのではなく、民主的選挙における主権者の不可欠の選挙運動手段の喪失ということになるからである。ちなみに、最高裁判決が他方で得られる利益として挙げる「選挙の自由と公正」という言葉は第一審・第二審判決においても用いられているが、選挙の自由の中心をなすものが選挙運動の自由だと考える評者の立場ではこの表現にいささか抵抗を感じる。

他方弊害の過大評価は、「不正行為の助長」を当然のこととみなす態度に端的に現れている。高裁判決は戸別訪問が不正行為の助長に直接結びつくものではないゆえんを説いているが、さすがに全く無関係だとは言っていない。しかし少なくとも弊害論の根拠が薄弱なことは十分明らかにしているのである。戸別訪問はわが国では大正時代の選挙法の成立とともに禁止され、日本国憲法下の選挙法にもそのまま引き継がれたものであるから、戸別訪問の弊害といっても、実際に戸別訪問が自由化された状態と禁止された状態とを比較して、弊害の有無を事実に即して明らかにするということができない。その意味での弊害の有無をめぐる論議は水掛け論のような様相を呈してはいる。しかしそうであればこそ、譲歩すべきは弊害論の方でなければなるまい。単なる推測をもとにして国民の自由を規制することはできないし、その自由が主権者としての最も基本的な自由に属するということを認識できるならばなおさらそうだということになろう。ところが最高裁判決においては、弊害があることは論証するまでもなく当然であり社会の公知に属することであるかのような取扱いがなされている。その底にはさすがに戦前のような大衆蔑視感はあるまいが、根強くしみついた弊害過大評価があると思われる。

(7)　立法裁量とルール論

最高裁判決は結局違憲論を排し、したがって戸別訪問を禁止するか自由化するかの問題は立法府の裁量に属することであるとする。ここで立法裁量論が登場しているが、違憲論が排除されれば、その事項についての立法府の判断＝法律の規定が尊重されるべきは当然であるから、この最後の説示の部分は、合憲の結論を別の表現で言い換えただけにすぎないとみるべきであり、新しい審査基準を採用したものということはできない。

ここまで書き進めたところで、最高裁第三小法廷昭和五六年七月二一日判決（判時一〇一四号四九頁）を読む機会を得た。同判決は、A判決を踏襲すべきことを、理由は特に示さずにただ本判決を参考判決として挙げて判示するのみである。したがってこの判決自体は格別の新しい意味をもたないが、ただ同判決には伊藤正己裁判官の詳しい補足意見が付されており、その論旨が注目される。同補足意見は、従来から説かれてきた戸別訪問禁止の正当化理由はそれぞれ一応の理由はあるとしても憲法二一条の要求を充たすには不十分であるとしたうえで、しかしこれらの諸理由は戸別訪問の禁止が合憲であることの論拠として補足的、附随的なものであり、合憲である最も重要な根拠は、国会が選挙の公正を確保するためその裁量により選挙運動のルールを定め得る点に求められる、と説いている。「選挙運動においては各候補者のもつ政治的意見が選挙人に対して自由に提示されなければならないのではあるが、それは、あらゆる言論が必要最少限度の制約のもとに自由に競いあう場ではなく、各候補者は選挙の公正を確保するために定められたルールに従って運動するものと考えるべきである。法の定めたルールを各候補者が守ることによって公正な選挙が行われるのであり、そこでは合理的なルールの設けられることが予定されている。このルールの内容をどのようなものとするかについては立法政策に委ねられている範囲が広く、それに対しては必要最少限度の制約のみが許容されるという合憲のための厳格な基準は適用されないと考える」と。

もはやこの論旨に関して詳しく検討する余裕は残されていないので別の機会に譲るとして、一つだけ疑問を提示しておきたい。選挙運動に関してルールが必要であり、そのルールを定めるにあたって国会の裁量権が広く働くということは承認できるとしても、そのルールは選挙の候補者だけでなく国民一般に対しても適用されるものである以上、やはり憲法が国民に保障する自由、とりわけ表現の自由に抵触しない範囲で定められるべきものではなかろうか。憲法四七条は、特に選挙のための立法については通常の立法の場合以上に通常憲法が国民に保障する自由を制約できるという趣旨までは含んでいないのではなかろうか（なお、戸松秀典「戸別訪問禁止をめぐる

最近の最高裁判決」法教一四号（一九八一年）九四頁参照）。

（判例評論二七六号（判例時報一〇二三号）一九八二年。題名変更）

Ⅱ　公職選挙法一三八条一項・二項の合憲性

――①昭和五八年一一月一〇日最高裁第一小法廷判決（刑集三七巻九号一三六八頁、判例時報一〇九九号三九頁、判例タイムズ五一三号一二六頁）、②昭和五九年一月二〇日最高裁第二小法廷判決（刑集三八巻一号一頁、判例時報一一〇六号二六頁、判例タイムズ五一九号八二頁）、③同年二月二一日最高裁第三小法廷判決（刑集三八巻三号三八七頁、判例タイムズ五二三号一五六頁）――

一　事実の概要

①事件は、昭和四九年七月施行の参議院議員通常選挙に際し、個人演説会への出席参加を戸別に勧誘した被告人（上告人）の行為が、公選法一三八条二項の戸別になされた演説会の告知行為に該当し、従って同条一項で禁止された戸別訪問とみなされるとして起訴された事案である。第一審では、公選法一三八条二項を違憲として無罪判決が下されていたが、第二審では原判決破棄・罰金一万円の有罪判決が下されていた。

②事件は、昭和四九年二月施行の東京都町田市議会議員選挙に際し、被告人（上告人）が戸別に選挙騒音の謝罪挨拶をした中で候補者の氏名を挙げて言いあるいた行為が、公選法一三八条二項の、選挙運動のため戸別に特定の候補者の氏名を言いあるく行為にあたるとして起訴された事案である。第一審・第二審とも有罪判決（罰金一万五千円）が下されていた。

③事件は、昭和五一年の衆議院議員総選挙に際し、被告人（上告人）の行った投票依頼目的の戸別訪問が公選法一三八条一項違反に問われた事案である。第一審・第二審とも同条項を違憲として無罪判決を下したが、上告審（最二小判昭和五六年六月一五日刑集三五巻四号二〇五頁）で破棄差戻しとなり、差戻審で改めて罰金一万円の有罪判決が下されていた。

二　判　旨

①事件　上告棄却。

「一項所定の戸別訪問が、多くの場合、訪問先の選挙人に対するさまざまな形による投票の依頼、懇請、勧告、しょうよう等の直截的な投票獲得行為と結びつくものであり、このことに照らして、選挙の公正及び公平確保の目的から特に規制が加えられているものと考えられるのに対して、右二項所定の告知行為は、それ自体としては右のような投票獲得との関係における直截性を有するものではないということができ、その点からすれば、一般的に両者を同等視することは許されないといわなければならない。」

「しかしながら、右の演説会の開催等の告知が、単に選挙人に対して右の事実を知らせるというだけの域にとどまらず、これを超えて更に右演説会への呼びかけ又はしょうようを伴い、その他なんらかの形で右選挙人に当該特定の候補者を強く印象づけてその候補者の投票獲得に有利な効果を生ぜしめようとするものと認められる方法・態様で行われた場合には、その実質において前記戸別訪問の場合と格別のけいていがあるとは考えられず、むしろ戸別訪問の形をとらずにこれと同じ効果をおさめようとする脱法的性格をもつ行為ともみることができるのである。そして他方、このような方法、態様による戸別の告知行為は、演説会の開催等に関する唯一の可能な告知方法ではなく、なお他に有効、適切な告知の方法が存在しているのである。」

「このようにみてくると、戸別訪問の禁止についてそれが選挙運動の公正及び公平の確保の必要に基づく合理的規制とされる理由は、選挙運動のために、前記のような方法、態様によって戸別にされる演説会の開催等の告知の禁止についてもひとしく妥当するものというべく、前者に関する公職選挙法一三八条一項の規定が憲法二一条に違反するものでないとする当裁判所の判例の趣旨は、右のような告知行為に適用される限りにおいて、公職選挙法一三八条二項の規定についても妥当するものというべきである。」

②事件　上告棄却。

「公選法一三八条二項が、選挙運動のため戸別に特定の候補者の氏名を言いあるく行為を前項に規定する禁止行為に該当するものとみなすと規定しているのは、このような行為には、当該候補者を選挙人に強く印象づけ、当該選挙人から同候補者への投票を得るのに有利に働く効果があるため、それが戸別訪問の脱法行為として行われるおそれがあるからであって、戸別訪問を禁止する以上、かかる脱法行為を禁止することには合理性があり、また、右脱法行為の禁止によってもたらされる表現の自由に対する制約の程度も、戸別訪問禁止の場合と比べ大きいとはいえない。そうすると、選挙運動のため戸別に特定の候補者の氏名を言いあるく行為を戸別訪問行為とみなしてこれを禁止した公選法一三八条二項が憲法二一条に違反しないことは、当裁判所の……大法廷判例の趣旨に徴して明らかというべきである。」

③事件　上告棄却。

「公職選挙法一三八条一項、昭和五七年法律第八一号による改正前の公職選挙法二三九条三号の各規定が憲法三一条に違反するものではなく、また、被告人らの本件各所為につき公職選挙法の右各規定を適用して処罰しても憲法の右規定に違反するものでないことは、当裁判所の判例……の趣旨に徴し明らかであるから、所論は理由がな〔い〕。」

三　解説

(1)　問題の概観

公選法一三八条の戸別訪問禁止規定について最高裁は、昭和二五年九月二七日大法廷判決（刑集四巻九号一七九九頁）においてそれを合憲として以来、今日までその立場を一貫して変えていない。右の大法廷判決は、単純な公共の福祉論に立つのみで、実質的な理由をほとんど示しておらず、そのためその違憲審査の手法も含めて批判が絶えず、その後も裁判において違憲の主張が繰り返しなされてきた。そして今までに下級審段階ではいくつかの違憲判決も下されてきた。しかし最高裁の態度にはいささかの揺ぎもなく、ただわずかに合憲の理由付けに若干の進展をみるにとどまっている。すなわち、最高裁昭和四四年四月二三日大法廷判決（刑集二三巻四号二三五頁）は実質的理由をある程度示し、さらに昭和五六年六月一五日第二小法廷判決（刑集三五巻四号二〇五頁――これは③事件の最初の上告審判決である）が、実質的理由をもう少し整えて示している。また最高裁昭和五六年七月二一日第三小法廷判決（刑集三五巻五号五六八頁）に付された伊藤裁判官の補足意見は、選挙運動のルールという観点を強調して合憲の理由を補強している。しかし、理由付けはともかく、合憲の結論にはいささかの微動もみられない。

ここに取り上げたのは、この一、二年の間に下された戸別訪問関係の事件について下された最高裁判決の中の主要なものであるが、①・②は、公選法一三八条二項の戸別訪問みなし規定についての初めての最高裁判決という点で重要である。これに対して③は、新しい理由はなんら示さずに従来の判例を踏襲しただけのものであり、判例として格別新味のあるものではない。ただこの事件は、高裁段階で初めて違憲判決が下された（広島高松江支判昭和五五年四月二八日判時九六四号一三四頁）点で注目されていたものであり、右掲最高裁昭和五六年六月判決で覆された後、再度の高裁では合憲判決が下され、それに対する再上告事件である。そのような経過のため、上告人の主張は、処罰の憲法三一条違反という新たな争点だけに限定されていたわけである。最高裁はこれを一蹴しているが、ほとんどまともに取り合わず結論だけを示したという印象が強い。わずかに伊藤裁判官の補足意見が、ルール違反に対する処罰という観点から合憲の理由をかなりていねいに説示している。

(2)　判決の検討

従来の最高裁判例についてはすでに多くの論評がなされてきたところなので（後掲の文献参照）、以下では新しい①・②判決の問題点を中心に解説することにしたい。

公選法一三八条二項は、選挙運動のため戸別に「演説会の開催若しくは演説を行うことについて告知をする行為」又は「特定の候補者の氏名若しくは政党その他の政治団体の名称を言いあるく行為」を一項で禁止された戸別訪問とみなすという規定であり、それは一項の禁止の脱法行為を封じる趣旨のものであることは明らかである。したがって、一項違憲論に立てば、これは当然違憲と解されることになるが、他方一項合憲論に立った場合には、必ずしも合憲と解されるとは限らない。二項の行為は、一項の行為に較べて、選挙運動としての性格にかなりの違いがあり、さらに二項の行為の中でもそれぞれに違いがあるからである。

①判決で扱われているのは、演説会開催等の告知行為であるが、この第一審判決（福岡地柳川支判昭和五四年九月七日判時九四四号一三三頁）は、これを次のように違憲と判断していた。すなわち、「演説会の告知は……、選挙人に対する個々直接の接触であるという点で戸別訪問による投票依頼とは外見上類似するところがあるにせよ、その実質においては自ずと異なった意義をもつ」ところ、種々の弊害論を検討すると、「演説会の告知行為を禁止処罰すべき理由としてあげられる弊害なるものはいずれも認められず、公選法一三八条二項は合理的理由を欠くものと言わざるを得ない。仮にごく軽微な弊害があるとしても、……演説会という基本的な選挙運動に付随する戸別の告知行為を全面的に禁止することが必要やむを得ない制約であるとは到底解されない」と。しかし第二

審判決（福岡高判昭和五七年三月二五日判時一〇五七号一四八頁）は、選挙のルールに関する立法裁量の尊重という理由で一項を合憲としたうえで、「二項は同条一項の戸別訪問禁止規定と趣旨を同じくし、その脱法行為として禁止されていることが明らかであるから、これまた合理的理由のある禁止規定と解される」と判示して、原判決を破棄していた。

これらに対して最高裁判所は、戸別の演説会告知行為と投票獲得のための戸別訪問とは同一視できないことを一応は認めたうえで、しかし告知行為にも実質的には後者と同じ効果を期しうる方法・態様のものがあり、そのような告知行為については、一項の脱法行為とみなして二項を適用しても違憲ではないと判示している。これは法律の厳格解釈により二項の適用範囲を限定したものということができ、「いわゆる限定解釈の手法により戸別訪問禁止合憲判例の射程を可及的に狭めようとする姿勢が窺われる」（常本・後掲）とも評される。しかし、選挙運動のための演説会告知行為は本来これへの参加を求めるために行われるものだから、二項の適用を受けない方法・態様の方が明らかにされない限り、この限定解釈のもつ意義は明確でない。

他方②判決は、特定の候補者の氏名を言いあるく行為を扱っているが、これはその行為が一項の禁止行為と同じ効果を持つとし、戸別訪問の禁止が合理的である以上、その脱法行為の禁止も合理的だと、ごく簡単に判示している。

(3)　判決の評価

①・②判決とも、昨今の最高裁判例の動向からみて、ある程度予想されえた判決である。しかし、一三八条一項に関する最高裁の合憲判例を前提にしても、これらの判決理由にはなお問題とすべき点が残っているように思われる。すなわち、①判決においては、「選挙人に当該特定の候補者を強く印象づけてその候補者の投票獲得に有利な効果を生ぜしめようとするものと認められる方法・態様」が、また②判決においては、「このような行為

には、当該候補者を選挙人に強く印象づけ、当該選挙人から同候補者への投票を得るのに有利に働く効果」が、戸別訪問の脱法行為とみなすに値する点として挙げられている。しかし従来の最高裁判例においては、戸別訪問の禁止は、特定の候補者の投票獲得に有利だからという理由ではなく、それが種々の弊害をもたらすおそれが、禁止の理由とされてきたのである。したがって、単に有利な効果を指摘するだけでは不十分で、それによって生じる弊害も一項の場合に劣らず大きいということまでを論証しなければならなかったのではなかろうか。それは当然判旨の中に含意されているということなのかもしれないが、しかし一項の行為と二項の行為とでは、仮に弊害論を認めるとしてもかなりの違いが出てくるはずで、たとえば不正行為温床論は、二項の行為についてはかなり後退せざるをえないのではなかろうか（①の第一審判決は、弊害論は一項についても疑問であるが、二項の告知行為においては独自の選挙運動としての性質からして一層認められないことを詳細に論じている）。

弊害論に触れていない点に、これら判決の選挙運動ルール論への傾斜を伺い知れるように思われる。しかし選挙運動ルール論は、伊藤補足意見以来、合憲説を再編成しているようであるが、違憲論を説得することに成功しているとは思われない（さしあたり吉田・後掲参照）。戸別訪問に関する最高裁判例は既に確定したともいわれるが、理由に疑問が残っている限り、違憲論争は今後とも続くことになろう。

〈参考文献〉
浦部法穂「戸別訪問禁止規定に関する違憲判決と合憲判決」ジュリ『昭和五四年度重要判例解説』
吉田善明「戸別訪問禁止の合憲性」ジュリ『昭和五六年度重要判例解説』
石田栄仁郎「演説告知と戸別訪問」法教四二号
中山研一「②の判例評論」判評三〇六号六〇頁（判時一一一七号二三八頁）
常本照樹「公職選挙法一三八条二項と選挙運動の自由」法セ三六三号

（ジュリスト『昭和五九年度重要判例解説』、一九八五年）

Ⅲ　公職選挙法一四二条の文書頒布制限規定の合憲性
――昭和五八年七月一二日名古屋高裁判決（判例時報一〇九四号一五三頁）――

一　事　実

Yは、岐阜県M市で学習塾を経営する者であるが、昭和五一年一二月五日施行の衆議院議員総選挙に際し、岐阜県一区から立候補した訴外Aの選挙運動者となった。そして右選挙期間中に、Aの名前のはいった表題をつけ、Aの写真、略歴、政治上の意見・決意・公約などを掲載したパンフレットを、同塾の生徒一六名に一部ずつ手渡して持ち帰らせたが、それは、それぞれの父兄らに閲覧させてAに対する投票・支援などを依頼する意思でなされたものとして、公選法一四二条、二四三条により起訴された。

第一審の岐阜地裁（岐阜地判昭和五五年五月三〇日、判例集未登載）は、Yの右行為は公選法一四二条の構成要件に該当するとしたうえで、同法条は文書等の活動の自由を合理的根拠なく、もしくは必要最小限の基準をこえて制限しているものであるから、憲法二一条一項等に違反し無効であるとの判断を行い、Yに無罪判決を言い渡した。これに対して検察側が控訴したものである。

二　判旨

「選挙の公正を確保する目的で、公職の候補者又は選挙運動者らの資力の差が選挙運動の手段の不公平を招き、選挙の結果に不当な影響を及ぼすことを防止するため選挙運動の手段を規制することは、憲法の要請に沿ったものということができ、それが表現の自由の制約となることがあっても、合理的で必要やむをえない限度にとどまる限り、憲法に違反するものではないと解するのが相当である。」

「〔選挙運動のために使用する〕文書図画の頒布を無制限に認めるときは、候補者間に過当な文書図画頒布の競争を招き、過大な費用と労力の使用を余儀なくさせ、その結果候補者又は選挙運動者らの資力の優劣が選挙の結果に過大な影響を及ぼして選挙の公正を害するおそれがあるため、〔公選法一四二条、二四三条三号の〕規定はこのような弊害を防止する目的で文書図画の頒布を法定の範囲に限定する趣旨に出たものと解することができるから、右の規制の目的は正当である。」

「前記規定による制限は、……過当競争による弊害を防止して競争を公平にし、全体として選挙の公正を確保するのに有効であると認められる。右の規制の目的に沿うものとして法定選挙費用の制度もあるが、選挙運動に関する支出を正確に把握することが極めて困難であることなどから、それだけでは十分な効果を挙げることができないと認められるし、他に適切有効な方法も見当たらないのであるから、右の目的を達するために、頒布することができる文書図画の種類や数を制限する方法をとることもやむをえないものと認められ、そうである以上、右制限に実効性をもたせるために、その違反に対し相応の罰則を設けることも合理性があるといわなければならない。」「もとより、右の規制の具体的内容……については、論議の余地があるであろう。しかし、それは立法政策の問題であり、特に選挙制度を定めるについては憲法四七条が国会に広い裁量権を与えていると解すべきであるところ、前記規定の内容は右裁量権の範囲を超えたものとは認められない。このような事情を総合して考察すると、右の規制の目的と規制の対象となる行為との間には合理的関連性があると認められる。」

「更に、右の規制は、意見表明そのもの……ではなく、……〔文書図画の〕種類及び数などを制限するものであることが明らかであるから、その表現の自由に対する制約は間接的・付随的であるうえ、……〔他の手段〕による意見表明の機会は相当広く、文書図画の頒布を制限することにより失われる意見表明などの機会はこれにより相当程度償われるものと認められる。」

「右規制により得られる利益は、前叙の弊害を防止することによる選挙の公正の確保であり、右規制により失われる利益は、各候補者又はその選挙運動者について平等にではあるが、文書図画の頒布という手段による意見表明ないし表現活動の自由が前説示の限度で制約されることであるから、失われる利益が得られる利益と均衡を失して大きいということはできない。」

「そうしてみると、公職選挙法一四二条、二四三条三号による文書図画の頒布の規制が合理的で必要やむをえない限度を超えるものとは認められないから、右規定は憲法二一条に違反しないと解しなければならない。」

三　評　釈

(1)　概　評

公選法一四二条の文書図画頒布制限規定は、一三八条の戸別訪問禁止規定と並んで、その合憲性がしばしば争われてきた。両者に含まれる憲法問題は基本的に同質のものであり、それを合憲とする最高裁の立場にも変りがない。しかし地裁段階ではいままで何度か違憲判決が下されており、それらはいずれも控訴審で破棄されてきてはいるものの、合憲論の論拠に関してくりかえし問題を投げかけるものであった。そして後述の伊藤補足意見にみられるように、それは合憲論の立場に若干の動揺を与えることになった。ただそれはせいぜい理由付けにおける動揺にとどまり、結論のところまでには及ばないでいる。

本判決は、一審の違憲判断をくつがえしたものであり、合憲の結論には全く新味はないが、一審の違憲の論理に対抗すべく、かなり詳しい合憲の論理を展開しており、さらにそれは右の伊藤補足意見をふまえていると思われる点で、やはり注目しておく必要のある判決だといえよう。

(2)　最高裁判例と伊藤補足意見

公選法一四二条を初めて合憲と判断した最高裁判決（最大判昭和三〇年四月六日刑集九巻四号八一九頁）における理由づけは、つぎのような簡単なものである。

「公職の選挙につき文書図画の無制限の頒布、提示を認めるときは選挙運動に不当の競争を招き、これが為、却って選挙の自由公正を害し、その公明を保持し難い結果を来たすおそれがあると認めて、かかる弊害を防止する為、選挙運動期間中を限り、文書図画の頒布、提示につき一定の規制をしたのであって、この程度の規制は公共の福祉のため、憲法上許された必要且つ合理的の制限と解することができる。」

この判決は、文書図画頒布制限の目的を述べただけで、すぐにそれは「公共の福祉」のために許されるとしたものであり、憲法訴訟論の今日の水準からみれば、到底批判に耐えられない。理由らしい理由はなく、単に「合憲」という結論が示されているだけのことだからである。しかし最高裁は、その後いくつかの下級審違憲判決を横に見ながらも、なんら実質的な理由をつけ加えることもなく、この判例を踏襲してきた（最大判昭和三九年一一月一八日刑集一八巻九号五六一頁、最大判昭和四四年四月二三日刑集二三巻四号二三五頁）。

最近においても、最高裁の姿勢には変化がない。最高裁昭和五七年三月二三日第三小法廷判決（刑集三六巻三号三三九頁）も、従前の判例を挙げるだけで、違憲の上告理由を簡単に斥けている。ただ同判決には伊藤正己裁判官の詳しい補足意見が付されており、おそらく下級審の違憲判決や学界での違憲論の存在を意識してのことと思われるが、かなり詳細な実質的理由付けを行っている。その影響力はかなり大きく、本件控訴審判決にも一定の影響を与えているとみられるので、以下にやや詳しく紹介しておきたい。すなわち、

「〔従前の最高裁判決の〕この判示は、文書図画による選挙運動を広く認めることのもたらす弊害について、必ずしも具体的な指摘をしておらず、説得力が多少とも不十分であると思われる。」具体的には、多額費用論、煩瑣論、迷惑論、中傷虚偽文書横行論が考えられるが、「それらの根拠のみをもってしては、きびしい制限を合憲とするには十分でないように思われる」。

「選挙費用の多額化を防止するための補完的な手段として、文書図画に対する規制が役立つことは否定できず、これを根拠とすることに一応の合理性を認めることができなくはないが、それは、本来法定費用の制限をもって抑止すべき事柄であり、その範囲内で文書図画による選挙運動を利用しようとする候補者の選択は尊重されてよいであろう。候補者にとって煩に堪えない選挙運動となりうることも考えられるが、それは候補者にとっての利便の問題にすぎず、この点を重視することは適当ではない。また選挙人の受ける迷惑もなくはないが、文書図画による選挙運動の場合はそれ程大きいものとは考えられず、むしろ有益な判断資料の提供を受けるという点での選挙人の利益も少なくなく、かりに迷惑の度の大きい場合があれば、必要な限度で、それに対応する規制を行うことが可能である。中傷文書や虚偽文書の頒布の防止も重要であるが、そのこと自体に対して適切な規制を加える方法で対処することが適当であって、そのおそれがあるからといって、広く文書図画による選挙運動をきびしく制約する十分の理由があるとはいえないと思われる。」

「このように考えると、文書図画による選挙運動を制限する根拠について一応の理由があり、その制限は合理性を欠くものではないといえるかもしれないが、それが全面的な禁止でないことを考慮するとしても、選挙という政治的表現が最も強く要求されるところで、その伝達の手段としてすぐれた効用をもつ手段をきびしく制限することによって失われる利益をみのがすことができない。」

「この制限に必要最小限度の制約のみが許されるという一般に表現の自由の制限が合憲であるための厳格な基準が適用されるとすれば、文書図画による選挙運動へのきびしい制限は憲法に反する疑いが強くなるといえよう。」

「しかしながら、私は、国会が選挙運動のルールを定める場合には、右のような厳格な基準は適用されず、そのルールが合理的と考えられないような特段の事情のない限り、国会の定めるところが尊重されなければならないと解する。」「この立場にたつと、文書図画による選挙運動に前記のような弊害が伴うことが考えられる以上、公職選挙法一四二条一項の規定による制限は、立法の裁量権の範囲を逸脱し憲法に違反するものとはいえないと考えられる。」

(3)　伊藤補足意見の評価

右の伊藤補足意見は、戸別訪問禁止規定の合憲性を新たに理由づけた同判事の補足意見と基本的には同趣旨である。それは選挙運動ルール論とも呼ぶべきもので、つぎのような論理である。すなわち、「選挙運動においては各候補者のもつ政治的意見が選挙人に対して自由に提示されなければならないのではあるが、それは、あらゆる言論が必要最少限度の制約のもとに自由に競いあう場ではなく、各候補者は選挙の公正を確保するために定められたルールに従って運動するものと考えるべきである。法の定めたルールを各候補者が守ることによって公正な選挙が行なわれるのであり、そこでは合理的なルールの設けられることが予定されている。このルールの内容をどのようなものとするかについては立法政策に委ねられている範囲が広く、それに対しては必要最少限度の制約のみが許容されるという合憲のための厳格な基準は適用されないと考える。憲法四七条は、国会議員の選挙に関する事項は法律で定めることとしているが、これは、選挙運動のルールについて国会の立法の裁量の余地の広いという趣旨を含んでいる。国会は、選挙区の定め方、投票の方法、わが国における選挙の実態など諸般の事情を考慮して選挙運動のルールを定めうるのであり、これが合理的とは考えられないような特段の事情のない限り、国会の定めるルールは各候補者の守るべきものとして尊重されなければならない」（最三小判昭和五六年七月二一日刑集三五巻五号五六八頁（補足意見））。

この選挙運動ルール論は、要は選挙運動を通常の政治活動や表現活動と切り離し、通常の政治活動や表現活動の規制立法については厳格な審査基準を留保しつつ、選挙運動の規制については単なる合理性の基準で審査すべきだというものである。それはたしかに、表現活動一般については厳格な審査基準によるべきことを説く点では正当である。しかし選挙運動は特別だという考え方には、評者は容易に肯けない。評者はこの論に初めて接したときに、つぎのような疑問を提示しておいた。すなわち、「選挙活動に関してルールが必要であり、そのルールを定めるにあたって国会の裁量権が広く働くということは承認できるとしても、そのルールは選挙の候補者だけでなく国民一般に対しても適用されるものである以上、やはり憲法が国民に保障する自由、とりわけ表現の自由に抵触しない範囲で定められるべきものではなかろうか。憲法四七条は、特に選挙のための立法については通常の立法の場合以上に通常憲法が国民に保障する自由を制約できるという趣旨までは含んでいないのではなかろうか」（拙評「公職選挙法一三八条の戸別訪問禁止規定が憲法二一条に違反しないと判断された事例」判評二七六号六四頁（判時一〇二三号二一〇頁）〔本書第三部Ⅰ〕）。疑問はその後ますます大きくなるばかりである。憲法四七条は、「選挙区、投票の方法その他両議院の議員の選挙に関する事項は、法律でこれを定める」と規定しているが、そこに例示されている選挙区にせよ投票の方法にせよ（さらに憲法四三条二項の議員定数にせよ）それぞれに合理的と考えられるいくつかの制度があるので、それを憲法上硬直的に定めることをせずに法律に委ねたものだと解される。すなわちそこでは、国会が選択した制度が一通りの合理性をもつかぎり憲法に抵触しないことが予め想定されているような事項が委任されているといえるのである。いいかえれば、憲法上格別の原則が示されていない事項が委任されているのである。そして「その他の……事項」は、例示事項と基本的に同質の事項だと解するのが自然であるから、選挙に関するルール作りがその事項に含まれるとしても、そこでの立法裁量は、憲法上格別の原則が示されていない範囲に限定されていると解すべきである。たとえば投票の方法には、口頭によるもの、書面によるもの、機械によるものがあり、さらに書面の場合でも自書式と記号式があるが、そのどれを採用するかは立法裁量に委ねられている。しかし憲法一五条四項は投票の秘密を保障しているから、投票方法がそれに反するものであってはならず、したがって口頭による方法は原則として採用できないことになる。このように憲法四七条によって与えられた立法裁量は、あくまで憲法上の原則の枠のなかで認められているのである。ところで選挙運動に関しては、たしかに憲法は直接的な原則を指示していない。しかし憲法二一条は、あらゆる表現の自由を保障する規定であり、選挙運動もそれが表現活動にあたるかぎり、憲法二一条の保障を当然うけることになる。そうだとすれば、選挙運動のルール作りも当然憲法二一条の原則の枠内でなされなければならないはずである。そして、表現の自由の規制立法について厳格な基準による審査がなされるべきであるということが表現の自由の性格から導きだされている以上、選挙運動のルールといえども同じ審査基準に服するのが道理ということになるはずである。選挙運動における表現活動を一般の表現活動と截然と区別できるというのであれば話は少し違ってくるかもしれない。しかしそれならば、その実体的論拠を明確にするとともに、憲法上も特別の規定を設けなければならないのではなかろうか。しかし実際には、憲法上特別の規定はないし、実体的には伊藤補足意見自ら「選挙という政治的な表現の自由が最も強く求められるところで」（前掲五六、五七年判決の補足意見の中の表現）と述べているように、表現の自由は、選挙という場合においてこそ最も重要な機能を営むといえるのである。そのような前提に立ちながら、もともとは憲法の枠内での立法裁量をてこに厳格な審査基準を排除できるという論理は、評者には納得できない（同旨の見解として、戸松秀典「戸別訪問禁止をめぐる最近の最高裁判例」法教一四号九七頁参照）。

しかしこの伊藤補足意見は、その後の下級審判決にかなりの影響力を及ぼしているとみられる。たとえば高松高裁昭和五七年三月二日判決（判時一〇五七号一四八頁）は、一審の違憲判決を覆したものであるが、伊藤補足意見を援用しつつ、「公選法一四二条、二四三条の文書頒布に対する制限規定も、『選挙運動のために使用する文書』についての規定である。いわば、これも選挙制度の枠内における表現行為についての問題であり、選挙制度を離れて論ずることが当を得ないこと勿論である」として、合理性の基準により合憲との結論を出している。選挙運動の場合は通常の表現活動とは別という論法である。

(4)　多数意見の分析

大分廻り道をしたが、ここから本判決の具体的検討に移ることにしよう。本件の裁判所も右の伊藤補足意見の存在は当然知っていたはずであり、判旨に一部その影響が見うけられるところもあるが、全体としては旧来の合憲論に沿った判旨を展開している（すなわち、選挙運動の自由を他の表現の自由と別異に扱うというアプローチをとっていない）。

判旨は、要約するとつぎのようになる。すなわち、文書図画の頒布の無制限の容認は、結局資力の優劣が選挙の結果を左右することになり、選挙の公正を害するおそれがある。そしてそれを防止するために他の適切有効な方法も見当たらないから、文書図画の種類や数を制限する方法をとることはやむをえない。また規制の具体的内容に関しては、立法府に広い裁量が認められ、現在の規制は合理性に欠けるところはない。さらに、その表現の自由に対する制約は間接的・付随的であるうえ、他に相当の償いがある。そこで利益衡量を行うと、利益均衡に欠けるところはない。

この判旨は、伊藤補足意見登場以前の戸別訪問禁止規定合憲判決の論理と基本的には変りがないと思われる。ただ文書図画頒布の制限と戸別訪問禁止とでは若干性格が異なるので、それに対応した形の相違点としてつぎの二点を挙げることができよう。

第一は、文書図画の無制限頒布にともなう弊害として従来さまざまな弊害論が挙げられてきたが、それを整理して、結局「資力の優劣が選挙の結果に過大な影響を及ぼして選挙の公正を害するおそれ」にしぼっている点である。もっとも、他の弊害を考慮していないわけではなかろうが、右の点に最も重点がおかれていることは確かである。

第二は、戸別訪問禁止が全面禁止なのに対して、文書図画頒布の制限は数と種類の制限なので、制限の具体的内容についてさらに議論の余地があるところ、それを伊藤補足意見にならった広い立法裁量論でもって処理している点である。

戸別訪問禁止規定合憲論においても多額費用論が一つの論拠になっているが、その最大の論拠は不正行為温床論とみられるところ、文書図画頒布行為は不正行為温床論とは簡単に結びつかないので、多額費用―資力優劣論が前面に強く打ち出されたものと思われる。しかし本判決の論理はいままでの合憲判決のそれと基本的には変らないので、それに対しては、表現の自由の規制に関しては厳格な審査基準が必要でありその観点からみると違憲の疑いが強いという伊藤補足意見が、すでに大筋の批判を先取り的に済ませているということができる。大筋は先に紹介した伊藤補足意見を参照していただくとして、評者としては一、二の点を補足するにとどめる。まず判決における立法事実の扱いについてであるが、判決は、過当競争―資力の優劣―選挙の公正を害するおそれを立法事実として検証する作業を行っていない。判決は、「このような規制を必要とする状況は、現在わが国になお存在すると考えられる」とだけ述べ、傍論的に「なお、立法又は法律解釈の基準となる右のような一般的事実は必ずしも証拠によって証明することを要しないと解される」と断わっている。たしかに、選挙における文書図画頒布が無制限に認められた場合、頒布競争がいまより激しくなるであろうことは常識的にも想像できる。しかし候補者は法定選挙費用によって頭を押さえられているのであるから、その枠内での文書図画頒布競争には自ずと限度があろうし、また過度の頒布行為が有効といえるかについても疑問があるのではなかろうか。どの程度の過当競争になるか、またそれが資力の優劣の勝負ということにつながるのかは、必ずしも明らかではなく、少なくとも判決のいうように一般的事実として証明を要しないということにはならないように思われる。こと表現の規制に関する問題である以上、検証を欠く単なる「おそれ」をいうだけでは済まされないのではなかろうか。

つぎに、これは伊藤補足意見も、また本件の一審判決も指摘しているところであるが、資力の優劣の規制は本来法定選挙費用制度によるべきものであり、その範囲内で文書図画頒布にどの程度の比重をかけるかは、候補者の自由な選択に委ねられてしかるべきであろう。そして資力の優劣の規制は、さらに遡って政治資金規正の強化によって行うことがより適切だといえるだろう。判決は、ほかに有効な方法が見当たらないというけれども、それは現行制度だけを前提にして考えるからであって、新たな立法による可能性がないとはいえないと思われる。いずれにしても必要最小限という基準による以上、判決の挙げる程度の理由で規制を正当化することは無理である。しかもこの規制は、公選法一四六条の規制と連動して、候補者以外の選挙人たる国民の自主的な文書活動を全面的に排除することになり、国民の側からみた場合には、候補者の資力の優劣という理由は、あまりにも間接的であって、規制理由としての説得力はほとんど持ちえないと思われるのである。

さらに、先程挙げた第二点についていえば、表現の自由に関する問題である以上、仮に制限が正当だとしても、制限の具体的内容に関しても厳格な審査が必要なはずである。そしてそれによるときは、制限目的が資力の優劣の影響の排除という点に求められる以上、法定費用の範囲内での最大限までは制約できないということになるのではなかろうか。しかるに判決は、ここで選挙に関する広い立法裁量論を持ち出し、単なる合理性の基準による審査でよいとする。ここで突然に選挙運動ルール論が顔を出すのであるが、これに対しては先程の評者の伊藤補足意見批判をそのまままくり返さなければならない。

結局本判決は、頒布規制自体については「合理的で必要やむをえない限度」の基準で審査し、その具体的内容については「合理性」の基準で判断したということになるが、その連関が評者にはよく分からない。現行の頒布制限の具体的内容を「合理的で必要やむをえない限度」の基準で審査すると、なぜ現行のような数と種類の制限がぎりぎりのやむをえない限度であるのかを証明しなければならないはずであるが、それは容易に証明できないことなので立法裁量論に頼らざるをえなかったということかと思われる。しかしそれが容易に証明できないということは、とりもなおさず、制限すること自体が真にやむをえないという証明に欠けていることを意味するのではないかと思われる。本判決は、従来の最高裁判例の趣旨に沿って一応厳格審査によっても違憲論を説得できると考え、かなり詳しい理由付けを試みたものの、ここのところで自ら論理破綻を招いたといわざるをえないのではなかろうか。それとも、従来の最高裁判例の趣旨と伊藤補足意見とを首尾よく融合させたつもりなのであろうか。しかし評者からみれば、そのような融合は不可能であり、また同意見の本来の趣旨にも沿わないことのように思われる。本判決が制限自体については厳格審査の体裁をとりながら、実質的には単なる合理性の基準程度で判断していることを、自ら露呈する結果に終っただけのように思われてならない（なお、本件第一審判決を検討した文献として、中山研一「公選法上の文書規制の違憲性」判時一〇七五号三頁参照）。

（判例評論三〇三号（判例時報一一〇八号）、一九八四年。題名変更）

Ⅳ　公選法二三五条の二第二号の限定解釈と同一四八条三項一号イの合憲性

――昭和五四年一二月二〇日最高裁第一小法廷判決（判例時報九五二号一七頁）――

一　事実の概要

埼玉県下に在住の新聞発行者兼塾経営者Yは、昭和五〇年四月一三日施行の埼玉県議会議員選挙に際し、選挙区内の候補者の得票数の予想や批判を含む記事を自己の編集・発行する新聞紙「政経タイムス」号外に掲載し、日刊各大新聞販売業者に二万一千余部を交付して各新聞紙に折込配付方を依頼した。ところが同「政経タイムス」は公選法一四八条三項一号イの要件をみたしておらず、Yは公選法二三五条の二第二号により起訴された。

第一審・第二審を通じてYは公選法一四八条三項一号イの規定の違憲性を主張したが、いずれにおいても斥けられ、有罪判決をうけた（秩父簡判昭和五一年四月七日、東京高判昭和五三年三月二二日）ので、さらに上告した。上告理由は、①右条項は表現の自由に対する制約としてその目的および手段に合理性がなく、憲法二一条に違反する。②小規模新聞に対し、その小規模性のゆえに大新聞と差別をするものであるから、憲法一四条に違反する。③新聞紙と雑誌とを法律上区別することは不可能であるから、右条項は明確性を欠き、憲法三一条に違反する、というのであった。

二　判旨

上告棄却

「公職選挙法（昭和五〇年法律第六三号による改正前のもの、以下同じ。）一四八条三項は、いわゆる選挙目当ての新聞紙・雑誌が選挙の公正を害し特定の候補者と結びつく弊害を除去するためやむをえず設けられた規定であって……、公正な選挙を確保するために脱法行為を防止する趣旨のものである……。

右のような立法の趣旨・目的からすると、同項に関する罰則規定である同法二三五条の二第二号のいう選挙に関する『報道又は評論』とは、当該選挙に関する一切の報道・評論を指すのではなく、特定の候補者の得票について有利または不利に働くおそれがある報道・評論をいうものと解するのが相当である。さらに、右規定の構成要件に形式的に該当する場合であっても、もしその新聞紙・雑誌が真に公正な報道・評論を掲載したものであれば、その行為の違法性が阻却されるものと解すべきである（刑法三五条）。

右のように解する以上、公職選挙法一四八条三項一号イの『新聞紙にあっては毎月三回以上』の部分が憲法二一条、一四条に違反しないことは、当裁判所大法廷判例……の趣旨に徴し明らかであるから……、所論は理由がない。」

また上告理由第三点については、「新聞紙と雑誌の区別が所論のように不可能とはいえない」。

三　解説

(1)　規制の具体的内容

公選法一四二条以下には、選挙運動のために使用する文書図画に関しての煩瑣な制限規定が設けられているが、同法一四八条一項は、それらの制限規定は「新聞紙……又は雑誌が、選挙に関し、報道及び評論を掲載するの自由を妨げるものではない。」と規定し、同二項は、「新聞紙又は雑誌の販売を業とする者は、前項に規定する新聞紙又は雑誌を、通常の方法（選挙運動の期間中及び選挙の当日において、定期購読者以外の者に対して頒布する新聞紙又は雑誌については、有償でする場合に限る。）で頒布し又は都道府県の選挙管理委員会の指定する場所に掲示することができる。」と定めている。しかし同条三項は、右の適用をうける新聞紙又は雑誌の範囲を限定し、つぎのような要件を設けている。

「一　次の条件を具備する新聞紙又は雑誌

イ　新聞紙にあつては毎月三回以上、雑誌にあつては毎月一回以上、号を逐つて定期に有償頒布するものであること。

ロ　第三種郵便物の認可のあるものであること。

ハ　当該選挙の選挙期日の公示又は告示の日前一年……以来、イ及びロに該当し、引き続き発行するものであること。

二　前号に該当する新聞紙又は雑誌を発行する者が発行する新聞紙又は雑誌で同号イ及びロの条件を具備するもの」

なお、右第二項の括弧書きは昭和五〇年の改正により挿入されたものであるが、それ以外の部分は従前の規定と変わっていない。

そして同法二三五条の二第二号は、右一四八条三項に該当しない新聞紙又は雑誌が「選挙運動の期間中及び選挙の当日当該選挙に関し報道又は評論を掲載したときは、これらの新聞紙若しくは雑誌の編集を実際に担当した者又はその新聞紙若しくは雑誌の経営を担当した者」につき、二年以下の禁錮または一〇万円以下の罰金（昭和五〇年改正の前は二万五千円）に処することを定めた罰則規定である。

(2)　判例の流れ

本件で直接の争点になっているのは、公選法一四八条三項一号イの新聞紙に関する部分だけであるが、同条項に関する憲法問題は、ひろく選挙運動と表現の自由（報道の自由が当然に含まれる）の制限に関する憲法問題と共通するので、まず公選法一四二条以下に関する従来の判例をふりかえってみておこう。

最高裁判例はいままで一貫して公選法一四二条等の合憲性を確認している。しかしそこでの合憲理由は、きわめて安易な「公共の福祉」論の域をでていない。すなわち、最高裁昭和二五年九月二七日大法廷判決（刑集四巻九号一七九九頁）は、戸別訪問禁止規定の合憲性を確認した判決であるが、その理由としては、「憲法二一条は絶対無制限の言論の自由を保障しているのではなく、公共の福祉のためにその時、所、方法等につき合理的制限のおのずから存することは、これを容認するものと考うべきである」というだけにとどまっている。そして公選法一四二条等の文書図画制限規定の憲法判断にあたっても、最高裁は右の判旨を引用しながら、「公職選挙法一四二条、一四三条、一四六条は、公職の選挙につき文書図画の無制限の頒布、提示を認めるときは、選挙運動に不当の競争を招き、これが為、却って選挙の自由公正を害し、その公明を保持し難い結果を来たすおそれがあると認めて、かかる弊害を防止する為、選挙運動期間中を限り、文書図画の頒布、提示につき一定の規制をしたのであって、この程度の規制は、公共の福祉のため、憲法上許された必要且つ合理的の制限と解することができる」と判示しているが（最大判昭和三〇年四月六日刑集九巻四号八一九頁）、爾後の判決においてもこの判旨がくり返し確認されるのみである（たとえば、最大判昭和四四年四月二三日刑集二三巻四号二三五頁）。

これに対して従来の学説は、表現の自由の制限に若干の危惧は感じながらも、現実の選挙過程の腐敗状況に鑑み、選挙の公正を保つ上にこの程度の制限はやむを得ないとして、最高裁の立場を支持するものが多かった（林田和博・憲法判例百選〈第一版〉三八頁、野村敬造・憲法の判例〈第三版〉五九頁等）。しかし昭和四〇年代以降、最高裁判決における違憲審査の手法ならびにその結論の両面にわたって多くの批判説が登場し、次第に有力説となってきた（奥平康弘「言論の自由と司法審査」基本的人権４二五五頁、吉田善明・選挙制度改革の理論一八二頁、小林孝輔・憲法判例百選〈第三版〉五四頁の解説等）。批判説の立場は、最大公約数的にまとめると、文書の頒布等が一定の害悪を伴うおそれがあるにしても、それに対しては他に防止する適切な手段があるはずであり、選挙において重要な意義をもつ表現の自由の一手段たる文書頒布等をすべて禁止することには合理的理由があるということはできない、ということである。昭和四〇年代の前半には、このような立場に立った下級審の違憲判決もみられたが（たとえば、長野地佐久支判昭和四四年四月一八日判タ二三四号別冊三一頁）、上級審のうけいれるところとはならなかった（なお、最近の違憲判決として、松山地西条支判昭和五三年三月三〇日判時九一五号一三五頁がある）。本判決においても、昭和三〇年判決が再確認されている。

⑶　本争点に関する判例・学説

つぎに、本件の直接の争点である公選法一四八条三項についてであるが、この立法趣旨は判旨にもあるとおり、いわゆる泡沫新聞を排除して選挙の公正を期するところにあるといわれている。そしてこの規定の合憲性に関しての直接の最高裁判例はいままでなかったけれども、従来の下級審判決の多くは、公選法一四二条等の合憲性を認めるのとほぼ同じ論理でそれを合憲と解してきたし、その点を特に問題とした最高裁判例もみあたらない。

いままでの下級審判決の代表的なものを挙げると、高松高裁昭和三五年一月二六日判決（下刑集二巻一号一三頁）は、「ひとたび新聞紙等の選挙の公正を害する記事が掲載されたならばその影響するところは甚大であり、民主政治の健全な発達が阻害されるので、かかる憂慮がないように事前にその阻止を計ることこそが公共の福祉に合致するもの」であるところ、「公職選挙にあたっては、……いわゆる選挙目あての新聞紙又は雑誌が発生し、ともすれば選挙に関する報道又は評論等の記事において特定の候補者を当選さす目的で支援し、或は反対候補者を当選させない目的で故意に非難攻撃を加え妨害する等種々の弊害を伴い、選挙が選挙人の自由な意思によって公明かつ適正に行われることを阻害する虞が多いので、公職選挙法は、……第二三五条の二第二号において、前記の危険を未然に防止するため、ややもすればその虞のある〔一四八条三項所定の〕条件を具備しない新聞紙又は雑誌に対して一律にその記事の内容が選挙の公正を害し若しくは害する虞のあると否とを問わず、選挙運動の期間中及び選挙の当日に限り当該選挙に関する一切の報道又は評論の掲載を禁じたものと解される。従ってたとえ不偏不党厳正中立を堅持する新聞で現に掲載した内容が著名中央紙と異ならないものであっても前記法条の適用から除外さるべき性質のものではな〔い〕」と判示し、またそれ以前にも福岡高裁昭和二八年八月一四日判決（高刑集六巻七号九二六頁）は、「記事の内容が選挙の公正を害し若しくは害するおそれのあると否とを問わず……一切の報道又は評論を掲載することを禁止したもの」であり、それは「選挙の公正を期し、民主政治の健全なる発達を図る公共の福祉に合致するものであるから」合憲との判断を下している。しかしこの点についての直接の最高裁判例はなく、ただ三項の要件は建前だけでは足りず現実的な充足を必要とするという判断がみられるのみであった（最決昭和二九年六月一一日刑集八巻六号八六五頁）。なお公選法一四八条の二第三項に関しては、その報道の真否、評論の当否、その動機の如何などは問わない趣旨であり、かつこの程度の規制は合憲との判決が出されている（最判昭和三七年三月二七日刑集一六巻三号三一二頁）。

このように従来の下級審判例は「一律禁止規定でありかつ合憲」と解してきたのであるが、これに対する学説の反応は、文書図画頒布制限規定の場合とほぼ同様であったということができる。この点について直接論じた学説は少ないが、この程度の制限は合憲と解する立場（宮沢俊義・コンメンタール日本国憲法（旧版）二四六頁等）に対して、違憲ないし違憲の疑いが強いとする立場（小林孝輔・マスコミ判例百選一六頁、芦部信喜・法教〈第二期〉二号一五八頁の各解説）とがみられる。芦部説によれば、当該規定のような場合、「より制限的でない他の選びうる手段」の基準によって合憲性を判定するのがもっとも適切であるところ、当該立法目的は、たとえば事後処罰という「より制限的でない」規制手段でも達成できると考えられ、現行の規制は、強い正当化理由が論証できないかぎり、合理的にして必要最小限度の範囲を超えている疑いが濃い、とされる。これは、違憲審査の手法に関しての今日の通説的立場を示しているといってよいであろう。

本件の第二審判決においては、表現の自由の優越的地位を認め、かなり詳細に立法目的と規制手段の合理的関連性を検討しているが、結論的には「合理的でやむをえない限度をこえるものとは認められない」とされた。これは「公共の福祉」論よりは前進しているが、必要最小限に関しての判断はいまだ形式的判断の域を越えていないように思われる。

(4)　本判決の問題点

さて本判決の意義は、公選法二三五条の二第二号にいう選挙に関する「報道又は評論」について、従来の下級審判決がすべての「報道又は評論」を一律に指すと解していたのに対し、同条項によって処罰されるのは、特定の候補者の得票について有利又は不利に働くおそれがある報道・評論に限られ、しかもその場合でも真に公正な報道・評論であればその行為の違法性が阻却されるという新しい判断を示した点にある。同条項の文面上このような限定はただちにはできず、現に従来の下級審判決においては無限定的に解されていたのを、本判決は立法の趣旨と目的からおしてこのように解したのである。同条項に関しては「善意の新聞・雑誌類まで一律かつ広汎に厳しい規制のもとにおく合理性があるかどうか」（芦部・前掲）強い疑問を呈する学説が有力になっている折であるから、この解釈は、このような批判にもある程度こたえ、規制の範囲を狭めることによってその合憲性を維持するためにとられた合憲限定解釈ということができるであろう。

本判旨については、ともかくも規制の範囲を限定的に解している点で、一定の評価を与えることはできよう。

しかしそれは基本的な点では批判説にほとんどこたえていないことに留意しなければならない。なるほど本条項に関しては、その合憲性を一応認めた上で、公正な「報道・評論」までも処罰するのはおかしいという形での争い方もあった。しかし本件で争われたのは、より根本的に、一四八条三項一号イの要件の具備如何で制限を課せられたり解除されたりすること自体の当否の問題である。ところがこの肝心の問題点については判旨は、従来の文書図画頒布等制限規定合憲判決等を引用しつつ、それらの趣旨に徴して合憲性は明らかであるというのみである。この点では従来の判例の線を一歩も出ておらず、むしろ公選法一四八条三項一号イの合憲性を十分な論証を経ずに新たに確認した判決として批判される面が大きいように思われる。

さらにいえば、判旨が構成要件を「特定の候補者の得票について有利又は不利に働くおそれがある報道・評論」にしぼり、さらに違法性阻却事由として「真に公正な報道・評論」を挙げていることを一応評価するにしても、具体的にどのような報道・評論が処罰対象からはずされることになるのかは、必ずしも明らかでない。本事案に関しては最高裁は差戻しも自判も行っておらず、限定解釈をとってもなお処罰される場合とされたのであろう。具体的判断は今後積み重ねられていくことになるのであろうが、不明確さを残したままの規定の存在は、許容される「報道・評論」に対しても一定の威嚇効果をもち、事実上の事前抑制機能を営むおそれがあることも忘れてはなるまい。

なお、本件では憲法一四条違反も争われているが、憲法二一条との関係で合理的との解釈を前提とする以上、合理的差別と判断されるのはやむをえない。この場合、争いの実質的中身は両者重なっている。また憲法三一条違反の問題については特別に論評できないが、新聞紙と雑誌の区別は相対化しつつある面があるとはいえ、いまだ区別不可能とまでは言えないであろう。もっとも、両者に対する規制の差に合理性があるかどうかは、規制すること自体の合理性の問題をはなれても検討に値しよう。

〈参考文献〉　本文中に引用のもののほか、ジュリ七一三号一五頁（田中清）、法時五二巻三号一四二頁に、本判決の解説がある。

（ジュリスト『昭和五四年度重要判例解説』、一九八〇年）

＊　本文の公職選挙法二三五条の二の罰則は、その後改正され、「二年以下の禁錮又は三十万円以下の罰金」となっている。

第四部　選挙の管理と運営

I　選挙人名簿登録の瑕疵と選挙無効原因

――昭和五三年七月一〇日最高裁第一小法廷判決（民集三二巻五号九〇四頁）――

一　判決要旨

町選挙管理委員会が公職選挙法二二条二項の規定に基づく選挙人名簿の登録の際に調査の疎漏により被登録資格の確認を得られない者を登録した瑕疵は、同法二〇五条一項所定の選挙無効の原因である選挙の規定に違反するものにあたらない。

二　事　実

昭和五〇年四月二七日に施行された福岡県A町議会議員一般選挙について、同選挙における選挙人たる訴外Bらは、同選挙の直前に特定の地番に大量の架空転入があったにもかかわらず、町選管が一応の調査を行っただけで公選法二二条二項による選挙人名簿登録をしたため、同選挙において多数の無資格者の投票を許す結果になったことを違法理由とし、A町選管に対して、同選挙の効力に関する異議の申出をした。A町選管はこれを棄却したので、Bらはつぎに福岡県選挙管理委員会（被告・被上告人）に審査の申立てをしたところ、同県選管は、A

町選管の決定を取り消し同選挙を無効とする旨の裁決を下した。同裁決は、当該選挙において多数の無権利者の投票があった事実を確認した上で、①事前に不正転入の疑いが強かったにもかかわらず、町選管が選挙人名簿登録のために行った被登録資格の調査及び登録手続はきわめて形式的に過ぎ、適正に行われたとはいいがたく、公選法二二条二項及び同施行令一〇条の規定に違反する。②さらに、不正転入の疑いが強く生じていたにもかかわらず、投票所における選挙人の確認につき、選挙人名簿と投票所入場券との照合が行われたにすぎず、必要とされる選挙人の確認についての慎重な手段はなんら講ぜられなかった、という二点において選挙の管理執行の規定違反の事実が認められ、しかも当該選挙における最下位当選者と次点者との差はわずか一六票であったから、それを大量に上まわる無権利者の投票を認める結果となった右違法は選挙の結果に影響を及ぼす虞があると判断したものであった。

この裁決に対して、当該選挙における当選人Xら（原告・上告人）がその取消を求めて出訴したのが本件訴訟であるが、第一審の福岡高裁昭和五二年六月一六日判決は、少なくとも特に不正の疑いが事前に強くもたれていた地域転入につき、五七名の無権利者の投票が行われたとの事実認定に基づき、その点につき町選管が特に慎重な被登録資格者の調査を実施し、適正な登録を行うべき注意義務を負っていたにもかかわらず、それを怠ったことは、公選法二二条二項、同法施行令一〇条に違反し、かつそれは選挙の結果に影響を及ぼす虞が認められるとして、請求を棄却した。そこでXらは上告した。

三　上告理由

㈠原判決は公選法二〇五条一項を適用しているが、同規定は一種の連座制を定めた規定であり、憲法一三条に違反し無効である。㈡原判決は採証に関し、憲法三二条の裁判を受ける権利を奪った違憲の疑いがあり、またそうでなくても採証法則に反した違法がある。㈢原判決には、「選挙の結果に異動を及ぼす虞がある場合」の解釈を誤った違法がある。すなわち、他の一般の場合と異なり、本件の場合には違法な登録に基づく投票が特定の候補者Sに投ぜられたことが経験則上明白といえるから、Sの得票数から推定無効票を差引いた数と次点者の得票数とを比較すべきであった。㈣原判決は公選法二一条二項、同法施行令一〇条の解釈を誤り町選管の調査義務の範囲を不当に拡大している点で違法である。

四　判決理由

「市町村の選挙管理委員会が公選法二一条二項に基づき選挙を行う場合にする選挙人名簿の登録は、当該選挙だけを目的とするものではなく、当該選挙が行われる機会に選挙人名簿を補充する趣旨でされるものであるから、その手続は、当該選挙の管理執行の手続とは別個のものに属し、したがって、右登録手続における市町村選挙管理委員会の行為が公選法に違反するとしても、直ちに同法二〇五条一項所定の選挙無効の原因である『選挙の規定に違反する』ものとはいえない。もっとも、選挙人名簿の調製に関する手続につきその全体に通ずる重大な瑕疵があり選挙人名簿自体が無効な場合において選挙の管理執行にあたる機関が右無効な選挙人名簿によって選挙を行ったときには、右選挙は選挙の管理執行につき遵守すべき規定に違反するものとして無効とされることもありうるが、少なくとも選挙人名簿の個々の登録内容の誤り、すなわち選挙人名簿の脱漏、誤載に帰する瑕疵は、公選法二四条、二五条所定の手続によってのみ争われるべきものであり、たといそれが多数にのぼる場合であってもそれだけでは個々の登録の違法をきたすことがあるにとどまり選挙人名簿自体を無効とするものではないから、右のような登録の瑕疵があることをもって選挙の効力を争うことは許されないものといわなければならない。」「本件についてこれをみると、原審が選挙の管理執行の規定に違反するとした本件追加登録の際の町選管の被登録資格の調査及び登録手続に関する瑕疵は、選挙人名簿の調製手続における瑕疵であって、本件選挙そのものの管理執行の手続における瑕疵とはいえないばかりでなく、特定地域における転入者に対する被登録資格の調査の疎漏により追加登録者の一部につき被登録資格の確認が得られない者があるにもかかわらずこれを選挙人名簿に登録したというものであって、結局、登録すべきでない者を誤って登録したことに帰するものである。したがって、このような瑕疵は、登録に関する不服として専ら公選法二四条、二五条所定の手続によって争われるべきものであることは明らかであって、選挙人名簿自体の無効をきたすものではないことはもちろん、公選法二二条二項に基づく新たな登録全部を無効にするものでもないから、右瑕疵があることをもって選挙無効の原因である選挙の規定に違反するものということはできない。これと異なる原審の判断は、ひっきょう、公選法二〇五条一項、二二条二項、同法施行令一〇条の解釈適用を誤ったものであ〔る〕。」

裁判官全員一致意見で破棄差戻（団藤重光、岸盛一、岸上康夫、藤崎萬里、本山亨）。

【参照条文】　公職選挙法二二条二項・二〇二条・二〇三条・二〇五条、公職選挙法施行令一〇条

五　批　評

(1)　概　評

判旨に疑問をもつ。

公選法は第一五章（二〇二～二二〇条）において選挙無効ならびに当選無効に関する争訟手続を定めているが、選挙人名簿に関して定める第四章（一九～三〇条）の中には、それとは別に、特に選挙人名簿の登録に関する争訟手続が設けられている（二四・二五条）。したがって、選挙人名簿の登録に関する瑕疵が争われている本件事案については、これらの争訟手続が相互にどのような関係にあるのかが、まず問題にされなければならないはずで

ある。ところが、争訟過程でこの点が争われた形跡はみあたらないし、県選管の裁決、第一審判決のいずれにおいてもこの点に関する説示はない。上告理由もまたこの点を正面からついてはいない。名簿争訟の提起は、選挙人名簿の縦覧期間内における異議の申出から出発しなければならないところ、選挙人Bらは選挙の終了後に問選を提起したのであるから、選挙無効争訟によったのは無理からぬこととして、選挙の有効を主張するXらはこの点を法律問題としてとりあげるべきであったろう。この点をついていない上告理由は、全体として焦点のぼけたものになっているという印象をぬぐえない。それはともかくとして、最高裁がまずこの点をとりあげたのは正当であるが、評者は、以下に述べるように、その判旨には若干の疑問をもつ。

(2)　選挙人名簿と争訟制度

はじめに選挙人名簿制度と名簿争訟制度が現在どのようになっているかを簡単にみておこう。選挙人名簿は、これに登録されなければ選挙人は実際の選挙において投票することができないという意味で、選挙人の選挙権行使の前提となるものである。ところで選挙人名簿への登録に関しては、昭和四一年法七七号による改正の前と後とではその方式に違いがあり、後者はその後昭和四三年法三九号の改正で若干の修正をうけ、さらに昭和四四年法三〇号による改正をうけて現在に至っている。すなわち、昭和四一年の改正前の公選法においては、基本選挙人名簿と補充選挙人名簿の併用方式が採用されており、前者は毎年調製され有効期間は一年、後者は選挙が行われる場合に調製され前者の有効期間内に限り有効とされていた。ところが昭和四一年の法改正によって選挙人名簿は一本化され、永久選挙人名簿方式が採用されることとなった。この方式では当初、毎年三月三〇日および九月三〇日を法定の登録日とし、これ以外には補充を行わないこと、また一旦登録されると法定の事由により抹消されない限り登録名簿は永久に効力を有するものとされていた。しかるに、年に二回の登録では、その間に成人に達し他の要件をすべて充たしながら登録ができず、その間の選挙において投票権を行使しえないという事態が現実に生じ、違憲訴訟まで提起されるに至った（東京地決昭和四二年一月二七日判時四七一号三頁はこれを立法政策内の問題でやむをえないと判示したが、多少の疑問が残る）。もともとこのような制度に切り替えられたのは、従前の方式の運用の実態が名簿をきわめて不正確なものにしていたという反省に基づき名簿の正確性の確保に重点をおくという趣旨であったようであるが、それが他面で有権者の救済に欠ける点をもたらしたことは否めない。そこで昭和四三年の法改正で、「三月二十日及び九月二十日」に登録するとされていた当初の規定を「三月、六月、九月及び一二月」と改めたのであるが、さらに昭和四四年の法改正では、それまでの登録申請方式に代って、住民基本台帳に引き続き三か月間記録されていることを要件とする職権登録方式がとられることになり、またこれとあわせて補正登録の制度が設けられた。そして登録は、「毎年九月及び選挙を行なう場合に」（一九条二項）行うものとされるに至った(1)。

右にみたように選挙人名簿の方式は二度にわたってかなり改正されたわけであるが、選挙人名簿の登録に関する争訟手続は、昭和四一年改正前の規定が、「選挙人は、基本選挙人名簿に脱漏又は誤載があると認めるときは、……異議を申し出ることができる」（旧二三条一項。なお旧二九条により補充選挙人名簿についても同様）となっていたのを、昭和四一年の法改正で、「脱漏又は誤載があると認めるときは」の部分を削除し、「選挙人名簿に登録すべき者の決定に関し不服があるときは」（旧二四条）と改め、さらに昭和四四年の法改正で、現在のように「選挙人名簿の登録に関し不服があるときは」（二四条）と改めたほかは、基本的に従前の争訟制度が継承されている。

(3)　従来の判例

ところで、昭和四一年法改正の方式の下での名簿に関する争訟と選挙無効争訟との関係については、判例はつぎのような基本的立場を確立していたとみてよい。すなわち、名簿の調製手続は選挙の管理執行とは別個のものに属し、名簿調製に関する選管の公選法違反の行為は直接的には選挙無効の原因たる「選挙の規定違反」とはいえない、したがってそれは名簿争訟によってのみ争うことができる、という考え方である。古くから多くの裁判例が存するが、最高裁判決から一、二引用すると――

「論旨……は、第三補充選挙人名簿について、申請期間経過後の申請を受理し登録した違法があり右名簿は無効である旨を主張するに帰する。しかし期間経過後において、登録申請した一六名の者を登録したことは原判決の認めるところであるが、かかる違法は、登録すべきでない者を登録したことに帰し、結局個々の登録の違法であり、公職選挙法二九条、二三条、二四条に定める手続によって是正されるべき違法であって、ために右名簿を無効であるとはいえない」（最二小判昭和三三年一〇月一七日民集一二巻一四号三一六七頁）。

「昭和四一年法律第七七号による改正前の公職選挙法所定の補充選挙人名簿は、特定の選挙に際して調製されるが、その調製は、右選挙だけを目的とするものではなく、右選挙を機会として基本選挙人名簿を補充する趣旨でなされるものであり、したがって、その手続は、右選挙の管理執行の手続とは別個のものに属する。そして選挙人名簿は、基本名簿たると補充名簿たるとを問わず、それに脱漏、誤載が存したとしても、法定の手続を経て確定したときは、有効な名簿たるを失わず、またその脱漏・誤載については、法が特に設けた名簿修正争訟の手続によってのみ争うことが許されるものと解すべきである」（最一小判昭和四二年九月二八日民集二一巻七号一九九八頁）。

(4)　選挙無効原因を認めた判例

もっとも、前者の判例からもうかがい知れるように、判例は、選挙人名簿自体が無効な場合には、それに基づいて行われた選挙の管理執行が選挙無効の原因となることを認めている。選挙人名簿の無効を認めた判例を一、二挙げると――

最高裁昭和三二年七月一八日第一小法廷判決（民集一一巻七号一二八二頁）は、補充選挙人名簿につき某町選管が、登録申請期間中に登録申請のあった二七名について、名簿を告示の期限までに調製せず、告示の期間に縦覧に供されることもなかったという事実認定に基づき、その補充選挙人名簿を無効と判断した第一審判決（広島高判昭和三一年一一月三〇日）をうけて、「原判決がその認定のような事実関係の下で、本件補充選挙人名簿を無効のものとした判断は当裁判所も正当として是認する。されば、本件選挙は結局選挙の規定に違反するものといわなければならない」として選挙無効を認めた。

また、現行規定下の事件に関するものであるが、最高裁昭和四八年五月二五日第二小法廷判決（判時八九二号四九頁に参考判例として登載）は、①選挙に使用された選挙人名簿中、新登録者に関する部分が町選管によらず、調製権限のない者により調製されていること、②新登録者の登録の際における町選管の調査の不備、③投票所における選挙人の確認の不備、の三点を挙げて選挙無効の原因となると判断した第一審判決（広島高判昭和四七年一一月二二日）をうけて、「原審確定の事実関係のもとにおいては、本件選挙に使用された選挙人名簿中新登録者に関する部分が、調製権限を有するＫ町選挙管理委員会の作成したものとは認められず、選挙人名簿としての効力を有しないとした原審の判断は、正当として肯認することができる」、「原審の判断はその余の無効事由に関する所論の当否について審究するまでもなく相当であ」る、と判示している。

このように判例は、選挙人名簿自体が無効な場合についてそれが選挙無効原因となることを認めているが、それは、調製権限のない者が調製した場合と、縦覧の欠除等調製手続全体にわたる重大な瑕疵がある場合とに限られてきた。

(5)　判例の評価

右のような判例の基本的立場は、学説においても肯定されてきたといえる。争訟手続のこのような細かな点にまで十分な検討を加える論説は少ないが、判例の基本的立場に対する積極的な反論は今まで見あたらないし、この分野に最も詳細な検討を加えてきた田中真次は、判例の立場をほぼ全面的に肯定してつぎのようにいう。「一言にしていえば、選挙人名簿そのものが無効な場合には、その名簿を用いて行なった選挙を無効とすべく、また、名簿に関する争訟によって是正しうる瑕疵は名簿を無効ならしめるものではなく、選挙も無効ならしめないものと解すべきであろう。」「〔選挙人氏名の脱漏・誤載〕のような瑕疵は、〔選挙人名簿に関する〕争訟手続によって是正すべく、名簿を無効ならしめるものではない。したがって、このような名簿を用いて執行された選挙も無効ではない。このことは、現在では確定した判例といってもよく、いまさら個々の判決を例示する必要もあるまい。」「実際上の問題としても、人口移動のはげしい現在において、調査に行き届かない点があり、そのための脱漏・誤載を生じたからといって、そのたび毎に、すでに行なわれた選挙が無効となるようなことは、とうていたえられないことであろう。法律が名簿に関する争訟を選挙争訟と切り離して規定する趣旨も、この点にあるのであろう。」そして、選挙無効原因たりうる選挙人名簿の無効の場合として、名簿の内容の瑕疵が極端な場合、名簿調製権限のない者が調製した場合、縦覧手続を欠く場合あるいはその期間が短かすぎたり縦覧場所を間違えた場合等を挙げている（田中真次・選挙関係争訟の研究三八頁以下）。

(6)　昭和四一年法改正

以上にみたのは、昭和四一年法改正前の判例・学説であるが、同改正後の永久選挙人名簿方式の下においても従前の判例の立場は原則として妥当すると説かれてきた。先にみたように異議申出に関する規定の文言も一部変わったが、「実質は脱漏誤載を争う旧法と異なるところはない。そこで名簿制度の改正後においても、〔名簿の個々の登録の瑕疵は名簿争訟のみ争いうるという〕考え方は、なお十分適用の余地があるといえよう」（矢野邦雄「最高裁判所判例解説」法曹一九巻一二号一八一頁）と説かれ、また「永久選挙人名簿の制度が採用され、選挙の際調製される補充選挙人名簿はなくなり、また規定中に『脱漏』・『誤載』の用語もなくなったが、現在……同じような問題が起きても、結果は同じことであろう」（田中真次「名簿調製機関による登録申請妨害と選挙の効力」民商五八巻五号七二四頁）と説かれている。右の二見解はいずれも昭和四四年法改正前のものであるが、確かに永久選挙人名簿方式がとられたからといって、従来の名簿争訟と選挙無効争訟との関係のとらえ方に基本的な変更を迫るような実質的理由はなにも見出せないように思われるし、字句の修正の点も矢野説のような理解でよいと思われる。そして昭和四四年の法改正によって再び登録の手続に変更がもたらされ、争訟手続の規定も一部字句修正がほどこされたけれども（⑵の叙述を参照）、この改正も両争訟の関係に本質的変化を与えるような性質のものとは到底みなせない。

⑺　判旨の評価

このようにみてくると、従来の判例の基本的立場を踏襲して、本件のような瑕疵は名簿争訟によってのみ争いうべく、選挙無効争訟としては争えないとするのは、きわめて自然な考え方だといってよいであろう。事件で争われているのは不正登録であり、それは所詮選挙人名簿の誤載に帰する瑕疵であることは明らかだからである。判旨における両争訟の関係のとらえ方ならびに選挙人名簿の無効となる場合のとらえ方は、従来の判例の積み重ねの上にあるものであり、それだけの重みをもっている。したがって、これを肯定する立場からは、従前からの判例の立場が名簿制度の改正にもかかわらず現行の規定の下でも妥当することをはっきり確認したという点に本判決の意義を求めることになろう。

評者もまた判旨の考え方の大筋についてはこれを肯定できると考える。しかし、判旨のふまえている従来の判例の立場に全く問題がないかといえば、そうもいえない面があるように思われる。それはつぎの点にある。すなわち、名簿争訟を選挙無効争訟と切り離すのは、先にみた田中真次説のとらえるように、立法政策としてそれなりの合理性をもっているから、形式的にそのようなものと割り切るのも一つの考え方ではある。しかし他方で選挙人名簿自体の無効の場合には選挙無効争訟で争いうることを判例は認めているのであるから、それを一歩進めて、不正登録のような形式的には個々の登録に関する瑕疵であっても、場合によっては選挙無効原因たりうる余地を認めるべきではないか、ということである。名簿争訟は、選挙人が自分自身の登録漏れ等を争う方法としては実際にも意味があるが、他人の不正登録等についてそれを縦覧期間内に争うことは、人口移動の激しい今日、実際には非常にむずかしいのではなかろうか（第一審判決もこの点について同様の見解をとっているようにみえる）。名簿争訟が不正登録をチェックする現実に有効な方法とはいえないということを率直に認識し、しかも不正登録が選挙の公正を害する事態があることも認識できるならば、判旨のような割切り方ではたしてよいのか、疑問を呈せざるをえない。不正登録をチェックする方法として現実に意味をもつのは、施行令一〇条による市町村選管の調査（それに、詐欺登録に関する罰則規定（法二三六条））である。そうだとすれば、選挙人名簿の正確性を期し、ひいては選挙の公正を確保するという観点から、この市町村選管の調査義務はもう少し重視されてしかるべきだと思われる。少なくとも施行令一〇条を全くの訓示規定と解するのは妥当であるまい。そして名簿への登録と選挙の管理執行とは一応観念的には区別できるけれども、選挙の際に行われる登録と選挙との時間的近接度とその間における名簿争訟提起の実際上の困難さを考慮するならば、不正登録という登録の瑕疵も調査義務とのからみで場合によっては選挙無効原因となりうると考えてよいのではなかろうか。たとえば、市町村選管が全く調査をしないで大量の不正登録を行う結果になったような場合、形式的には個々の登録に関する瑕疵であるとしても、全体として名簿調製に関する重大な瑕疵として選挙人名簿自体の無効となる余地があると解すべきではなかろうか。本件の第一審判決は町選管の調査がきわめて不十分であったと認定しそれを選挙の規定違反と判断しているが、調査の不十分さをただちに選挙無効原因に結びつけることには評者としても確かに疑問がある。どの程度の調査義務違反が選挙無効原因となりうるかの検討はここでは留保せざるをえないが、いずれにしても評者の疑問は要するに、判旨は不正登録に関しては選挙無効原因となりうる余地を一切認めない趣旨のようであるが、それではおかしく、場合によっては選挙無効原因となりうる余地を残しておくべきではないかということに尽きる。したがって、判旨の基本線には承服できるが、本件の場合なお無効原因となる場合もあることを前提として、町選管の調査義務違反の点についてまで判断を加えておくべきだったのではないかということである。判旨は筋はとおっているがあまりにも形式的な割切りが目立ち、不正登録による選挙の公正の妨害に対して、罰則による制裁はともかくとして、選挙そのものの是正に関しては現実的解決を放棄しているようにみえるのである。評者の疑問は以上のところにある。

(8)　照合方式検討の必要性

本判決が事件を原審に差し戻したのは、県選管の裁決においては、前記の選挙人名簿に関する違法のほか本件選挙における投票所での選挙人の確認の疎漏についても選挙の管理執行の規定に違反するものと判断されていたのに対し、原審がこの点を単なる事実を述べたものにすぎないと解し、なんら判断を加えていないことを審理不尽とみなしたからである。本判決は、「投票所において選挙事務従事者が選挙人名簿の参照を怠りまたはその対照に明白な過誤を犯しあるいは替玉と知って制止せずこれを幇助する等格別の事情がある場合には、投票手続の管理に違法があるものとして選挙無効の原因ともなりうると解されるのであるから」とし、最二小判昭和四一年一一月二五日（民集二〇巻九号一九五六頁）を例示している。しかしこの判決は、「いわゆる替玉投票は、もともと投票者各個人の違法行為であり、公職選挙法は、この種の違法行為については罰則（例えば同法二三六条、二三七条）の適用によって防止する建前をとるものと解されるのみならず、……投票所における選挙人名簿またはその抄本との対照による選挙人確認手続（公職選挙法施行令三五条参照）の励行をもってしても、必ずしも阻止できるものとは認められない。従って、右名簿対照にあたる選挙事務当事者において、その対照手続を怠り、または選挙人本人の確認に明白な過誤をおかし、あるいは替玉と知って制止せずこれを幇助する等格別の事情がこれに存しないかぎり、単に替玉投票のあったことのみで、投票手続の違法管理を推認することは失当といわなければならない」とし、またいわゆる「たらい回し投票」の行われたことを推認する現判決の認定を前提としても、「『たらい回し投票』も、また投票者側の違法行為に属し、従って、選挙管理機関が投票用紙の持帰り、持込みまたはその不正行使が投票所内において公然行なわれるのを看過黙認したような事実の認められる場合は格別、単に投票者のそのような不正行為を発見・阻止できなかったというだけでは、これを選挙の管理執行に関する規定違反と解しがたいことは、替玉投票の場合と異ならない」としている。

この判旨からすれば、選管の積極的ないし意識的な違法行為はともかくとして、一応の管理責任をはたしている場合には、それを選挙規定違反とはみなさないというのが最高裁の立場のように思われる。選挙人の確認方法については明文でとくに規定はなく、一般には名簿との対照、入場券との照合等によっており、それで足りるとされているようである（ちなみに、評者の在住する金沢市の選挙区では、入場券を発行せず、選挙当日の投票所における生年月日との対照で投票用紙を交付している）。本件の場合、差戻しがなされても、裁決をみる限りそのような積極的ないし意識的な違法行為の存在までは認定していないように思われるので、差戻し後の判決で選挙無効とされる可能性はうすいようにも思われる。この点は事実認定の如何にかかわってくることであるが、照合の方法について明文の規定がない以上、通常行われてきた照合の方法がとられているのにそれを違法と断ずることはむずかしいように思われる。ただ立法論としては、投票者に余分の負担をかけない程度の合理的な照合方式を検討する必要があるように思われる。さしあたり生年月日の確認ぐらいは法定してさしつかえないのではなかろうか。

（1）　昭和四一年の法改正について、小池昌雄「公職選挙法の一部改正と選挙人名簿」自研四二巻七号、昭和四四年の法改正について、大林勝臣「公職選挙法の一部改正について」自研四五巻八号の各解説を参照。

（民商法雑誌八一巻一号、一九七九年。題名変更）

＊　本文の公職選挙法一九条二項および二二条二項の規定はその後改正されているが、現行法は本文との関係では特に内容上の変更はない。

Ⅱ　三か月の現実の居住と選挙人名簿被登録資格の取得の有無

――昭和五八年一二月一日最高裁第一小法廷判決（民集三七巻一〇号一四六五頁）――

一　判決要旨

住民基本台帳法二二条の規定による転入の届出をして引き続き三か月以上当該市町村の住民基本台帳に記録されている者であっても、現実に当該市町村の区域内に住所を移して引き続き三か月以上右区域内に住所を有していないときは、当該市町村の選挙人名簿の被登録資格を取得しない。

二　事　実

滋賀県T町選挙管理委員会（被告・上告人）は、昭和五六年一二月六日を期日とする同町議会議員の一般選挙を行うに際し、同年一一月二八日をもって登録基準日および登録日と決定し、同年八月二八日以前に住民票が作成されまたは転入届が出されて引き続き三か月以上T町の住民基本台帳に記載されていた者についての選挙時登録（公選法二二条二項）を行った。

右の登録について、選挙人Xら（原告・被上告人）は、その中には実際にはT町の区域内に住所を有しない者の登録が多数含まれており、それら被登録資格を欠く者三七九人を登録したことは違法であるとして、公選法二四条に基づき異議を申し出た。Xらが主張し、選挙管理委員会も認める事実は、①昭和五六年八月に四一二人がT町に転入しているが、これは転入増の社会的要因がないのに通常月の約二〇倍にのぼる大量転入である。②そのうち二六九人が代理人による届出であり、しかもそのうちの多数が同一の代理人によっている。③同一の転入先に一〇数人が転入している。④転入先には同選挙における立候補者が多数含まれている、というものである。Xらは、それらの者の転入居が選挙人資格を作出する目的をもってなされたものであることは明らかだと主張した。

しかしT町選挙管理委員会は、異議申出には理由がないとして棄却の決定をした。そこでXらは、右棄却決定の取消しを求めるいわゆる名簿修正訴訟を、公選法二五条に基づき提起した。ところが、その後原審の口頭弁論終結時までに、前記三七九人のうち三四一人は公選法二八条二号に基づいて選挙人名簿から抹消されていたので、原審大津地裁昭和五七年一二月二〇日判決（行裁例集三三巻一二号二五二六頁）は、それらの部分についての訴えを却下し、残りの部分のうち二七人についてはXらの主張を容れて棄却決定を取り消し、一一人については請求を棄却した。

右の取消しについてはT町選挙管理委員会が、また却下についてはXらがそれぞれ上告したが、後者に対しては最高裁は、「公職選挙法二五条の規定に基づく訴訟は、選挙人名簿の脱漏又は誤載の修正（登録又は抹消）を目的とするものであるから、選挙人名簿が既に修正されたときは、訴えの利益を失う」として上告を棄却している（最一小判昭和五八年一二月一日判時一一〇二号三五頁）。本件はT町選挙管理委員会の上告した部分にかかわるものであり、特に訴外A・Bの登録に関し公選法二一条一項の解釈・適用が争点となっている。

三　上告理由

公選法二一条一項にいう「当該市町村の区域内に住所を有すること」という要件は、法文上からも、登録の時点において住所を有することのみで足りると解され、選挙管理委員会としては、登録の時点において当該市町村に住所を有していること及び引き続き三か月以上住民基本台帳に記載されていることを確認すれば、これのみで必要にしてかつ十分であると思料されるところ、A・Bについてその立証は十分であるから、上告人の決定は正当である。

四　判決理由

「公職選挙法二一条一項は、選挙人名簿の被登録資格の一要件として、他の市町村から当該市町村の区域内に住所を移した者で転入の届出をしたものについては、当該届出をした日から引き続き三か月以上当該市町村の住民基本台帳に記録されていることを掲げているが、右にいう被登録資格を生じさせるための住民基本台帳の記録は、記録された者が実際に当該市町村の住民であるという事実に基づいた正当なものであることが必要であり、したがって、転入の届出をして引き続き三か月以上当該市町村の住民基本台帳に記録されている者であっても、現実に当該市町村の区域内に住所を移して引き続き三か月以上右区域内に住所を有していなかったときは、当該市町村の選挙人名簿登録資格を取得しないものと解するのが相当である。」

裁判官全員一致の意見で上告棄却（中村治朗、藤崎萬里、谷口正孝、和田誠一）。

【参照条文】　公職選挙法二一条一項

五　批　評

(1)　選挙人名簿登録の方式

選挙権を有する者が実際に特定の選挙において投票するためには、市町村の作成する選挙人名簿に登録されることが必要である。「選挙人名簿に登録されていない者は、投票をすることができない」（公選法〔以下、単に法と略す〕四二条）。これが原則である。

選挙人名簿登録の方式には過去いくつかのものがみられたが、現行制度は昭和四四年の法改正（法律三〇号）によって採用されたもので、住民基本台帳制度と結びついた職権登録方式となっている。すなわち昭和四四年の法改正前においては、「引き続き三箇月以来その市町村の区域内に住所を有する者」（旧法二〇条）を定時に当該市町村の名簿に登録する旨定めていたが、昭和四二年に住民基本台帳法が制定され、その一五条一項において「選挙人名簿の登録は、住民基本台帳に記録されている者で選挙権を有するものについて行うものとする」と定められた。これを受けて昭和四四年の法改正が行われ、選挙人名簿の被登録資格者は、「当該市町村の区域内に住所を有する年齢満二十年以上の日本国民（……）で、その者に係る当該市町村の住民票が作成された日（他の市町村から当該市町村の区域内に住所を移した者で住民基本台帳法（……）第二十二条《転入届》の規定により届出をしたものについては、当該届出をした日）から引き続き三箇月以上当該市町村の住民基本台帳に記録されている者」（法二一条一項）と定められた。また職権登録方式がとられ、「市町村の選挙管理委員会は、毎年九月一日現在により、当該市町村の選挙人名簿に登録される資格を有する者を同月二日に選挙人名簿に登録しなければならない」（法二二条一項）し、また「市町村の選挙管理委員会は、選挙を行う場合においては、……当該市町村の選挙人名簿に登録される資格を有する者を選挙人名簿に登録しなければならない」（同条二項）ものとされている。これら定時登録、選挙時登録のほかに、有資格者で登録漏れの場合に備えて更に補正登録（法二六条）が認められている。

ところでこの改正については、「名簿の正確性を確保しつつできるだけ多くの有権者を登録するという二つの要請を調和するためには、結局、住民の居住関係を正確かつ統一的に記録する公簿としての住民基本台帳制度を確立し、これに基づいて選挙の際に選挙人名簿の登録を行うこととする以外方法はないであろう。今回の選挙人名簿制度の改正は、このような考え方を背景として行なわれたものである」（大林勝臣「公職選挙法の一部改定について」自研四五巻八号三四頁）といわれている。すなわち「引き続き三箇月以来その市町村の区域内に住所を有する者」という従来の要件を「引き続き三箇月以上当該市町村の住民基本台帳に記録されている者」でかつ「当該市町村の区域内に住所を有する者」という要件に改めることによって、選挙人名簿の正確性が従来以上に担保されると考えられたということである。そのためには住民基本台帳の正確性が確保されることが前提となるが、当時の事務次官通達はつぎのように配慮を促している。

「住民基本台帳の正確性の確保については、かねて通知したところであるが、今回の改正により選挙人名簿の登録が住民基本台帳の記録に基づいて行なわれることとなることにかんがみ、市町村長は、当該市町村の選挙管理委員会との連けいのもとに、住民に対して制度の趣旨の一層の徹底を図るとともに、住民基本台帳法の規定に基づく諸届出の審査、住民基本台帳法三四条の規定による実態調査、職権によって住民票の記載を行なう場合の前住所地の確認等、住民基本台帳の正確性の確保のための措置につき更に適切な配慮をされたいこと。」

「〔市町村選挙管理委員会が登録を行うにあたっては〕住民基本台帳その他の公簿との照合等書面上の処理のほか、必要に応じて実態調査を行なうこととし、特に選挙人名簿の登録に際しては、入念に調査を行ない、選挙人名簿の正確性の確保について遺憾のないようにすること。」

「また、選挙時登録にあたっては、……あらかじめ常時調査の徹底を期することによって、選挙時登録が正確かつ迅速に行なわれるよう配慮すること。」（昭和四四年五月二九日自治選第一七号各都道府県知事都道府県選挙管理委員会委員長あて自治・事務次官通達）

このように、住民基本台帳ならびに選挙人名簿の正確性を確保すべきことが市町村長ならびに市町村選挙管理委員会に要請されているのであるが、それは、住民基本台帳法一四条や公選法二二条二項、同施行令一〇条が当然含意していることを確認的に述べたものということができよう。

(2)　昭和四四年改正法の行政解釈

ところで、法改正当時の自治省選挙課長補佐は、新しい制度についてつぎのように解説している。すなわち、「今後は、選挙人名簿に登録されるためには、住民基本台帳に引き続き三箇月間記録されていることを要件としているので、かつての補充選挙人名簿当時において見受けられたように、選挙間際にかけ込んで虚偽の申請をするような事例はなくなるであろう」（大林・前掲三六頁）と。たしかに旧法の規定では、引き続き三か月の居住の要件の充足は実質的に判断するよりほかなかったであろうから、その判断は選挙管理委員会にとってかなりの負担であったろうし、それは逆に見れば正確な登録を期しがたいということでもあったろう。この点、昭和四四年の改正は、住民基本台帳への引き続き三か月以上の記載という形式的要件を定めることによって、選挙管理委員会の負担を軽くすると同時に、正確な登録を期することができるという考え方に立ったものであるということができる。しかし、たしかに選挙間際のかけ込み申請はこの形式的要だけで封ずることができるが、登録日を予め推定してその三か月以上前に虚偽の申請が行われた場合には、それをこの形式的要件だけでは封じることができない。本件も事件全体としては、選挙目当ての虚偽の申請が、予測可能な登録日の三か月以上前に大量に行われた疑いが多分に強い事件である。従来よりも選挙人名簿の正確性を一層強く確保しようという意図に出た改正法の立案者が、そのような事態の生じる可能性を想定していなかったとは到底考えにくいし、また想定しながら三か月の記載の要件を単に形式的なものだけで足りるとしたとも考えにくい。さらに言えば、選挙人名簿への登録は国政選挙と地方選挙の両方にわたる投票の要件であるが、国政選挙においては住所要件は選挙権享有の実体的要件ではないのに対して、地方選挙においては「引き続き三箇月以上市町村の区域内に住所を有する者」であることが実体的要件とされている（法九条二項）。この点からも、全くの形式的処理には問題があろう。これらの点を考えると改正法は、住民基本台帳の記載が事実に合致した正確なものであることを留保した上で法二一条一項の要件を定めたのだと解するのが最も自然である。住民基本台帳法が、虚偽の転入届を排し（四四条一項）、誤載を排し（一四条）、正確性を保つための調査規定を置いている（三四条）こと、公選法二三六条二項が、「選挙人名簿に登録をさせる目的をもって住民基本台帳法第二十二条《転入届》の規定による届出に関し虚偽の届出をすることによって選挙人名簿に登録をさせた者」を「詐偽の方法をもって選挙人名簿に登録させた者」（同一項）と同じく六月以下の禁錮又は一五万円以下の罰金に処すると定めていることなどから、それは容易に推し計ることができよう。

(3)　判旨の正当性

そこで法二一条一項の解釈としては、「三か月の要件につき、現実に住所を有するという要件のほかに、住民基本台帳に記録されているという要件を加重したものというべきであり、当該市町村の区域内に現実に住所を有していても住民基本台帳に記録されていなければ当該市町村の名簿に登録されないが、現実に住所を有していない限りは住民基本台帳に記録されていても名簿に登録されないというべきである」（泉徳治「時の判例」ジュリ八〇九号五七頁）と解するのが正しいということになろう。しかし、引き続き三か月の現実の居住が必要だという点に旧法との実質的違いはないとはいうものの、上告人の主張するように、法二一条一項における被登録資格の要件は、①当該市町村の区域内に住所を有すること、②引き続き三か月以上当該市町村の住民基本台帳に記載されていることの二つであり、そのうち①の要件は法文上からも、登録の時点において住所を有することのみで足りると解される。したがって、現実の三か月の居住の要件は、②の住民基本台帳の記載について問題とされるべき筋合いのものになっているはずである。この点、原判決は、「被登録資格のうち住所要件についても、昭和五六年八月二八日以前からT町の区域内に住所を有していなければならないことになる」として、①の要件の問題として扱っているようにも読めるが、そうだとすると不適切だといわなければならない。本判決のように、②の要件の問題とするのが正しいであろう（この点につき、田村和之「評釈」判時三〇八号一二頁参照）。

ところで、基本的に住民基本台帳の正確性の問題だとすると、法はいわば分業システムを採用しているのであるから、その正確性を確保するのは本来市町村長の仕事であって、選挙管理委員会の仕事は登録時の時点における住所の有無について正確に確認することと住民基本台帳についての形式的処理をすることとで足りるとするのが、法のもともとの趣旨であるとも考えることができる。本件上告人の主張はまさにそのようなものであろう。三か月の要件につき、それを個々人の住所で認定することには困難が伴い、名簿の正確性を期しがたいということが改正の理由の一つになっているはずであるから、その考え方にも相当な理由があるというべきである。しかし、先程挙げた実質的理由からして、事実に基づかない記載のものを登録するのは妥当性を欠くし、住民基本台帳法一〇条や一五条二項において市町村長と選挙管理委員会相互の通知義務が定められていることや、公選法二九条一項においてもそれぞれの有している資料について相互に通報すべきことが定められていることからしても、選挙人名簿登録の要件としての住民基本台帳への引き続き三か月以上の記載を事実に合った正確なものにする点については、市町村長ならびに選挙管理委員長の双方がその責務を負うものと考えるべきであろう。もっとも本件のように、住所を有するようになった始期が不明確だという場合、転入届出が事実に合ったものであるかどうかを確認するのは、第一次的には市町村長の仕事であって、選挙管理委員会にその責を負わせるのは酷であるし、またわざわざ住民基本台帳方式を採用した法改正が求めたことでもないであろう。しかしこれはいわば一種の違法性の承継にあたるものと考えるべきであろう。行政内部での責任問題はともかくとして、対外的には最終的な行政庁にあたる選挙管理委員会の登録行為の瑕疵の問題とせざるをえないし、選挙管理委員会はそのことを甘受すべき立場にあるといわざるをえない。

(4)　残された制度上の問題

かくして本件の判旨は、理由を必ずしも明確に述べていないが、結論は正当と評することができる。直接の批評は以上に尽きるが、予定の紙数にまだ多少余裕があるので、本件にかかわる名簿修正訴訟の問題点について、以下に若干関説しておきたい。

本件の原告らは、形式的には名簿修正訴訟を提起しているのであるが、その真の目的は当該選挙における虚偽登録者の不正投票の排除を求める点にあったと考えてよい。しかるに選挙管理委員会が、異議申出に対して棄却の決定をしたので、原告らが虚偽登録者と考えた者のほとんどが当該選挙において実際に投票することができた。そして本判決によって二七人の者について被登録資格がなかったことが確定したが、それは当該選挙における不正投票の排除を求める原告らにとって、それだけではとても真の目的を選したことにはならないはずである。しかも本件の場合には、「事実」のところで述べたように、棄却決定にかかる三七九人のうち三四一人が原審の口頭弁論終結時までに名簿から抹消されていたので訴えが却下されているが、これらの者はいずれも選挙の後、公選法二八条二号により、町の区域内に住所を有しなくなった日以降四か月を経過したということで選挙管理委員会により抹消されたものである。そしてすでに訴えが却下されている以上、これらの者が虚偽登録者であったか否かをはっきりさせることはできなかったのであるが、少なくともそのうちかなりの者がそうであったという疑いが残ってもおかしくない状況が存したのではなかろうか。そうだとすると、選挙人名簿の脱漏または誤載の修正（登録または抹消）を目的とする名簿修正訴訟は、選挙時登録に関する本件事案のような場合、その究極目的である選挙の公正の確保には直接的には役立たないことになる。

では、このような場合（仮に多くの虚偽登録者による投票がなされた場合であるとして）、原告らの真の目的をかなえる可能性のある訴訟手段があるのであろうか。すぐに考えつくのは選挙無効訴訟と当選無効訴訟の二つしかないが、どちらでも実はうまく行きそうにない。

まず選挙無効訴訟（法二〇三条）であるが、これと選挙人名簿の瑕疵との関係については、つぎのような最高裁判例がある（最一小判昭和五三年七月一〇日民集三二巻五号九〇四頁）。

「市町村の選挙管理委員会が公選法二二条二項に基づき選挙を行う場合にする選挙人名簿の登録は、当該選挙だけを目的とするものではなく、当該選挙が行われる機会に選挙人名簿を補充する趣旨でされるものであるから、その手続は、当該選挙の管理執行の手続とは別個のものに属し、したがって、右登録手続における市町村選挙管理委員会の行為が公選法に違反するとしても、直ちに同法二〇五条一項所定の選挙無効の原因である《選挙の規定に違反する》ものとはいえない。もっとも、選挙人名簿の調製に関する手続につきその全体に通ずる重大な瑕疵があり選挙人名簿自体が無効な場合において……〔選挙が〕無効とされることもありうるが、少なくとも選挙人名簿の個々の登録内容の誤り、すなわち選挙人名簿の脱漏、誤載に帰する瑕疵は、公選法二四条、二五条所定の手続によってのみ争われるべきものであり、たといそれが多数にのぼる場合であってもそれだけでは個々の登録の違法をきたすことがあるにとどまり選挙人名簿自体を無効とするものではないから、右のような登録の瑕疵があることをもって選挙の効力を争うことは許されないものといわなければならない。」（傍点筆者）

この判例のいわんとすることは明瞭である。少なくとも本件の事案について、選挙無効原因とする余地がないことになろう。

つぎに当選無効訴訟（法二〇七条）であるが、法二〇九条の二の潜在無効投票として追及する道が考えられる。

念のために同法条を示すと、「当選の効力に関する異議の申出、審査の申立て又は訴訟の提起があった場合において、選挙の当日選挙権を有しない者の投票その他本来無効なるべき投票であってその無効原因が表面にあらわれない投票で有効投票に算入されたことが推定され、かつ、その帰属が不明な投票があることが判明したときは、当該選挙管理委員会又は裁判所は、……各候補者……の有効投票の計算については、その開票区ごとに、各候補者……の得票数から、当該無効投票数を各候補者……の得票数に応じてあん分して得た数をそれぞれ差し引くものとする。」（傍点筆者）

しかしこれによっても、まず按分比例の差引きであるから開票区が複数ある場合でなければ意味をなさないし、つぎに複数の開票区がある場合でも、「かかる計算の方法によれば潜在無効投票があって当選の効力を争う場合は、次点者との得票が最も接近し、且つ無効投票数が最も多数でなければ勝訴の見込みがないこととなる」（林田和博・選挙法（有斐閣、一九五八年）一四二頁）から、有効な方法とは成りえないであろう。

右の、名簿修正訴訟と選挙無効訴訟の関係についての最高裁判例を批評した際、私はつぎのような疑問を記したことがある。「判旨は不正登録に関しては選挙無効原因となりうる余地を一切認めない趣旨のようであるが、それではおかしく、場合によっては選挙無効原因となりうる余地を残しておくべきではないか」、「判旨は筋はとおっているがあまりにも形式的な割切りが目立ち、不正登録による選挙の公正の妨害に対して、罰則による制裁はともかくとして、選挙そのものの是正に関しては現実的解決を放棄しているようにみえるのである」（拙評「選挙人名簿登録の瑕疵と選挙無効原因」民商八一巻一号一二二頁〔本書第四部Ⅰ〕）。しかしこの時の私の疑問も、極端な場合については留保すべきではないかというにとどまっていて、基本的には最高裁判例のような割切り方でやむをえないと考えていたのである。不正登録であることが明らかで、かつこれらの者が特定の候補者に投票したことが明らかで、しかもそれらの投票を差し引けば当選しなかったという場合、選挙無効か当選無効かいずれかを認めなければおかしいのであるが、仮に社会的に疑惑があっても投票の秘密の保障により、肝心の点を法的に明らかにすることができないからである。結局、極端な場合というのは、選挙管理委員会が住所要件の調査を極めて不十分にしか行わなかった場合とか、選挙管理委員会自らが虚偽登録に故意に加担したような場合に限られてくるであろう。

かくして、名簿修正訴訟、選挙無効訴訟、当選無効訴訟のどれをとっても、原告の真の目的が先に仮定したようなものだとした場合、有効な手段とはなりえない。そうだとすると、これら訴訟以前の段階に手だてを求めなければならないことになるが、結局のところ、市町村長や選挙管理委員会において住民基本台帳や選挙人名簿の正確性を期すために調査等を十分尽くすべきだという極めて平凡なことしか頭に浮かばない。しかし、行政庁の調査能力にはおのずから限界があるし、他方過度の調査は住民のプライバシーを侵害するおそれがあることも考慮されなければなるまい。啓発を行い、究極的には選挙人の自覚に待たざるをえない問題のように思われる。

（民商法雑誌九一巻五号、一九八五年。題名変更）

＊　本文の公職選挙法四二条の規定内容は、現行法では四三条に定められている。また二二条も改正されているが、本文の内容には直接関係ない。

公職選挙法二三六条に規定する罰則は、現行法では「六月以下の禁錮又は三十万以下の罰金」である。

Ⅲ　選挙人名簿調製手続全体に通じる重大な瑕疵と選挙無効原因

――昭和六〇年一月二二日最高裁第三小法廷判決（民集三九巻一号四四頁、判例時報一一四四号六七頁）――

一　事　実

昭和五六年一二月六日に施行された滋賀県T町議会議員一般選挙について、同選挙における選挙人Xら（原告・上告人）は、同選挙に先立つ選挙人名簿への選挙時登録に際しT町選挙管理委員会が調査不十分のまま大量の架空転入者を登録し、それらの者に投票を許す結果となったことは、公選法二〇五条の「選挙の規定に違反する」場合にあたるとして、同選管に対して選挙の効力に関する異議の申出をした。同選管がこれを棄却したので、Xらはさらに県選管（被告・被上告人）に審査の申立をしたが、県選管も同じく棄却の裁決を下した。そこでXらがその裁決の取消しを求めて出訴したのが本件訴訟である。

原審の大阪高裁は、選挙人名簿登録内容の誤りは個々の選挙人名簿登録に関する瑕疵として名簿修正訴訟（公選法二四・二五条）で争われるべきであり、選挙無効訴訟では争えないところ、本件の架空転入者の登録は結局登録内容の誤りに帰すべきものであるから、選挙無効原因たる「選挙の規定に違反する」場合にあたらないとして、Xらの請求を棄却した（大阪高判昭和五八年九月二八日）。

そこでXらはさらに上告し、上告理由として、本件のような選挙目当ての大量架空転入の不正をただすのに名簿修正訴訟は有効に機能しえないこと、町選管が形式的調査だけに終始して大量の架空転入者を登録し多数の無効投票を引き起した違法は、同選管が実質的に「選挙の規定に違反する」場合にあたるものであり、同選挙は無効とされるべきこと等を主張した。

なお、本件とは別に提起されていた名簿修正訴訟に関しては一足先に最高裁判決が下されているが、そこでは架空転入と主張された者の一部につき被登録資格がなかったことが明らかにされたものの、三四一人にものぼる疑惑者が第一審の口頭弁論終結時までにすでに選挙人名簿から抹消されており、この点について最高裁は、「公職選挙法二五条の規定に基づく訴訟は、選挙人名簿の脱漏又は誤載の修正（登録又は抹消）を目的とするものであるから、選挙人名簿が既に修正されたときは、訴えの利益を失う」として上告を棄却している（最一小判昭和五八年一二月一日判時一一〇二号三五頁）。

二　判　旨

「〔市町村〕選挙管理委員会が選挙時登録の際に被登録資格の調査の疎漏により被登録資格の確認が得られないものを選挙人名簿に登録したとしても、右瑕疵は結局選挙人名簿の個個の登録の誤り、すなわち選挙人名簿の脱漏、誤載に帰するものにすぎないから、公選法二四条、二五条所定の手続によってのみ争われるべきものであり、それだけでは選挙人名簿自体の無効をきたすものでもなければ、また選挙時登録全部を無効にするものでもなく、右瑕疵があることをもって直ちに選挙無効の原因である『選挙の規定に違反する』ものとはいえないことはいうまでもないが、選挙人名簿の調製に関する手続につきその全体に通ずる重大な瑕疵があり選挙人名簿自体が無効な場合において、選挙の管理執行にあたる機関が右無効な選挙人名簿によって選挙を行ったときには、右選挙は選挙の管理執行につき遵守すべき規定に違反するものというべきである（最高裁昭和五二年（行ツ）第九四号同五三年七月一〇日第一小法廷判決・民集三二巻五号九〇四頁参照）。」

「市町村選挙管理委員会は、選挙人名簿の登録にあたっては、被登録資格を有する者のみを選挙人名簿に登録すべきであって（公選法二二条）、被登録資格を有することについて確認が得られない者を登録してはならないのであるから（同法施行令一〇条）、選挙時登録の際に現実の住所移転を伴わない架空転入が大量にされたのではないかと疑うべき事情があるときは、市町村選挙管理委員会としては、選挙時登録にかかる選挙人名簿の登録にあたり、と被登録資格の一つである当該市町村の区域内に住所を有するかどうかについて特に慎重な調査を実施して適正な登録の実現を図る義務があるというべきであり、右の事情が存するのに、右選挙管理委員会の行った調査が住所の有無を具体的事実に基づいて明らかにすることなく、単に調査対象者あてに文書照会をしたり、この関係者のいい分を徴するにとどまるものであって、その実質が調査というに値せず、調査としての外形を整えるにすぎないものであるときは、市町村選挙管理委員会が公選法二一条三項及び同法施行令一〇条所定の被登録資格についての調査義務を一般的に怠ったものとして、選挙時登録にかかる選挙人名簿の調製に関する手続につきその全体に通ずる重大な瑕疵があるものというべきであるから、当該選挙時登録全部が無効となり、またこのように選挙時登録全部が無効な場合において選挙の管理執行にあたる機関が右無効な選挙時登録を含む選挙人名簿によって選挙を行ったときは、右選挙は公選法二〇五条一項所定の『選挙の規定に違反する』ものと解するのが相当である。」

「〔以上の点につき〕更に審理を尽くさせる必要があるから、本件を原審に差し戻すこととする。」

三　評　釈

(1)　従来の判例

本判決は、選挙時登録における市町村選管の調査義務を重視し、調査義務違反に基づく選挙人名簿登録の瑕疵が名簿そのものの無効を招来し、選挙の無効原因たりうると判示した点で、きわめて意義深い判決だといえる。

選挙人名簿登録の瑕疵が選挙無効原因たりうるかの点についての従来の最高裁判例は、判旨前半部分に提示されている通りであるが、本評釈ではそれと本判決のつながり具合を検討したいので、まず始めに最高裁昭和五三年七月一〇日判決の肝要な部分を正確に掲げておきたい。すなわち――

「市町村の選挙管理委員会が公選法二二条二項に基づき選挙を行う場合にする選挙人名簿の登録は、当該選挙だけを目的とするものではなく、当該選挙が行われる機会に選挙人名簿を補充する趣旨でされるものであるから、その手続は、当該選挙の管理執行の手続とは別個のものに属し、したがって、右登録手続における市町村選挙管理委員会の行為が公選法に違反するとしても、直ちに同法二〇五条一項所定の選挙無効の原因である『選挙の規定に違反する』ものとはいえない。もっとも、選挙人名簿の調製に関する手続につきその全体に通ずる重大な瑕疵があり選挙人名簿自体が無効な場合において選挙の管理執行にあたる機関が右無効な選挙人名簿によって選挙を行ったときには、右選挙は選挙の管理執行につき遵守すべき規定に違反するものとして無効とされることもありうるが、少なくとも選挙人名簿の個々の登録内容の誤り、すなわち選挙人名簿の脱漏、誤載に帰する瑕疵は、公選法二四条、二五条所定の手続によってのみ争われるべきものであり、たといそれが多数にのぼる場合であってもそれだけでは個々の登録の違法をきたすことがあるにとどまり選挙人名簿自体を無効とするものではないから、右のような登録の瑕疵があることをもって選挙の効力を争うことは許されないものといわなければならない。」（傍点筆者）

ところで、筆者はかつて右判決について判例批評を書いたことがあり、そこにおいて、右判決は従来の判例の基本的立場を踏襲しているものであること、学説もその立場を支持してきたこと、昭和四一年の選挙人名簿方式の改正（それまでの基本選挙人名簿と補充選挙人名簿の併用方式が、現在のような永久選挙人名簿方式に改められた）は、右の基本的立場に修正を迫るような性質のものではなかったこと、それまで選挙人名簿自体が無効で選挙無効原因たることが認められたのは、調製権限のない者が調製した場合と縦覧の欠如等調製手続全体にわたる重大な瑕疵がある場合に限られていたこと、を指摘した（拙評「選挙人名簿登録の瑕疵と選挙無効原因」民商八一巻一号一一二頁〔本書第四部Ⅰ〕）。ここでは、右の諸点にわたってくり返し説明することは避けたい。

(2)　従来の判例に対する疑問

右の判例批評において筆者は、名簿修正訴訟と選挙無効訴訟を切り離し、個々の登録の瑕疵は前者の訴訟でのみ争えるとすることにはそれなりの合理性があるが、しかし「名簿争訟は、選挙人が自分自身の登録漏れ等を争う方法としては実際にも意味があるが、他人の不正登録等についてそれを縦覧期間内に争うことは、人口移動の激しい今日、実際には非常にむずかしいのではなかろうか」、「名簿争訟が不正登録をチェックする現実に有効な方法とはいえない」、「不正登録をチェックする方法として現実に意味をもつのは施行令一〇条による市町村選管の調査である」という疑問ないし認識に立って、「この市町村選管の調査義務はもう少し重視されてしかるべきだと思われる。少なくとも施行令一〇条を全くの訓示規定と解するのは妥当であるまい」、「選挙の際に行われる登録と選挙との時間的近接度とその間における名簿争訟提起の実際上の困難さを考慮するならば、不正登録という登録の瑕疵も調査義務とのからみで場合によっては選挙無効原因となりうると考えてよいのではなかろうか。たとえば、市町村選管が全く調査をしないで大量の不正登録を行う結果になったような場合、形式的には個々の登録に関する瑕疵であるとしても、全体として名簿調製に関する重大な瑕疵として選挙人名簿自体の無効となる余地があると解すべきではなかろうか」という意見を述べたことがある（拙評・前掲一二一～一二頁。なお高見勝利「市町村選挙管理委員会の住所調査と選挙の効力」法教五七号一二三頁に要約紹介されている）。

筆者が右のような意見を述べたのは、つまるところ、「判旨は筋はとおっているがあまりにも形式的な割切りが目立ち、不正登録による選挙の公正の妨害に対して、罰則による制裁はともかくとして、選挙そのものの是正に関しては現実的解決を放棄しているようにみえる」（拙評・前掲一二一～三頁）と受け止め、それを克服すべきだと考えたからにほかならない。そしてそのような受け止め方は、右判決に即して検討した場合、単純な読み誤りとは決していえなかったように思われる。というのは、右判決は昭和五〇年四月二七日施行の福岡県A町議会議員一般選挙に関するものであるが、原審の福岡高裁昭和五二年六月一六日判決は要旨「少なくとも特に不正の疑いが事前に強くもたれていた地域転入につき、五七名の無権利者の投票が行われたが、その点につき町選管が特に慎重な被登録資格の調査を実施し、適当な登録を行うべき注意義務を負っていたにもかかわらずそれを怠ったことは、公選法二二条二項、同法施行令一〇条に違反し、かつそれは選挙の結果に影響を及ぼす虞が認められる」と判断していたのに対し、最高裁は、右に筆者が傍点を付して提示した原則に立って、「本件追加登録の際の町選管の被登録資格の調査及び登録手続に関する瑕疵は、……結局、登録すべきでない者を誤って登録したことに帰するものである」、「このような瑕疵は、……選挙人名簿自体の無効をきたすものでないことはもちろん、公選法二二条二項に基づく新たな登録全部を無効にするものでもない」と判示していたからである。本件の原判決が請求をあっさり棄却したのも、右判決の趣旨を筆者と同じように受け止めていたからだと思われる。

(3)　本判決と従来の判例との整合性

本件の事案は、右判決の事案よりもはるかに大量かつ組織的な架空転入が行われた疑いが強い事案である。それにもかかわらず「事実」のところで解説したように、名簿修正訴訟では結局不正投票を事前に阻止することも、また事後的に無効とすることもできない。それればかりではなく、投票後の登録抹消により訴えの利益もなくなるというのであるから、不正投票であったかどうかを法的に確認させることもできないことになる（この点につき、拙評「三か月の現実の居住と選挙人名簿の被登録資格の取得」民商九一巻五号八一〇頁以下〔本書第四部Ⅱ〕参照）。しかし、選挙後の大量の登録抹消自体、まさに不正登録があった事実を容易に推認させるものであり、上告人が指摘するように「本件ニセ大量転入がT町の選挙の自由、公正に及ぼした実害はきわめて大きい。しかも、それが『分離論、しゃ断論』などの形式論で何ひとつ救済されず、ニセ転入がやり得となっていることから、選挙民に与えた信頼の失墜もはかりしれない」といわざるをえまい。しかもそれは、T町の選挙人のみならず広く全国の自治体選挙の選挙人にとっても同様な影響を及ぼさざるをえない性質のものである。このような不正の疑いをかかえた選挙の放置は、健全な選挙人の感覚では到底許されるべきことではない。そして、もともと名簿修正訴訟と選挙無効訴訟の形式的遮断論は、市町村選管の登録事務と選挙執行事務を切り離して別々に処理させる方が選挙行政にとって合理的であり、また両者それぞれに匡正ないし救済手段が自己完結的に存在しているということを前提とした理論だと思われるところ、本件のような場合、その前提が崩れてしまっているのであるから、形式的な処理の仕方では右の健全な感覚を満足させえない。ここでは形式的遮断論は説得力を全く持ちえないのである。そこで本判決が、本件のような場合には選挙人名簿登録の瑕疵も選挙無効原因たりうるとし、従来の判例理論から一歩前進したことは、きわめて正当だったと評しうる。ただ問題は、その理由付けと従来の判例理論とはどのような関係になっているかという点と、判決理由の射程距離はどこらあたりまで及ぶのかという点であろう。右の二点を中心に若干の考察を付け加えることにしたい。

(4)　選管の調査義務の重視

前記最高裁昭和五三年七月一〇日判決との対比において見ると、本判決は、従来の判例理論——すなわち、個々の登録の瑕疵は選挙無効原因たりえないが、選挙人名簿の調製手続全体に通ずる重大な瑕疵は選挙人名簿自体を無効ならしめ、ひいては選挙無効原因たりうるという理論——を踏襲している点では同じである。ただ、前者が当該調査の疎漏をもって個々の登録の瑕疵に帰着せしめたのに対して、後者は、市町村選管の調査義務を強く前面に押し出し、義務を一般的に怠ったことをもって選挙無効原因の方に引き付けたのである。すなわち、形式的には、いかに大量にせよ個々の登録の瑕疵に帰着するものを、その大量性のゆえにではなく、一般的な調査義務違反の点で選挙無効原因たりうるとしたのであり、そうだとすると本判決は昭和五三年判決の論理と矛盾することにはならない。しかし昭和五三年判決は、先述のような趣旨の原判決を破棄し、しかもその際調査義務についてはなんら言及しないものであった。そこで、本判決と従前の判例理論との整合性は右のように説明できるとしても、原判決の従前の判例理論の受け止め方にもやむを得ない面があったであろうことを、ここで重ねて指摘しておきたい。

いずれにしても、市町村選管の調査義務の重視が本判決の最大のポイントとなっており、本判決に関するつぎのような論評は正鵠を射ているといわなければならない。すなわち、「〔本判決の〕最大の意義は、これまで判例・学説はもとより、恐らく選挙実務においても殆ど問題にされなかったと思われる市町村選管の職権調査について、それが『住所の有無を具体的事実に基づいて明らかに』しなければならないとした点、すなわち、従来、主として文書照会により行われてきた調査の在り方に反省を迫った点にある」（高見・前掲一二三頁）。

この指摘のとおりであるが、それは要するに、選挙人名簿への被登録資格は実質的に充たされねばならず、その実質的充足を判定するためには市町村選管の調査——単に形式的にとどまらず、まさに実質的なそれ——が不可欠であるということが、本判決において確認されたということに外ならない。そのことはしかし、この点に関しての前哨戦ともいうべき名簿修正訴訟についての前掲最高裁昭和五八年一二月一日判決において、かなりの程度示唆されていたことであった。同判決は、公選法二一条一項の「当該市町村の区域内に住所を有すること」という選挙人名簿登録資格の要件について、上告人たるT町選管の主張した「登録の時点において住所を有することのみで足りると解され、選挙管理委員会としては、登録の時点において当該市町村に住所を有していること及び引き続き三か月以上住民基本台帳に記載されていることを確認すれば、これのみで必要にしてかつ十分」という解釈を斥け、「〔選挙人名簿の〕被登録資格を生じさせるための住民基本台帳の記録は、記録された者が実際に当該市町村の住民であるという事実に基づいた正当なものであることが必要であり、したがって、転入の届出をして引き続き三か月以上当該市町村の住民基本台帳に記録されている者であっても、現実に当該市町村の区域内に住所を移して引き続き三か月以上右区域内に住所を有していなかったときは、当該市町村の選挙人名簿登録資格を取得しないものと解するのが相当」と判示したのであるが、この判定においては、要は、上告人の形式主義が排除されて実質主義が採用されたのであり（その点の正当性に関しては、拙評・前掲参照）、そして実質主義は当然に市町村選管の調査義務重視へと論理的に繋がらざるをえないものであった。本件においては、直接的には選挙時登録に際しての住所確認の調査方法のずさんさが問題とされているが、前記五八年判決の趣旨と照らし合わせると、いわば選挙時登録に関する全過程を通じての市町村選管の調査義務が問題とされていると考えてよいであろう。

市町村選管の調査義務を重視し、調査義務違反が選挙を無効に導くこともあるとかねてから主張してきた筆者の立場からは、このように理解される本判決の立場は正当なものとして支持できる。なお、本判決は選挙時登録全部の無効がある場合には選挙無効原因たりうるとしていることから、「選挙人名簿自体が無効な場合」とは、定時登録は有効でも選挙時登録が無効な場合を含むという解釈をとっていることが明らかである（この点につき、判時一一四四号六八頁に掲載の本判決解説を参照）。選挙人名簿は、定時登録、選挙時登録、さらに補正登録が一体となってその正確性を期されているのであるから、右の解釈は正当であり、いままでの議論はこの解釈が正しいことを前提として展開してきたものである。

(5)　本判決の射程

本判決は、市町村選管が被登録資格についての調査義務を一般的に怠ったことをもって選挙無効原因たりうるとしたのであるが、それにはかなりの限定が付されている。すなわち、「選挙時登録の際に現実の住所移転を伴わない架空転入が大量にされたのではないかと疑うべき事情があるときは」、「市町村選挙管理委員会としては、……特に慎重な調査を実施して適正な登録の実現を図る義務があるというべきであり」という限定である。このような限定は、従来の判例理論の立場を踏襲しながら本具体的事件について匡正ないし救済をはかろうとする場合に必要なことであったと思われる。そしてまた、あからさまな選挙目当ての架空転入は、ある程度大量に行われなければ目的を達しえないところ、それは本件の場合がそうであったように、転入増の社会的要因がないのに通常月を上まわる大量転入があることや、同一の代理人、同一の転入先がみられることなどによって、疑うべき事情を客観的に生じさせることになろう。他方、このような限定を加えないと、調査は住所の有無を具体的事実に基づいて明らかにしなければならず、単に調査対象者あてに文書照会をしたり、その関係者の言い分を徴するにとどまるものは、その実質が調査というに値しない、という判示は、市町村選管にとってやや過重な負担を課すことにもなろう。市町村選管の調査能力にはおのずから限界があろうし、また過度の調査は新たに住民のプライバシーを侵害するおそれがないかも考慮する必要があろう。このような意味で本判決が、調査義務違反を右のような限定された事情の存在にからませているのは正当だと思われる。本判決は、「大量かつ組織的な架空転入に対して適切な解決を示したもの」（棟居快行「選挙人の架空転入と選挙の効力」ジュリ七三三号七七頁）であり、調査義務一般にまで射程を延ばす必要はさしあたりないからである。またこの場合の限定は、「このような事情の存する場合にのみ」ということではなく、「少なくともこのような事情の存する場合には」というニュアンスであって、今後別の形で調査義務違反が問題となるときに本判決が市町村選管側に有利に援用されることはありえないと思われる。

(6)　迅速な裁判の必要性

本判決後、差戻審の大阪高裁は、昭和六〇年四月一九日に判決を下し、Xらの主張を全面的に認め、本件選挙を無効とした。これに対して県選管は上告しない旨決定したため、右判決の確定後再選挙が行われることが見込まれたが、四月三〇日、T町議会は判決確定前に自主解散を決議し、公選法三三条二項に基づく出直し選挙が行われることになったと伝えられている。本件においては、最高裁による新しい判断もあって、最終的な決着までに時間がかかったのはやむをえない面もあるが、実質的に三年五か月にわたり違法な選挙に基づく議会が存在しつづけたことになる。選挙無効訴訟については、その早期決着が強く望まれることを、この機会に改めて指摘しておきたい。

（判例評論三二〇号（判例時報一一六〇号）、一九八五年。題名変更）

Ⅳ　家族旅行・慰安旅行等と不在者投票事由

――昭和五六年七月一四日最高裁第三小法廷判決（判例集不登載）――

一　要　旨

該家族旅行・慰安旅行等について、公選法四九条一項二号所定の不在者投票事由にあたるものとした原審の判断は正当である。

二　事実の概要

昭和五二年一〇月二三日に施行された埼玉県下N町の町長選挙はAとBの間で争われ、投票総数五八〇三票のうち、Aの得票二八八一票、Bの得票二八五三票で、二八票差をもってAが当選した。しかるに、右選挙における選挙人Xらは、右選挙には選挙管理規定違反があるとして、N町選挙管理委員会に対して選挙無効の異議を申し立てた。しかし同選挙管理委員会は申立て棄却の決定を行い、つづいて審査請求を申し立てられた埼玉県選挙管理委員会（被告）も、Xらの申立てを棄却する旨の裁決を下した。そこでXらは、右裁決の取消しと選挙無効を求めて裁判所に出訴した。

Xらの右選挙に関しての違法の主張は、公職選挙法二九条、五八条、四九条、六条違反等多岐にわたるが、第一審判決（東京高判昭和五四年九月二六日）は、四九条違反の主張の一部のみを認め、他の主張はすべて排斥するとともに、四九条違反が一部認められるとしても選挙の結果に異動を及ぼすおそれがあるとはいえないとして、Xらの請求を棄却した。すなわち、右選挙においては一四四人の不在者投票があったのであるが、そのうち公職選挙法四九条一項各号所定の事由に該当しないものが七二人も存在するというXらの主張に対し、第一審判決はそのうち六人について不適法と認めたが、残りの者については適法であり、結局二八票差であった選挙の結果に影響はないと判断したのであった。

そこでXらは上告したが、右の点に関する上告理由は、要するに、家族旅行や慰安旅行までも不在者投票事由に該当するというのは甘すぎ、厳格解釈を旨とすべき公職選挙法四九条一項二号の解釈・適用を誤った違法があるというものであった。

三　判決理由

「原審が適法に確定した事実関係のもとにおいて、家族旅行その他所論の選挙人の申し立てた旅行が、社会通念に照らして付き合い、儀礼等の理由から社会生活上必要な用事のためであるか又は本件選挙の当日以外に日程を変更することが著しく困難な用事のためであって、公職選挙法四九条一項二号所定の不在者投票事由に該当するものとした原審の判断は、正当として是認することができ、原判決に所論の違法はない。」

裁判官全員一致の意見で上告棄却（寺田治朗、環昌一、横井大三、伊藤正己）。なお、伊藤裁判官の補足意見が付されており、家族旅行等を不在者投票事由として認めることは正当であるが、選挙管理者は審査を厳正にしなければならず、取扱いが安易に流れぬよう戒意すべきだと述べている。

【参照条文】　公職選挙法四九条一項二号、同施行五二条

四　分　析

選挙における投票に関して、公職選挙法は選挙当日の投票所における投票制度を原則として採用し（四四条）、その例外として不在者投票制度を設けている（四九条）。その不在者投票事由の一つとして、「選挙人がやむを得ない用務又は事故のためその属する投票区のある市町村の区域外に旅行中又は滞在中であるべきこと」が挙げられているが（同条一項二号）、この事由によって不在者投票を行おうとする選挙人は、「当日自ら投票所に行って投票しえない事由」を申し立て、それが真正であることを誓う旨の宣誓書を提出することになっている（令五二条）。以前には不在者投票事由の存在を証明する証明書の提出が要求されていたが、昭和四五年の施行令改正によって現行のように改められ、不在者投票の手続が簡素化された。

さて、現行制度の下で観光旅行等が不在者投票事由にあたるか否かが争われた事件が以前にもあり、つぎのように判示する高裁判決があった（仙台高判昭和五二年三月二九日判時八五九号三〇頁）。

「不在者投票の事由については、公選法四九条一項二号が『やむを得ない用務又は事故……』と厳格に定めている趣旨にてらし、その旅行の用向は真摯であり、かつ選挙人の裁量によっては変更できない生活上やむを得ない事由であることを必要とするものというべきであり、右の用向がやむを得ないと判断される程度に記載されている場合は別として、単なる私事旅行、観光旅行等はたとえグループ旅行であっても不在者投票事由としては不適法であるといわざるをえない。」

しかし最高裁は、この判決には宣誓書の記載だけで適法・不適法の判断をしている点で審理不尽の違法があるとし、破棄差戻し判決を下した（最三小判昭和五二年一一月八日民集三一巻六号八七二頁）。

「選挙人の〔不在者投票事由〕申立ては、法令上その方式についてなんらの定めもないから、必ずしも書面によることを要せず、口頭によることも差しつかえなく、右申立てが書面でされた場合にその記載の不備な点を口頭で補足説明することももとより妨げないものである。また……宣誓書には右申立てにかかる事由が一見して法定の不在者投票の事由に該当することが明白な……程度に完全な記載がされることを要求しているものとまでは解されない。」

高裁判決には、観光旅行等はそもそも真摯な用向きにあたらず、不在者投票事由とはなしがたいというニュアンスを読みとれなくもないが、最高裁がこれを審理不尽としたとき、そこにはすでに、観光旅行等であっても「やむを得ない用務」に該当する場合があるという判断が前提にすえられているとみることができる。

不在者投票については、あくまで例外的な制度であるからそれなりのけじめをつけ、また不正行為を防止するために、厳正な審査が要請される面があることは否定できないが、憲法の選挙権の保障は、今日の社会事情に照らして選挙人が通常の社会生活の営みのなかで格別の無理をせずとも投票できる制度を要請しており、それに応えての不在者投票制度だと考えれば、「やむを得ない用務」の要件についても社会の事情に即応した柔軟な解釈がとられてしかるべきであろう。そして、今日の社会通念に照らし、観行旅行等も「やむを得ない用務」に該当する場合があるとの判断は、きわめて常識的な判断に属することは疑いないように思われる。そのうえで取扱いが安易に流れないよう戒意を促す伊藤補足意見もまだきわめて常識的な説示であり、異論をはさむ余地はないように思われる。

本判決は原審の法解釈・適用を正当としただけのものであり、しかもそれは従来の最高裁判例の趣旨からも推し測れるものだっただけに、あえて民集に登載するまでもないとされたのであろう。しかし、公職選挙法四九条一項二号の解釈上の論点に明確な解答を与えたものとしてそれなりに重要な意義をもつものであり、民集登載に値する判例だったようにも思われる（なお、田村悦一「不在者投票事由の認定の当否」民商七九巻三号一一頁、拙論「選挙に関する憲法上の原則」公法四二号六〇頁、参照)。

(民商法雑誌八六巻二号、一九八二年)

＊　本文の公職選挙法四九条一項の規定は、平成一〇年に一部改正され、二号の「やむを得ない」の文言は削除された。

V　不在者投票管理者の立会人兼任と選挙の違法・無効

――昭和五八年四月一日最高裁第二小法廷判決（判例集不登載）――

一　事実の概要

昭和五四年四月に執行された福島県H村長選挙において、四選を目指す当時の現職候補が対立候補を一八四票差で破り当選したが、同選挙の選挙人Xら（原告・被上告人）は選挙の無効を主張し、村選管・県選管への不服申立てを経て、県選挙管理委員会（被告・上告人）を相手に選挙無効確認などを求める本件訴訟を提起した。Xらの主張は、同選挙の不在者投票には投票管理者が立会人を兼ねるという違法があり、不在者投票二四六票は無効、しかもそれは同選挙での当落の得票差を上回るものであるから選挙も無効という趣旨のものであった。

原審はXらの主張を容れ、選挙無効の判決を下したので（仙台高判昭和五七年一〇月二九日）、それに対して県選挙管理委員会が上告していた。なお原審はつぎのような事実認定に基づき兼任にあたると判断していた。①不在者投票事務には村職員AとBが携わり、Aは一九二票につき、またBは五四票につき、それぞれ立会人となった。②Aが立会人となったときは、Bが投票用紙と投票用封筒を交付し、Aが記載済み投票用紙の封入の仕方を指示説明した。③Bが立会人となったときは、Bが選挙人から封入済み投票用封筒を受け取り、Aが立会人となったときは、Aが選挙人から封入済み投票用封筒を受け取った。④Aは自己が立会人となった二票についてその投票用封筒に投票年月日を記載、また四票について候補者の氏名の代理記載をしている。⑤AがBの不在中に単独で選挙人に投票用紙と投票用封筒を交付するとともに立会人となり、選挙人から封入済み投票用封筒を受け取ったものが少なくとも一〇件はある。

上告理由において上告人は、Bが立会人となった五四票については争わず、Aが立会人となった一九二票についてだけ争った。

二　判　旨

上告棄却。

「右認定は、原判決挙示の証拠関係に照らし、是認することができないではない。」

「右認定の事実関係によれば、Aは、自己がその立会いをした不在者投票一九二票のすべてについて、同時にその不在者投票管理事務の補助執行に兼ねて従事したものであるから、右一九二票の不在者投票は、実質的には立会人を欠いたものとして、公職選挙法四九条、同法施行令五六条一、二項に違反し無効のものというべきであ〔る〕。」

「〔それに当事者間に争いのないBの場合の五四票を加えた〕無効票合計二四六票は本件選挙の当選人とされている者と次点者の得票差一八四票を上回るものであるから、右違法な不在者投票の存在は本件選挙の結果に異動を及ぼすおそれがあることは明らかであって、本件選挙は無効であるといわなければならない。」

三　解説

公選法及び同法施行令は、不在者投票は不在者投票管理者の管理のもとに行うものとし、その際不在者投票管理者は、当該市町村の名簿に登録されている者を立ち会わせなければならないものとしている（公選法四九条、同法施行令五六条一・二項）。そして右の不在者投票管理者は、不在者投票に関する事務を管理執行する執行機関であり、これに対して立会人は、選挙が自由かつ公正に行われるよう不在者投票事務の執行を監視する監視機関である。したがって、右両者のこのような立場の違い、そして公選法及び同法施行令が性格の異なるこの両者を不在者投票に必置の機関とし、もって選挙の自由と公正を確保しようとしている趣旨にかんがみれば、同一人が右両者の地位を兼ねることは法律上許されないものと解するのが相当である。

実は右の文章は最高裁昭和四九年一一月五日第三小法廷判決（民集二八巻八号一五四三頁）からの引用であるが、この論旨にはほとんど異論をはさむ余地がないように思われる。上告人もこの判例を意識しており、兼任も許されるという主張ではなく、本件の場合は兼任にあたらないという争い方をしている。上告人が頼りにしたのは、不在者投票事務従事者が立会人になることも違法とはいえないとした判例（最判昭和三六年六月九日民集一五巻六号一五五八頁）であった。たしかに不在者投票の立会人については、選挙当日の投票所における立会人についてのような厳格な規定（法三八条）はなく、不在者投票事務従事者が立会人となることも禁止されているとはいえない。しかしその場合には、投票管理の補助執行者としての立場と立会人としての立場とがはっきり区別されなければならず、両者の立場を同時に兼ねることは許されない。そのことを改めて確認した点に本判決の意義があろう。

なお、判決当日の新聞報道によると、村長の任期満了に伴う選挙がすでに統一地方選の日程に組み込まれており、選挙無効が確定したとはいえ実質的には再選挙は行われず、ただ一月弱の村長不在期間が生じただけにとどまった。「百日裁判」(法二一三条) の形骸化について改めて考えさせられる。

(法学教室三四号、一九八三年)

＊　本文の公職選挙法四九条一項の規定は、平成一〇年に一部改正されたが、本文の内容に直接かかわるものではない。

Ⅵ　不在者投票立会人につき選挙管理の違法を認めた事例

――平成二年四月一二日最高裁第一小法廷判決（民集四四巻三号四八〇頁）――

一　判決要旨

不在者投票の立会人が、立会いをしつつ併せて不在者投票事務の補助執行に従事していたため、立会人の監視機関としての役割を十分に果たすことができない状態にあったときは、その間にされた不在者投票は、公職選挙法四九条一項、同法施行令五六条一項、二項の規定に違反した違法のものというべきである。

二　事　実

昭和六二年六月二八日に施行された鹿児島県O郡S村の村長選挙は、訴外A、Bの間で当落が争われ、Aが七三七票、Bが七三五票をそれぞれ得票し、Aが当選人と決定された。しかし、当該選挙における不在者投票のうち、S村役場庁舎二階会議室の投票記載場所では五日間にわたり一五八名が不在者投票を行ったが、この不在者投票に際し、訴外S村選挙管理委員CとDはそれぞれ同選挙管理委員長たる不在者投票管理者の執行する不在者投票事務を分担・補助しながら立会人として不在者投票手続に立ち会っていた。すなわち、Cは、不在者投票を許可された選挙人に対して投票用紙、投票用封筒の点検・交付、投票方法の説明、投票後の封筒の署名確認という事務を行いながら、不在者投票手続に立ち会い、またＤは、宣誓書記載の不在者投票事由の有無の審査を行いながら、Ｃが中座している間、同じく不在者投票手続に立ち会っていた。

そこで本件選挙の選挙人Ｚら（補助参加人）が、訴外Ｓ村選挙管理委員会に選挙無効を求める異議申立をしたが、棄却されたので、さらに鹿児島県選挙管理委員会Ｙ（被告・被上告人）に審査の申立をしたところ、Ｙは本件選挙を無効とする旨の裁決を下した。これに対して今度は選挙人Ｘら（原告・上告人）が、本件選挙は有効であると主張して、Ｙの下した裁決の取消しを求める訴えを提起した。

原審判決（福岡高裁宮崎支判平成元年九月二七日民集四四巻三号五〇四頁）は、右記のように事務補助者が立会人を兼ねた事実を認定し、それは違法であり、選挙の結果に異動を及ぼす虞のあるものだから、本件選挙を無効としたＹの裁決は正当だとしてＸの請求を棄却した。

三　上告理由

立会人が不在者投票管理者を兼ねることは違法であるが、不在者投票に従事する者が不在者投票の立会人を兼ねることは違法ではない、というのが最高裁判例である。したがって、「立会人が不在者投票管理事務を補助すること自体は直ちに違法となるものではなく、違法となるのはもっと範囲が限定され、特定の選挙人の不在者投票において立会人がその選挙人に関する不在者投票事務の監視の職務を遂行しながら、同時に当該投票事務の執行にあたることは違法であると解すべきである。」「すなわち、この場合はある事務について監視すべき職責にある立会人がその事務を執行したということで、見るものが又見られるものになるという論理矛盾を生じ、実質上立会人を欠くことになるので違法となるのである。」　それにあたるかどうかを具体的に検討する必要があり、検討すると本件の場合、右のような兼務にはあたらないと解されるところ、原判決はそのような解釈をとらず、簡単に違法と断じている点に法令解釈の誤りがある。

四 判決理由

「公職選挙法四九条一項、同法施行令五六条一項、二項によれば、不在者投票は、不在者投票管理者の管理する投票を記載する場所において行うものとされ、その場合、不在者投票管理者は、選挙権を有する者を立ち会わせなければならないものとされている。立会人は、不在者投票事務の執行を監視する機関であって、不在者投票管理者は、不在者投票事務を執行するに当たっては、右規定に従い、必ず選挙権を有する者を一名以上立ち会わせなければならないものである。」「公職選挙法は、選挙管理委員会の委員、書記等が不在者投票の立会人となることを禁止していないが、同法及び同法施行令が、執行機関である不在者投票管理者のほかに監視機関である立会人を置くこととして選挙の自由と公正を確保しようとしている趣旨にかんがみれば、選挙管理委員会の委員、書記等で立会人に選任された者が、不在者投票の立会いをしつつ、併せて不在者投票事務の補助執行に従事していたため、立会人の監視機関としての役割を十分に果たすことができない状態にあったときは、その間にされた不在者投票は、実質的には立会人を欠いたものとして、それだけで右公職選挙法及び同法施行令の規定に違反した違法のものというべきである。そして、右違法な不在者投票の存在は、当該地方公共団体の長の選挙における当選者と次点者の各得票数の比較と相まって、選挙の結果に異動を及ぼすおそれのあるものといわなければならない。」

裁判官全員一致の意見で上告棄却（大内恒夫、角田禮次郎、四ツ谷巖、大堀誠一、橋元四郎平）。

【参照条文】 公職選挙法四九条一項、公職選挙法施行令五六条一項、二項判旨は正当である。

五　批　評

(1)　従来の判例

判旨にあるように不在者投票管理者は、不在者投票に当たって必ず立会人を立てなければならない。そしてこの両者の関係については、「不在者投票管理者は、不在者投票に関する事務を管理執行する機関であり、これに対して立会人は、選挙が自由かつ公正に行われるように不在者投票事務の執行を監視する監視機関である。したがって、右両者のこのような立場の違い、そして公選法及び同法施行令が性格の異なるこの両者を不在者投票に必置の機関とし、もって選挙の自由と公正を確保しようとしている趣旨にかんがみれば、同一人が右両者の地位を兼ねることは、法律上許されないと解するのが相当である」というのが従来の判例の立場である（最判昭和四九年一一月五日民集二八巻八号一五四三頁。なお、楠正純「判例批評」民商七三巻二号二五八頁以下参照）。そして、このように両者の立場の違いを厳格に解することには、その理由とともにほとんど異論をはさむ余地がないように思われる。

(2)　不在者投票立会人制度の問題点

もっとも、これまた判旨にあるとおりに、公職選挙法は、選挙管理委員会の委員、書記等が不在者投票の立会人となることを禁止していない。不在者投票の場合の立会人について、施行令五六条二項は「選挙権を有する者」とだけ規定しており、選挙当日の投票所における立会人についての法三八条のような詳細で厳格な規定にはなっていない。そこで、不在者投票事務従事者が立会人になることも違法とはいえないとした判例がある（最判昭和三六年六月九日民集一五巻六号一五五八頁。なお、田村浩一「判例批評」民商四六巻一号一〇一頁以下参照）。その事件において認定された事実は、不在者投票が市選挙管理委員会の委員長室において、委員長またはその代理委員の面前で、甲が立会人となり、事務の大半については乙・丙の補助執行により行われたが、甲が選挙事務の一部を執行したこともあるというものであった。そして判決は、「かかる者が投票に立ち会うことは、立会の趣旨から言って望ましいことでないことは勿論であるが、不在者投票が連日行なわれること、その立会人の選任手続について公職選挙法三八条のような厳格な規定がないこと、及び法令に規定する不在者投票立会人の職務等について考慮し、かつ、かかる者の立会を禁止する趣旨の規定がないことにかんがみれば、甲の立会をもって違法と断定することはできない」というものであった。投票立会人は、投票事務の執行を監視し、選挙の公正を確保するために置かれるものであって、そのため公職選挙法三八条は投票当日の投票所における立会人については詳細で厳格な規定を設けているが、不在者投票についてはそのような厳格な規定は置かれていない。これはあくまでも選挙当日の投票所での投票という原則の例外として認められている制度なので、短時間に大勢の選挙人が投票することを予想しておらず、立会いの制度は比較的簡便なもので足りるというのが法の趣旨であろう。しかしそれにしても、同一人が立会人となったり事務補助者となったりすることは、紛らわしくもあり、ひいては公正を損なうおそれもないわけではなく、この判決にも、「違法とまではいえないが、望ましくない」というニュアンスが十分にうかがわれる。

(3)　立会いと投票管理事務執行の峻別

その趣旨は、その後、右に紹介した昭和四九年判決において、立会人の立場と投票管理者の立場は厳格に区別されなければならず、同一人が両者を兼ねた場合には違法だとの明確な判旨となって表れたということができる。その事件は、不在者投票管理者の不在中ただ一人で不在者投票事務を管理執行していた補助執行者が立会人を兼ねたというものであるが、判決は、先の紹介部分に続いてさらにつぎのように述べている。「不在者投票管理者が不在で、ただ一人の補助執行者によって不在者投票事務の管理執行がされている場合には、右補助執行者は実質上の不在者投票管理者というべきであるから、かかる補助執行者が同時に不在者投票の立会人を兼ねることは、右と同じ理由により、許されないものというべきである。」「そして、不在者投票管理者又は右のような実質上の不在者投票管理者たる補助執行者が立会人を兼ねた間にされた不在者投票は、実質的には立会人を欠いたものとして、……公選法四九条、同法施行令五六条一、二項に違反した違法のものといわなければならない。」

ここでは、事務補助執行者が実質的な不在者投票管理者とみなされる場合について判断しているので、不在者投票管理者の面前で事務補助執行者が立会人を兼ねる場合についての判断はなお留保されているように読めなくもないが、むしろ事務補助執行は管理者の立場で行われるものなので、そのような立場と立会人の立場とは両立しないことを明らかにしたものと読むべきであろう。そうだとすれば、それは本件判決と同趣旨のことをすでに判示しているものといえよう。その後の最高裁判決には、特に理由を説明しないで、「甲は、自己がその立会いをした不在者投票一九二票のすべてについて、同時にその不在者投票管理事務の補助執行に兼ねて従事したものであるから、右一九二票の不在者投票は、実質的には立会人を欠いたものとして、公職選挙法……に違反し無効のものというべきである」と判示したものがある（最判昭和五八年四月一日判例集不登載――拙論「不在者投票管理者の立会人兼任と選挙の違法・無効」法教三四号八五頁〔本書第四部Ｖ〕参照）。このように、事務補助執行と立会いを兼ねることはすでに違法だという判断が示されているのである。ちなみにその原審判決（札幌高判昭和五九年五月二九日判タ五三四号一三三頁）は、「不在者投票事務従事者がある投票者につき立会人となった場合には、その投票者の投票管理事務には関与してはならないのであり、また、投票事務従事者が二人投票所にいる場合に、その投票に訪れた投票者についての投票管理事務と投票の立会とをその二人が同時にしかも混然と行なったときは、その一方が投票管理事務執行者であり、他方が立会人であったと擬制することは許されないというべきである」と判断していた。その立場を最高裁も格別に理由を付け加えることもなく受け入れているのである。

本件判決は、このような基本的立場を踏襲しているといえる。そして本件判旨は、「立会人の監視機関としての役割を十分に果たすことができない状態にあった」という実質面よりも、むしろ「選挙管理委員会の委員、書記等で立会人に選任された者が、不在者投票の立会いをしつつ、併せて不在者投票事務の補助執行に従事していたため」という形式的な面が決め手とされているとみるべきであろう。すなわち、同一人が二つの立場を同時に兼ねることは、自動的に監視機関としての役割に欠陥を生じさせるという考え方を示したものであると思われる。いずれにせよ選挙の公正の確保という観点から、立会いの制度につき、法制度の枠内で高度の厳格性を要求したものである。それは最高裁の従来の立場を踏襲しており、またそれが正当な立場であることはすでに再三述べてきたとおりである。

(4)　問題の未然の予防策

上告人は法令解釈の違法を主張しているが、それは要するに同一人がAの投票につき立会人と事務補助執行者を兼ねることは許されないが、Bの投票の事務執行補助をしながらAの投票の立会いをするのは兼務にはあたらないという主張のようである。たしかにこのような解釈も従来の判例の基本線上で成り立つ余地がないとはいえない。しかし従来の判例の読み方としては、立会人は立会人としての立場を形式的にも実質的にも満たす状態になければならないという点を最も強く読みとらなければならないのであって、本件判決の線は当然予想されてしかるべきものであったと思われる。上告人の主張は形式論に過ぎるように思われるが、弁護の方法としては他に適当なものは見当たらなかったということであろう。

ただ、事務補助執行者が立会人になる場合を認めると、実際にはどうしても紛らわしい事態が生じることを避けられないであろう。本件のような争いを未然に防ぐためには、少々無駄に感じられることがあっても、なるべく別の立会人を用意すべきであろう。

ちなみに、自治省選挙部が市町村選挙管理事務担当者のために編集した『不在者投票事務ノート』（平成元年四月、地方財務協会発行）は、立会人につき、問答形式でつぎのように記している。「不在者投票をするときは立会人の立会いが必要である。⑴だれが選ぶか――不在者投票管理者である。⑵立会人の資格は――選挙権を有するものであればよい。⑶何人が必要か――数には制限はないが最低一人を選ぶこと。なお、立会人は、不在者投票管理者若しくはその事務補助者又は代理投票の補助者と兼ねることはできない。⑷（名簿登録地の市町村の選挙管理委員会における不在者投票の場合）立会人は、……不在者投票手続全体に立ち会うのであるが、……実際上は投票用紙の点検等は……不在者投票のための投票用紙の請求、交付の手続の中で合わせ行われるので、その手続にも立会することが必要である。（名簿登録地以外の市町村の選挙管理委員会における不在者投票の場合）立会人は、選挙人による投票用紙の提示後、選挙人の確認から送致のために受理されるまでの投票の全手続に立会をする。」（三一頁・四三頁）。この⑶にあるように、実務においては、兼務はできないという行政指導が行われているようである。

⑸　本件の選挙無効原因該当性

なお本件の場合、違法とされた不在者投票数が一五八票で、当選人と落選者との得票差二票を大きく上回っているから、その違法が選挙無効原因になることについては格別問題がなく、この点について特に論評する必要もないであろう。

（民商法雑誌一〇三巻六号、一九九一年。題名変更）

＊　本文の公職選挙法四九条一項の規定は、平成一〇年に一部改正されたが、本文の内容に直接かかわるものではない。

Ⅶ　選挙公報の発行と候補者提出原文の訂正の可否

――昭和六一年二月一八日最高裁第三小法廷判決（判例集不登載）――

一　要　旨

候補者の提出した選挙公報掲載文の内容に虚偽の部分があるとしても、特段の場合を除き、選挙管理委員会は自らこれを訂正すべき権限も義務も有せず、それをそのまま掲載した選挙公報の発行は、公職選挙法二〇五条一項にいう選挙の規定違反にあたらない。

二　事実の概要

昭和五九年一〇月一四日施行の埼玉県加須市長選挙に関し、同市選挙管理委員会は、候補者から提出された掲載文をそのまま掲載した選挙公報を発行した。ところが選挙後、選挙人Xらは、右選挙公報に掲載された訴外A候補（当選）の略歴中に学歴詐称があり、そのため選挙の自由公正が著しく阻害されたと主張し、市選挙管理委員会への異議の中立て（棄却）、県選挙管理委員会Yへの審査の中立て（棄却）を経て、Yの下した棄却裁決の取消しと右市長選挙の無効の判決を求める訴えを東京高裁に提起した。

東京高裁昭和六〇年八月七日判決（判時一一六二号三九頁）は、まず加須市選挙公報発行条例が候補者の掲載文を原文のまま選挙公報に掲載しなければならないと定めていることから、仮に掲載文中に虚偽の記載があるとしても市選挙管理委員会としてはその掲載を拒否できず、また訂正を促す権限も義務もないと解すべきであるとした上で、市選挙管理委員会が候補者の提出した掲載文をそのまま掲載し発行したことは、選挙の管理執行手続に関する規定に違反するものということはできず、また候補者の学歴は選挙人が候補者を選択する一つの参考資料に過ぎないのが通常であり、虚偽学歴の掲載された選挙公報の配布によって選挙人全般の自由な判断による投票が阻害されたともいえない、としてＸらの請求を棄却した。

これに対してＸらは、市選挙管理委員会には虚偽の掲載文について修正義務があること、本件選挙においては学歴は重要な判断資料であり選挙人の自由な判断による投票が阻害されたこと、本件の学歴詐称は虚偽事項記載の程度が極めて重大・悪質であり選挙全体の自由公正に重大な影響を及ぼす特別の事情が存する場合にあたることなどを主張して、さらに上告した。

三　判決理由

「公職選挙法二〇五条一項にいわゆる選挙無効の要件としての『選挙の規定に違反すること』とは、主として選挙管理の任にある機関が選挙の管理執行の手続に関する明文の規定に違反すること、又は直接そのような明文の規定がなくとも、選挙の管理執行の手続上、選挙法の基本理念たる選挙の自由公正の原則が著しく阻害されることを指称し、選挙人、候補者、選挙運動者等の選挙の取締りないし罰則規定違反の行為のごときは、これに当たるものではない。」「もっとも、かような違法行為でも、そのために選挙地域内の選挙人全般がその自由な判断による投票を妨げられたような特段の事態を生じた場合には、選挙の自由公正が失われたものとして、あるいは選挙を無効としなければならないことも考えられないではない。」

「公職選挙法一七二条の二及び一六九条二項は、選挙管理委員会が選挙公報を発行する場合には、候補者から提出された氏名、経歴、政見等の掲載文を原文のまま選挙公報に掲載すべきものと規定し、同法一七二条の二の規定に基づき制定された加須市選挙公報発行条例の四条一項も、候補者から提出された掲載文を原文のまま選挙公報に掲載すべきものと規定し、さらに同条例に基づき制定された加須市選挙公報発行規程の七条一項は、選挙公報は候補者から提出された掲載文を写真製版により印刷するものとすると規定している。このように、候補者から提出された掲載文をそのまま選挙公報に掲載すべきものとしているのは、選挙管理委員会において候補者の経歴、政見等の内容を審査検討して掲載の許否を決しうるものとするときは、候補者の経歴、政見等の発表の自由を侵害し又は侵害するおそれがあり、候補者の選挙活動に対し不当な制限、干渉を加える結果となりかねないばかりでなく、ひいては選挙の自由公正を害するに至るべき危険が存するため、選挙管理委員会の介入を禁止しているのである。したがって、候補者の提出した掲載文の内容に虚偽の点が存したとしても、その内容自体が甚だしく公序良俗に反することが客観的に明白であり、これを公表することが条理上許されないものと解すべき特段の場合は格別、選挙管理委員会としては、候補者に対し任意の訂正を勧告することはともかくとして、自らこれを訂正すべき権限も義務も有しないものといわざるをえない。」

「原審の適法に確定するところによれば、加須市選挙管理委員会は、A候補者から提出された掲載文を原文のまま本件選挙公報に掲載しこれを発行した、というのであり、それが右の特段の場合に当たらないことは明らかであるから、仮にその掲載に係る同候補者の学歴に虚偽の点が存したとしても、選挙の管理執行手続に関する規定に違反するところはないものというべきである。また、右の虚偽事項掲載に関する上告人らの主張を考慮したとしても、本件選挙公報の発行によって選挙人全般の自由な判断による投票が阻害されたとは到底考えられない。したがって、本件選挙を無効ならしめるものでないといわざるをえない。」

裁判官全員一致の意見で上告棄却（長島敦、伊藤正己、安岡満彦）。

【参照条文】　公職選挙法一六九条二項・一七二条の二・二〇五条一項

四　分析

（1）　公選法二〇五条一項の解釈

判旨の最初に示されている公選法二〇五条一項の解釈は、最高裁が一貫してとっている解釈であり（最一小判昭和二七年一二月四日民集六巻一一号一一〇三頁、最一小判昭和五一年九月三〇日民集三〇巻八号八三八頁、最一小判昭和五五年二月一四日判時一〇一二号五五頁）、学説においてもほとんど異論なく支持されているところである。さらに、候補者等の違反行為も場合によっては選挙無効原因たりうるという留保が付されているが、かかる留保は民集登載の判例だけからはよく確認できないものの、最高裁の先例の三分の一に付されているといわれる（泉徳治「時の判例・解説」ジュリ八六一号一一三頁）。本件においては、仮に選挙管理委員会の違反行為でなくても選挙の自由公正が著しく損なわれた特段の場合だという主張が上告理由に含まれているとみて、それに答えたものと思われる。ただしこの留保は「考えられないではない」という程度にとどまっており、ことさら違反者の範囲の拡大に積極的態度を示したものとはいえまい。いずれにせよ公職選挙法二〇五条一項の解釈に関しては、判旨は従前の判例を踏襲したにとどまる。

（2）　判決の評価

候補者の提出した掲載文は原文のまま選挙公報に掲載されるべきであり、たとえ虚偽の記載等があっても、選挙管理委員会はそれを修正する（ないし修正を求める）権限も義務もないという解釈は、従来の高裁判例では一貫して採用されてきたところである（本件原判決のほか、東京高判昭和三五年九月一九日行裁例集一一巻九号二五一九頁、大阪高判昭和四三年一月三一日判タ二二一号一九頁等参照）。最高裁判決として直接正面からこの点を扱ったのは本件判決が初めてのようであるが、最高裁昭和五一年九月三〇日第一小法廷判決（民集三〇巻八号八三八頁）は、公職選挙法一四三条一項五号の選挙運動用ポスターの記載内容に関し、法一六九条二項をも引合いに出しながら、選挙管理委員会がその当否を審査し、その取消し又は修正を命ずることを認めない趣旨であると解している。そしてその実質的理由として挙げられていることは本件判決のそれと一致する。本件判決は、その限りでは従前の判例の立場を、選挙公報の掲載文に対する選挙管理委員会の権限と義務という点にしぼって、改めて確認しただけのものということができよう。

ただし本件判決には「その内容自体が甚だしく公序良俗に反することが客観的に明白であり、これを公表することが条理上許されないものと解すべき特段の場合は格別」という留保が付けられ、その留保にそった判断がなされている。本件の場合は特段の場合に当たらないと解されたし、その結論は妥当だといえるが、もしこれが判断基準として新たに意識的に導入されたものだとすると、その用い方如何によっては候補者の自由な意見への干渉を認容する方向に作用するおそれなしとしない。政見放送に関してであるが、その一部削除を適法とした高裁判決が最近下されていることでもあり（東京高判昭和六一年三月二五日判時一一八四号四六頁）、注意を要する点だと思われる（なお本件の原審判決につき、拙評（判時一一七七号一八八頁〔本書次項〕）を参照頂ければ幸いである）。

（民商法雑誌九五巻三号、一九八六年）

Ⅷ　市長選挙候補者学歴詐称事件判決

――昭和六〇年八月七日東京高裁判決（判例時報一一六二号三九頁）――

一　事　実

昭和五九年一〇月一四日施行のK市長選挙の選挙人Xらは、同選挙の際選挙公報に掲載され選挙人に配布された訴外A候補（当選）の略歴には学歴詐称があり、ために選挙の自由公正が著しく阻害されたので、右選挙は無効であるとして、K市選挙管理委員会に異議を申し立てたが、棄却され、さらに県選挙管理委員会Yに審査の申立てをしたが、棄却の採決を下された。そこでXらは公選法二〇三条に基づき、Yを相手どって、Yの下した右裁決の取消しとK市長選挙の無効の判決を求める訴訟を提起した。

Xらの主張によると、選挙公報に掲載されたA候補の略歴には「旧制F中・H大卒」とされていたが、A候補には両校を卒業した事実はなく明らかな学歴詐称であるところ、K市選管はこの事実を容易に確認できたはずであるのに、選挙公報の発行にあたり事前に注意を与え修正を促すことをせず、虚偽の学歴をそのまま選挙公報に掲載し、さらに選挙公報発行時に選挙人からA候補の学歴に誤りがある旨の指摘があったにもかかわらず修正措置を講じなかった。このようなK市選管の行為は、選挙の規定に違反し選挙の自由と公正を著しく阻害するものである。そしてまた選挙公報は、選挙人にとって候補者選択の唯一の判断資料となっているところ、学歴偏重の現代社会において、候補者の各学歴は選挙人の審判に重大な影響を与えたことは明らかであり、選挙の結果に異動を及ぼす虞があった場合に該当するというのである。

これに対してYは、K市選挙公報発行条例二条ないし四条の規定によれば、候補者の掲載の申請を受けたK市選管は、候補者の掲載文を原文のまま選挙公報に掲載しなければならない旨定められており、K市選管は、候補者の申請した掲載文中に仮に虚偽の事項に属するものがあったとしても、その掲載を拒否し、あるいは掲載文を訂正する権限を有しないのはもちろん、そのような必要も義務もないのであるから、選挙の規定違反に当たらないと主張した。

二　判　旨

請求棄却。

「公選法二〇五条一項にいわゆる選挙無効の要件としての『選挙の規定に違反することがあるとき』とは、主として選挙管理の任にあたる機関が選挙の管理執行の手続に関する明文の規定に違反することがあるとき又は直接そのような明文の規定が存在しないが選挙の基本理念である選挙の自由公正の原則が著しく阻害されるときを指すものと解される。」

「ところで公報条例において、……候補者の経歴、政見等につき、候補者が提出した掲載文を原文のまま選挙公報に掲載するよう規定している趣旨は、民主主義社会においては、……選挙が自由かつ公正に行われることが肝要であるところ、市選管に候補者の経歴、政見等の内容を審査検討して掲載の許否を決することを認めては、市選管が候補者の政見その他の主張そのものに介入、干渉することになり、ひいては選挙の自由公正を害することになるので、これを禁じているものであって、市選管において候補者から提出された選挙公報掲載文に記載される事実であることを確認、保障することを本来の目的としているものではないものと解される。」

「これを本件についてみると、A候補の略歴中『旧制F中・H大卒』とある部分が、仮に原告ら主張のとおり虚偽であるとしても（選挙公報にはできる限り正確な記載がなされることが選挙の公正を保つことになるとの見地から、掲載文の内容が虚偽であることが一見して明らかであるような場合、あるいは、市選管が原告ら主張のような経緯でこれを知つたような場合等において、市選管が当該候補者に対して一応注意を与えその任意の修正を促すことが公報条例の規定に違反せず許されることがあるのは格別）、本件選挙公報の発行に際し、市選管が、A候補の前記略歴の掲載を拒否し、これを訂正し、あるいはその誤りを修正するよう促がす権限を有しないのはもちろん、その義務（必要）もないものと解すべきである。」

「したがつて、A候補の略歴中前記学歴事項が原告ら主張のとおり虚偽であつたとしても、市選管は、前記のとおり同候補者の提出した掲載文そのままを掲載したものであるから、選挙の管理執行手続に関する規定に違反するものということはできず、また、候補者の学歴は選挙人が候補者を選択する一つの参考資料にすぎないのが通常であるから、右虚偽事項の掲載された本件選挙公報の配布によつて、本件選挙人全般の自由な判断による投票が阻害されたともいえない。」

「なお、選挙公報に虚偽事項が掲載されていても、市選管においてそれを補正することが許されない趣旨が、前記のように選挙の自由公正を保障するためのものであつて、決して候補者が当選を得る目的で選挙公報を悪用することを認めるものではないことに鑑みれば、虚偽事項掲載の程度が極めて著大、悪質であり、選挙全体の自由公正に重大な影響を及ぼす特別の事情が存する場合には、本件選挙の無効を来す事由となりうると解する余地があるとしても、原告ら主張の事情をもつてしては、到底右特別の事情があるということはできない。」

三　評　釈

(1)　公選法二〇五条一項の解釈

判旨の最初の部分に示されている公選法二〇五条一項の「選挙の規定に違反することがあるとき」の解釈は、最高裁判例が一貫してとっている解釈であり（最一小判昭和二七年一二月四日民集六巻一一号一一〇三頁、最一小判昭和五一年九月三〇日民集三〇巻八号八三八頁）、また学説においてもほとんど異論なく支持されているところである（田中真次・選挙関係訴訟の研究（一九六六年）七二頁、金子正史〔右掲昭和五一年判決批評〕判時八四四号（一九七七年）四頁等参照）。評者としても格別異論はない。

(2)　公報条例の解釈

つぎにK市選挙公報発行条例四条の解釈であるが、これについても判旨正当と評価するほかない。公選法は一六七条から一七一条にかけて、衆・参両議院議員選挙ならびに知事選挙における都道府県選管の選挙公報発行義務、候補者による掲載文申請の方法、選挙公報発行の手続、選挙公報配布の方法等について定めているが、そのなかで一六九条二項は、「都道府県の選挙管理委員会は、……掲載文又はその写しを、原文のまま選挙公報に掲載しなければならない」と定めている。そして同法一七二条の二は、「都道府県の議会の議員、市町村の議会の議員及び市長村長の選挙（……）においては、当該選挙に関する事務を管理する選挙管理委員会は、第百六十七条から第百七十一条まで《選挙公報の発行手続》の規定に準じて、条例の定めるところにより、選挙公報を発行することができる」と定めており、K市選挙公報発行条例はこの規定に則り制定されたものであるが、その四条が、申請を受けた市選管は候補者の掲載文を原文のまま選挙公報に掲載しなければならない旨規定しているのは（評者には条文を直接確認する余裕がなく、判決において両当事者に争いがないと確認されているところに従う）、右公選法一六九条二項にならったものであることは明らかである。したがってその趣旨は右公選法の規定と同じ趣旨に解して妨げない。

そして候補者の申請した経歴、政見等につき原文のまま選挙公報に掲載すべきが法の趣旨だとする本判決の説示は、その実質的理由を必要かつ十分に示しているものであり、評者としては全く正当と評価するほかはない。それはまた今までの判例の立場を踏襲するものであり、格別新しい判断でもない。東京高裁昭和三五年九月一九日判決（行裁例集一一巻九号二五一九頁）は、「候補者が公職選挙法第百六十八条の規定に基き選挙公報に掲載を受くべくその申請をしたときは、都道府県の選挙管理委員会はその候補者の提出した掲載文を原文のまま選挙公報に掲載すべく、みだりに候補者の政見等の内容を審査検討してその掲載の許否を決するが如きことの許されないことは同法第百六十九条第二項の規定に照らし明らかである」と判示しており、また大阪高裁昭和四三年一月三一日判決（判タ二二二号一九六頁）は、本件と極めて類似した経歴詐称が争われた事件につき、「公報条例が、候補者の経歴、政見等を原稿の儘（かつ写真印刷して）登載させようとした本旨は、その準拠法と目すべき公職選挙法第一六九条第二項の規定の趣旨と同様、Ｏ市選挙管理委員会に候補者の経歴、政見等の内容を審査検討して登載の許否を決めさせては、究極において候補者の経歴、政見の発表の自由を阻害し、或は阻害するおそれがあり、延いては公職選挙法第一条のいう選挙が公明かつ適正に行われなくなり、民主政治の健全なる発達を防止することとなるので、これを禁じているところにある」、「かような見地から看ると、候補者Ｙの提出した……原稿中、経歴欄……〔の〕ある部分が、かりに原告指摘のとおり全く虚偽の事項に属するものであったとしても〔……〕、Ｏ市選挙管理委員会は、その登載を拒否し、或は原稿を訂正する権限は少しも存しないのは勿論、拒否、訂正する必要（ないしは義務）もないものと解するのが相当」と判示している。さらに前掲最高裁昭和五一年九月三〇日第一小法廷判決は、公選法一四三条一項五号の選挙運動用ポスターの記載内容に関しても、法一六九条二項を引合いに出しながら、選管がその当否を審査し、その取消し又は修正を命ずることを認めない趣旨であると解している。実は本件の挙げる実質的理由は、表現的にも右最高裁判決のそれとほとんど同じものになっている。ちなみに右最高裁判決は、全く同じＳ県Ｋ市の過去の市長選挙無効請求事件を扱っており、そこでは候補者のポスター文言を問題としてその取消しを執拗に求めた市選管の行為が違法とされ、選挙も無効とされた。何かの因縁を感じさせる（同判決を詳しく検討したものとして、金子正史の前掲判決批評を参照）。

なお、判旨の括弧書き部分の説示も、従来の判例が示しているものと同じである。右掲東京高裁判決は、「掲載文の内容が本件の場合におけるが如く一見して法令違反行為に該当する疑いがあること明白であるような場合において、選挙管理委員会が当該候補者に対し一応注意を与えその任意の修正を促すが如きことは毫も法律の禁止するところではないと解するのを相当とする」と述べている。もっともこの場合にも、注意を与えることが実質的な強制にならないよう十分な配慮が必要であるが、候補者の自由を損なわない程度においての注意も許されないと解するのは適切であるまい。しかし、公権力による注意や助言は事実上の強制につながることがあるから、それはあくまでも客観的に明白な誤りについて、それを単に指摘する程度にとどまらなければならないであろう。とまれ括弧書きの説示の部分も一般論としては正当といえる。

(3)　選挙公報の性格

以上、本判決のＫ市条例四条の解釈は正しく、選管の行為が「選挙の管理執行の手続に関する規定に違反すること」はないとする判断は正当であると評価したが、ではもう一つの「明文の規定が存在しないが選挙の基本理念である選挙の自由公正の原則が著しく阻害されるとき」にあたるかどうかの判断はどうであろうか。この点判旨は、「候補者の学歴は選挙人が候補者を選択する一つの参考資料にすぎないのが通常であるから」という簡単な理由だけを述べて、これにもあたらないと説示している。

思うに、候補者の主義・主張は選挙公報に掲載されていても、それが各候補者自身の主義・主張であることは選挙人にも十分分かっていることである。実現不可能な公約が掲げられていたとしても、主義・主張の問題である限り、その虚偽を見破るのは本来各選挙人に任せられている。また候補者の過去の政治的実績の記載に虚偽があるとしても、それもまた候補者の主義・主張の一環として通常は受けとめられ、これを見破るのも各選挙人に任せられたことである。そこまではほとんど問題はないと思われる。しかし生年月日、学歴、職歴などになると、これらは客観的な事実の記載であり、公の選挙公報に掲載されている以上、これらの部分は誤りがないと思い込む選挙人もいるのではないかと想像できる。そして学歴は、原告の主張するほど選挙人の判断に大きな影響を及ぼすとは思われないが、少なくとも判断の一つの要素には成りえているのであり、そうであればこそ公選法二三五条一項は虚偽事項の公表罪として、「当選を得又は得させる目的をもって公職の候補者又は公職の候補者となろうとする者の身分、職業若しくは経歴、……に関し虚偽の事項を公にした者は、二年以下の禁錮また又は十万円以下の罰金に処する」という規定を置いているのである。

そうだとすれば、虚偽の学歴を掲載した選挙公報の配布は、選挙人の判断を誤らせるおそれがあり、選挙の公正を害する行為に加担している面があることは、否定できないであろう。しかし公選法一六九条二項やK市条例四条の規定は、原文のままの掲載を要求しており、それが正当であることはすでに述べたとおりである。そして原文に虚偽の記戦がありうることは法が当然予想しえていることであるから、結局公選法は、選挙公報に関しては候補者の自由を最大限尊重することとし、虚偽の掲載に関しては別に虚偽事項の公表罪を設けて候補者を問責することによって、全体としての選挙の自由公正を確保しようとしているものと解される。したがって選管としては、選挙に関する啓発・周知活動（公選法六条）の一環として、選挙公報の掲載は候補者の原文のままであることを選挙人に周知させることをやれば必要十分であり、これが全体として選挙の自由公正を保つことになるのである。この点、判旨が、学歴は一つの参考資料に過ぎないという理由で片付けているのは、結論としては正当だと思われるが、理由付けがやや雑だという印象を免れない。仮に重要な判断要素だとしても選挙公報自体が一つの参考資料にとどまり、その掲載文の性格がすでに述べ来たったようなものである以上、原則として選挙の自由公正を著しく阻害する場合にはあたらない、というべきだったのではないかと思われる。判旨はなお書きにおいて、特別の事情が存する場合には選挙無効事由となりうると解する余地を留保しているが、逆に特別の事情が存在しない限り、学歴に限らず、全体として虚偽の内容を多く含む掲載文であっても、それを掲載した選挙公報の配布は選挙無効事由にならないとする立場に立っているように読みとれ、そしてそのような立場こそが正当だと評者には思われるからである。

(4)　選管による学歴確認の是否

判旨の最後に、なお書きとして、特別の事情が存する場合についての留保が付けられているが、同旨の留保は前掲大阪高裁昭和四三年判決にも付けられているところである。このような特別の事情は具体的にどういう形で表れることになるのか、評者にはよく分からない。ただ「虚偽事項掲載の程度が極めて著大・悪質」なものであるとしても、選管にはそれを拒否したり修正を求めたりする権限も義務もないはずである。もしそのような場合には例外的に拒否・修正等の権限と義務が生じるという解釈をとるならば、それは公選法一六九条二項やK市条例四条の解釈として予め提示されていなければならず、そのような留保を付していない本件判旨のとるところではないと解されるし、またそれが正当だと思われる。また仮に虚偽事項の公表を主たる理由に選挙が無効とされても、やり直し選挙において再び同じ虚偽事項の掲載が申請されたとき、選管としてはやはりそれを拒否ないし修正することはできないし、またしてはいけないはずである。そうだとすると、虚偽事項の程度がどれほど著大・悪質であるとしても、それを掲載した選挙公報の配布という一点だけで選挙無効事由の決め手になることは実はありえないのであって、選挙全体にわたってその自由公正に重大な影響を及ぼす行為がほかのさまざまな形態でなされた場合に、その一環として虚偽事項掲載の選挙公報の配布が問題にされる余地があるというに過ぎないのではなかろうか。そしてその場合には、選管ではなく、選挙事務に関係のない者の行為が選挙の自由公正を害したことになり、それを無効事由となしうるかという別の問題を生じさせることになる。それを原則として否定する見解もあるが（田中真次・前掲七二頁）、少なくとも判旨のいうような特別の事情があるときにはそれを肯定して妨げにならないと私には解される。

なお、現行法の解釈としては右のように解されなければならないとしても、虚偽事項公表罪だけでは選挙の自由公正を確保しがたい場合があるとすれば、せめて学歴の記載くらいについては選管においてその真偽を確認し虚偽事項を排除する権限と義務を与えるような立法措置が講じられてよいとする考え方があるいは出てくるかもしれない。それは立法論の範疇に属するから本評釈の射程外の問題であるが、そのような立法措置はやはり候補者の自由に対する公権力の干渉となり、公選法の趣旨にそぐわないであろうということを付け加えておきたい。学歴も簡単にその真偽を確認できない場合があり、単なる事実の記載を超えて主義・主張の一環である場合もあるからである。参考までに掲げると、金沢地裁昭和五四年一一月一九日判決（判時九六三号一二二頁）の扱った事件がある。この事件は、某市長選挙に立候補して当選した者の経歴詐称が虚偽事項公表罪に問われたものであったが、被告人が新聞記者の取材に応じて示した「陸軍士官学校中退、専門学校入学者試験に合格」との経歴が詐称かどうかが審理の焦点となった（右記経歴の新聞掲載が問題とされたのであり、選挙公報への掲載が問題とされたのではない。また選挙無効訴訟で争われたのでもない）。しかし、終戦前における兵役制度や専検制度に関しては、公の記録も完備していず、また適切な証人も少なく、裁判所は七年をかけて結局、虚偽があるとしてもその認識がなく、あるいは公にする意思が認められないとして無罪判決（確定）が下った。これはあくまでも一例であるが、古い学歴については確認がむずかしい場合があり、また外国での学歴については新しいものについても同様のことがいえるであろう。あえて選管に確認の権限と義務を与えることは、選管の手続をいたずらに煩瑣にするばかりでなく、確認作業自体が実際上干渉の効果をもたらすことになると思われる。したがって、くり返しになるが、選管の権限と義務は、選挙公報に掲載の内容はすべて候補者の申請通りであって選管としてはなんらの確認等の行為も行っていないことを選挙人に周知させることであり（そのことを選挙公報に明記するだけで通常は足りよう）、真偽の確認等の行為は、解釈論としてはもちろん、立法論としても選管の権限・義務とするのにふさわしくないといえる。

（判例評論三三五号（判例時報一二七七号）、一九八六年。題名変更）

＊　本文の公職選挙法一六七条以下の選挙公報に関する規定は、その後部分改正を受けているが、本文の内容に直接かかわるものではない。

公職選挙法二三五条一項の罰金は、現行法では「三十万円以下」となっている。

Ⅸ　選挙の自由公正と選挙管理委員会のポスターデザイン

――昭和五七年一〇月八日最高裁第二小法廷判決（判例集不登載）――

一　要　旨

久居市選挙管理委員会のなした選挙啓発用ポスターの掲示行為は、選挙の自由公正を阻害するものではなく、選挙の規定違反にはあたらない。

二　事実の概要

昭和五五年二月一七日に執行された三重県久居市の市長選挙は、三選をめざす現職候補者Aと対立候補者Bの間で争われた。同選挙に際して市選挙管理委員会（以下、選挙管理委員会は選管と略記する）は、選挙啓発の一環として、選挙の期日を記載した広報用ポスターを市内各所に掲示したが、同ポスターのデザインは、同市の市章を大きく白色で表示するものであった。ところがたまたまA候補者の選挙ポスターが、Aの顔写真をかこんで同市章に類似した図形を緑色で印刷したものであったため、B候補者の運動員らから同ポスターの掲示は選挙の公正を害するものとの抗議が行われた。そこで市選管は検討の結果、広報用ポスターの市章の上に、空色の地に白ばらを印刷した紙片を貼付することとし、全ポスターにつき貼付作業を行った。さて選挙の結果は接戦の末七九票差でAが当選したが、右選挙における選挙人Xらは市選管の行為は選挙の規定に違反する行為であると主張して市選管に異議を申し出た。市選管はこれを棄却、ついで審査申立てをうけた県選管も棄却の裁決を下したので、Xらは県選管の裁決取消しと選挙の無効宣言を求めて裁判所に出訴した。

原審（名古屋高判昭和五六年一二月二三日判時一〇二八号四〇頁）は、まず公職選挙法二〇五条一項にいう「選挙の規定に違反することがあるとき」とは、選挙の管理執行に関する法規の明文に違反する場合のみを指すものではなく、法規の精神に背き自由かつ公正な選挙が阻害された場合をも含むから、選管の選挙に関する啓発周知行為についても右法条に該当する場合があることを認めたうえで、しかしながら久居市民が市章ならびにA候補者のポスターの図形から連想するのはともに久居市であり、市選管のポスターからAを連想することは通例ありえない、また両ポスターの存在自体から市選管がAを推しているとかAと関係があるかのような印象をうけることもほとんどありえない、さらに事後の紙片貼付によって市章がかえって強調されAの連想へと導くというようなことも通常は起こりえない、としてXらの請求を棄却した。そこでXらは原審の右判断は経験法則や心理学説に照らして著しく間違っているとして、さらに上告した。

三　判決理由

「原審の適法に確定した事実関係のもとにおいて、久居市選挙管理委員会が所論のポスターを掲示した行為は本件選挙の自由公正を阻害するものでなく公職選挙法二〇五条一項にいう選挙の規定違反にはあたらないとした原審の判断は、正当であって、是認することができる。」

裁判官全員一致の意見で上告棄却（牧圭次、木下忠良、鹽野宜慶、大橋進）。

【参照条文】　公職選挙法二〇五条一項

四　分　析

本判決は原審の判断をそのまま正当として是認したものである。そこで原判決について若干検討を加えてみる。まず公職選挙法二〇五条一項の「選挙の規定に違反することがあるとき」とは、「主として選挙管理の任にあたる機関が選挙の管理執行の手続に関する明文の規定に違反することがあるとき又は直接かような明文の規定は存在しないが選挙の基本理念である選挙の自由公正の原則が著しく阻害されるときを指す」と解するのが、従来の最高裁判例であり（最一小判昭和五一年九月三〇日民集三〇巻八号八三八頁、最一小判昭和二七年一二月四日民集六巻一一号一一〇三頁）、学説もまたこの解釈を支持している（金子正史「判例批評」判評二一九号一九頁（判時八四四号一三四頁）参照）。したがって、選管の選挙に関する啓発周知等については法六条一項が抽象的にその義務を定めているにすぎないにしても、それらの行為が法二〇五条一項に該当することがありうるとする原審の判断は、判例・学説に照らして格別問題のないところである。

本件における主要な争点は、本件選管のポスター掲示行為がはたして選挙の自由公正を著しく阻害しなかったといえるかどうかの点である。原審のこの点についての判断はすでに「事実の概要」のところで紹介したとおりであるが、その判断の前提をなす事実認定において原審は、①市選管は本件選挙の啓蒙活動の一環として久居市の選挙であることを強調するためポスターの図形を市章とすることに決定したものであること、②A候補は久居市の長として果たしてきた業績を強調するためその図案に市章に酷似した図形をとり入れたものであること、③久居市の市章は久居町の時代から長年にわたって使用されてきたもので久居市民の間で周知されているものであること、④A候補は従来自己を表示する記号として市章に類似した図形を使用したことは一度もなかったこと、などを認定している。つまり、市選管のポスターの図形自体は特殊なものではなく市民に周知のごく一般的なものであり、その一般的性格は特定の候補者が類似の図形をシンボルマークに用いることによって特殊化されてもいないという事実認定である。原審はそこから両ポスターは特殊なものを媒介として結びつけられるのではなく、市選管のポスターがA候補に有利に作用することはないと判断するのである。

選挙ポスターや選挙公報における表現に関しては、候補者の表現の自由が最大限尊重されなければならないことは、いうまでもないことである。しかしそのために市選管の広報のための表現が、それ自体はなんら問題のないものであっても、候補者の表現に類似したものになって、特定の候補者や政党に有利に作用する場合があることは、十分に考えられる。評者はここで、かつて選挙啓発のスローガンとして一般的に用いられてきた「公明選挙」が公明党の誕生により「明るく正しい選挙」に替えられたことを想い出すが、公的機関の選挙啓発にあたっては、そのような点に十分留意して表現の選択がなされるべきものであろう。本件の場合についてみると、その点若干配慮に欠けたところがあるように思われる。対立候補者側からの指摘によって市選管が紙片貼付を行ったのは、市選管自体もそのような配慮に欠けていたことを認識したからではなかったろうか。市章は市民に周知のものであり一般的な性格のものだといっても、市民の意識に深く浸透していて市民がすぐにその図形を想起できるようなものでは通常ありえないもののように思われる（ちなみに、評者自身居住している金沢市の市章は想起できないが、別に欠陥市民というわけでもなかろう）。もっともこの点は事実認定にかかわることなので評者にはくちばしをはさむ資格がないが、ただ一般的にいって、視覚に訴えるポスターの図形がただちに市を連想させる場合であっても、両ポスターの図形の類似性はそれをみる市民にそれなりに印象づけられると思われるし、同図形がただちに市を連想させない場合にはその印象はさらに強まることになるのではないかと思われる。もちろんそのことから市選管がA候補を推したり特別の関係にあるという印象を通常の市民が受けるとはいえず、その点の原審の判断は正当だと思われるが、両ポスターがそれなりに相互に他を連想させる面があることを全く否定することはできないのではなかろうか。

しかしそうだからといってそのことが、原告主張のように選挙の自由公正を著しく阻害したとまではいえないように思われる。さきほども触れたように、市選管のポスターの図形自体は特殊なものではなく、特定の候補に有利なものでもない。ただA候補が類似の図形を用いたためにそこになにがしかの連想を生じさせA候補に有利に作用する可能性が生じたというにとどまる。候補者は各自選挙ポスターの表現に関し全く自由であるから、市との関連を強く印象づけるような図形を用いることも自由であるし、それについて市選管のチェックを受けることもない（市選管がチェックした場合には違法となる。前掲昭和五一年判決参照）。そのように候補者の側の自由が広く認められているなかで、選挙啓発のための表現に候補者の表現と類似する部分があったり、それが事実上特定の候補者に有利・不利に作用することがあるときはすべて選挙の自由公正を阻害するというのであれば、啓発活動は実際上不可能となってしまうであろう。そこで、啓発活動が選挙の自由公正を著しく阻害するといえるためには、単なる表現の類似性だけでは足りず、それが特定の候補者に有利・不利に働くということが客観的にかなり明確であることが必要であろう。それをはかる基準を簡単に示すことはできないが、選管が用いた表現の一般性と特殊性、その表現の特定候補との結びつき具合、選管の主観的意図等を総合的に判断せざるをえないのが実情であろう。

本件の場合、両ポスターの相互連想関係を否定する原審の判断には評者としては多少疑問を感じるが、ある程度の相互連想関係があっても選挙の自由公正を著しく阻害したとはいえないと考えられるので、結論は支持できる。最高裁は格別の理由を付け加えてはいないが、事案としては特殊なものであり、なんらかの基準を示すには時期尚早と判断したものと思われる。

（民商法雑誌八八巻三号、一九八三年）

X　新聞の広告拒否と選挙の効力

――昭和四二年一〇月二〇日東京高裁判決（高裁民集二〇巻五号四四八頁、行裁例集一八巻一〇号一三四三頁）――

一　事実の概要

本件の原告は、昭和四二年一月二九日に施行された東京都第八区衆議院議員選挙に無所属で立候補し、落選した者であるが、右選挙に適用された公職選挙法は、政党等所属の候補者をそうでない候補者より有利に取り扱う等、憲法一四条や憲法の根本精神に違反するものであるとして、右選挙に関する選挙無効訴訟を提起した。そして、違憲の理由の一つとして、「選挙の公示の前後を通じて新聞社が新聞紙上に政党等所属の立候補者に関する記事を掲載することによりそれらの者にのみ有利な選挙情勢をつくり出した反面、原告に関する記事の掲載を拒否した事実」があるのに選挙管理委員会がこれを黙過したことを挙げた。

二　判　旨

「特定の新聞社が原告主張の如く公職選挙法第一四九条に定める原告の選挙に関する広告の掲載を拒否した事

実があったとしても、同条は、候補者から選挙に関する広告掲載の申込を受けた新聞社に対してその申込を承諾すべき義務を負わせたものとは解し得ず、新聞社のかような承諾義務を認めうる根拠はなく、従って新聞社の広告拒否があった場合に被告は新聞社に対しその掲載を強制しうべき立場にないことからすれば、仮りに新聞社の広告拒否の事実を被告が黙過したとしても、それが公職選挙法第二〇五条にいう選挙の規定に違反するものということはできないから、これをもって選挙無効の事由となるものと解することはできない。」

三　解　説

(1)　公選法の規定と沿革

現行公職選挙法一四九条一項は、「参議院（比例代表選出）議員の選挙以外の選挙については、公職の候補者は、命令で定めるところにより、同一寸法で、いずれかの一の新聞に、選挙運動の期間中、二回（衆議院議員及び参議院選挙区選出議員の選挙にあっては五回、都道府県知事の選挙にあっては四回）を限り、選挙に関して広告をすることができる」と定め、また同条四項は、「衆議院議員、参議院議員及び都道府県知事の選挙においては、無料で第一項及び第二項の規定による新聞広告をすることができる」と定めている。なお同条二項は、参議院（比例代表選出）議員の選挙について同様の新聞広告を認める規定である（但し、回数は命令で定めることとされており、現行の公職選挙法施行規則一九条二項において、名簿登載者の数に応じて一六回から六四回以内と定められている）。この法一四九条の規定は、昭和五七年の参議院全国区制から比例代表制への改革に伴い、新聞広告に関する旧一四九条の規定を手直ししたものであるが、衆議院議員選挙に関する限りは旧規定と内容上の変更はない。本件当時も衆議院議員選挙に関しては、候補者は新聞広告を五回まで無料ですることができる旨定められていた。

（2）　法一四九条の解釈

法一四九条の規定は、新聞広告の選挙運動としての効果が極めて大きいことに鑑み、選挙の公正の確保の見地からそれを制限するものである。それは、文書図画の頒布・掲示の制限や新聞の選挙に関する報道・評論・頒布方法の制限などと並んで、一連の選挙運動制限規定の一環をなしている。他方それは、衆・参両議院選挙ならびに知事選挙に関しては新聞広告を無料としており、その点では選挙公営の規定でもある。

ところで、新聞には社会の公器としての役割が期待され、選挙に関しても、選挙啓発や公正な報道・評論を通じての一定の寄与が期待されている面があるとはいえ、新聞は本来自由な性格のものであり、またそうあるべきものであって、右のような社会的寄与も新聞の自由を前提として上で期待されているものということができる。現行公職選挙法が新聞の報道・評論・頒布方法等に制限を加え（一四八条）、またその不法利用等を禁止している（一四八条の二）のも、新聞の自由を前提とするからこそであろう（もっとも、前者については違憲の疑いがないわけではない）。したがって法一四九条の規定も、新聞を媒体とする候補者の宣伝告知行為の制限規定であり、同時に新聞の広告の自由の制限規定だと解される。文言上も法一四九条一項・二項は、「選挙に関して広告をすることができる」とだけ定め、新聞社の掲載義務について手がかりになるような文言はなにも置いていない。そのように自由制限規定だとすると、許容された範囲内でどうするかは、候補者、新聞社それぞれの自由に委ねられているといわなければならない。

ちなみに公職選挙法施行規則は、衆・参両議院選挙ならびに知事選挙の候補者がこれら規定により新聞広告をしようとするときは、当該選挙長の交付する新聞広告掲載証明書を新聞社に提出して新聞広告掲載の申込みをしなければならず（二〇条一・二項）、それにより新聞広告の申込みを受けた新聞社は、当該申込みについて承諾したときは直ちに新聞広告掲載承諾通知書を当該選挙の選挙長に提出しなければならない（同条三項）旨定めているが、このような定めは、新聞社が広告掲載を承諾するか否かは自由であることを前提としたものであることは明らかである。

(3)　政見放送との対比

さらに、法一四九条の規定と政見放送に関する法一五〇条の規定とを見較べてみると、両者の規定の仕方の違いから、以上述べたことが一層明らかになるであろう。すなわち、ラジオ放送またはテレビ放送に関しては、「それぞれの選挙ごとに当該選挙区（選挙区がないときはその区域）のすべての公職の候補者に対して、同一放送設備を使用し、同一時間数（参議院比例代表選出議員の選挙にあっては、名簿登載者の数に応じて政令で定める時間数）を与える等同等の利便を提供しなければならない」（一五〇条二項）と規定され、同等の利便の提供が放送事業者に明文で義務づけられているのである。これは、政見放送の目的に照らし、また公営で行われることから考えても当然の規定だとみられているのであるが（自治省選挙部・公職選挙法逐条解説〔昭和四五年改定新版〕七〇八頁参照）、このような新聞広告と政見放送との取扱いの違いは、新聞と放送の媒体としての性格や機能の違いに対応しているものと思われる。いずれにしても、一五〇条二項との対比においても、新聞社の広告承諾義務は法の予定していないものであることが明らかである。前に述べたことをくり返すが、法一四九条は本来新聞広告の制限規定なのであり、それによっても、許容されている範囲内では事柄は候補者ならびに新聞社の自由に委ねられているのである。

(4)　制度の問題点

新聞の広告拒否についての法解釈論は以上に尽きると思われ、本件について選挙管理委員会に選挙規定違反はないとする判旨は正当と評することができる。しかし、法解釈論を超えて法制度の問題としてみた場合、多少検討すべき点が残されているようにみえる。それは、法一四九条四項が、広告料を無料とし、その限りで公営化をはかっていることにかかわっている（ちなみに料金は、衆・参両議院選挙の場合には国庫が、また知事選挙の場合には当該都道府県が負担する二六三条八号・二六四条二項））。公営部分に関しては候補者は公平に処遇されるべきであるところ、広告拒否によって不公平が生じる可能性があるからである。

本件においては特定の新聞社の広告拒否だけが問題とされており、それだけでは直ちに不公平とはいえない。候補者にも新聞社にも自由な選択が認められているからである。そして、原告が他にもいくつかの申込みをして拒否された事実があるのかどうかは、判例集掲載の資料だけでは分からない。しかし仮に、その選挙区で実際上利用可能な新聞のすべてに広告拒否をされた場合であれば、広告を承諾された候補者に較べて明らかに不利になる。

事情によっては、政見放送を拒否されたと同じくらい不利になるとも考えられる。もちろん、だからといって新聞社に広告承諾義務を課すことには、新聞の自由な性格に鑑み、あまりにも問題が多すぎ、賛成しがたい。新聞の自由は最大限尊重されなければならない。しかし、公営部分における公平の確保も大切である。そうだとすると結局、広告料として国庫が支弁するのに見合う額を別の選挙運動手段の費用に支弁する等、なんらかの手当てをすることが最も適切なのではないかと思われる。そのことによって両者の要請が共に充たされるのではなかろうか。

(5) 結び

実際問題としては、すべての新聞社から広告拒否をされるというのは、よくよくの場合であろう。本件の原告の場合も、すべての新聞社に申し込んでことごとく拒否されたというわけではないようである。また特定の新聞社の広告拒否というのも、具体的事情は知る由もないが、原告の選挙での実際の得票が五〇〇票足らずであることからみて、いわゆる泡沫候補として取り扱われたのではないかと推測される。しかし、泡沫候補かどうかはあくまでも選挙の結果によるのであって、事前の決めつけは厳に慎まれなければなるまい。それを新聞が選挙に関する報道・評論においてどのように扱うべきか、その新聞広告の申込みにどう対処するかは、各新聞の判断すべき問題であり、少なくとも法的問題ではないから、ここでは措く。ただ選挙費用の公営という点に関しては、候補者はすべて公平に取り扱われるべきが、法の要請するところである。制度の問題点は、それとして認識されている必要があると思われる。

（『マスコミ判例百選〈第二版〉』、一九八五年）

＊　本文の公職選挙法一四九条一項・二項・四項の規定は、実質的内容は変わらないが、衆議院比例代表の場合が加えられたため、現行ではそれぞれ四項・三項・六項へと移動している。また一五〇条二項の実質的内容は、同条五項に移行されている。

XI　候補者の氏名に近似するがその候補者の子の氏名に合致する記載のある投票の効力

——昭和四〇年二月九日最高裁第三小法廷判決（民集一九巻一号一三六頁）——

一　事　実

上告人（原告）X等は昭和三八年四月三〇日施行の八代市長選挙における選挙人であるが、被上告人（被告）たる熊本県選挙管理委員会が当該選挙の当選の効力に関するX等の申出棄却の決定ならびに審査申立棄却の裁決をおこなったことを不服とし、原審（福岡高等裁判所）において右裁決の取消しおよび候補者松岡明の当選無効の判決を求めた。すなわち、右選挙において候補者は松岡明、坂田道男の両名であったが、投票総数五四三一二、うち有効投票五二七三二（無効投票一五八〇）、得票は松岡明二六四三三、坂田道男二六二九九で、一三四票の差で松岡明が当選した。しかし、無効投票とされた一五八〇票の中に「坂田道太」「さかたみちた」「坂田みちた」「サカタミチタ」等と記載された票（以下「坂田道太票」と略記する）が二四五存在する（およびこれに準ずべき票が九存在し、その他にもX等が坂田道男の有効得票と主張する票が六〇存在する）。この事実ならびに、坂田道太は候補者坂田道男の長男で、多年衆議院議員の公職にあり、かつ大臣歴もあって、その地方の著名な実在人であるという事実は当事者間に争いのないところである。したがってこれら「坂田道太票」が坂田道男の有効投票とみなされるべきか否かが本事件の争点である。

八代市選挙管理委員会および熊本県選挙管理委員会は、「坂田道太票」は坂田道太の氏名を記載した投票にあたるとして無効とした。これに対してX等の主張は、「もともと、坂田家は八代地方における名家であって、父道男は長く八代市長の職にあり現に本件選挙に至るまでその職にあったものであり、息子道太は昭和二一年以来引続き七回（通算八回）八代市を含む選挙区において衆議院議員に当選し現に本件選挙当時もその地位にあり、その間厚生大臣になったこともあり、それらのことは八代地方の人々にはよく知られていたのであるが、ただ父の名が道男であり、子の名が道太であるということを明確に区別記憶している者は必ずしも多くはなく、そのことは八代地方における坂田家の地位ということなどから見てまた当然なことであった。従って同地方においては市長といえば父坂田を意味し、また代議士といえば子の坂田を意味し、つまり市長に立候補といえば直ちに父の坂田を想起し子の坂田が市長に立候補するなどということはありうるはずがないということもまたよく知られていたのであり、それに右のように父子の名の不明確な記憶など、しかも道男と道太では如何にも道太が年長者の名らしく感じられることなどが加わっているのであるから、右の投票は候補者坂田道男に対して投票する意思をもって記載されたものと解すべきである」、さらに「八代市に『太田郷』という地名があるが同地方においてはそれを『おたごう』と称し、延いては『道太』も『みちお』と読みうるから『道太』は『道男』の誤記である」というのである。

原審は請求棄却の判決を下したが、その理由は次の通りである。すなわち、「もともと候補者制度を採る選挙においては、選挙人は候補者に投票する意思をもって投票に記載したものと推定すべきであるから、投票の記載が候補者氏名と一致しない投票であっても、その記載が候補者氏名の誤記と認められる限りは当該候補者に対する投票と認めるべきである。しかしながら、その反面、投票の記載並びに選挙の当時における諸般の事情に照らして、その記載が候補者以外の何人かを表示したものと推認すべき強い事情が認められる場合には、右の推定をくつがえして候補者でない者に対して投票したものと解するを相当とする」。そこで問題の「道太票」の記載が候補者以外の何人かを表示したものと推認すべき特別の事情が存在するかどうかを考察すると、「それは候補者以外の現存している候補者坂田道男の長男である坂田道太の氏名と完全明確に一致しており、しかも、坂田道男、同道太の経歴が原告等主張のとおりであって両者とも八代市及びその周辺における著名人であり、且つ右の投票が二四五票の多数存在していることから考えるとき、それが候補者坂田道男の氏名に類似するとはいえ、それは坂田道太に対して投票する意思をもって記載されたものであって、候補者坂田道男に対する投票ではないと解するを相当とする」。そしてX等の主張する事情をもってしても「未だそれをもって前示特別事情を減殺しうるに足りると解することはできない」。「そして他に前示特別事情を減殺しうるに足りる事情も認められない以上、右二四五票は候補者でない者の氏名を記載したものとして無効であるといわなければならない。」

X等の上告理由の要旨は、原判決が「坂田道太票」を候補者坂田道男の得票と認めず、これを同候補者の長男坂田道太に宛てられた無効得票と解したのに対し、右道太が本件選挙に立候補したと考えた選挙人はほとんどありえない実情にあったにもかかわらずかかる判断をしたのは、証拠を無視し、かつ経験則に反して事実を確定し、ひいては公職選挙法の趣旨に反して投票の効力を判断した、というにある。

二　判　旨

棄却。「本件においては、前記候補者の坂田家は八代地方における名家であり、道男及び道太は上告人ら主張の経歴ないし地位にあって、いずれも同地方の著名人であることについては、当事者間に争はないのであるが、原判決は、かかる事実及び本件にあらわれた全証拠によっても、上告人らの主張するように、地方民一般に、市長といえば父の坂田（道男）を意味し、代議士といえば子の坂田（道太）を意味するという程度に、人物の区別が十分認識されていた事実、したがってまた選挙人は、市長選挙に立候補といえば直ちに父の坂田を想起し、子の坂田がこれに立候補したと考えるはずのありえなかった事実まではなお認めがたい旨を判示しているのである。そしてこの判断は、本件各証拠に徴しても、また氏名の近似する者についてはその人物に認識混同の生ずる虞れの考えられることからいっても、必ずしも所論のように証拠を無視し経験則に反したものということはできない。論旨は坂田道男の名が道太と誤記されやすかった事情を詳論するが、坂田道太票のすべてが坂田道男の名の誤記によるものと推認するに足りない。したがって、たとえ坂田道太票のうちに道男の名を誤記した投票の存在が推測されるにしても、どれだけがそのような投票であり、どれだけがその表示どおり道太に宛てられた投票であるかを判別できるだけの根拠の認めがたい本件においては、結局、坂田道太票は、道太を選挙する意思をもって投ぜられた疑のある投票と解するほかなく、坂田道太票のすべてを直ちに坂田道男の得票に算入することが許されないことは、投票効力の判断としてやむをえないところである。してみれば、仮に原判決が坂田道太票のすべてにつき候補者でない道太を表示したものと推認する強い事情のあるものと判断したのは妥当ではないとしても、なお本件選挙において道太に投票する意思の選挙人のありえなかった事情が肯認しがたいかぎり、坂田道太票を無効と断じた原判決の結論は動かしがたく、論旨は採用しがたいものといわなければならない。」

三　評　釈

(1)　従来の判例

投票の記載が候補者の氏名の誤記ともみられるがそれが同時に候補者以外の氏名に合致する場合に、その投票を候補者の有効投票に数えるべきかあるいは無効投票と解すべきかという問題に関しては、かなり多くの判例があるが、それらには共通の原則的立場が見られる。すなわち、①一般に投票は候補者に対してなされたものと推定し、その記載が候補者氏名の誤記と認められるかぎりは候補者に対する投票と認めるべきである、②しかし、投票の記載ならびに選挙の当時における諸般の事情に照らして、その記載が候補者以外の者を表示したと推認すべき強い事情が認められる場合には右の推定は働かない、ということである。

前者の場合にあたるのは、例えば「町農業委員会委員選挙において、『フケモリキ一』及び『フジモリキイツ』と記載された各投票は、候補者藤盛喜一郎の居住部落に藤盛喜一なる人物が実在しているとしても、候補者制度を採る選挙においては選挙人は候補者に投票する意思をもって投票を記載したものと推定すべきであるから、その誤記と認められるかぎりは当該候補者に対する投票と認めるべきである」旨判示した最高裁昭和三一年二月三日判決（民集一〇巻二号一九頁）や、最高裁昭和三一年一〇月二九日判決(1)（最高裁集民事二八三四一頁〔選挙関係行政事件裁判例要旨集（続編）二八六頁から引用〕）、仙台高裁昭和三二年一二月二六日判決(2)（行集八巻一二号二一一三頁）等がある。他方、後者の場合にあたるのは、「参議院（地方選出）議員選挙においてその選挙区出身の全国的著名人故桜内幸雄の氏名と明確かつ完全に一致した記載の投票は、それが千三百七十五票という相当多数あった事と考え合わせると、同人に対して投票する意思で記載されたものであって、これが候補者桜内義雄の氏名と字形および字音において類似していても、その有効得票と認むべきでない」旨判示する原判決を正当と解した最高裁昭和二六年一〇月三〇日判決（民集五巻一二号六三七頁）や同三二年五月二四日判決(3)（民集一一巻五号七四五頁）、同三五年九月一三日判決(4)（最高裁集民事四四三〇七頁〔選挙関係行政事件裁判例要旨集（続編）二七八頁から引用〕）等であり、その場合、候補者以外の人物というのはいずれも著名人である（かつて公職の議員であった者、時を接して行われる他の選挙の候補者である者、など）。

(2)　従来の判例の評価

判例のこの原則的立場は一般的に是認しうるものであろう。けだし公職選挙法の趣旨からいって、投票の有効・無効の判定はなるべく投票人の意思に沿うように合理的におこなわれなければならない。そこでまず基本的には、投票は候補者の一人に向けられたものとみなすという前記①の原則によるのが合理的判断であると考えられる。しかし、特別の事情があって候補者以外の者に投票されたという疑いがきわめて強いときにまでこの原則に従うのはかえって投票者の意思に反する結果を招くおそれがある。そこでそのような場合に前記②の原則が立てられるのである。要するに投票者の意思を合理的に判断するという観点から考えて、判例の原則は妥当性をもつであろう。

ただ前記②の原則はあくまでも①の原則の例外にあたるのであるから、特別事情が存在するか否かの判断は具体的事情に即して慎重におこなわれなければならない。

(3)　本判決の評価

本件の場合には、坂田道太が著名人であり現職の衆議院議員であること、したがって②の特別事情が存在する場合にあたることは争いがない。しかしてX等は右の一般的原則を肯認しつつもなおその特別事情を減殺するに足るだけの事情が存在すると主張したのであるが、原審はそれを認めなかったわけである。本件の場合のように人物の著名度が高くかつそういう投票が多数ある場合には、X等の主張するように候補者以外の者に宛てられた投票ではないということの立証は実際上不可能に近い。したがって特別事情を減殺するに十分足りるとすることはできないという原判決の判断は正当であって、これを経験則違反ということはできまい。しかし原判決は、かかる場合には「坂田道太票」はすべて坂田道太に宛てられたものと解すべきであるといっているが、坂田道男の誤記であるものが存在する可能性がないわけではない。したがって判旨のように、この場合結局「坂田道太票」はいずれに宛てられたものか判明させることはできず、少なくとも道太に宛てられた疑いのある投票であると解するのが妥当であろう（原判決は公職選挙法六八条二号に該当すると考えるのに対し、判旨は同条七号に該当すると考えるわけであろう)。いずれにせよ結論は同じで、「坂田道太票」を全部無効とするわけであるが、投票を有効・無効いずれかに判定しなければならない以上そうせざるをえないのであり、これはまた今までの判例の立場を踏襲するものである。

なお、記号式投票方法(公職選挙法四六条の二第一項)を採用する選挙においては、この種の問題は生じないであろう。この投票方法が広く採用されることが望ましいと考えられる。

(1) 市長選挙において、「福士一郎」と表示された投票につき、候補者福士永一郎のほかにその長男福士一郎が存在していても、両者の知名の程度、政治行政的活動、経歴等から候補者福士永一郎の氏名を記載したものと認めるのは相当である旨判示。

(2) 町議会選挙において「吉野正二」と記載された投票は、吉野正二が実在し部落住民の信望をある程度集めていても、また同人が候補者吉野正次の出納責任者でポスターの掲示責任者としてポスターに同人の住所・氏名が掲示された事実があったとしても、なお候補者吉野正次の名を誤記したものとして有効得票と認める旨判示。

(3) 県議会議員選挙において「小畑」、「ヲバタ」、「オバタ」、「おばだ」、「オバ田」と記載された各投票は、同時に行われた県知事選挙の候補者に小畑勇二郎がおり、かつ二つの選挙の投票用紙をとりちがえて投票した選挙人があったことが認められる場合には、候補者小幡谷政吉の氏を表示したものと確認することを得ないから結局無効とする旨判示。

(4) 県議会議員選挙とその一週間後に行われるべき市議会議員選挙があり、前者の選挙の候補者に広田寛二、後者の選挙の候補者にその兄の広田寛一がある場合に、前者の選挙において「広田寛一」と記載された九四票は、諸般の事情を考慮すると結局寛一に対するものか寛二に対するものか判定しえないから有効得票とすることはできない旨判示。

（法学協会雑誌八二巻五号、一九六六年。題名変更）

＊　本文の公職選挙法の規定のうち六八条一項七号の規定は現行法では同項八号に移っている。

XII 無効投票として公選法六八条の二の適用を否定した事例

――昭和五七年一月一九日最高裁第三小法廷判決（民集三六巻一号四四頁）――

一 判決要旨

候補者中に横向竹次郎、成田武雄及び袴田健義がある場合に、「タケ」又は「たげ」と記載された投票に公職選挙法六八条の二の規定を適用し、これを右三名の得票に按分加算することはできない。

二 事実

昭和五四年四月二二日に施行された青森県下A町議会議員選挙において、候補者訴外横向竹次郎は二三一票の投票を得、次点者との得票差二票で選挙会により最下位当選と決定された。しかし、訴外選挙人の異議申出を受けたA町選挙管理委員会は、次点者の得票に無効扱いされた二票を加えうるとして、選挙会の決定を更正し横向竹次郎の当選を無効とする旨の決定を下した。そこで今度は選挙人Xらが右決定を不服として青森県選挙管理委員会に審査申立をしたが、同選管は棄却の裁決を下したので、Xはさらに右裁決の取消を求める訴訟を仙台高裁に提起した。

争点となったのは、右選挙において「タケ」と記載された投票一五票および「たげ」と記載された投票一票の帰属である。町・県の各選管はこれを公選法六八条七号の「公職の候補者の何人を記載したかを確認し難いもの」に該当し無効と判断したのに対し、Ｘは、これらの票は横向竹次郎の得票に組み入れられるか、そうでなくても公選法六八条の二の規定により「タケ」を通称とみなしうる候補者横向竹次郎、袴田健義、成田武雄の有効得票数に応じて按分加算されるべきであり、そうすれば横向竹次郎の得票数は二三五・八票となり、当選は動かないと主張したのであった。

仙台高裁昭和五五年一〇月三日判決は、まずつぎのような事実認定を行った。①本件係争の投票は、「タケ」と記載されたもの一五票および「たげ」と記載されたもの一票であるが、本件選挙に立候補した候補者のうち、その氏名に「タケ」の音を有する者は、横向竹次郎、袴田健義、成田武雄の三名であった。②横向竹次郎は、Ａ町内Ｂ部落の旧家に生まれ、本件選挙時まで同部落内に居住していたところ、青年期に仲間から「タケ」と呼びかけられていたこともあって、現在でも同年輩のごく親しい者はそのように呼びかけ、あるいは、右の者同士や民生委員等同人と役職を同じくする者が同人のことを話題にする折に「タケ」と呼称する場合も多かったが、右呼称はいついかなる場合にも横向竹次郎を特定指称するほど強いものではなく、同人が通称で呼ばれるときは「ヨゴジヤのタケ」と呼ばれることが多かった。③横向竹次郎は、袴田健義、成田武雄の両名に対し、予め、選挙運動用ポスターの氏名に付する振り仮名について問い合わせたところ、袴田は「タケヨシ」、成田は「ナリタ」とするとの回答を得たため、「横向竹《タ》次《ケ》郎」と記載したポスターを作成し、これを選挙運動のために使用したものであり、成田のポスターには「成田《ナリタ》武雄」、袴田のそれには漢字縦書の氏名の下に横書で「タケヨシ」と記載されていた。④成田武雄は「精米所のタケ」と呼ばれているが、Ａ町には、ほかに「タケ」の通称を有する者が数人おり、「タケ」という名の婦人もいる、と。そして上記のような事実関係のもとにおいて、係争の投票は、その記載自体により当該選挙人横向竹次郎へ投票する意思を明白に示すものとすることはできないが、他方、同人が前記のような記載のあるポスターを用いて選挙運動を行ったことなどからすると、「タケ」と記載された一五票については同人に対する投票である可能性が大きいことになるとしつつ、右投票が袴田健義、成田武雄へ投票する意思でされたものを含まないと断ずる理由はないし、氏又は名の一部のみを仮名書きにして当該候補者の特定を印象づける選挙運動が行われた場合、この表記のとおりに記載してされた投票を当該候補者の有効投票と認めるならば、同じ表記が通ずる他の候補者に投票する意思でされた投票を不当に取り込む結果ともなり、また当初からこのことを予期する不当な選挙運動を助長することにもなりかねないから、右投票全部を横向ひとりの投票として計算することには疑いが残り、したがって、「たげ」と記載された一票も含め、係争の投票は、横向、袴田、成田三者のいずれかへ投票する意思でされた有効なものとして、公選法六八条の二の規定に従い、右三者のその他の有効得票に応じて按分加算すべきであると判断した（以上、最高裁の要約による）。

右のような判断に基づき裁決を取り消された被告青森県選挙管理委員会は、これを不服として上告した。

三　上告理由

㈠　原判決は公選法六八条の二の規定の解釈を誤っている。同条の規定を本件のような場合にまで拡張して解釈適用することは、同条の規定が、例外的に無効投票を有効として扱う擬制の規定であることにより、許されない。

㈡　原判決は従来の最高裁判例の趣旨に明らかに違背している。

四　判決理由

「前記事実関係によれば、係争の投票の多くは横向竹次郎に投票する意思でされた可能性が強いということもできないではないが、他方において、『タケ』という音を含む名は、仮名又は漢字によって表記され、男女を問わず世上少なからず用いられており、このような音を含む名を有する者を単に『タケ』と呼び、あるいはその下に『さん』、『ちゃん』などの語を付して呼ぶことは普通に見られる現象であるから、『タケ』という呼称は、このような者についてはだれにでも用いられる可能性のある一般的な呼び名にすぎず、それのみでは氏名に代わって特定の者を他から識別するほどの個性を有するとはいえないものであることを考慮すると、係争の投票に記載された『タケ』又は『たけ』という表記は、いずれも『タケ』の音を含む名を有する前記三名の候補者のうち、ひとり横向竹次郎だけを指す可能性しかないものということはできず、他の二名の候補者を指すものとして用いられた可能性があることも、これを否定することはできない。そうすると、原判決が確定した前記事実関係を考慮しても、右投票をすべて横向竹次郎に対する有効投票として同人にのみ帰属させることは相当でなく、この点についての原審の判断は是認することができる。」

「係争の投票は、……前記三名の候補者のいずれかに投票する意思でされたものとみられる可能性があるのであるが、前記事実関係のもとでは、各候補者のいずれに投票されたか、その有効得票数を確定することは不可能であるというほかないから、法六八条七号にいう『公職の候補者の何人を記載したかを確認し難いもの』に該当し、法六八条の二の規定の適用のない限り無効とすべきものである。」

「そこで、更に、法六八条の二の規定の適用について考えると、右規定は、本来候補者の何人を記載したか確認し難い無効投票を立法政策上有効化しようとして特異な例外的の場合を定めたものであり、その結果は必ずしも選挙人の真意に合致するとは断定し難いものであるから、その適用範囲をみだりに拡張すべきではなく（参照判例①、②）、係争の投票のように、投票の記載が仮名書きでされていて、候補者の氏名、氏又は名を完全に表示したものとは認められず、たまたま二人以上の候補者の名の一部にそれと共通又は類似の音が含まれているにすぎないものについては、それが、二人以上の候補者の、選挙人一般に対し氏名と同等の通用力の認められる通称に合致するときなど、氏名、氏又は名の記載と実質的に同一視しうる場合のほかは、同条の規定を適用する余地はないと解するのが相当である（参照判例②）。」

「これを本件についてみると、……『タケ』を、右三名の候補者の、選挙人一般に対し氏名と同等の通用力を有する通称に当たるということはできない。そして、……『タケ』という呼び名が、名の全部又は一部にそれと同じ音を有する者ならだれにでも用いられる可能性のある一般的な呼称にすぎず、それのみでは氏名に代って特定の者を表示しうるような個性を有するものでないことを考えると、係争の投票の記載は、氏名、氏又は名の記載と実質的に同一視しうるものということはできず、これにつき同条の適用を肯定する余地はないものといわなければならない。そうすると、右投票は、結局、候補者の何人を記載したかを確認し難いものとして、法六八条七号の規定により無効となるものと解するのが相当である。」

裁判官全員一致の意見で破棄自判（寺田治郎、環昌一、横井大三、伊藤正己）。

【参照条文】　公職選挙法六八条七号・六八条の二

五　批　評

(1)　本判決の位置付け

自書式投票制の下では、投票の効力をめぐる争いが頻繁に生じる。特に地方選挙では当落が僅少差で決まることが多いこともあって、不明確な投票の帰属をめぐる訴訟の提起が後を断たない。しかも各選管・高裁・最高裁それぞれに判断が異なり、投票の効力が二転、三転することも稀ではない。本件もその典型的な事例の一つといえよう。

ところで本件は、公職選挙法（以下、単に「法」と略す）六八条の二の規定が本件の具体的事案に適用されるか否かをめぐる争いであり、その適用を認めた高裁判決に対して、上告理由は法令の解釈の誤りと判例違反を主張しており、またそれに応えた最高裁も、従来の判例における解釈・適用の基準を確認しつつ、それに従って本件事案への具体的適用の適否を検討し、否定の結論に適している。すなわち本判決は、法六八条の二の規定の適用に関する従来の最高裁判例を確認したものだということができる。そこでまず本判決の中に挙げられている過去の判決をふりかえってみておく必要があろう。

(2)　従来の判例

参照判例①は、最高裁昭和三七年一二月二五日判決（民集一六巻一二号二五二四頁）である。その事案は奇しくも同じ青森県下の某町町議選挙に関して生じたものであり、上告人・上告代理人とも本件と同じであるが、候補者中に鳥山庄次郎と扇谷西之助がある場合に、「トリ」と記載された投票に法六八条の二が適用されるか否かが争われ、選挙会は肯定、町・県選管は否定、高裁は肯定した後を受けて最高裁は、「〔法六八条の二に該当する投票については〕本来かかる投票は、候補者の何人を記載したかを確認し難い投票として無効とすべきにかかわらず、立法政策上、選挙人の意思を推定して有効としているのであって、その結果は必ずしも選挙人の真意に合致するものとは断定できないのである。いわば、同条は、投票の効力判断についての例外的規定であって、その適用範囲を拡大するについては、慎重な考慮を要することはいうまでもない」としつつ、「トリ」がどちらの通称としても一般に知れわたっているものと認定することは困難である以上、「候補者鳥山庄次郎の氏の一部または同扇谷西之助の名の一部を記載したものと認められないこともないが、氏または名の全部あるいは氏名に代る通称を完全に記載したものではなく、二名の候補者のいずれかに投票する意思をもって記載されたものかどうかも明白ではないのである。かかる投票についてまで強いて公職選挙法六八条の二を適用することは、投票の効力に関する判断が選挙人の意思に一層そわない結果になる虞もあり、本件投票のような場合にまで同条を適用することはゆるされないものといわなければならない」と判示している。

参照判例②は、最高裁昭和三九年一二月一八日判決（民集一八巻一〇号二一九三頁）である。その事案は京都府下某町町議選挙における「田中正夫」と記載された投票の効力をめぐるもので、候補者田中吉左衛門の旧名正夫を記載したのか候補者田中正雄の名を誤記したものかが問題とされた。選挙会、町・県選管はこれを田中吉左衛門の旧名を記載したものと判断し、田中吉左衛門の有効投票に加えたが、高裁は法六八条七号に該当し無効であるとの判決を下していた。最高裁は、上告人の法六八条の二の規定の適用の主張について、①の判旨を引用してその適用範囲をみだりに拡張すべきでないとした上で、「それは投票の記載が二名以上の候補者の氏名、氏または名（あるいは少なくとも選挙人一般に対し氏名と同等の通用力の認められる通称）に合致する記載であるということだけでその投票を候補者のいずれに帰属せしむべきか判定不能の場合について適用すべく、候補者の何人を記載したか確認しがたい原因が候補者氏名の誤記の疑や候補者の旧名記載の可能性いかんによる本件のごとき場合にまでその適用を拡張すべきでないと解するのを相当とする」と判示している。

このように今までの最高裁判例においては、法六八条の二の規定は本来無効な投票を立法政策上有効と擬制する例外的規定であるからみだりに拡張解釈すべきでないという考え方がとられており、本判決においてもその考え方が踏襲されている。最高裁がやや拡張的な解釈を施したのは、参照判例②に示唆されているように、通称について本規定の適用を認めうるとした場合だけであり、その理由は、「同条が選挙人のした投票をなるべく有効にしようとする趣旨であり、また通称を記載した投票も有効と解する以上、通称について同条の適用を否定すべき理由はない」というものであった（最判昭和三六年一一月一〇日民集一五巻一〇号二四八〇頁）。

(3)　按分比例の問題点

法六八条の二の規定は、沿革的にみても（当初の公選法にはなく、昭和二七年の改正で加えられた）、文理的にみても（「前条七号の規定にかかわらず」とある）、法六八条七号の例外規定である。そしてこの規定は、たとえば候補者の中に「田中広」と「田中清」がいる場合に、単に「田中」と記載された投票は法六八条七号に該当して無効とされなければならないところを、両候補者のいずれかに宛てられた投票とみなして特に比例按分的に有効票扱いするという救済規定である。ところで投票の効力に関しては、選挙の公正を保つことを前提として、一方に投票者の投票をできる限り有効なものとして扱うという要請があり、他方に選挙人の意思を選挙結果に正確に反映させるという要請があるが、この規定の導入によって前者の要請はよく充たされる反面、後者の要請はある程度犠牲にされざるをえないことになる。開票区ごとの比例按分が選挙人の意思を最も正確に反映させることになるというのは法的擬制にすぎない。その点をついてかつて違憲訴訟が提起されたことがある。その上告理由においては、法六八条の二の比例按分の方法につき、「選挙人の意思を無視した専恣横逸も甚しきものである。抑も国民の選挙権が、国民が憲法に依り基本的人権として附与せられた固有の権利であるのは、憲法第一一条、第一五条等の規定上明白であり、従って投票の有効無効を決するに当っては、選挙人の意思を十二分に尊重し、寸毫も揣摩憶測等は断じて許すべきでないのは勿論であるから、公職選挙法第六八条の二が、前示憲法の規定に悖戻するのは自明の理である」という主張がなされていた。これに対して最高裁はごく簡単に、「それは立法政策上の問題であって所論憲法の規定に違反するものとはいえない」とだけ判示しているが（最大判昭和三五年一二月一四日民集一四巻一四号三〇三七頁）、それには、按分比例は合理的でなく平等按分にすべきだとする斎藤悠輔裁判官、ならびに、甚だしく恣意的で根拠の薄弱な推定に基づいて合理性の極めて乏しい取扱いがなされることになり憲法一五条・四三条・九三条等に違反し無効であるとする河村又介裁判官の、各少数意見が付されている。

この点につき学説上は違憲説はみあたらず、当時の判例批評の執筆者も合憲と解している（山下健次「判例批評」民商四五巻一号六一頁、楠正純「判例批評」民商四六巻五号八八頁参照）。しかしこの擬制はやはり無理な面があるとの指摘がある。たとえば田中真次はつぎのようにいう。「本来、公選法第六八条の二の規定は、やや無理な規定であり、どの程度まで適用を認めてよいのかかなり疑問である。けだし、不正確な投票の記載を特定の候補者に対するものと判断することは、すでに、ある程度選挙人の意思を推測することになる場合が多く、さらに第六八条の二を適用することとすると、二重に選挙人の意思を推測することに帰し、選挙人の真意に反する結果をきたすおそれがあるからである」と（田中真次・選挙関係争訟の研究（一九六七年）一七〇頁）。また楠正純も、「本来、本条の擬制按分制は、投票者の真意を完全に反映せしめ得ない点において、合理性を欠くもの」とし、その適用範囲を厳格に限定すべきであると主張する（楠正純「判例批評」民商五三巻三号九二頁）。これらの学説は最高裁の立場を支持することになると思われる。

これに対して、法六八条の二はたしかに例外規定ではあるけれども、それが設けられた以上その設けられた趣旨に沿った解釈が法六八条七号についても施されるべきだと解する立場がある。この立場では、不完全記載の投票につき、「A、Bいずれの候補に向けられたか判らぬものでも有効とするくらいであれば、たとえ相当の不完全記載でも、特定の一人の候補者に向けられたことが判定できる以上、当然有効とすべきであろう」と主張される（山下健次「判例批評」民商四九巻三号一二七頁）。この説は、参照判例①の事案につき、「トリ」と記載された投票を、「二名の候補者のいずれかに投票する意思をもって記載されたものかどうかも明白でない」とする最高裁の判断を批判し、もし両候補者のいずれか一方だけが立候補している場合であればその候補者の有効得票となしうべきものであり、そしてそうすることができるならば二人以上の候補者がいる場合に按分比例的に有効得票として扱うことは決して不合理ではないはずだという。参照判例①の原審判決もそのような立場に立っていたし、本件の原審判決においてとられた立場もそれと同様のように思われる。

(4)　本件の具体的検討

今までの判例・学説の状況はおおよそ以上にみてきたとおりである。以上の状況をふまえて、つぎに本件についての具体的な検討に入りたい。

まず「タケ」が三人の候補者のいずれか特定の者の通称にあたるかどうかの点については、原判決は否定的な判断を下しており、最高裁もその判断を支持している。この事実関係の判断については、評者としてここで論評できる限りではない。さて「タケ」が特定の候補者の通称にあたらないとすれば、それは不完全な記載の投票ということになり、その音を含む氏名の候補者三人のいずれかに向けられた投票だという可能性はあるものの、数が多いという点を除けば、形式的には参照判例①の事案と同じことになる。そこで従来の最高裁判例を踏襲する限り、本件について法六八条の二の規定は適用できないという結論にならざるをえないように思われる。

それにもかかわらず原判決があえて反対の結論を出したのはなぜであろうか。原判決は従来の最高裁判例についてはなにも言及していないから、それを承知の上であえて別の解釈をとるべきだと考えたのか、今までに扱われた事例とは異なる要素を含んでいるから従来の最高裁判例に矛盾しないと考えたのか、それとも気が付かなかったのか、いずれかは分からない。しかしいずれにせよ原判決は本件の事実関係の下においては法六八条の二の規定を適用することが実質的に選挙人の意思に沿うものと判断したのであり、少なくとも横向竹次郎について考えれば「タケ」と記載された投票を全部無効とするよりはその何票かを同人の有効得票とすることの方が選挙人の意思により忠実であると判断したものとみることができる。この場合の「タケ」票は、仮に「田中」姓の三人の候補者がいる場合に「田中」と記載された投票と実質的に同じ意味をもつというのが原判決の考え方である。だから原判決はきわめてよどみなくいう、「『タケ』と記載された投票（計一五票）は横向、袴田、成田の三者のいずれかへ投票する意思でなされたものと認めるのが相当であるから有効な投票であるが、横向竹次郎ひとりの得票とすることが不当である以上、法六八条の二に従って……三名のその他の有効得票数に応じて按分加算すべきものである。かく解してこそ『タケ』と記載して投票した選挙人の意思に沿うものと考えられる」と。

このように原判決は、法六八条の二の規定は複数の候補者のいずれかへ投票する意思でなされたと認められる投票を有効化する規定であるという解釈をとっている。同条の「氏名、氏又は名」という文言にとらわれずに実質的にその趣旨に沿って考えれば、このような解釈はそれほど無理もなく導き出せるように思われる。しかしこのような解釈は従来の最高裁判例のとらないところであり、本件の場合も最高裁によって誤った解釈だとされている。そこでどちらの解釈が正しいかを考えてみたい。

形式的、文理的にみれば最高裁の説くところはもっともである。しかし、最高裁自身もすでに通称について法六八条の二の規定の適用を認めているのであるから、こちこちの文理解釈をとっているのではなく、法の趣旨に沿ったそれなりの合目的的解釈を施しているということができる。しかし原判決のような解釈は認めないのであり、そうすることとの実質的理由は、もともと不完全な投票について二重の推定をすることは選挙人の意思に沿わない結果をきたすおそれがあるということに求められているように思う。いま仮に「田中広」と「田中清」という二人の人物がいる場合に、「田中」とのみ記載された投票は、どちらか一方のみが候補者である場合には、当然その候補者の有効得票となる。このように一人だけの候補者がいる場合には確実に有効得票とされるものについて六八条の二の規定が適用される。これに対して、本件の場合の「タケ」という不完全記載の投票は、仮に候補者が横向竹次郎一人だけの場合でも常に確実にその有効得票とされるわけではない。それが有効得票とされるときにはすでに推定が働いており、複数の同音の候補者がいる場合に按分比例で有効化することは二重の推定になり、それだけ選挙人の意思の正確な反映から遠のくことになるので認めがたい。——最高裁の考える実質的理由はこのようなことである。氏又は名のみを記載した投票も厳密にいえば不完全記載の投票なのであるが、その点は割り切って他の不完全記載とは区別することになる。これに対して、具体的な事実関係の下では不完全記載の投票であっても特定の候補者に投ぜられたものと推定するのが容易な場合があり、その場合には氏又は名のみを記載した投票と実質的には区別する必要はないというのが原判決の考え方である。

思うに、氏又は名のみの記載の投票は客観的に確定できるのに対して、それ以外の不完全記載の投票にはいわばぴんからきりまであり、具体的事情に即した判断が要求される。本件の場合についていうと、横向竹次郎一人がいる場合にはその有効得票に数えるのは容易であるというのが原判決の判断のようであるが、他の成田や袴田一人がいる場合にはどうであろうか。かなり微妙な判断が要求されることになろう（横向が途中で立候補を取り下げたような場合を想定するとますます微妙である）。しかも比例按分は一人の候補者についてだけ行うことはできない。本件の場合にはたまたま他の二候補者が比例按分の投票を得ても得なくても当落に関係ない場合だからよいが、当落にかかわってくるような場合にはさらに微妙な問題が生じることが予想される。

あれこれ考えると、不完全記載の投票にまで法六八条の二の規定を適用することは、選挙人の真意により合致する結果をもたらすこともあるが、逆により合致しない結果をもたらすこともあるようにみえる。氏又は名のみを記載した投票については形式的な比例按分はそれなりに合理的と割り切れるが、本件の場合だと、原判決では横向次郎にあてられた投票が最も多いのではないかという印象をうけるにもかかわらず、実際に比例按分では横向は最も少ない按分加算しか得られない。本件においては別に「竹」、「健」、「武」などの不完全記載がそれぞれ有効とされているところ、それらの不完全票の得票割合で按分比例する方が合理的ではないかとさえ考えられる。それはともかく、いずれにせよ氏又は名のみの記載の投票とそれ以外の不完全記載の投票とを区別することには理由があるというべきであろう。そしてこの種の問題は結局どこかで割り切らざるをえないのであり、そうすると条文の文理解釈にも忠実な最高裁判例のような解釈をとらざるをえないのではないかと思われる。

本件の具体的事情の下で、そのような割り切った解釈は、横向竹次郎にとってはやや酷な結果をもたらすようにみえる。しかし法六八条の二の規定は、もとより個々の候補者についての救済規定ではなく、あくまで投票の効力に関する一般的な制度を定めたものであるから、一般的な基準に従って解釈されなければならず、その結果実質的に横向竹次郎に不利とみえる結果になったとしてもそれは甘受せざるをえないものというべきである。そのような事態は氏名の混記や他の著名人の名前と合致する誤記投票の場合にも生じることであり、誠にやむをえない。この点原判決には、どのみち何票かは横向竹次郎へ投ぜられているはずだという候補者中心の考察態度がとられているように感じられ、多少気になるところである。

こうして私は最高裁の解釈でやむをえないと考えるのであるが、もし氏又は名の一部の記載の投票を原則として自動的に有効とする解釈・運用が法六八条七号についてとられるならば、右の区別論の実質的理由はなくなるから、原判決の立場こそが正当だということになる。先に挙げた山下論文のように法六八条の二の規定の導入により法六八条七号の解釈としてそのような解釈がとられるべきだという考え方には一理ある。しかし、不完全記載の投票については具体的事情に即して個別的判断がなされているのが実情であり、また一般的・形式的に有効化の基準を作れるかも疑問である。実は法六八条の二の規定こそが、その基準を確認し（氏又は名のみの記載投票は有効とみなす）、ついで複数の候補者がいる場合の有効化を新たに定めたものと解されるのである。一般の不完全記載の投票につきさらに一般的に有効とみなす基準が作れるとするならば、最高裁判例は説得力を失うことになろう。しかしそのような基準をまだ見出しえない段階においては個別的事情に即した考慮が払われざるをえないのであり、区別論の意味は失われていないと考えるべきであろう。

（民商法雑誌八七巻二号、一九八二年。題名変更）

＊　本文の公職選挙法六八条の二第一項・二項（按分比例に関する部分）は、その後衆・参両議院の比例代表選挙の名簿に対する投票についての規定が加えられ、現行法では四項までである。本文でいう六八条の二は、現行法では六八条の二第一項と第四項を含む。

XIII　候補者氏名の誤記か別の実在人への投票か不明とされた事例

――平成三年一月二五日最高裁第二小法廷判決（民集四五巻一号一頁）――

一　判決要旨

嶋崎均という氏名の候補者がいる参議院選挙区選出議員の選挙において、「しまさきゆずる」、「しまざきゆずる」と読むことのできる投票は、同一県内から選出された衆議院議員に嶋崎譲という氏名の者が実在し、右候補者も右嶋崎譲も共に著名人であるなど判示の事情の下においては、右両名のいずれを記載したか不明なものとして、無効である。

二　事　実

平成元年七月二三日に施行された参議院（石川県選挙区選出）議員選挙（一人選出）において、訴外Aが二七万六〇九五票を獲得し、次点者の上告人嶋崎均の得た二七万四九二四票を一一七一票上回る得票で、石川県選挙管理委員会により当選の決定を受けた。これに対して、落選した嶋崎均（原告・上告人）が選挙無効・当選無効の訴えを起こしたが、その実質的な請求は、同選挙において「しまさきゆずる」、「しまざきゆずる」等の投票が無効とされたのは違法であり、これらを嶋崎均への有効投票とすれば当落は逆転するという点にあった。ところで本件選挙当時、上告人嶋崎均は石川県選挙区選出の自由民主党所属の参議院議員（四期連続当選）で法務大臣等を歴任した政治家であり、他方、嶋崎譲はその二歳年下の実弟で、石川県第一区選出の日本社会党所属の衆議院議員（六期連続当選）で衆議院物価問題に関する特別委員会委員長等を歴任した政治家であって、共に石川県下ではもとより全国的にも著名人だという事情が存在した。

第一審判決（名古屋高裁金沢支判平成二年五月三〇日判時一三五六号三二頁）は、従来の最高裁判例に従い、候補者の氏名と類似しているが候補者以外の実在する人物に合致する記載の投票を無効とするためには、記載がその実在人を指向すると推測される特段の事情が認められる必要があるとした。その上で、本件の場合少なくとも約一五〇〇票についてはそのような事情が認められるから、候補者でない者の氏名を記載した投票として無効であり、その結果当選の効力は動かないと判断して請求を棄却した。それを不服として嶋崎均が上告した。

三　上告理由

原判決には公職選挙法の解釈・適用の誤りがあるとし、つぎのようにその理由を述べている。

「法六八条一項に規定する他の無効事由との対比から考えるならば、二号前段の『公職の候補者でない者の氏名を記載したもの』というのも、二号後段や他の号に規定する無効事由と同程度に無効であることが明白であるもの、換言すれば、およそ候補者の氏名を記載したものとは一見明白に認められないものを指すと解すべきであり、二号前段のみこれを拡大解釈して、常識的にみれば特定の候補者に対する投票であると推認できるにもかかわらず、立候補していない実在人に対する投票と解する余地もあるという理由から、安易に無効とすることは許されないと言うべきである。このことは、選挙権を中核とする参政権が最も重要な基本的人権の一つであり、選挙人の意思は極力これを尊重する必要があることからも当然に導き出される不可欠の要請である。従って、他に同姓の候補者がおらず単に名前のみ候補者の名前と一致しない場合について、誤記の疑いが極めて大きいにもかかわらず、記載された氏名と同一の著名な実在人が存在するという形式的な理由からこれを無効とすることは、法六八条一項二号前段の解釈を誤ったものと言わなければならない。」「右のような解釈は、法六八条の二、六七条後段からも裏付けられている。」

「このような法の基本的立場を尊重するならば、法六八条一項二号前段の解釈においても、同号後段や同項の他の号と同程度に有効とする余地がないものを除き、できるだけ『その投票を有効とするように』解釈することが要請されているのである。」

従来の判例はこの点の解釈・適用を誤っていたが、最高裁昭和五一年六月三〇日判決は投票の有効・無効の判断基準を新たに定立し、それまでの判例を実質的に変更したことは明白である。そしてそれは最高裁昭和五九年九月二七日判決においても踏襲されている。しかるに原判決は、この効力判定基準を採用せず、その趣旨に反した従来の基準を採用する誤りをおかしている（以下、投票の有効性を論証しようとして、さまざまな事実を挙げ、縷々訴えているが、省略）。

四　判決理由

「原審が適法に確定したところによれば、上告人嶋崎均は実在人嶋崎譲の二歳年長の兄であるところ、本件選挙当時において、上告人嶋崎均は、四期連続して衆議院議員選挙に当選した石川県選挙区選出に係る自由民主党所属の参議院議員で法務大臣等を歴任した政治家であり、他方、右嶋崎譲は、六期連続して衆議院議員に当選した石川県第一区選出に係る日本社会党所属の衆議院議員で衆議院物価問題に関する特別委員会委員長等を歴任した政治家であって、共に石川県下ではもとより全国的にも著名人であるなどの事情が存在するというのである……」

「このような事情の下においては、漢字、平仮名、片仮名で記載された『しまさきゆずる』、『しまざきゆずる』と読むことのできる投票一六三七票（……）は、本件選挙の候補者である上告人嶋崎均の氏名の誤記として同上告人を指向したものか、候補者ではない右嶋崎譲を指向したものか、そのいずれとも認め難いものというべきであり、したがって、上告人嶋崎均に対する有効投票とはいえないとするのが相当である。」「ところで上告人嶋崎均は、本件投票を含む一九五五票を自己に対する有効投票と主張しているのであり、これから本件投票を差し引くと残りが三一八票となるが、原審の適法に確定したところによれば、当選人とされた候補者粟森喬と上告人嶋崎均との票差は一一七一票であるというのであるから、たとえ右の三一八票の全部を上告人嶋崎均に対する有効得票と仮定しても右粟森喬との票差には満たず、してみれば、上告人嶋崎均の当選無効請求を理由がないものとした原審の判断は、結論において是認することができる。」

裁判官全員一致の意見で上告棄却（藤島昭、香川保一、中島敏次郎、木崎良平）。

【参照条文】　公職選挙法六七条、六八条一項二号・七号

五　批　評

(1)　従来の判例の立場

本件で争われているような投票の効力に関しては、いままでにも何度か訴訟が提起されており、その判定基準については、すでに最高裁判例が確立しているといえる。それはつぎのように要約することができる。「もともと候補者制度を採る選挙においては、選挙人は候補者に投票する意思をもって投票に記載したものと推定すべき

であるから、投票の記載が候補者氏名と一致しない投票であっても、その記載が候補者氏名の誤記と認められる限りは当該候補者に対する投票と認めるべきである。しかしながら、その半面、投票の記載並びに選挙の当時における諸般の事情に照らして、その記載が候補者以外の何人かを表示したものと推認すべき強い事情が認められる場合には、右の推定をくつがえして候補者でない者に対して投票したものと解するを相当とする」（最判昭和四〇年二月九日民集一九巻一号一三六頁）。

しかし、ここにいう「その記載が候補者以外の何人かを表示したものと推認すべき強い事情が認められる場合」にあたるかどうかの判断については、「諸般の事情に照らして」総合的に判断するよりないので、具体的にどのような事件でどのような判断がなされたか、その集積が重みを持つことになる。

(2)　具体的な判決例

まず、上告理由において「従来の判例」として触れられている二つの判決例をみておこう。

最も早くには、「参議院（地方選出）議員選挙においてその選挙区出身の全国的著名人桜内幸雄の氏名と明確かつ完全に一致した記載の投票は、それが千三百七十五票という相当多数あった事と考え合わせると、同人に対して投票する意思で記載されたものであって、これが候補者桜内義雄の氏名と字形および字音において類似していても、その有効得票と認むべきでない」と判示する原判決を結論的に是認する最高裁判決がある（最判昭和二六年一〇月三〇日民集五巻一一号六三七頁）。

ついで、「候補者の坂田家は八代地方における名家であり、……いずれも同地方の著名人であることについては、当事者間に争はないのであるが、原判決は、かかる事実及び本件にあらわれた全証拠によっても、上告人らの主張するように、地方民一般に、市長といえば父の坂田（道男）を意味し、代議士といえば子の坂田（道太）を意味するという程度に、人物の区別が十分認識されていた事実、したがってまた選挙人は、市長選挙に立候補といえば直ちに父の坂田を想起し、子の坂田がこれに立候補したと考えるはずのありえなかった事実まではなお認めがたい旨を判示しているのである。そしてこの判断は、本件各証拠に徴しても、また氏名の近似する者についてはその人物に認識混同の生ずる虞れの考えられることからいっても、必ずしも所論のように証拠を無視し経験則に反したものということはできない。論旨は坂田道男の名が道太と誤記されやすかった事情を詳論するが、坂田道太票のすべてが坂田道男の名の誤記によるものと推認するに足りない。したがって、たとえ坂田道太票のうちに道男の名を誤記した投票の存在が推測されるにしても、どれだけがそのような投票であり、どれだけがその表示どおり道太に宛てられた投票であるかを判別できるだけの根拠の認めがたい本件においては、結局、坂田道太票は、道太を選挙する意思をもって投ぜられた疑のある投票と解するほかなく、坂田道太票のすべてを直ちに坂田道男の得票に算入することが許されないことは、投票効力の判断としてやむをえないところである。してみれば、仮に原判決が坂田道太票のすべてにつき候補者でない道太を表示したものと推認する強い事情のあるものと判断したのは妥当ではないとしても、なお本件選挙において道太に投票する意思の選挙人のありえなかった事情が肯認しがたいかぎり、坂田道太票を無効と断じた原判決の結論は動かしがたく、論旨は採用しがたいものといわなければならない」とする最高裁判決がある（最判昭和四〇年二月九日民集一九巻一号一三六頁）。そこでは、候補者以外の著名人への投票という推定よりは、どちらへの投票か不明という点が決め手とされているが、どちらにしても無効投票扱いになる点では同じだから、本質的な違いはないといってよい。

(3)　判例の評価

このように、選挙区では著名人で、しかも政治家であるような場合には、その者のフルネームを記載した投票は、当該著名人に対して投ぜられた疑いが強い。もちろん、そうでない誤記や思い違いなどの記載も含まれるだろうが、どちらにしても、候補者と著名人のいずれに投じたものかを確認しがたいものといわなければならない。

そうだとすると結局、公選法六八条一項七号にいう「公職の候補者の何人を記載したかを確認し難いもの」として、それら投票を無効とするよりほかない。これは、投票はなるべく候補者に投じられたと推定するが、それにも一定の限界があるという場合の、まさにその限界に当たる。そして、詳細に検討すればどちらの票かをある程度推測できるのかもしれないが、投票の秘密の保障があるから、調査の方法は限定され、どのみち正確なことは分からない。このような場合、結局はどちらかに割り切らなければならないのであって、むしろ割切り方が常に固定しているほうが、選挙の公正を守ることになろう。上告人は、有効投票とみなすのが原則であるかのように論じているが、もともと不正確な投票は無効にされるというのがむしろ原則であり、有効投票への算入のほうが例外だとみてもよいのである。つまり、なるべく有効な投票とするため相当程度までは譲歩するが、もはや譲れまいというのが右の限界だということができよう。したがって私は以前から、ほぼ確立した判例の立場は、やむをえない選択であり、正当だと考えてきた（右の昭和四〇年判決についての批評〔法協八二巻五号（一九六六年）八二頁以下（本書第四部Ⅺ）〕参照）。

ところが、上告人は、その後最高裁判例には実質的変更があったかのような議論をしている。はたしてそのような理解が成り立つのか。判旨はこれを黙殺しているようなので、ここで上告理由に即して検討してみることにしよう。

(4)　上告人の主張

①　上告人が実質的な判例変更があったとして挙げる最高裁昭和五一年判決は、つぎのように判示している（最判昭和五一年六月三〇日判時八二二号四二頁）。

「選挙人は候補者に投票する意思をもって投票を記載したと推定すべきものであるから、投票に記載された氏名と同じ氏名をもつ者が同一選挙区内に実在する場合でも、投票の記載がその実在人を指向するものと認められるためには、その者が地方的に著名であるなどその記載が特に当該実在人を表示したと推認すべき特段の事情があることを要すると解すべきである（昭和四〇年判決等引用）。

「そうすると、『辻本行正』と記載された……投票につき、辻本行正なる者が同一選挙区内に実在し、選挙運動用ポスター掲示責任者であった辻本善作の実弟である事実を認定するのみで、他に特段の事情のあることを認定することなく、右投票の記載は実在人たる同人を指向するものと認めることができるとした原判決には、法六七条、法六八条二号の解釈適用を誤った違法があるといわなければならない。」

「そして、『辻本行正』という投票の記載に徴し、右投票は、候補者辻本正也の氏名のうち三字までを共通にし同候補者を指向したものとして、これを同候補者の有効得票と認めるのが相当である。」

② さらに、この判例を踏襲するものとして挙げられている、もうひとつの最高裁昭和五九年判決は、つぎのように判示している（最判昭和五九年九月二七日民集三八巻九号一一〇二頁）。

「〔上告理由の〕論旨は、要するに、本件選挙区たるA町に佐藤東一という地方的に著名な人物が実在している以上、『佐藤東一』と記載された投票は、同人を指向したものとして無効とすべきものであり、候補者佐藤登市に対する有効投票と認めることはできない、というのである。」

「しかしながら、原判決の認定するところによれば、右佐藤東一は、郷土史研究家としてはある程度の知名度を有していた者であるが、本件選挙当時既に八六歳の高齢であって、A町の町政に若干関係したこととしては、三〇年ほども前一度教育委員に立候補して当選し、約六か月間同委員として在職したことがあるのみで、これを除けば終始文化関係の活動に従事していて、町政に関し格別の政治的活動をしたことはないというのであり、一方、本件選挙の選挙人の中には候補者佐藤登市の氏名を『佐藤東一』と表記するものと誤認していた者のいることが推測される事情も認められるというのであるから、このような事情がある場合には、『佐藤東一』と記載された投票は、右実在人を指向したものと推認すべきものではなく、候補者佐藤登市に対する有効投票と認めるのが相当である。」

⑸　総合評価

このように、どちらの判決も結論的には候補者に対する有効投票と判断している。また、たしかに昭和四〇年判決が「その記載が候補者以外の何人かを表示したものと推認すべき強い事情が認められる場合には」無効だと言っているのに対して、昭和五一年判決は「投票の記載がその実在人を指向するものと認められるためには、……特に当該実在人を表示したと推認すべき特段の事情があることを要すると解すべきである」と言っており、同じことを言っているようでもその言い回しには微妙なニュアンスが感じられなくもない。

上告理由はこの点をとらえて、昭和四〇年判決の「〔候補外の著名人〕に投票する意思の選挙人のありえなかった事情を是認しがたいかぎり、〔無効〕」という部分についての実質的判例変更がある、なぜなら昭和五一年判決は、特段の事情がないとした上で、「〔候補外の著名人〕に投票する意思の選挙人のありえなかった事情」は何ら認定することなく破棄自判しているからだ、と主張する。「ありえなかった事情」を立証することは実は不可能であり、そうすると従前の判例においては、候補者以外の著名人の氏名を記載した投票はすべて無効扱いになるところ、五一年判決はこれを有効としたのであり、それは判断基準の変更に基づくものだ、という主張である。

しかし、従前の判決においても、上記のような場合には機械的に投票を無効扱いにするといっているのでもなければ、また無効と推定するといっているのでもない。決め手はやはり具体的に存在する「特段の事情」であり、それについての総合的な判断なのである。ただ、当該著名人が政治家であり、その地方の種々の選挙のどれかに立候補したり当選したりした実績がある場合には、少なくともその著名人を指向したという可能性を否定できないから、むしろその可能性を薄めるような状況があるかどうかが審査されることになる。

上告理由の挙げる右の二つの判決は結論的に投票を有効としているが、どちらのケースにおいても、候補者以外の実在人物は著名な政治家とはいいがたく、また当該選挙に立候補していると選挙人に錯覚させるような状況にはないといわざるをえないのではなかろうか。これらは、最初の二つの最高裁判決や本件の場合とは事情が大分異なっているように思われる。

昭和五九年判決については、判旨を正当とする評釈があり、そこではつぎのように述べられている。「凡そ、投票の効果の帰属すなわち効力の判定は、当該投票の記載形態を通じて具体的なケースとして、選挙人に関して推定でき得る諸事情に即して立体的考察を加えて行われるべきものである。別言すれば、投票上の表示に影響を及ぼすであろうところの諸要素は、一般的に限定でき得るものではなく、また、それぞれの要素の影響するであろうところの度合いも一定するものではない。従って、不正確記載票の効力判定については、普遍的に妥当する原則的基準はあり得ないといえる。不正確記載票については、投票者の真意が奈辺にあるかを不当にせんさくし、または憶測することは、現行無記名投票制度下の秘密主義と無答責主義との建前からは許容せられ得ないところである」（楠正純「『佐藤東市』が『佐藤登一』の有効投票と認められた事例」民商九一巻六号八九三—八九四頁）。この論には格別問題がないように思われる。

さらに評釈はつづく。「ただ、しかし、当該係争投票記載が特定候補を表示したものであると推定し得る限りにおいては、当該投票人の意思を忖度し、尊重してこれを有効投票化することが、公職選挙法（一条・六七条）の理念に合致……〔する〕ものではなかろうか。一般に、任意投票主義による候補者制を採る選挙制度の下においては、投票者は候補者中の何ぴとかを特定する投票意思をもって投票したものと推定せられる。別言すれば、その推定を反証をもって覆すに足る程度に当該選挙人の投票意思が当該投票記載に表示されていない限りにおいては、これを当該特定の候補者以外の実在の人物を特定したものとみるべきではない。けだし、選挙に際しては、通常、投票者は、自己の投票が自ら選良として期待した特定候補者以外の候補者に向けられ、自己の真意が無視されるような効力を生じることを所望するものではないからである」（同八九四頁）。この論も一般論としては格別問題がないと思われる。問題は、「その推定を反証をもって覆すに足る程度」の表示かどうかの具体的判断であり、問題はそこでふたたび最初のところに戻っていく。要するに「普遍的に妥当する原則的基準はあり得ない」のである。そうすると原審の事実認定が大きな意味を持つことになるが、嶋崎譲が連合推薦候補の推薦人の筆頭として新聞報道されていること、選挙応援者として街頭演説を行ったこと等の事実が認められ、これにその知名度を考慮すると、嶋崎譲が立候補したものと誤解する選挙人がいることは推定でき、そうすると係争の投票は少なくともどちらに投票したのか不明な投票といわざるをえないであろう。上告理由は、あれこれ逐一反証しているが、推定をくつがえすほどに説得的な事実を示すことに成功しているとはいえない。

〔付記〕消費税問題等が争点となった平成元年七月の参議院議員選挙においては、選挙民の自民党に対する批判が一気に爆発し、社会党や連合が比例代表選挙のみならず各地の選挙区選挙でも大勝を収めた。この訴訟にかかわる石川県選挙区においても、連合の候補が自民党現職を破るという波乱が生じたが、かなりの僅差であり、本件のような投票の効力が慎重に判断されるなどの事情があったからであろう、当選者が確定したのは、全国の選挙区の中で一番最後であった。なお、私事にわたり恐縮であるが、本選挙当時私は当該選挙区の選挙人であった。その後東京に転出したため、結果的にはそこでの最後の投票となったが、私の投票は係争の投票の中には含まれていないと信じたい。

（民商法雑誌一〇五巻二号、一九九一年。題名変更）

＊　本文の公職選挙法の規定のうち、六八条一項七号の規定は現行法では六八条一項八号に移っている。

XIV 親選挙に対して権利濫用的に提起された争訟の係属中に行われた補欠選挙の効力

――平成三年四月一一日大阪高裁判決（判例時報一四〇七号五八頁）――

一 事 実

原告Xは、平成元年一〇月二九日に施行された奈良県議会議員（大和郡山市選挙区）補欠選挙に立候補し、落選したものであるが、同補欠選挙の効力に関する異議申出を奈良県選挙管理委員会（被告Y）に対して行ったところ棄却決定を受けたので、これを不服とし、その取消しや選挙無効等を求める訴訟を提起した。

Xの主張の要点はつぎのとおりである。すなわち、公職選挙法三四条三項によれば、地方議会議員の補欠選挙は、同選挙を必要とするに至った選挙（いわゆる親選挙）についての訴訟継続中など、争訟が確定しない間は、行うことができないと定められている。そして本件補欠選挙の親選挙については、Xが大阪高裁に選挙無効訴訟を提起し、現在係属中であるにもかかわらず、Yは本件補欠選挙を執行した。ゆえに本件補欠選挙は違法・無効であり、またYの棄却決定も取り消されるべきである。

これに対して、Yの反論の要旨はつぎのとおりである。すなわち、親選挙の後、大和郡山市選挙区の定数三名のうち、一人が市長選挙立候補のため辞職、一人が突然死亡するという事態になったため、補欠選挙を執行する必要性が生じた。Xが親選挙につき訴訟を提起し、それがいまだ係属中であることは事実であるが、Xの弟である代理人は、いままでにも選挙の都度理由にならないことを並べ立てて異議申出や選挙訴訟を繰り返しており、親選挙に関する訴訟もその一例に過ぎない。このような原告の権利濫用がある場合に、形式的な解釈で補欠選挙の執行をしないことは、かえって地方自治の本旨に反する結果を招来することになるから、親選挙への異議申出の内容からみて、親選挙の選挙手続の確実性、安定性を損なわない、きわめて例外的な場合には、補欠選挙の執行が許されるものと解すべきである。

二　判旨

請求棄却。

「法三四条三項は、補欠選挙を必要とするに至った所謂親選挙についての選挙争訟が未確定の間は補欠選挙を行うことはできないと規定しているが、同条項の規定の趣旨は、もし親選挙についての未確定の間にも補欠選挙の執行が許されるとすると、その後右争訟により親選挙が無効とされるようになった場合、補欠選挙の効力も問題となり、無駄と混乱が生ずることになるので、これを回避するために親選挙の効力が否定される可能性のある争訟未確定の間は、補欠選挙を行うこと自体を許さないとしたものである。したがって、法三四条三項に違反して行われた補欠選挙は、選挙執行の重大な手続的前提要件を欠くものとして、選挙の結果に異動を及ぼすおそれの有無を問うまでもなく、無効とされるべきものであると解される。」「しかしながら、右規定の趣旨に照らせば、親選挙についての選挙争訟が未確定の状態にあるときでも、その争訟により親選挙が無効とされることがないことが客観的に明らかである場合で、かつ、右争訟の提起ないし維持が争訟する権利の濫用と認められる場合には、例外的に補欠選挙を行うことができると解すべきである。なぜならば、民主政治の要である議会の議員の欠員を充足するために行われる重要な選挙である補欠選挙の執行の必要性がある場合に、法三四条三項は右の趣旨によりその執行を許さないとするのであるから、補欠選挙の執行が許されないのは実質的に見ても法三四条三項の趣旨に即した場合でなければならないからである。」

ところで本件の場合、「事実認定によれば、本件補欠選挙を執行するにあたっては前記訴訟により『親選挙が無効とされることがないことが客観的に明らかである場合』であったといえる。」

また「原告は、本件親選挙について被告に対し、これが無効である旨主張して異議申出をし、右異議申出が棄却されると、右異議申出棄却決定の取消及び本件親選挙無効の訴訟を提起し、一方本件補欠選挙に立候補し、本件補欠選挙が執行された後に、さらに本件補欠選挙が親選挙について無効訴訟の係属中であることを理由として、本件補欠選挙の無効を主張して異議申出をし、これが棄却されるや本件訴訟提起にいたったものである。しかも、本件親選挙について原告の主張する無効原因としての事実は、その事実が存在しないか、一部事実は認められるものの選挙規定違反にあたらず、『親選挙が無効とされることがないことが客観的に明らかである場合』にあたり」、「親選挙の異議申出の際、被告に対し……口頭意見陳述機会付与申請をしながら、多忙を理由として被告の期日指定に協力せず、約二年四か月後にいたって突然右口頭意見陳述機会付与申請を取り下げるなど、その争訟を行う姿勢に相当性を欠き、右事実に〔原告及びその代理人らが本件補欠選挙前後の他の選挙に関しても被告に対してとった特異ないやがらせ又は妨害的言動〕の事実をも併せ参酌すると、原告の本件親選挙についての各争訟の提起ないし維持は権利の濫用と認められる場合に該当するというべきである。」

「結局、本件は、法三四条三項の例外である『争訟により親選挙が無効とされることがないことが客観的に明らかである場合で、かつ、右争訟の提起ないし維持が争訟する権利の濫用と認められる場合』にあたるということができるから、本件補欠選挙は、親選挙についての争訟係属中に執行されてはいるが、法三四条三項には違反しないことになる。」

三　評　釈

(1)　問題の所在

都道府県議会の場合に限らず、一般に選挙で当選人が出なかったり、定数に達しなかったり、当選人がすでに死亡者だったりする場合があり、また当選した議員や首長が、その後他の選挙に立候補するためや病気のために辞職したり、あるいは死亡したりして、議員や首長に欠員を生じることがある。そのような場合の事後処理については、公職選挙法は第一一章「特別選挙」において、各議会や首長ごとに再選挙、繰上げ補充、補欠選挙等を定めている。そして都道府県議会の議員の欠員に関して法は、まず選挙の期日から三か月以内に欠員が生じた場合には繰上げ補充をすることとし（一一二条）、ついで、それ以後に欠員が生じた場合には、「同一選挙区において第百十条第一項（再選挙の規定）にいうその当選人の不足数と通じて二人以上に達したとき。ただし、議員の定数が一人である選挙区においては一人に達したとき」（一一三条一項五号）、「当該選挙に関する事務を管理する選挙管理委員会は、選挙の期日を定めてこれを告示し、補欠選挙を行わせなければならない」（同条一項本文）と定めている。

本件の事実認定によれば、定数三名の当該選挙区については、昭和六二年四月一二日執行の親選挙での当選人確定の後、平成元年六月二日に一人が市長選に立候補のため辞職し、さらに平成元年九月一二日に一人が病死し、二名の欠員が生じているから、補欠選挙を行うべき法的要件を充たしており、もともとは正当な補欠選挙執行であることには疑いがない。

しかし法三四条は、一項で地方議会議員の補欠選挙は「これを行うべき事由が生じた日から五十日以内に、行う」と一般的には定めながら、同三項で、いわゆる親選挙についての「異議の申出期間、審査の申立期間若しくは訴訟の出訴期間又は異議の申出に対する決定が確定しない間、審査の申立てに対する裁決が確定しない間若しくは訴訟が裁判所に係属している間は、行うことができない」と定めている。そしてこの規定の趣旨は、判旨にあるように、親選挙の効力が覆る場合に生じる補欠選挙に関する無駄と混乱を回避するためのものであることは、いうまでもないところである。そこで本件の場合には、親選挙につき形式的にせよ訴訟が提起されているのだから、条文を形式的に適用すれば、いまだ補欠選挙は執行できないということになる。これに対して判旨は実質的・合理的解釈により例外を認めるという立場をとったのであるが、はたしてこの立場は正当といえるものかどうかを検討してみたい。しかしその前に、実は内容がほぼ似通った別の事件の判決が、同じ大阪高裁の別の部により一足先に下されているので、その概要を簡単に紹介しておくことにしよう。

(2)　類似の事件に関する高裁判決

その事件の原告は、本件の原告の弟にあたるようであるが、昭和六二年四月二六日施行の奈良市議会議員一般選挙（親選挙）につき奈良市選管への異議申立て、奈良県選管への審査申立てを経て、審査申立却下裁決の取消しと親選挙無効の訴えを大阪高裁に提起した（もう一人別人Aがほぼ同様の争訟を行っている）。ところが右審査申立中に議員に一人欠員が生じたため、奈良市選管は昭和六三年九月二五日に、市長選挙に併せて補欠選挙を執行した。そこで、これに対して原告はさらに異議申立て、審査申立てを行い、棄却されるやまたまた本件と同様の訴訟を大阪高裁に提起した。なお親選挙については、平成二年五月と七月にともに請求棄却の判決が下されたという。

大阪高裁平成三年一月二五日判決（判例自治八四号一八頁）は、原告の主張を認め、奈良県選管の裁決を取り消し、選挙を無効とする旨の判決を下した。判旨はつぎのとおりである。

「一般に法三四条三項に違反する外形を有する補欠選挙であっても、親選挙の効力についての異議申出、審査申立、訴訟が申立人の権利の濫用等により、その申立行為の無効であることが明白で、何人もこれを無視できるものである等の極端な場合に、同条項違反の効果に解釈上の例外を認める余地がないとはいえないけれども」、「本件親選挙の効力についての原告等の争訟行為が右例外に該当する事情を認めるに足る証拠はない。」

「本件補欠選挙執行段階で〔原告の〕審査申立不適法事由が明白であったことについての主張及び立証はない。」

「訴外Ａの親選挙異議申出が……真摯な異議申出であることにつき疑念を抱かせるところがないものではなかったこと及び同訴外人の親選挙審査申立も右疑念を払拭するに足る内容のものでなかったことを認めることができるけれども、その程度を超えてこれが無視できるほどの真面目さを欠くものであることについての主張及び立証はない。」

「原告がこれまで市委員会ないし被告が執行した選挙事務に対し、常軌を逸した行為に及んだことのあった事実を認めることができるけれども、このことをもって直ちにこれらと別個の行為である本件親選挙についての原告の争訟行為を同様のものとは評価できない。他に原告の右争訟行為が無視できる程度の例外的な場合に該当することについての主張及び立証はない。」

「法三四条三項の趣旨の主たるものは、……親選挙の争訟結果により補欠選挙の手続及び結果が左右され、同選挙手続に無駄と混乱が生ずる虞れがあるので、この不都合を防止しようとすることにあると考えられるが、この外に、補欠選挙の執行が停止されるのは親選挙についての行政不服審査の終了時をこえて選挙訴訟の終了時までとされているように、争訟手続が重視され、この争訟手続が親選挙訴訟において公の利害に重大な影響をもたらすものである選挙無効の結果を考慮していわゆる事情判決で対処できないところから、補欠選挙執行の既成事実により影響を受けることを未然に防止しようとすることもまた法三四条三項の趣旨に含まれていると考えられ、……親選挙の効力が確定した段階に至ったとしても、事後における前記不都合の解消を事由に右違法の瑕疵が治癒されたものとすることはできない。」

このように、例外的場合を認めるという点では本件判決と共通するが、個別的にそれに当たるかどうかの判断はかなり厳格になされていて、選挙無効という結論になっている。

なお、本件判決およびここに紹介した関連判決についてはその後上告されたが、いずれについても当選議員の任期満了により訴えの利益が失われたとして訴えを却下する判決が下されたという(最三小判平成三年一二月一七日、最一小判平成三年一二月一二日(判時一四〇七号五九頁の解説による))。

(3)　公選法三四条の趣旨

辞職、死亡等、選挙後の事情によって議会の議員に欠員が生じることは、しばしば起こりうることであるが、議員の欠員は本来適正に配分された選挙区の一部の代表を欠くことであるから、すみやかに解消されるのがもともとは望ましい。しかし補欠選挙は、当初の一般選挙の場合と違って個別的・部分的な選挙になる上に、頻繁に選挙を行うことは選挙人・立候補者・選挙管理者それぞれにとってそれぞれの意味で負担になることでもあるから、公職選挙法がその点を考慮して、一一三条で補欠選挙を認めるとともにその場合を限定していることは、先にみたとおりである。さらに法三四条二項では「これを行うべき事由が当該議員の任期が終る前六箇月以内に生じたときは、行わない」として、選挙執行の負担と議員補充の実効性の均衡を考えている。そのような考慮が働いていることは、同項但書きに「地方公共団体の議会の議員の……補欠選挙……について、議員の数がその定数の三分の二に達しなくなったときは、この限りでない」と規定されていることからも明らかである。要するに公職選挙法は補欠選挙を重要な制度と考えているが、絶対的に要請されるものではなく、ある程度他の諸要素との均衡を考えているといえるのである。

そして法三四条三項は、補欠選挙を制約する一つの重大な要素として、親選挙に関する争訟を考えている。この規定の趣旨は、まず両判決が簡潔に指摘しているとおりであるが、さらに市議補選判決のいうように、補欠選挙による既成事実化が親選挙無効訴訟に与えるかもしれない影響を未然に防ぐという趣旨も同時に含まれているととらえるべきであろう。この点、本件判決よりも市議補選判決の方がより深い洞察を行っているようにみえる。いずれにしても同条文をすなおに読めば、親選挙に関する争訟手続が尽くされて結論が定まるまでは補欠選挙は行ってはならないという意味がごく自然に導き出される。そしてこのような手続規定は、個別選挙ごとの実質的な意味よりも、形式的に手続が守られるということ自体にその本来の意義があるというべきであろう。そうだとすれば、このような規定に合理的解釈を施し、その手続の緩和をはかることは、そもそもできないか、できるとしてもきわめて例外的な場合だけに限定されるべきだということになろう。

法三四条三項は、補欠選挙の実際上の必要性よりも訴訟手続を尽くすことの方をより重視した規定である。それは当然に一定の期間を予想しているが、まず地方議会議員の選挙の効力に関する異議申出の期間は当該選挙の日から一四日以内、審査申立ては異議申出に対する決定の交付または告示後二一日以内にすることができる（二〇二条一項・二項。なお二〇六条一・二項は当選の効力に関する争訟につき同様の定めをしている）。つぎにそれらを不服とする訴訟は、決定書または裁決書の交付ないし告示の日から三〇日以内に、高等裁判所に提起することができる（二〇四条。なお二〇七条は当選の効力に関する争訟につき同様の定めをしている）。このように争訟の提起だけに関してもすでに六五日の期間が設定されているが、さらに争訟の処理に関して、二一三条のいわゆる百日裁判の規定は、「本章に規定する争訟については、異議の申出に対する決定はその申出を受けた日から三十日以内に、審査の申立てに対する裁決はその申立てを受理した日から六十日以内に、訴訟の判決は事件を受理した日から百日以内に、これをするように努めなければならない」と定めている。この規定はいうまでもなく、選挙無効等の判決のもたらす混乱を最小限に押さえるため、なるべく争訟を迅速に処理すべきだという趣旨のものであるが、これは逆にいえば、諸期間を通算して最大一九〇日くらい時間がかかることはやむをえないこととして認めた規定だということでもある。さらに上告がなされた場合には、当然また一〇〇日くらいを加算せざるをえない。すべてを通算すると法は大体一年くらいは補欠選挙ができない事態をあらかじめ予定しているということができる。しかも、どのみちこれは訓示規定的性格のもので、実際には「百日裁判」では済まない事件が多い。たとえば、たまたま手元にある、私がいままでに評釈をした一、二の判例の事件についてみると、つぎのようである。

①　虎姫町選挙不正転入事件（最三小判昭和六〇年一月二二日判時一一四四号六七頁、拙評・判時一一六〇号一八五頁（判評三二〇号一五頁）〔本書第四部Ⅲ〕）の場合には、選挙の施行は昭和五六年一二月六日、高裁判決は昭和五八年九月二八日、最高裁判決（破棄差戻し）は昭和六〇年一月二二日、差戻し後の高裁判決（選挙無効確定）は昭和六〇年四月三〇日となっている。このように、この事件は結局解決までに三年半近くを要したし、判決後の再選挙は行われず、自主解散による出直し選挙となった。ただしこれは結論が選挙無効であるから、補欠選挙の出番はありえなかったケースである。

②　千葉県議会議員定数不均衡事件（最一小判平成元年一二月一八日判時一三三七号二六頁、拙評・判時一三四九号一九三頁（判評三七八号三一頁））の場合には、選挙の施行は昭和六二年四月一二日、高裁判決は昭和六三年九月一九日、最高裁判決（破棄自判）は平成元年一二月一八日となっている。この事件では選挙は適法とされたから、必要が生じたら補欠選挙の出番はあるわけであるが、それでも選挙後二年八か月間は行えなかったことになる。

これらの事件はいずれも真摯に争われた事件であることは疑いない。また裁判所の判決には受理から百日以上を要しているが、とても裁判所の怠慢が指摘されるようなケースではない。このような場合に補欠選挙を訴訟係属中に行ってよいという解釈は、法三四条三項の趣旨をねじまげないかぎり出てこないように思われる。そして、そうだとすると、法は全体として、補欠選挙の執行よりも親選挙に関する争訟の決着をより重視しているということができよう。

(4)　本件での手続進行状況

右にみたように、補欠選挙の必要が生じても、親選挙に関する争訟に法的決着が着くまではその執行を認めないというのが法のとる態度である。そうすると、場合によっては実際上補欠選挙を行う時期が遅れて不適切だったり、極端な場合には法的にも補欠選挙を執行しえないという事態もでてくるが、法がそのような場合を予想した対処規定を設けていない以上、それはやむをえない事態ということになるであろう。

ところで本件の場合について、手続の進行状態をみると、つぎのようになっている（括弧で括ったのは補欠選挙関係のもの）。

親選挙施行……………昭和六二年四月一二日
異議申出………………昭和六二年四月二七日
（補欠選挙の要件充足）……平成元年九月一二日
棄却決定………………平成元年九月一六日
訴訟提起………………平成元年一〇月一六日
（補欠選挙施行）……平成元年一〇月二九日
（異議申出）……………平成元年一一月一〇日
（棄却決定）……………平成二年三月二八日
（高裁判決――請求棄却）……平成三年四月一一日
（最高裁判決――却下）……平成三年一二月一七日

これをみると、補欠選挙はその要件が充足されるや直ちに執行されたといえるし、反面で原告の親選挙に関する異議申出に対する決定には二年半もの時間がかけられている。被告の県選管がすみやかに法の定める期間内に決定を下したならば、少なくとも高裁判決は補欠選挙の前までに下された可能性があったのであり、状況が異なったかもしれない（判決理由の中には、決定の遅延も原告の責に帰すべきところが大きいように示唆する部分があるが、被告にも毅然として手続を進めなかった非があるのではないか）。どちらにしても、法三四条三項の単純な文理解釈からもたらされる不都合があり、それを実質論で埋める必要があるというならば、被告はまずみずから争訟手続の促進をはかるべきであったと思われる。被告にこの点の反省がないようにみえるのは残念だし、判決がこの点になんら触れてもいないのも気掛りである（ついでにいえば、本件判決は、親選挙施行後ちょうど四年経った当日に下されており、最高裁判決を待つまでもなく、棄却・認容いずれにせよ実益を伴わないものであった。本件判決は実質は濫用理論だけを残したかったのだという憶測もできないわけではない）。

(5)　権利濫用論に対する疑問

本件判決においては、もっぱら争訟手続の濫用という観点からの実質論議が展開されているようにみえる。判決は、親選挙の無効たらざることが客観的に明らかである場合ということも併せて挙げているが、そのような場合での提訴でなければふつう濫用とはいいにくいだろうから、結局は争訟の濫用の場合は例外だということに尽きよう。そして、たしかに観念的には、そのようにいうことが許されるだろう。選挙争訟は原則として選挙人なら誰でも提起できるのであり、まったく理由らしい理由のない争訟提起でも一応は手続に乗るからである。極端な話、補欠選挙を妨害するためだけに争訟を提起・維持することもありうるのであり、それによって民主主義にとってきわめて重要な選挙の執行ができないというのは、たしかに好ましくないことである。しかし肝心な問題は、どのようにして濫用と決め付けることができるのかということである。本件の事実認定をみれば、たしかに本件原告とその近辺者は選挙のたびごとに特異な妨害的行為や争訟を行ってきたようであり、本件を争う理由にも説得力をもつものは見当たらない。しかし、いやしくも法的に認められた争訟手続を行っている限り、そのおかしな点にはその手続の中の決定や判決でけりをつけるべきが筋であって、その遂行態度等を理由に外から濫用論を適用することはできないと思われる。先にも指摘したように、無意味な異議申出や訴訟であれば、選挙後一年半の間に最終決着をつけることが不可能だとは思われないし、本件の場合、被告はもともと未然に防ぐことができたはずなのに、それをしないで原告の権利濫用をいうのは、きわめて安易な態度だと思われる。それに、親選挙争訟の原告ではなく第三の選挙人が補欠選挙の違法だけを争った場合を想定すると、権利濫用という前者だけにかかわる主観的要素によって違法かどうかが決まることになり、いかにもおかしいといわざるをえない（なお判決は、権利濫用の認定にあたり、原告の本件補欠選挙に関する言動をも総合判断の材料にしているが、この点も納得できない）。こうして私は被告の主張には賛成できないし、それを認めた判決の論理にも賛成できない。

さらに、「親選挙が無効とされないことが客観的に明白な場合」という基準にも賛成できない。とくに訴訟継続中の事件についてそのような判断をほかならぬ別の裁判所が行うことは、予断の表明にほかならず、それを審理している裁判所の独立を侵害するものといわなければならない。要するに法的に手続が認められ、そこで実体の判断も最終的になされるべき問題について、補欠選挙を執行したいためだけに、外部から余計な干渉をしているのである。しかしこのようなことを認めると、他の多くの手続規定につき同様の干渉を許すことにつながっていき、きわめて危険だという気がする。観念的には争訟の濫用の場合には例外が認められてしかるべきだという考え方は理解できるが、現実に適用できるような法理論としては、濫用論をもちだすことはできないものと、私は考える。

したがって私は、本件判決が例外の場合を認めたことならびにその要件として挙げることのどちらにも賛成できない。この点は市議補選判決についても同様であって、この判決は要件をもう少し厳しくし、具体的事案については濫用論の適用を認めていないのであるが、一般論として例外の場合――権利濫用の場合を認める趣旨だとすれば、その限度でやはり賛成できない。

これら裁判所の頭にあるのは、本件補欠選挙は民主政治にとって必要なものであり、その執行が個人の気まぐれな争訟提起に左右されるのはどうにもおかしいということだと思われる。そうだとすると、このこと自体については、実は私もあまり異論はないのである。しかし他面、選管や裁判所の側の責に帰すべき争訟・訴訟の遅延によって補欠選挙の執行が左右されるのも、やはりおかしい。そして、先に述べたようにもともと法の定める期間に忠実に審理を進めるならば、ほどほどの期間で争訟は終了し、それほど大きな影響はもたらされないはずなのである。それでもなお不都合が生じる場合には、やはり法改正を待つべきであって（たとえば、争訟提起等に関係なく補欠選挙の執行を認め、親選挙との関係については特別な定めを置くなど）、それがないところで、本件判決のようにそれこそ濫用される危険のある権利濫用論を安易にもちだすべきではなかろう。

（判例評論四〇二号（判例時報一四二二号）、一九九二年。題名変更）

判例索引

最大判昭和25年9月27日刑集4巻9号1799頁 …… 23,28,68,70,233,247
最判昭和26年10月30日民集5巻12号637頁 …… 359,380
最判昭和27年12月4日民集6巻11号1103頁 …… 332,337,346
最決昭和29年6月11日刑集8巻6号865頁 …… 269
最大判昭和30年2月9日刑集9巻2号217頁 …… 14,26,52,62,69,110,121
最大判昭和30年4月6日刑集9巻4号819頁 …… 23,28,68,70,255,267
最判昭和31年2月3日民集10巻2号19頁 …… 359
最判昭和32年5月24日民集11巻5号745頁 …… 359
最判昭和32年7月18日民集11巻7号1282頁 …… 281
最判昭和32年10月29日（裁判集民事28341頁）…… 359
最判昭和33年10月17日民集12巻14号3167頁 …… 281
最判昭和35年9月13日（裁判集民事44307頁）…… 359
最大判昭和35年12月14日民集14巻14号3037頁 …… 370
最判昭和36年6月9日民集15巻6号1558頁 …… 319,324
最大判昭和36年6月28日刑集15巻6号1015頁 …… 101
最判昭和36年11月10日民集15巻10号2480頁 …… 369
最大判昭和37年3月14日民集16巻3号537頁 …… 109,121
最判昭和37年3月27日刑集16巻3号312頁 …… 269
最判昭和37年12月25日民集16巻12号2524頁 …… 368
最大判昭和39年2月5日民集18巻2号270頁 …… 19,27,130,184
最大判昭和39年11月18日刑集18巻9号561頁 …… 255
最判昭和39年12月18日民集18巻10号2193頁 …… 369
最判昭和40年2月9日民集19巻1号136頁 …… 355 ～ ,380,381
最判昭和41年5月31日（裁判集民事83号623頁）…… 132,194
最判昭和41年11月25日民集20巻9号1956頁 …… 286
最判昭和42年9月28日民集21巻7号1998頁 …… 281
最判昭和42年11月21日刑集21巻9号1245頁 …… 234,235
最判昭和43年11月1日刑集22巻12号1319頁 …… 235
最大判昭和43年12月4日刑集22巻13号1425頁 …… 23,28,94,98
最大判昭和44年4月23日刑集23巻4号235頁 …… 23,28,68,70,234,247,255,267
最大判昭和45年6月24日民集24巻6号625頁 …… 91,97

最判昭和48年5月25日判例時報892号49頁……………………………………………………… 282
最判昭和49年4月25日判例時報709号3頁 ……………………………………………………… 131
最判昭和49年11月5日民集28巻8号1543頁………………………………………………… 319,324
最大判昭和49年11月6日刑集28巻9号393頁 ………………………………………………… 235
最大判昭和51年4月14日民集30巻3号223頁 ……………………… 14,20,26,27,66,70,125～,
138,139,162,169,170,183,185,189,192,223
最判昭和51年6月30日判例時報822号42頁……………………………………………………… 382
最判昭和51年9月30日民集30巻8号838頁 ……………………………… 332,333,337,338,346
最判昭和52年11月8日民集31巻6号872頁 …………………………………………………… 314
最判昭和53年7月10日民集32巻5号904頁 ……………………………275～,298,303,304,307
最判昭和54年7月5日判例時報933号147頁……………………………………………………234～
最判昭和54年12月20日判例時報952号17頁 ………………………………………………264～
最判昭和55年2月14日判例時報1012号55頁 ………………………………………………… 332
最判昭和56年6月15日刑集35巻4号205頁 ……………………………………… 321～,245,247
最判昭和56年7月14日 ……………………………………………………………………………312～
最判昭和56年7月21日刑集35巻5号568頁 ……………………………………… 242,247,258
最判昭和57年1月19日民集36巻1号44頁………………………………………………………363～
最判昭和57年3月23日刑集36巻3号339頁 …………………………………………………… 255
最判昭和57年10月8日 ……………………………………………………………………………344～
最判昭和58年4月1日…………………………………………………………………………317～,326
最大判昭和58年4月27日民集37巻3号345頁 ………………… 67,70,168～,183,185,192,223
最大判昭和58年11月7日民集37巻9号1243頁…………………………………… 140,192,209
最判昭和58年11月10日刑集37巻9号1368頁 ………………………………………………244～
最判昭和58年12月1日民集37巻10号1465頁 ……………………………………………289～,308
最判昭和58年12月1日判例時報1102号35頁 ………………………………………… 290,302
最判昭和59年1月20日民集38巻1号1頁 ……………………………………………………244～
最判昭和59年2月21日刑集38巻3号387頁 …………………………………………………244～
最判昭和59年5月17日民集38巻7号721頁 ………………… 67,70,187～,202,203,209,223
最判昭和59年9月27日民集38巻9号1102頁…………………………………………………… 383
最判昭和60年1月22日民集39巻1号44頁…………………………………………………301～,395
最大判昭和60年7月17日民集39巻5号1100頁……………………………………… 66,70,140
最判昭和60年10月31日判例時報1181号83頁…………………………………… 200～,205,209
最判昭和60年11月21日民集39巻7号1512頁 ………………………………………… 63,69
最判昭和61年2月18日 ……………………………………………………………………………329～

最判昭和61年3月27日判例時報1195号66頁 …………………………………………………… 185
最判昭和62年2月17日判例時報1343号10頁 ……………………………………………… 209,210
最判昭和63年9月24日 ……………………………………………………………………………182 ～
最判昭和63年10月21日民集42巻8号644頁……………………………………………… 140,210,215
最判平成元年12月18日民集43巻12号2139頁…………………………………… 205 ～ ,224,395
最判平成元年12月21日判例時報1337号26頁……………………………………………………205 ～
最判平成元年12月21日判例時報1337号38頁……………………………………………………205 ～
最判平成2年4月12日民集44巻3号408頁…………………………………………………………321 ～
最判平成3年1月25日民集45巻1号1頁……………………………………………………………376 ～
最大判平成5年1月20日民集47巻1号67頁 ……………………………………… 66,70,137 ～
最判平成5年10月22日裁判所時報1109号9頁…………………………………………………… 222,225
最判平成7年2月28日判例時報1523号49頁………………………………………………………… 64,70
最判平成7年6月8日民集49巻6号1443頁……………………………………… 66,70,154 ～ ,223

福岡高判昭和28年8月14日刑集6巻7号926頁…………………………………………………… 269
仙台高判昭和32年12月26日行集8巻2号213頁 ………………………………………………… 359
高松高判昭和35年1月26日下刑集2巻1号13頁 ………………………………………………… 268
東京高判昭和35年9月19日行集11巻9号2519頁…………………………………………… 333,338
東京高判昭和42年10月20日行集18巻10号1343頁…………………………………………………349 ～
大阪高判昭和43年1月31日判例タイムズ221号19頁……………………………………… 333,338
東京高判昭和48年7月31日判例時報709号3頁 ………………………………………………… 131
福岡高那覇支判昭和49年7月26日判例時報760号47頁………………………………………………7,25
仙台高判昭和52年3月29日判例時報859号30頁…………………………………………… 7,25,314
札幌高判昭和53年5月24日高民集31巻2号231頁 ……………………………17,27,53,62,69
東京高判昭和53年9月11日判例時報902号24頁…………………………………………………… 21,27
東京高判昭和53年9月13日判例時報902号34頁…………………………………………………… 21,27
大阪高判昭和54年1月28日判例時報923号30頁…………………………………………………… 22,28
東京高判昭和54年6月13日判例時報933号16頁………………………………………… 22,28,86,97
広島高松江支判昭和55年4月28日判例時報964号134頁 ……………………………… 231,247
東京高判昭和55年12月23日判例時報984号26頁 ………………………………………………… 86,97
名古屋高判昭和56年12月23日判例時報1028号40頁………………………………………………… 345
大阪高判昭和57年2月17日判例時報1032号19頁 …………………………………………… 86,97,180
高松高判昭和57年3月2日判例時報1057号148頁 ……………………………………………… 259
福岡高判昭和57年3月25日判例時報1057号148頁……………………………………………… 249

大阪高判昭和57年9月28日判例時報1070号19頁 …… 180
名古屋高判昭和58年7月12日判例時報1094号153頁 …… 252～
東京高判昭和58年7月25日判例時報1108号3頁 …… 188
大阪高判昭和58年9月28日 …… 301
札幌高判昭和59年5月25日判例タイムズ534号133頁 …… 326
東京高判昭和59年8月7日判例時報1122号15頁 …… 192,200
東京高判昭和60年8月7日判例時報1162号39頁 …… 330,334～
東京高判昭和61年3月25日判例時報1177号188頁 …… 333
東京高判昭和61年8月14日判例時報1202号21頁 …… 183
東京高判昭和63年9月19日判例時報1286号24頁 …… 206
広島高岡山支判昭和63年10月27日判例時報1293号28頁 …… 206
大阪高判昭和63年11月22日判例時報1297号3頁 …… 206
名古屋高金沢支判平成2年5月30日判例時報1356号32頁 …… 377
大阪高判平成3年1月25日判例自治841号18頁 …… 391
東京高判平成3年2月8日判例時報1376号3頁 …… 152
大阪高判平成3年4月11日判例時報1407号58頁 …… 387～
大阪高判平成3年5月27日判例時報1387号36頁 …… 152
広島高判平成3年10月14日判例時報1398号19頁 …… 152
大阪高判平成5年12月6日判例時報1501号83頁 …… 67,70
名古屋高判平成6年4月26日判例時報1492号61頁 …… 103
仙台高判平成7年8月29日判例時報1549号3頁 …… 105,111～
仙台高判平成7年10月9日判例時報1549号3頁 …… 109,111～
東京高判平成8年2月29日行裁例集47巻1・2号152頁 …… 219～

東京地決昭和42年1月27日判例時報471号3頁 …… 6,15,25,63,280
東京地判昭和42年3月27日判例時報493号72頁 …… 234
長野地佐久支判昭和44年4月18日判例タイムズ234号別冊32頁 …… 268
札幌地小樽支判昭和49年12月9日判例時報762号8頁 …… 17,27,62,69
松山地西条支判昭和53年3月30日判例時報915号135頁 …… 268
松江地出雲支判昭和54年1月29日判例時報922号141頁 …… 231
福岡地柳川支判昭和54年9月7日判例時報944号133頁 …… 248
金沢地判昭和54年12月19日判例時報963号122頁 …… 342
札幌地判昭和55年1月17日判例時報953号18頁 …… 27
大津地判昭和57年12月20日行集33巻12号2526頁 …… 290

名古屋地判平成5年12月24日判例時報1485号2頁……………………………………………… 103

妙寺簡判昭和43年3月12日判例時報512号76頁……………………………………………… 234

＊判例評釈で触れる原審判決については、別に判例集・判例誌に登載されているもののみを提示。

＊出典の記載のないものは、判例集不登載または判例誌等で確認できなかったもの。

〈著者略歴〉

野中俊彦（のなか・としひこ）

1939年　東京都に生まれる
1961年　東京大学法学部卒業
現　在　法政大学法学部教授

〈主要著作〉

憲法Ⅰ，Ⅱ〈第３版〉（共著，有斐閣，2001年）
憲法判例集〈第８版〉（共編著，有斐閣，2001年）
憲法訴訟の原理と技術（有斐閣，1995年）
ファンダメンタル憲法（共著，有斐閣，1994年）
憲法の解釈Ⅰ，Ⅱ，Ⅲ（共著，三省堂，1989～92年）
ゼミナール憲法裁判（共著，日本評論社，1986年）
平等の権利（共著，法律文化社，1984年）
その他多数

選挙法の研究

2001年（平成13年）９月10日　初版第１刷発行

著　者　野　中　俊　彦
発行者　今　井　　貴
　　　　渡　辺　左　近
発行所　信山社出版株式会社
〔〒113-0033〕東京都文京区本郷6-2-9-102
電　話　03(3818)1019
FAX　03(3818)0344

Printed in Japan.

印刷・製本／エーヴィス・大三製本

ISBN4-7972-2196-8　C3332

法律学の森

債権総論　潮見佳男著　A5判上製・カバーつき五九〇頁　本体五、六三一円

債権総論〔第2版〕I　潮見佳男著　A5判上製・カバーつき　（続刊）

債権総論〔第2版〕II保全・回収・保証等　潮見佳男著　A5判上製六六〇頁　本体四、八〇〇円

契約各論　潮見佳男著　A5判上製・カバーつき　（続刊）

不法行為法　潮見佳男著　A5判上製・カバーつき五五〇頁　本体四、七〇〇円

不当利得法　藤原正則著　A5判上製・カバーつき四三〇頁　（近刊）

イギリス労働法　小宮文人著　A5判上製・カバーつき三二〇頁　本体三、八〇〇円

信山社

日本財政制度の比較法史的研究　小嶋和司 著　一二〇〇〇円

ドイツの最新憲法判例　ドイツ憲法判例研究会 編　六〇〇〇円

人間・科学技術・環境　ドイツ憲法判例研究会 編　一二〇〇〇円

ドイツ憲法集〔第三版〕　高田敏・初宿正典 編訳　三〇〇〇円

イギリス憲法典―一九九八年人権法　田島 裕 訳著　二二〇〇円

フランス憲法関係史料選　西洋法史研究 塙 浩 著　二〇〇〇〇円

信山社

攻撃戦争論　カール・シュミット著　ヘルムート・クヴァリーチュ編　新田邦夫訳　九、〇〇〇円

憲法学の発想1　棟居快行著（成城大学法学部教授）　二、〇〇〇円

憲法叢説（全三巻）　芦部信喜著（元東京大学名誉教授）

1　憲法と憲法学　二、八一六円

2　人権と統治　二、八一六円

3　憲政評論　二、八一六円

憲法史の面白さ　大石眞・高見勝利・長尾龍一編　二、九〇〇円